한국사 이야기

정통 한국사를 위한 첫 걸음

국립중앙도서관 출판예정도서목록(CIP)

한국사 이야기 : 정통 한국사를 위한 첫 걸음 / 지은이: 이우각.
— 용인 : 생각과 사람들, 2017
    p. ;   cm

ISBN 978-89-98739-40-9 03910 : ₩17600

한국사[韓國史]

911-KDC6
951.9-DDC23   CIP2017023397

도/생각과 사람들

이야기 한국사

지은이 이우각

정통 한국사를 위한 첫 걸음

목차

머리말

역사란 무엇인가? 흔히 말하듯이 그저 지난 이야기에 불과한가? 아니면, 누군가의 지적대로 '역사는 결국 지배층에 의한 지배층의, 지배층을 위한 기록'이란 말인가?

우리는 역사 앞에서 사실 무지, 무능, 무력, 무식을 고백해야 맞다.

유적이 증거라고 해도 실제 생활의 1% 미만이다. 현재의 서울 생활을 누구의 의식주와 일상과 생애로 대표를 삼고 그리고 전형으로 여긴다는 말인가? 현재의 대한민국 모습을 어느 지방의 어떤 집으로 대표를 삼고 그리고 그 사례를 전형으로 여긴다는 말인가?

왕궁, 궁궐, 세력가의 생애, 왕들의 이야기를 중심으로 한 기록, 관료 사회가 중심이 되어 그들만의 이야기를 핵심으로 삼은 기록 등을 어떻게 역사다운 역사, 자료다운 자료, 유산다운 유산, 과거다운 과거라고 속단할 수 있는가? 바보나 광인이나 까막눈이나 과대망상증 환자가 아닌 다음에야, 타고난 허풍쟁이, 거짓말쟁이가 아닌 다음에야 어떻게 겨우 0.0001%도 안 되는 증거와 자료 정도로 그 시대를 다 알고 그 사람들을 샅샅이 다 헤아린다는 말인가? 그래서 역사는 처음부터 동굴 안에서 시작하게 되고 한밤중에 움직이게 마련이다. 상상과 주장과 추측의 산물, 억지스러운 땜질과 짜깁기의 결과물 등을 들고 어떻게 학문이라고 하고 이론이라고 하고 그리고 진리라고 하는가?

그래서 다른 학문, 다른 분야와 달리 역사는 괜한 명제, 엉뚱한 구호를 많이 지니고 있다. '과거를 모르면 미래도 없다.'는 식이고 '현재는 과거의 산물이고 미래는 현재의 그림자'라는 식이다. 그런 식으로 협박하고 과장하고 허풍을 떤다고 해서 진리에서 동떨어진 것이 어떻게 진리의 영역으로 들어가고 사실과 먼 이야기들이 어떻게 '과거의 사실, 그 먼 시대의 엄연한 현실'로 둔갑할 수 있는가? 하는 수 없다. 아는 것들을 얼기설기 꿰고 기워서 그럴듯하게 꾸며놓을 수밖에 없다. 밝혀진 것들을 근거로 침소봉대(針小棒大), 적반하장(賊反

荷杖), 견문발검(見蚊拔劍), 각주구검(刻舟求劍), 우공이산(愚公移山), 연목구어(緣木求魚) 등을 되풀이하며 그럭저럭 연명하고 그냥저냥 허송세월을 할 수밖에 없다.

번개 치는 것에서 재앙의 조짐을 읽고 천둥 치는 것에서 불길한 그 뭔가를 건너짚는 식이다. 아기의 울음소리, 칭얼대는 소리에서 불편을 짐작하고 엉덩이를 살피는 식이다. 상대의 겉치레 말에서 속에 감춘 진의를 캐보려 애쓰는 식이다. 낚싯대가 미세하게 움직이는 것, 낚싯줄이 미약하게 흔들리는 것에서 잡힌 물고기의 크기와 종류를 셈해 보는 식이다. 산의 형세를 보고 골짜기의 깊이와 사정을 그려보는 식이다. 전화기로 듣는 목소리 하나로 상대의 모습과 나이와 성별과 성격과 기분과 살림살이 등을 두루두루 상상해 보는 식이다.

그래서 역사에는 우리 역사라는 것이 있다. 내 역사, 우리 역사이기에 더 소중하고 더 중요하다는 식이다. 우리 하늘에 있는 별, 우리가 속한 반구에 놓인 별이기에 더 중요하다는 식이다. 그런 식으로 역사에는 무수한 편견과 공연한 기준들이 끼어들기 마련이다. 그래서 역사 앞에서는 그 누구도 진정으로 중립적이기 어렵고 객관적·과학적·합리적·학문적이기 쉽지 않다. 역사는 원래 그런 것이다. 수박 겉핥기로 끝나기 십상이다. 장님 코끼리 만지는 식, 지독한 근시로 풍경화를 그리는 식이 되기 십상이다. 하나, 우리 역사, 내 역사는 다른 역사보다 중요하다. 배워야 하고 외워야 하고 그리고 전해야 한다는 점에서 중요하다. 더 깊이 알아야 하고 더 자주 배워야 하고 더 많이 외워야 한다는 점에서 더 중요하고 더 소중하다. 그런 점에서 우리 역사, 내 역사를 다시 한 번 잘 정리하고 요약해 보자. 현대인의 괜한 메시지를 넣지 말고 그저 현대인의 더욱 나아진 종합적·체계적 사고력과 합리적·객관적·과학적·학문적 사고력으로 잘 꿰고 잘 이어 보자.

2015년 여름
지은이 이우각(전문 저술가, 국제정치학 박사)

01

01.
한국사를 배우는 요령

　흔히들 문자(글자)로 된 역사 기록의 유무를 근거로 없으면 선사시대, 있으면 역사시대라고 한다. 하지만 그 자체도 사실은 모호하기 짝이 없다. 문자, 글자의 역사 자체를 모르는 판에 어떻게 당대인들의 이야기를 정확하게 알아내고 꼼꼼하게 살필 수 있다는 것인가?

　기록이 아주 정확한 시대에 나온 문자, 글자에 대한 것은 몰라도 아주 오래전에 생긴 것이라면 그 출발점이나 그 이후의 과정 자체를 제대로 알기 어렵다. 우리의 한글은 세종대왕 당대의 기록이 어느 정도 존재하기에 모든 것을 정확하게는 알 수 없어도 어느 정도 헤아릴 수는 있다. 하나, 오래 된 중국의 한자, 한문의 경우에는 '하늘로부터 떨어졌다. 하늘에서 내려온 신령스러운 존재가 만들어주고 가르쳐주었다.'는 식이다. 아니면, 세상을 두루두루 살피며 그 모양과 성질에 맞게 얼기설기 그림 같은 글자를 만들고 애들 솜씨 같은 엉성하고 야릇한 묘사를 해서 글자, 문자가 하나씩 만들어지고 차츰 늘어나게 되었다는 식이다.

　어쨌거나, 문자 없던 시대와 문자 있는 시대 식으로 나눈다는 것 자체가 그 출발부터 모호해질 수 있다는 것이다. 그리고 생활의 도구를 기준으로 석기, 청동기, 철기 식으로 나누는 일도 사실은 그리 정확하다고 하기 어렵다. 유물에서 청동을 재료로 한 것이 나오고 철을 재료로 한 것이 나왔다고 해서 대충 짐작하고 속단할 수는 있다고 해도 언제부터 시작된 재료이고 어디서 누가 먼저 만들어 쓰기 시작했는지에 대해서는 정확하게 알 수 없다. 그래서 대충 나누고 대강 토막을 치는 식이다.

석기 시대 하나를 놓고도 고등수학 이상의 셈법이 필요하다.

✪ [과학 오디세이] 석기(石器) 사용 역사 70만 년 당겨졌다(조선비즈 2015. 5. 25.).

➜ 인류의 조상이 언제부터 도구를 사용했는지는 아직 정확하지 않다.

기록이 남아 있지 않은 시절로 거슬러 올라가다 보니, 새로운 증거가 발견될 때마다 역사는 바뀐다. 이런 일이 또 일어났다. 260만 년 전으로 추정됐던 석기(石器) 사용 시기를 무려 70만 년이나 앞당긴 발견 자료가 최근에 공개됐다. 프랑스 국립과학연구센터와 미국 스토니브룩대와 럿거스대 등이 참여한 국제 공동 연구진은 최근 국제학술지 네이처를 통해 케냐 북부 트라카나 호수 인근에서 330만 년 전의 것으로 추정되는 석기 149점을 발견했다고 발표했다. 석기 시대에 대한 연구는 계속 진행되고 있다.

1960년대 탄자니아에서 발견된 석기는 인류의 조상인 호모 하빌리스(Homo habilis, 손 쓴 사람)가 쓴 것으로 추정됐다. 호모 하빌리스는 150만~210만 년 전에 살았던 것으로 알려졌다. 발견을 거듭한 끝에 가장 오래된 것으로 알려진 석기는 260만 년 전 것인, 탄자니아의 올드완 석기였다. 이번에 발견된 석기와 비슷한 시기에 인류의 석기 사용을 추정할 수 있는 다른 증거도 나온 적이 있다. 에티오피아에서 발견된 339만 년 전 동물 뼈는 인위적으로 잘려나간 흔적이 있는 상태였다. 하지만 주변에서 실제 석기가 발견되지 않아 정확한 증거로 인정받지는 못했다. 이번 발견은 호모 사피엔스(Homo sapience)보다 훨씬 전의 조상도 어떻게 날카로운 도구를 만들지를 생각할 줄 아는 능력이 있었다는 것을 의미한다.

논문의 주 저자인 소니아 아르망(Sonia Harmand) 미국 스토니브룩대 교수는 "이 석기는 우리가 화석만으로는 알지 못하는 호미닌(Homonin)의 인지 발달 과정을 말해주고 있다."라고 말했다. 호미닌은 호모 사피엔스의 가장 가까운 진화론적 조상이다.

연구진은 아르곤 연대 측정법으로 석기 근처에 있는 화산재를 분석하는 등의 연구를 통해 이 석기가 330만 년 전에 쓰인 것으로 추정했다.

또 석기가 발견된 곳으로부터 불과 1km 떨어진 곳에서 지난 1999년 330만 년 전 호미닌인 케냔트로푸스의 두개골이 발견된 것을 미뤄 볼 때 이들이 이 도구를 만들어 썼을 것으로 추정된다. 이번에 발견된 석기에는 칼과 망치의 역할을 하는 것들을 비롯해 두드릴 물건을 올려놓는 판인 모루로 추정되는 돌(15kg 정도)도 포함돼 있다. 연구진은 또 이 지역 흙의 탄소동위원소를 연구하다가 다른 것도 발견했다. 지금은 사막인 이 지역에 당시에는 나무가 있었던 것이다. 일반적으로 도구를 만드는 지적 능력은 대초원이 생기고 그 결과로 동물이 늘어나며 생긴 것으로 받아들여지고 있다.

연구진은 이 석기들이 초원 환경에서 다양한 식량을 얻는 데 쓰였을 것으로 보고 있다. 견과류나 식물 뿌리를 깨는 일부터 곤충을 잡기 위해 죽은 나무를 부수는 데 등에 쓰였다는 것이다. 모양이나 크기를 볼 때 고기를 써는 데 사용되지는 않은 것 같다는 것이 연구진의 생각이다. 재미있는 것은 이 발견이 우연한 계기로 이뤄졌다는 점이다.

아르망 교수와 미국 럿거스대의 크리스 레프레(Chris Lepre) 교수는 지난 2011년 이 지역에서 길을 잘못 들어 언덕을 오르다 우연히 석기들을 발견했다. 연구진은 이 도구가 어떻게 만들어졌는지를 이해하기 위해 직접 망치로 돌을 깨보기도 했다고 덧붙였다. 이번 발견은 인간 두뇌 진화에 대한 실마리도 제공한다. 도구를 만들려면 손을 자유롭게 쓸 만큼 두뇌와 척추가 발달해야 한다. 스미소니언 자연사박물관의 인간 기원 프로그램 책임자인 리처드 포츠(Richard Potts) 박사는 "인류 조상의 능력과 환경이 초기 석기 기술이라는 과학계 미스터리가 풀리기 시작한 것으로 보인다."고 말했다.

우리 역사는 중국 대륙, 러시아 대륙 등과 이어지고 그리고 삼면이 바다로 에워싸여 있는 속에서 오랜 시간을 두고 이어져 내려왔다. 그래서 중국 대륙의 변화와 러시아 대륙의 변화, 그리고 바다를 통한 다른 변화들이 얽히고설켜서 실핏줄처럼, 바둑판처럼 복잡하게 짜깁기되었다고 보아야 할 것이다. 난리를 만난 사람들, 재해를 만난 사람들, 위협이 극에 달했다고 생각하는 사람들은 무조건 바다로 나서고 죽기 살기로 무인지경(無人之境)으로 내달렸을 것이다.

〈밤길 걷는 이가 낯선 사람을 만나기보다 차라리 도깨비나 유령이나 짐승을 만나기를 바라는 것은 미지의 존재에 대한 두려움 때문일 것이다. 사람이 사람을 해칠 수 있고 그리고 그 해치는 근거가 너무 많기에 자연스레 사람을 경계하고 꺼리게 된 것이다. 마찬가지로, 함께 어울려 살고 붙어살다가도 위협이 되고 핍박이 되고 굴욕이 된다면 살던 곳을 버리고 무작정 떠나게 될 것이다. 그렇게 해서 새로운 유입과 이민이 생기고 그에 따라서 긴장과 갈등, 불안과 위협도 늘게 될 것이다. 새로운 사람들의 유입과 등장은 늘 그런 초기 현상, 과도기 현상을 거쳐야 했을 것이다.〉

〈소수 집단, 소규모 공동체가 모여 살던 시대에는 씨족, 부족 정도의 관념만 두드러졌을 것이다. 우리가 현재 역사라고 하는 지식 체계를 들먹이는 것이나 역사적 기록의 유무를 왈가왈부하는 것 자체가 그런 초기 사회에서는 거의 무의미하고 무가치했을 수도 있다. 그래서 그저 말로 이어가는 전승 정도가 공동체 역사의 중심을 이루고 공동체 기록의 핵심을 이루게 되었을 것이다. 따라서 그런 것들이 현재의 우리에게까지 고스란히 전해졌을 리 만무하다. 어쩌면 우리가 현재 신화라고 하는 것들, 전설이라고 하는 것들 속에 고이 숨겨져 있을 수도 있고 우리가 미신이라고 하고 야사라고 하는 것들 속에 깊이 잠겨 있을 수도 있다.〉

물론, 어떤 식으로 묘사하고 설명하게 되던 일정한 틀이 있어야 하고 그리고 그 틀은 전문가 집단의 공감과 동의, 공유와 합의를 거쳐야 할 것이다. 그런 점에서 고대, 중세, 근대, 현대 등으로 나누어지게 되고 구석기, 신석기, 청동기, 철기 등으로 갈리는 것이다.

하지만 우리는 삼국 시대 전과 삼국 시대, 삼국 시대 후와 고려, 조선, 대한제국, 일제강점기, 광복 이후 등으로 고대, 중세, 근대, 현대를 나누게 되고 채우게 될 것이다. 우리 역사이기에 시대 구분과 내용 구별이 뒤섞이기 마련인 것이다. 껍질이 얇은 과일을 적당히 닦아서 한 입 베어 먹는 식이다.

현재의 우리가 과거의 그들 터전 위에 그대로 머물기에 아무래도 우회적인 접근보다는 지름길로 들어서고 곧은 길, 큰길을 택하게 되는 셈이다.

02

02.

우리에게 신화(神話: myth)는 있는가?

　　신화는 한문 뜻 그대로 풀이하면 '신에 대한 이야기, 신들에 대한 이야기'인 셈이다. 사전적으로는 '어떤 신격을 중심으로 한, 하나의 전승적인 설화', 유명 백과사전에서는 '외견상으로는 어떤 관행·신앙·제도·자연현상 등을 설명하기 위해 실제적 사건들을 이야기하며, 특히 종교의식 및 신앙과 관련되어 있다.'고 설명한다. 《한국민족문화대백과》에서는 아주 상세하게 설명하고 있다.

일반적인 신화와 우리 고유의 신화

✪ 신화(신에 대한 이야기: 신들에 대한 전래·전승 이야기)

➠ ① 우주의 기원, ② 초자연의 존재의 계보, ③ 민족의 시원 등과 관련된 신에 대한 서사적 이야기.

➠ 신화는 가장 엄밀한 의미에서 종교적 교리 및 의례의 언어적 진술이라고 할 수 있다.

이 정의가 대체로 적용될 수 있는 한국의 신화로는 ① 고조선 ② 신라·고구려·백제 및 ③ 가락(가락국, 금관가야)의 이른바 건국 신화 또는 시조 신화를 꼽아 왔다. ④ 오늘날에까지 전해지는 것으로는 각 성씨의 시조 신화인 씨족 신화와 여러 마을의 수호신에 관한 마을 신화, 그리고 무당 사회에 전승된 무속 신화 등이 있다.

✪ 위와 같이 네 묶음이 될 한국의 신화는 그 차이와 함께 약간의 공통성을 지니고 있다.

➔ ① 첫째의 공통성은 다 같이 창시자 내지 창업주에 관한 이야기, 곧 본풀이 내지 본향풀이라는 것이다.

➔ ② 둘째의 공통성은 신화가 다분히 전설적인 속성을 지니고 있다는 것이다. 결론적으로 위의 네 가닥 신화는 창시자의 본풀이인 신화·전설의 복합체라는 공통의 속성을 지니고 있다.

➔ 본풀이란 근본 내력에 관한 이야기 풀이라는 뜻. 어떤 신격(神格)이 어떤 내력을 지니고 어떤 과정을 밟아서 신격을 향유하게 되었는가에 관한 사설이 본풀이다. 그것은 이야기로 진술된 신 또는 신령의 이력서. 신 또는 신령의 전기(傳記) 내지 생애 이야기라는 성격을 띤다.

➔ 전기의 길이, 세부적인 부분의 취사선택에는 신화마다 조금씩 차이가 있다. ① 태어나서 무엇인가를 성취하고 신격에 오르는 과정을 포함하는 기본 골격에는 변함이 없는 일군의 신화와, ② 애초부터 신격을 타고난 인물이 범상을 넘어선 과업을 성취하는 기본 골격에 변함이 없는, 또 다른 일군의 신화와를 나눌 수 있다.

➔ 전자의 전형은 ① 무속 신화이고, 후자의 전형은 ② 건국 신화.
고려 왕조의 시조 전승들도 이 후자에 넣을 수 있을 것. 두 가지 근본 골격 가운데 전자만을 두고 본풀이라는 말을 사용해 왔다. 무속 신화가 무당 시조에 관한 본풀이라면, 건국 신화는 건국 시조에 관한 본풀이다.

➔ 씨족 신화는 씨족의 시조에 관한 본풀이임. 한국 신화는 조상 숭배의 신화라는 일면을 지니고 있다.

➔ 조상 숭배의 실현으로서 한국 신화는 조상의 역대기(歷代記)라는 형식을 취한다. 단군 신화(檀君 神話)와 동명왕 신화(東明王 神話)가 각기 그 왕국 창업주들의 삼대기라면, 고려왕조 전승은 왕건(王建)의 조상들의 사대기라고 할 수 있다.
「용비어천가」가 이 선례를 답습. 조선 시대의 소설에서 많이 볼 수 있는 삼대기의 연원을 이들 신화 삼대기에서 구할 수 있다.
한국 신화들의 또 다른 속성인 '신화·전설의 복합성'은 한국 신화가 역사화된 신화 내지 역사 속에 편입된 것이라는 데서 비롯된 것이다(무조, 곧 무당의 시조에 관한 신화는 이 사례에서 제외되어야 한다.).

✪ 고조선·삼국 및 가락의 건국 신화는 실존한 왕국, 역사적인 왕국의 시조에 관한 이야기인 만큼 그 신화성이 역사성과 공존한다.

➜ 여러 가지 신비 징후 내지 신성 징후(예컨대 천마, 자줏빛, 신령의 공수 등)를 수반하여 하늘에서 내려온 존재임에도(또는 그와 같은 존재의 아들이나 손자임에도) 인간 세계에서 왕국을 건설하는 존재가 우리 신화에 등장하는 건국 시조들이다.

➜ 신이면서 동시에 왕인 이들은 신이자 인간이기도 하다. 하늘에서 내려온 신화적 존재가 '신화에서 벗어나' 역사적인 왕국의 창업주로 변모. '탈신화성'은 '역사성'이라는 관점에서 한국 신화는 피안의 원리, 초월적인 어떤 원리가 인간화하는 과정이다.

✪ 단군 신화에서 유명해진 홍익인간(弘益人間: 널리 인간 세상을 이롭게 한다.), 재세이화(在世理化: 세상에 있으면서 다스려 교화시킨다.), 이도여치(以道與治: 도로써 세상을 다스린다.), 광명이세(光明理世: 밝은 빛으로 세상을 다스린다.) 등의 이념은 위의 설명과 관련지어 이해해야 한다.

➜ 신화에서 벗어나 역사가 된 신화가 곧 한국 신화, 특히 건국 신화다. 전설이 역사적 믿음을 그 이념으로 삼고 있다는 점에 근거하여 - 한국 신화를 '신화·전설의 복합'으로 본다. 복합성은 고려왕조의 조상 전승의 경우 더욱 두드러진다.

✪ 신화에서 탈피한 신화가 건국 신화인데 이들 건국 신화는 한 왕조의 시조 신화라는 점에서 씨족의 시조 신화와 동질성을 지닌다.

➜ 신라의 왕조 신화는 ① 박씨 ② 석씨 ③ 김씨의 시조인 ① 박혁거세(朴赫居世) ② 석탈해(昔脫解) ③ 김알지(金閼智) 등에 관한 신화로서 씨족 신화의 면모를 지닌다.

➜ 혁거세 신화와 알지 신화를 통하여 하늘에서 내린 시조라는 관념을 확인. 그

런 관념은 수로 신화와 단군 신화에서도 발견할 수 있다.

✪ 신라의 육촌장(여섯 촌장)에 관한 《삼국유사》의 기록에서도 같은 관념을 확인할 수 있다면 육촌장과 왕조의 시조들의 신화는 그 기본적 성격이 같은 셈이다.

➔ 이 관념에 천상에서 세계의 중심 혹은 세계의 정상에 내리는 최초의 신 또는 최초의 왕이라는 시베리아 샤머니즘의 관념을 비교할 수 있다.

➔ 하늘에서 내린 최초의 왕이 '거룩한 왕' 또는 '신성 왕'이었다면 씨족의 시조 또한 거룩한 존재였던 셈이다.

✪ 양천 허씨(陽川 許氏), 하음 봉씨(河陰 奉氏), 창녕 조씨(昌寧 曺氏) 등의 시조 신화에서도 비슷한 관념을 발견할 수 있다. 시조 신화의 특성은 역사 시대 인물의 전기 혹은 조선조 소설 및 비범한 인물 전설에까지 그 영향을 주었다.

➔ 일부 지방에 전해지는 마을굿 및 탈춤의 기원에 관한 신화 및 전설에서도 하늘에서 내린 존재로 숭앙되는 대상들을 발견할 수 있다. 마을굿에서 숭앙하고 있는 신체(神體) 또는 신격의 표상인 서낭대(서낭당)에 매달린 방울이 하늘에서 떨어졌다는 이야기는 대표적인 것이다.

➔ 마한의 소도에 매달린 방울, 무당의 신대에 매달린 신방울들이 신령의 표상이라고 본다면 하늘에서 떨어진 신방울의 관념에 하늘에서 하강한 신령의 이미지를 합칠 수 있다.

✪ 씨족의 시조 신화와 왕조의 시조 신화는 단순 병행관계로만 볼 수 없다.

➔ 혁거세 신화의 성립 과정을 살펴보면, 기왕에 씨족장으로서 세력을 확보하고 있는 씨족의 시조 위에 군림하는 통합적인 세력을 지닌 한 씨족의 시조가 나머지 씨족의 시조들을 그 예하에 신종(臣從)시켜가는 과정을 반영하였다.

➔ 이웃한 씨족들 가운데 가장 강력한 통합적 힘을 지닌 씨족의 시조 신화가 왕조의 시조 신화이자 건국 신화다.

➔ 이미 하늘에서 내린 씨족의 시조들이 새로이 하늘에서 군림하는 씨족의 시조를 그들의 통치자로 추대한 과정에서 생겨난 신화가 건국 신화. 연합씨족

사회의 통치 세력인 씨족의 시조 신화가 혁거세 신화다.

➜ 가락(가락국, 금관가야)의 수로 신화(首露神話: 김수로왕 신화)도 흡사하다.

✪ 하늘에서 내리는 씨족과 왕조의 최초의 시조라는 관념은 한국 신화의 신격을 규정지을 때 매우 중요하다.

➜ 한 편의 신화가 만일 '신들의 서사적 이야기'라고 간결하게 정의될 수 있다면 그 정의에서 신이 무엇인가 하는 개념이 중요한 것임은 당연하다. 그 정의를 다시 '신들이 무엇인가에 관한 이야기'로 본다면 '신들이 누구인가?, 그리고 그 신이 한 행위가 무엇인가?' 하는 것이 중요한 문제가 될 것이다.

➜ 한국 신화에 등장하는 신들은 왕족의 시조이고, 그들이 한 행위는 하늘에서 내려와 지상에다 하늘의 뜻을 펼 왕국을 건설한 것이라고 요약할 수 있다. 이 요약 속에 한국 신화, 그 가운데서도 이른바 건국 신화의 윤곽 또는 그 단순 구조가 잡힐 것이다. 이 단순 구조 속에 따르는 신격 또는 신상(神像)은 시베리아 샤머니즘 신화의 그것을 연상케 한다.

✪ 시베리아 샤머니즘 신화에 따르면, 그들의 최초의 샤먼(무당, 사제)은 하늘에서 최고의 신의 뜻을 받들어 지상에 내려와 하늘의 뜻을 지상에 펼친 존재. 이들 샤먼은 하늘과 지상의 매체 또는 영매(靈媒)로 활약.

➜ 이들 영매가 영매로서의 구실을 수행하려고 천상과 지상을 오가면서 의지하는 것이 높은 산, 높은 나무(또는 기둥), 그리고 독수리·곰·오리·사슴 등의 동물이다. 이들 샤먼(영적 존재)의 '천계 여행' 또는 '우주 여행'은 시베리아 샤머니즘의 '우주 구성론'을 보여준다.

(1) 시베리아 무속과 한국 신화

➜ 사슴뿔과 나무와 새(독수리)의 깃털 등의 도형을 갖춘 신과 왕관의 원형이 시베리아의 무관(巫冠)에서 보인다는 것은 학계에 잘 알려져 있으나, 신라 왕관과 시베리아 샤머니즘과의 연관성은 이보다 훨씬 깊고 본질적이다. 신라 왕관은 시베리아 샤머니즘의 우주 구성론을 반영하고 있기 때문이다.

◆ 신라 왕관의 나무 도형은 마한의 소도나 단군 신화의 신단수, 그리고 오늘날
까지 전해져 오는 수살대나 솟대와 함께 시베리아 샤머니즘의 '세계나무(우
주목)' 또는 '샤먼의 나무' 혹은 '오브'에 견줄만 하다. 세계의 한가운데 솟아
서 세계의 기둥이 될 뿐 아니라 하늘과 땅 위와 땅 밑 세계를 이어주고, 샤먼
의 영혼이 그에 의지하여 우주여행을 하게 되는 매체가 이들 나무들이다.

◆ 동명왕 신화(고구려 건국 시조인 동명성왕 신화)에서 하늘에 대한 호소력을 지
닌 존재로 묘사된 사슴은 시베리아 샤머니즘에서 '우주사슴'으로 일컬어진다.

◆ 사슴은 무당 영혼의 지하세계 여행에 임하여 큰 구실을 하게 되는 짐승이
다. 이 짐승의 뿔은 그것이 지닌 나무와 같은 속성 때문에 영원한 생명력의
표상이 되었을 뿐 아니라, 그 날카롭고 뾰족한 모양 때문에 샤먼의 무기로
도 간주되었다.

◆ 독수리는 시베리아 샤머니즘의 '우주새'로서 샤먼의 영혼이 우주여행을 하는
동안 천계여행을 안내한다. 최초의 무당이 깃들인 알을 천상에서 품었다가
지상의 나무 위에서 부화시킨 새가 곧 독수리이고 이 새가 품고 온 알에서
최초의 무당이 탄생된다는 모티프는 우리의 건국 시조가 알에서 태어난다는
모티프와 상관성을 지녔을 것이다.

◆ 나무와 사슴과 독수리를 종합하게 되면 샤먼의 영혼이 우주여행을 하게 되는
도정과 그에 대응된 우주의 구성이 드러난다. 세계수가 이음자리 구실을 하고
있는 하늘 위와 땅 밑을 각각 분담한 짐승이 곧 독수리이고 사슴이기 때문이다.

◆ 이런 추정이 옳다면, 신라의 금관은 하늘과 지상과 지하의 삼계로 된 우주
를 나무와 사슴뿔과 독수리깃을 수평선상에 배열함으로써 표현한 것으로
생각된다.

◆ 이런 면에서 신라 왕관을 쓴 왕권이 어떠한 것이었던가를 유추할 수 있다.

◆ 논의를 종합하면, 신라 왕관은 샤머니즘적인 우주 구성론이 바탕을 이뤄 형
성된 왕권의 표상이라고 할 수 있을 것이다.

◆ 비교신화론에서 차지하는 우주 발생론과 우주 구성론의 비중이 큰 만큼 신
라 왕관의 구도와 시베리아 샤머니즘의 우주 구성론이 지닌 공통성은 유의
미한 것이 되고, 우리 문화와 시베리아 샤머니즘의 유대가 지닌 뜻도 더욱

심오해질 수 있을 것이다.

➡ 신라 왕관의 형상은 특정한 신화적 발상법을 조형예술적 언어로 기술한 표현 체계로 포착되어 있다.

(2) 원초성과 풀이

➡ 현존하는 건국 신화, 씨족 신화, 마을 신화 등에서는 우주 발생론이나 우주 구성론의 뚜렷한 윤곽을 그려낼 수 없다.

➡ 이들 신화들은 다 같이 인간 문화 및 제도의 기원에 대하여 말하고 있다는 의미에서 '원초적'이다. 단군 신화가 그 전형으로, 이들 신화의 원초성은 '문화적 원초성'이다.

➡ 단군 일가가 그렇듯이 이들 범주에 속하는 신화의 주인공들, 특히 건국 신화의 주인공들은 '문화적 영웅'들이다. 하늘 또는 타계에서 지상 또는 이 세상에 나타나 인간 세상에 문화와 제도의 기틀을 베푼 존재들이다.

➡ 제주도의 무속 신화는 아주 특이한 성격을 띤다. 우주의 창생과 우주의 구성에 대하여 말하면서 문화나 인간적 제도가 있기 이전의 자연에 관한 주제를 포함한다.

➡ 제주도 무속 신화는 인간이 살 만하지 않았던 자연 또는 우주가 어떻게 해서 한 신령에 의해 인간이 살 수 있도록 길들여지고 질서가 만들어졌는가에 관한 이야기를 담고 있다. 제주도 무속 신화의 원초성은 '우주적 원초성'이라는 점에서 건국 신화의 원초성과 다르다.

➡ 제주도 무속 신화에서는 이 로고스가 있기 이전의 공간이 큰 몫을 차지하고, 낮·밤의 가름이 있기 이전의 시간이 중요한 뜻을 지니고 있다. 그러나 건국 신화의 공간은 마을이거나 인간 공동체이고 시간은 역서(曆書)상의 시간이다.

➡ 제주도 무속 신화와 건국 신화의 이런 차이는 결정적이다. 무속 신화에서는 자연과 문화 사이에 빚어질 갈등의 조화가 곧 신화의 기능이라는 식이다.

➡ 이런 두 신화의 차이는 무속 신화가 본질적으로 더 원초적이라는 사실을 말한다.

➜ 제주도의 무속에서는 신화를 '본풀이' 또는 '본향풀이'라고 본다. 이 말은 곧 '무당 조상의 전기(傳記)'일 수도 있고, 동시에 '개벽 신화' 또는 '창생 신화'도 될 수 있다는 의미임.

➜ 제주도 무속의 대표적 신화인 '천지왕본풀이'는 신들의 내력과 천지 창조의 과정에 대하여 서술했다.

➜ 그러나 본토의 무당들은 본풀이라는 말을 쓰지 않는다. 본토 무속의 대표적 신화인 '바리공주'만 해도 서울 지역의 무당들은 이를 '말미'라고 부른다. 그러나 이 '바리공주'는 그 성격상 본토 무당의 유일한 본풀이 또는 본향풀이다. '말미'란 '말미암음'의 말미와 관계가 있을 것이다. 인연, 동기, 사유 등을 나타내는 말이 곧 말미라면 '말미'라는 용어가 본풀이라는 용어와 그 내포하고 있는 의미에 있어 별로 다르지 않을 것이다. 이음동의어라고 보아도 좋을 것이다. 실제로 '바리공주'는 한 여성과 그 일족이 무신(巫神)이 되어가는 사유와 유래에 대하여 이야기하고 있다. 이를 보면 말미가 본풀이와 크게 다르지 않다는 것을 알 수 있다.

➜ 이런 점에서 본풀이라는 개념을 제주도 바깥으로 넓혀서 쓸 수 있을 것이다. 비록 본토에서 무당들이 그들의 신화를 본풀이라고 부르지는 않아도 그들의 신화나 노래 속에 본(本)이라는 말은 많이 쓴다. "누구의 본을 볼작시면…", "무엇의 본을 받아…" 등과 같은 사례들이 있다. 이것은 본토의 무당들이 부르는 신화 역시 본에 관한 이야기를 함축하고 있다는 것을 뜻한다.

✪ 고조선과 삼국 및 가락의 시조 신화는 각기 신화적 인물들의 원향(原鄕)에 관한 이야기로 시작되어 출생과 성장, 그리고 혼인과 즉위를 거쳐 죽음에 이르는 과정을 그리고 있음을 앞에서 살펴보았다.

➜ 이것이 한국 상고대 신화의 전기적(傳記的) 유형이다. 한 인물의 출생과 성장 및 행적을 살피고 그 죽음까지 그려내고 있다. 사후에 신격화된 모티프를 지닌 것도 있다.

➜ 이런 줄거리는 한국 상고대의 왕권을 신성화하고 있다. 천신의 아들로 '홍익인간'을 위하여 신단수에 의지하여 지상에 내려온 환웅은 시베리아 원주민의

무조 신화(巫祖 神話)를 반영한다. 혁거세(신라의 시조 박혁거세)와 수로(가락국의 시조 김수로왕), 그리고 알지(신라 김씨의 시조 김알지)의 신화적 성격도 환웅(桓雄)과 흡사하다.

- ⮕ 한국 상고대 신화는 상고대 왕조의 왕권이 무속 원리에 의하여 신성화된 것임을 알 수 있다.
- ⮕ 이런 면에서 상고대 신화들은 오늘날 굿판에서 구연되는 무속 신화와 밀접하다.
- ⮕ 무속 신화의 중요한 속성 중의 하나가 '본풀이'라는 말로 표현될 수 있듯이 상고대 신화도 역시 '본풀이'의 신화로 간주될 수 있다.

(3) 풀이와 공수

- ⮕ 한국 신화의 기본적 성격은 '본풀이'에 '공수'라는 개념을 삽입했다는 점이다. 신화는 기본적으로 신들이 주체가 된 신들의 이야기라는 성격을 띤다.

✪ 신화는 신들 자신이 이야기한 신들의 이야기다.

- ⮕ 신화에서 신들이 가지는 '이야기하는 자'로서의 주체성은 《삼국유사》에 실린 「가락국기」에서 잘 드러난다.
- ⮕ 신들이 일러준 대로 인간들이 받아 적거나 인간들의 입으로 다시 이야기한 것이 신화라는 점에서 신화에는 디크타트(받아쓰기) 의식이 작용되고 있다. 「가락국기」는 신들이 일러준 대로 인간의 입으로 옮겨서 서술한 이야기다.
- ⮕ 한국 무속에서는 신이 직접 불러주거나 일러주는 것을 '공수'라고 한다. 신에 접한 무당이 신의 말을 옮겨 놓은 것이 공수다. 공수 속에 신 스스로가 자신의 내력에 관하여 진술하는 이야기, 곧 본풀이가 포함된다.
- ⮕ 공수는 본풀이와 겹치고 여기서 한국 신화의 기본적 성격이 결정된다. 무속 현장에서는 이야기 서술로서의 풀이와 제액(除厄)이나 축마(逐魔)하는 제의적 행위로서의 풀이가 공존한다. 이야기 풀이로서의 신화가 지닌 제의적 기능에 대하여 말해주는 좋은 사례다.
- ⮕ 본향풀이는 굿에 수반되어 가창되며 무당굿의 핵심을 이룬다. 무당은 굿을

하면서 신화를 노래와 춤으로써 이야기를 풀이하는, 복합성을 띤 연행자(演行者: performer)가 된다.

✪ 무속 신화는 노래와 더불어 춤추게 되는 것이다.

➲ 굿 속에서 굿과 더불어 춤추게 된다. 무당은 몇 가지의 배역(act role)을 혼자 도맡아 연행하는 일인 무극(一人 舞劇)의 형태로 그의 굿을 치러간다. 무속 신화는 몸짓과 노래로써 이야기되는 신화라 할 수 있다.

➲ 무속 신화의 이런 속성은 상고대, 즉 신라·가락 등의 왕조 신화에서도 발견되기에 한국 신화의 보편적 속성 중의 하나로 볼 수 있다. 가락의 수로 신화는 집단으로 노래와 춤을 곁들여 연행되었다는 것을 문헌을 통하여 알 수 있다.

✪ 「가락국기」의 신화가 신이 일러준 공수(신이 직접 불러주거나 일러주는 것)를 기반으로 하듯이, 공수와 풀이는 이중성을 띤다.

➲ 신에 의하여 인간에게 주어지는 신의 풀이가 공수일 때 공수와 풀이는 한 짝이 된다.

➲ ① 공수와 ② 굿거리로서의 풀이와 ③ 이야기로서의 풀이가 서로 맺어져 있는 맥락 속에 신과 제의와 신화의 상관성이 놓여 있다.

➲ 그 맥락의 구체적인 모습은 한국 샤머니즘의 현장에서도 잘 드러난다. 이 맥락은 상고대의 「가락국기」 서두의 영신의(迎神儀)와도 이어져 있다.

➲ 천신의 공수에 따라 신맞이를 하고 그 굿의 줄거리가 신화를 형성하고 있다. 「가락국기」의 영신 부분은 한국 상고대 신화가 간직한, 가장 오래된 한국의 신화적 원형이다.

➲ 신 자신이 직접 불러준 것이 공수라면, 그 공수를 인간이 다시 서술한 것이 풀이이다. 공수와 풀이는 서술자의 처지가 달라질 뿐 동일한 실체의 서로 다른 양면에 불과하다.

➲ 이 공수와 풀이의 양면성에서 한국 신화가 지닌 기본 성격의 하나가 두드러진다.

(출처: 《한국민족문화대백과》)

〈1만 7천 년 전의 것들. 프랑스 남부에서 그 먼 옛날의 유물이 발견되었다. 뼈로 만든 정교한 바늘(온갖 석기류가 거시적 문명의 토대라면 부수적인 도구들, 장신구들은 섬세하고 미묘한 미시적 문명의 토대)이다. 동물 힘줄을 실로 삼아 가죽옷을 지었기에 그 혹독한 빙하기에서도 생존할 수 있었다. 그 긴 빙하기를 견디며 동굴에서 살아야 했던 이들은 그 시련과 고통을 후세에 담기고 싶었다. 그래서 각자의 손바닥을 벽에 대고 물감 비슷한 것들을 그 위에 뿌려 자취를 새겼다. 스스로의 자취를 남기고 존재를 알리려는 당연한 욕망이었다.〉

위에서 보듯이 문화인류학적인 시각, 고고학적인 측면에서 보면 우리가 아는 역사는 가히 눈곱만한 편린, 코딱지 정도의 존재에 불과할 것이다. 우리가 아는 시대 구분, 반만 년 운운하는 것도 실제로는 허공에 뜬 것이거나 거품이 가득한 것일 수 있다.

역사란 무슨 의미, 무슨 가치가 있는가? 아무리 캐고 그려내도 상상의 산물일 텐데, 그리고 자그마한 실마리로 거대한 실체를 이야기하는 수준일 텐데, 무슨 학문적 의미가 있고 어떤 교육적 가치가 있다는 말인가? 결국은 가짜를 진짜로 속이고 허울과 거품을 실체, 본체로 고정하는 것이 아닌가? 그 자체만으로도 학문과 지성, 진리와 사실에서 멀어지는 일이고 가르치고 배운다는 그 소중한 과정과 목표에서 너무 동떨어진 일이 아닌가?

하지만 과거 역사를 배우지 않고, 무엇을 배우겠는가? 자신의 지난 자취를 모르고서 어떻게 현재를 알 것이며 미래를 그려볼 수 있겠는가? 역사는 현재의 연장선상에서 배워야 하고 가르쳐야 하고 그리고 의미, 가치를 따져야 한다. 현재가 중요하다면 당연히 역사도 중요할 것이다. 미래가 소중하다면 당연히 현재와 그 현재를 붙들고 있는 과거 또한 소중할 수밖에 없다.

우리는 흔히 역사는 특수한 이들의 흔적이라고 어림짐작하기 쉽다. 그리고 그 짐작은 어설프고 어리석지만 때로는 적중할 수도 있고 그리고 전체를 두루 살피면 어느 정도 맞는 말일 수도 있다. 그렇다고 해서 없는 자취를 어디서 찾아내고 사라진 것들을 어떻게 들추어내는가? 징검다리는 걸음걸이의 폭에 맞춘다. 다리는 뭍과 뭍을 잇는 긴 징검다리, 색다른 사다리에 불과하다. 하나의 것에서 다른 것을 이어가고 손에 쥔 것으로 손에 없는 것을 짐작하는 것은 사색의 기본이고 추정, 추측의 핵심일 것이다. 따라서 있는 것 위주로 없는 것들이 아무리 많아도 재볼 수 있고 그리고 어느 정도 어렴풋하게 그려낼 수 있을 것이다. 감쌌던 천에서 그 자국을 따라서 원래의 것을 짐작해 보는 것과 비슷하고 엑스레이 같은 특수한 광선을 통해서 속을 들여다보는 일과 엇비슷할 것이다.

역사를 공부하며 마치 진리를 추구하고 증식하는 이처럼 군다면 괜한 메시지가 고집스레 들어가게 마련이다. 그래서 역사 연구자의 시각과 당대인의 견해가 다르게 되고 현장을 목격한 이의 증언과 역사 이론에 집착한 이의 주장이 상상 외로 멀어지고 아득해지는 것이다. 지식의 장점이자 결함이 바로 메시지에 대한 편향이고 경향이다. 그리고 당연히 지식인, 지성인의 약점이자 함정이 바로 섣부른 메시지에 대한 짝사랑이고 엉터리 정보와 위험천만한 편견에 자꾸만 끌리게 되는, 그 인력이고 중력이다〉

현실을 바로 보자. 박물관에 있는 것들이 바로 역사의 기반이다. 무덤과 유적지의 그 황량한 풍경이 곧 역사가의 유일무이한 밑바탕이고 뒷받침이다. 나머지는 지식 공동체의 편린이고 정보 공동체의 자투리일 것이다. 그리고 타고난 지능에 교묘한 사고력이 보태져서 자꾸만 교묘해지고 교활해지는 것이다. 이론이라고 부르고 패러다임이라고 부르고 가정, 가설이라고 부르면서 어떻게 해서든 제 고집을 이리저리 포장하고 교묘하게 짜깁기한다. 역사는 어차피 고물에서 시작되고 유물에서 기지개를 켠다. 고물상과 다르고 박물관 지기와 다른 것은 수다스러운 토씨와 솜씨 좋은 덧칠 기술이다. 하나를 열로 늘리고 그 열을 다시 수다한 것으로 나누고 쪼개는 그 세분화, 철저화의 기술을 흔히들 학문적이라 하고 연구적이라 하고 탐구적이라 하는 것이다. 그러나 듣는 이, 배우려는 이, 읽으려는 이, 알고자 하는 이가 없다면 그 모든 개칠, 덧칠이 무슨 가치, 무슨 효용, 무슨 의미란 말인가?

〈지배자의 유물은 당대 최상의 수준을 알게 해준다. 그리고 일단 최상의 수준을 알면 질 낮은 것들, 평범한 것들, 대수롭지 않은 것들, 흔한 것들을 쉽게 그려내고 상상해낼 수 있다. 최고급을 알면 중급, 하급, 저급 정도는 아주 손쉽게 그려낼 수 있다. 질을 좀 떨어뜨리고 장식을 좀 줄이고 값을 좀 낮추면 될 것이다. 공을 덜 들이고 솜씨를 덜 발휘하면 될 것이다. 하지만 불행히도 하급, 저급에서 최상급, 최고급을 이해하는 것은 거의 불가능할 것이다. 무조건 공을 들인다고 해서 최상급, 최상품을 그려낼 수 있는 것은 아니다. 뜸을 들이고 비싼 것들로 채운다고 해서 쉽게 최상품이 나올 수는 없다. 왕릉 같은 큰 무덤 중심, 왕·왕족·귀족·지배자·자산가 중심의 유적, 유물은 당대의 최상급 수준을 엿보게 하고 그에 따라서 중급, 하급 등을 상상하게 된다. 그런 점에서 지배자 중심의 역사는 필요악일 수도 있는 것이다. 실마리를 제공한다는 점에서는 지극히 다행스러운 일이다.

물론, 모순, 약점, 한계도 엄청나다. 0.001%의 삶을 엿볼 수 있다고 해도 나머지 그 많은 수, 엄청난 몫에 대해서는 제대로 알 수 없는 것이다. 우리는 석기시대의 삶도 알 수 없고 초기 농경 사회의 삶도 그려낼 수 없다. 그리고 가장 일찍 자리 잡았던 수렵생활과 이후의 유목생활에 대해서도 제대로 알아낼 수 없다. 결국 우리는 지극히 한정된 것들을 가지고 나머지 전체를 추측하고 추정해야 하는 것이다.〉

다시 신화에 대한 이야기를 해 보자.

위에 소개한 것들은 신화에 대한 종합적이고 체계적이고 심층적인 접근이다. 우리는 그저 '신화 = 신들의 이야기' 등식 정도로 단순화하는 것이 편리할 것이다. 뿌리, 씨앗, 첫 둥지, 첫 출발을 두고 이런저런 이야기가 복잡하게 얽히고설켰다고 해서 그 자체가 사실이 되고 역사적 입증이 되는 것도 아니기에, 여기서는 그저 그 정도의 등식에 만족해도 아무 상관없다는 것이다.

우리는 그리스 신화, 로마 신화를 어느 정도 알고 있다. 신들의 이야기로 그리스인의 특별함을 드러내려 했다. 신들의 이야기를 빌려 로마인의 존재감을 최대한 부풀리고자 했다. 신화는 역사와 달리 원래 그런 덧칠하기, 개칠하기, 광내기에 단골로 동원되게 마련이었다. 하지만 여기서 한 가지 짚고 넘어가야 할 점은 신화가 거창하고 세밀하고 그럴듯할수록 해당 주민들의 위상이 높아지고 해당 주민들끼리의 동질의식과 결속력이 강화된다는 사실이다. 우리가 그리스 신화를 기억하고 되새기는 한 그리스인들에 관련된 것들이 덩달아 높이 평가되고 깊게 새겨지는 셈이다. 우리가 로마 신화를 온갖 종류의 이야기에 단골로 뒤섞고 끼워 넣는 한 그에 덩달아서 로마인들의 자취와 로마의 역사 또한 알게 모르게 우리 사고의 중심으로 옮겨지고 우리 정신의 중요한 토대를 이루게 되는 것이다.

그리스 신화, 로마 신화 속의 신들 요약			
그리스 이름	로마 이름	영어 이름	맡은 역할
제우스	유피테르	주피터	올림포스 최고의 신
헤라	유노	주노	결혼, 가정의 여신
포세이돈	넵투누스	넵튠	바다의 신
디오니소스 (헤스티아)	바쿠스 (베스타)	바카스 (베스타)	술과 황홀경의 신 (화로, 불의 여신)
데메테르	케레스	세레스	대지, 곡식, 수확의 여신
아테나	미네르바	미네르바	지혜, 전쟁의 여신
아프로디테	베누스	비너스	사랑, 미의 여신
아레스	마르스	마스	전쟁의 신
아폴론	아폴로	아폴로	태양, 음악, 예언, 궁술의 신
아르테미스	디아나	다이애나(다이아나)	달, 사냥의 여신
헤파이스토스	불카누스	불칸	불, 대장간의 신
헤르메스	메르쿠리우스	머큐리	전령, 상업, 여행, 도둑의 신

(출처: 인터넷 benetto's blog)

그런 점에서 우리의 신화와 우리 자신 사이의 관계를 다시 짚어볼 필요가 있을 것이다. 우리의 일상 속에 우리의 신화가 큰 몫을 차지한다면 우리의 자취와 역사는 덩달아 우리의 생각과 정신을 지배하게 될 것이다. 반대로, 그저 어설픈 전설이나 누군가가 얼기설기 짜맞춘 이야기 정도로 치부한다면 우리 자신 또한 알게 모르게 역사성이 희미하고 그래서 존재감이 덩달아 낮춰지게 될 것이다. 그런 점에서 다시 생각하면, 신화는 한낱 꾸며낸 이야기 정도가 아니라 은연중에 정신과 영혼까지 어느 정도 물을 들이고 수놓게 마련이다. 눈에 안 띈다고 그 존재감이나 영향력을 함부로 낮춰 볼 수는 없다. 논리적으로, 사실적으로 기승전결에 맞춰 일일이 입증하고 실증할 수 없다고 해서 무조건 하찮게 다룰 일은 아니다. 우리의 신화는 우리의 역사 속에 넣든 안 넣든 우리의 정신과 영혼을 조종하고 통솔하게 되어 있다.

다음으로 우리와 가까운 중국의 신화, 일본의 신화 등도 되돌아보도록 하자. '신화 = 신들에 대한 이야기' 등식에서 어느 정도 가깝거나 먼 지, 다시 한번 살펴보도록 하자.

중국의 신화

⭐ 중국 신화

➔ B.C. 30~21세기, 즉 우(禹) 이전의 시기에 신화가 발달.

➔ 지금까지 전해 내려오는 수인(燧人), 공공(共工), 여와(女媧), 복희(伏羲), 신농(神農), 황제(黃帝), 제준(帝俊), 과보(夸父) 등의 초기 신화를 통해 천지 개벽, 인류 기원, 일월성신, 자연산천, 홍수, 부족전쟁, 토템 활동, 무술예의(巫術禮儀)의 다양한 기록을 살필 수 있다. 이 신화들은 천지만물의 제반 현상에 대한 상고 시대 사람들의 해석을 반영.

➔ 서술된 신(神)과 사적(史蹟)에는 신앙과 경외감이 충만하고, 그 위령(威靈)을 노래.

➔ 중국 사회가 변하고 발전함에 따라 고대 신화들은 종교·예술·문장·풍속의 기원이 되었다. 천제(天帝)에 관한 신화는 진(秦)·한(漢) 시대의 방사(方士)와 그 후 도교가 흥기하면서 차츰 옥황상제로 바뀌었고, 서왕모(西王母)도 옥황상제의 황후가 되어 신선집단을 형성.

➔ 《사기(史記)》의 「오제본기(五帝本紀)」·「고조본기(高祖本紀)」에서는 신화를 제왕이 천명을 받은 근거로 삼아 정사(正史)에 넣었다.

➔ 신도(神荼)와 울루(鬱壘)는 갈대와 끈으로 호랑이를 묶고 흉악한 귀신을 막은 고대의 신으로, 후세에 문을 지키는 문신(門神)으로 정착.

➔ 문신인 진경(秦瓊), 위지경덕(尉遲敬德)의 전신으로, 이 풍속은 중국에서 1940년대까지 민간에 전승.

➔ 후세의 문학에 영향을 끼쳐 단편으로는 지괴소설(志怪小說)인 《수신기(搜神記)》, 당·송의 전기(傳奇), 《요재지이(聊齋誌異)》 등이 있다.

- 장편으로는 《봉신연의(封神演義)》, 《서유기(西遊記)》 등이 크게 유행.
- 위의 작품들은 도교·불교의 고사와 민간 전설을 많이 담고 있으며, 모두 신화의 아류임.

✪ 중국 고대 신화는 대부분 《산해경(山海經)》, 《좌전(左傳)》, 《여씨춘추(呂氏春秋)》, 《회남자(淮南子)》, 《목천자전(穆天子傳)》, 《사기(史記)》 등의 고서적에 산재.
- 기록들은 시간이 일치하지 않으며 담겨 있는 관념과 사실 또한 차이가 있다.
- 현대 중국의 학자들은 신화를 많이 정리·연구했는데, 저술로는 루쉰(魯迅) 의 《중국 소설 사략(中國 小設 史略)》, 마오둔(茅盾)의 《중국 신화 A.B.C.》, 원이둬(聞一多)의 《복희고(伏羲考)》, 위안커(袁珂)의 《고대 신화 선석(古代 神話 選釋)》·《중국 고대 신화》 등이 있다.
- 중국 소수 민족들의 신화는 근래 대량으로 기록·발굴.

(출처: 《한국민족문화대백과》)

한자권의 고대 문화, 중세 문화, 근세 문화는 거의 예외 없이 중국의 신화를 천지만물을 이해하는 기본으로 삼았었다. 당대 지식인, 당대 문화인, 당대 창작인의 전형으로 여겨지던 문학가들이 앞을 다퉈 중국의 신화를 배워 그 줄거리를 문학적 상상력으로 활용하고 지식적 배경으로 삼았다. 중국의 신화가 일종의 지식 공동체의 패러다임 내지 정통성의 하나 정도로 여겨졌던 셈이다. 중국의 신화를 알면 우주 만상의 원리를 알게 되고 그리고 천지만물의 조화를 배우게 된다고 생각했다.

일본은 어떠한가? 천황제도에서도 일본의 신화세계를 엿볼 수 있고 현재의 일본 문화, 일본 정신 속에도 일본의 신화세계, 신화 원리가 하나의 혈맥처럼 들어가 있다.

일본의 신화를 빼놓고는 일본인의 사고 체계를 이해할 수 없고 일본 문화의 특징을 제대로 파헤칠 수 없을 것이다. 그 정도로 일본의 신화는 오늘의 일본, 오늘의 일본인, 오늘의 일본 문화, 오늘의 일본 문명과 밀접하게 연결되어 있다. 뻥 뚫린 하늘처럼 일본의 신화세계는 만신(萬神)주의적인 색채가 강하다. 신들의 존재가 워낙 특이하기에, 신이 워낙 많기에 온 세상에 두루 편재(遍在)한다는 식이다. 그래서 사람 머릿수만큼 신들을 들먹일 수 있고 천지만물의 가짓수 이상으로 신들을 찾아낼 수 있다는 식이다. 일본의 신화세계와 이어진 일본인의 신앙세계는 사실 단순한 범신론(汎神論: 자연과 신이 동일하여 일체의 자연은 곧 신이며, 신이 자연이라고 생각하는 종교관(pantheism) 이상이다. '어디에나 신들은 있다. 신들은 어디서나, 누구에게나, 무슨 일에나 관여한다.'는 식이기에 종교적 논의를 위한 그 어떤 틀이나 이론이나 공식도 사실은 일본의 신화세계와 일본인의 신앙세계를 제대로 정확하게 설명할 수 없을 것이다. 어떤 식으로 설명하고 정리해도 전체의 한 부분에 그치게 되기 쉽다. 어떤 식으로 공식화하고 이론화해도 일본의 실상과 일본인의 실체에서 일정한 거리를 두게 될 것이다.

일본의 신화 요약

⭐ 일본의 신화 소개

➔ 일본 민족에 의해 구전 또는 글로써 전승된 신화를 총칭.

➔ 현대 일본 신화로서 전승되는 것의 대부분이 《고사기(古事記)》[고지키: 신화 시대부터 697년까지 한자로 기록한 편년체(編年體) 역사서, 일본 나라 시대 초기인 720년에 편찬, 30권], 《일본서기(日本書紀)》[니혼쇼키: 일본에서 가장 오래된 역사서, 일본 나라(奈良)시대(710~794) 초기에 기록]와 일본 각 지방의 신앙에 관해 서술한 《풍토기(風土記)》[후도키(ふどき): 일본의 관공서들이 펴낸 지리지, 후도키는 지리지 일반을 가리키는 경우도 있지만, 문학사에서는 나라 시대 초기인 713년에 관명에 의해 편찬된 지방별 《고풍토기(古風土記)》(고후도키)를 지칭]에 기술된 것. 즉 다카마가하라(高天原)의 신들을 중심으로 하는 신화가 대부분을 차지. 하지만 그에 대해 상세히 기술한 문헌은 많지 않다.

➥ 전승되는 각종 신화와 전설도 지역에 따라 천차만별이다. 이에 대해 일본의 사학자인 우에다 마사아키(上田正昭: 1927년 생, 교토대 명예교수)는 일본 각지에는 각각의 형태를 가진 여러 신앙이나 전설이 있었고 이즈모 신화[이즈모(出雲): 고대 일본의 주요 정치적 세력들 중 하나로 기원전 4세기경 야마토에 흡수, 일본 창생 신화 대부분이 이즈모나 그 주변을 무대로 해서 발생, 현재의 시마네 현의 동부에 해당, 일명 운슈(雲州)]는 그러한 각지 신화들을 대표하는 것이었지만 야마토정권[야마토 지역을 중심으로 고대 일본을 통치한 최초의 통일 왕권. 아스카(飛鳥) 문화로 불리는 일본 최초의 불교 문화를 조성한 후 645년에 종료] 이후 구니쓰 신 또는 봉신[奉神, 일본어로는 奉ろわぬ神(다테마쓰로와누가미)]과 같은 형태로 바뀌었다가 나중에 다카마가하라(高天原) 신화가 정설이 되어 합쳐졌다는 의견을 제시함.

➥ 일본인들과 근세까지 큰 교류가 없었던 아이누[일본 홋카이도와 혼슈의 도호쿠 지방(東北 地方), 러시아의 쿠릴 열도, 사할린 섬, 캄차카 반도에 정착해 살던 선주민]나 류큐(琉球: 일본 오키나와 현)에서는 독자적인 신화가 존재.

➥ 중세엔 다이헤이키[たいへいき〈태평기〉: 일본 남북조 시대의 전란을 기록한 무로마찌 시대(실정 시대, 1334~1573) 초기의 군담 소설] 등의 군인 문학, 고대 와카(和歌)와 거기에 주석을 붙인 해석본, 각종 절이 생겨난 것의 기원 등에 관해 《일본서기》에 기록된 내용에 의존하면서 중세 신화가 발달.

➥ 중세 신화 속에서는 본지 수적설(本地 垂跡說)에 의거하여 《고사기》와 《일본서기》의 신들이 부처 등 불교의 신성한 존재들과 동일시되거나 대등한 관계로 다루어지고 있다.

➥ 《고사기》와 《일본서기》에서는 볼 수 없는 신격화나 신물(神物)이 등장하거나, 지방 신화와 민담, 예능 문화로부터 받아들인 요소가 신화 안에 혼재.

➥ 그러나 다수에 의해 정통 문헌으로 인정받은 문헌이 전무하였기 때문에 지방에 따라서는 다양하게 각색되기도 하여 현재는 주로 일본 국내에서 '국문학'적인 연구가 이루어지고 있을 뿐이다.

➥ 근세에 이세노쿠니[지금의 미에(三重)현]의 모토오리 노리나가(本居宣長:

1730~1801)가 《고사기》를 본격적으로 증명하는 것을 목표로 명저 《고사기전(古事記傳)》[고지키덴: 총 44권, 1798년 완성, 《고사기》의 종교적·윤리적 가치 재발견, 일본 고래(古來) 정신으로 돌아갈 것을 주장]을 저술하여 《일본서기》 중심의 신화가 변하고, 《고사기》 중심으로 신화를 해석하는 것이 주축이 되어 오늘날 일본 신화 연구의 흐름으로 정착.

➔ 이외에, 기독교와 에도 막부[江戶幕府: 일명 도쿠가와 막부(德川幕府), 일본사에서 가마쿠라 막부, 무로마치 막부에 이어 세 번째이자 최후의 막부(1603~1867)] 말기에 창설된 덴리교[천리교: 1838년 가정 주부인 나카야마 미키(中山 みき: 1798~1887)가 창시, 본부는 나라현(奈良縣) 덴리 시(天理市) 미시마(三島)에 있음]의 교설도 일본 신화의 영향을 받았다. 이 문서의 내용은 일본 신화의 주축으로 인정받고 있는 다카마가하라 신화[《고사기》와 《일본서기》에 서술된 주요 신화]에 대한 것임.

✪ 일본 신화의 주된 흐름

(1) 창세

➔ 세계의 처음에 다카마가하라(高天原: 높은 고원으로 일본 신화 탄생의 중심지)에서 고토아마쓰카미, 가미요 나나요라는 신이 태어났고, 후에 이자나기와 이자나미가 태어났다.

(2) 이자나기와 이자나미

➔ 이자나기, 이자나미는 아시하라나카쓰쿠니(葦原中國)에 강림해 결혼하여 일본 열도를 형성하는 오야시마(大八洲)를 만들었고, 다양한 신들을 낳았지만 불의 신 가구쓰치를 낳던 이자나미가 가구쓰치의 불기운에 의해 타죽어 이즈모와 호키의 경계에 위치한 히바노야마에 매장되었다.

➔ 이자나기는 가구쓰치를 죽이고 이자나미를 찾아 황천으로 떠났다. 하지만 이자나미는 이미 황천의 음식을 먹었기에, 이자나미는 이자나기를 이승으로 데려갈 수 있는 기회를 놓쳤다. 그리하여 이자나기 또한 흉하게 변해버렸고, 경악한 이자나미는 도망쳤다.

● 황천에서 도망친 이자나기는 게카레를 피하면서 미조기(禊)라는 의식을 치렀
다. 이때 여러 신이 태어났는데 왼쪽 눈을 씻으면서 태어난 신이 태양의 신
아마테라스, 오른쪽 눈을 씻으면서 태어난 신이 달의 신 쓰쿠요미, 코를 씻으
면서 태어난 신이 폭풍의 신 스사노오였다.

(3) 아마테라스와 스사노오

● 성격이 드셌던 스사노오는 이자나미가 있는 저승에 가고 싶을 때마다 울부
짖어 폭풍을 일으켰기 때문에 천지에 막대한 피해를 끼쳤다.
그리고 그 피해는 아마테라스가 다스리던 다카마가하라(高天原)에까지 닿
았다.

● 아마테라스는 스사노오가 다카마가하라(高天原)를 빼앗으려 하는 것으로 오
해해서 활과 화살을 들고 스사노오를 맞이하였는데, 스사노오는 아마테라스
의 오해를 풀기 위해 자신이 지니고 있던 물건에서 신을 만들어 내어 자신에
대한 결백을 증명.

● 그러자 아마테라스는 스사노오를 용서했지만, 스사노오가 다카마가하라(高
天原)에서 난동을 피우자 아마테라스는 아마노이와토라는 동굴에 숨어버려
세상은 어둠 속에 잠겼고 신들은 곤란한 지경에 빠졌다.

● 그러나 여러 신의 지혜로 아마테라스는 분노를 풀고 동굴에서 나왔고, 스사
노오는 그 책임을 물어 인간 세상으로 추방함.

(4) 이즈모 신화

● 인계로 추방된 스사노오는 이즈모노쿠니에 강림. 그리고 괴수 야마타노오
로치를 죽여 구시나다히메와 결혼. 스사노오의 자손인 오쿠니누시는 스세
리히메(스사노오의 딸)와 결혼하여 스쿠나비코나와 아시하라나카쓰쿠니를
낳았다.

(5) 아시하라나카쓰쿠니 평정

● 아마테라스를 비롯하여, 다카마가하라(高天原)에 있던 여러 신은 아시하라나
카쓰쿠니를 지배할 존재는 오로지 아마테라스의 자손이라고 하여, 몇 명의

신을 이즈모에 내려 보냈다.

➔ 오쿠니누시의 아들인 고토시로누시, 다케미나카타노카미가 덴진가미가 되면 오쿠니누시도 자신을 위한 궁전 건설을 해주는 조건으로 자신의 나라를 양보할 것을 약속. 이 궁전은 후일 이즈모타이샤가 된다.

➔ 아마테라스의 자손인 니니기가 아시하라나카쓰쿠니 평정 임무를 받아 휴가에 강림하였다. 니니기는 고노하나노사쿠야비메와 결혼.

(출처: 《한국민족문화대백과》)

일본의 신화는 일본의 문학세계를 통해서 더 잘 전해지고 더 이해하기 쉽게 확산되고 전승되었다. 그만큼 신화에 대한 애착이 많았다는 뜻이기도 하고 또한 다르게 보면 일찍부터 신화를 실제 생활과 밀접한 것으로 삼았다는 뜻일 수도 있다. 외부의 유입이 적었다는 반증일 수도 있고 반대로 외부의 유입에 대해서 나름대로 독창적이고 독자적인 방어기제를 잘 갖추고 있었다는 뜻일 수도 있다. 하기야, 신화가 실제 생활의 토대가 되고 실제 신앙생활의 기반이 된다면 공동체 차원, 국가 차원에서는 그보다 더 다행스러운 일이 없을 것이다. 공유의 분량이 많고 공통 분모가 클수록 그 사회는 견고할 수밖에 없을 것이다. 신화의 생활화, 신화의 신앙화, 신화의 문화화는 그런 점에서 대단히 중요하다. 가짜를 진짜로 삼는 일, 황당무계한 것들을 실제, 실재와 혼동하는 것과는 많이 다르다. 역사적 자취와 기록이 전승되고 당대의 삶과 기록이 구전되어 내려오는 상황에서는 신화의 현실 접목과 신화의 현세인 끌어안기가 의외로 소중하고 막중할 수도 있다.

일본 문학 속의 일본 신화

✪ 상대(上代) 야마토 시대의 일본 문학

➔ 상대(上代) 야마토 시대의 일본인이 일본어로 쓴 문학의 총칭.

(1) 상대(上代: 야마토 시대)

➔ 794년 헤이안쿄[平安京: 교토(京都)로 천도하기까지 대체로 야마토(大和: 나라 현, 奈良縣)] 지역이 일본의 정치·문화 중심지이었기에 이 시대를 야마토 시대라고 부른다.

➔ 7세기 초엽 중국 문화와 더불어 들어온 한자의 음훈(音訓)을 원용한 표기 방법이 고안·발전됨에 따라 구송되던 문학을 문자로 기록할 수 있게 되자 기재문학이 일본에 출현.

➔ 8세기 이후에 성립된 문헌《고사기(古事記)》,《일본서기(日本書紀)》,《풍토기(風土記)》 등에 남아 있는 구송문학의 흔적에서 일본 문학의 원형을 살펴볼 수 있다.

➔ 국가의 강력한 의지에 의해 기재문학이 싹트게 되었다. 일본 최고의 문헌인《고사기(古事記)》,《일본서기(日本書紀)》는 국가 통일이라는 정치적 목적을 위해 왕실 중심으로 기록·편찬된 것으로, 여기에 기재된 많은 신화·전설·가요는 원시 사회의 유산이 아니라 율령국가(律令國家)의 정치적 의지에 의해 인위적으로 체계화된 것임.

(2)《고사기(古事記)》는 712년 겐메이(元明)천황의 명을 받아 오노 야스마로(太安萬侶)가 찬록(撰錄)한 것으로 일본의 국문체를 살린 한문으로 기록. 상·중·하 3권 중 상·중 2권은 대부분이 신화·전설이고 하권 끝에 역사적인 내용이 기술되어 있다.

➔ 그 내용을 살펴보면, 상권은 신대(神代)를 다룬 것으로 다카마가하라(高天原)에 조화삼신(造化三神)이 출현하는 것을 시작으로 남신 이자나기(伊邪那岐)와 여신 이자나미(伊邪那美)에 의한 국토 창조가 이어진다.

➔ 이어서 오쿠니누시노미코토(大國主命)에 의한 이즈모 구니(出雲國)의 헌납, 천손(天孫) 니니기노미코토(瓊瓊杵尊)의 휴가(日向) 지방 다카치호 봉(高千穗峰) 강림과 국토의 경영이 이어진다.

➔ 중권에는 역대 조정과 부족의 계보, 진무(神武)천황의 동방 정벌, 일본 국토 건설의 영웅인 야마토타케루노미코토(倭建命)의 원정, 그리고 이와 관련된

수많은 전투와 연애를 소재로 한 가요가 수록되어 있다.

◐ 하권에는 닌토쿠(仁德)천황에서 스이코(推古)천황에 이르기까지의 전설과 닌토쿠 천황을 중심으로 한 많은 가요가 실려 있다.

(3) 720년에는 덴무(天武)천황의 셋째 왕자 도네리(舍人)왕자가 명을 받아 《일본서기》 30권을 편찬.

◐ 신대(神代)로부터 지토(持統)천황까지의 역사를 편년체(編年體)로 엮은 것으로, 《고사기》가 국내적·전통적 입장에 선 것임에 반해 《일본서기》는 대외적 의식이 강하며 중국 역사서를 본떠 정연하게 구성되어 있다.

◐ 《고사기》·《일본서기》에 실려 있는 약 200수의 가요는 고대인의 생활을 담은 민요적 성격의 소박한 가요임.

◐ 713년에 내려진 칙명을 받아 지방의 여러 구니(國)에서 찬진(撰進)한 《풍토기》는 나라 시대(奈良 時代)의 것으로 보이는 《이즈모후도키(出雲風土記)》를 비롯하여 하리마(播磨)·히타치(常陸)·히젠(肥前)·분고(豊後)의 5개 《풍토기》 외에 여러 지역의 《풍토기》 일문(逸文)이 전해진다.

◐ 《풍토기》에도 신화·전설·설화가 많이 수록되어 있는데, 《고사기》·《일본서기》에 비해 민중의 생활상을 많이 전하고 있다.

(4) 일본의 신화는 구성 요소가 복잡하면서도 통일성이 있다.

◐ 그것은 국가와 왕실을 향한 구심적(求心的)인 정신이 작용하고 있음을 뜻하는 것이며 따라서 산문적·비예술적이다.

◐ 고대인의 생활에서 신앙이 차지하는 위치는 매우 중요하다.

신에게 드리는 기도가 점차 의식화됨에 따라 노리토(祝詞), 센묘(宣明)가 출현했다.

노리토는 종교 의식에서 신에게 드리는 기도문이며 센묘는 국가의 중대사가 있을 때 왕이 신과 문무백관 및 백성에게 고하기 위해 발포하는 칙서(勅書)다.

◐ 노리토의 문장은 반복·대구·열거 등의 수사법을 구사하였기에 장중하다.

◐ 센묘는 용언의 어미나 조사·조동사 등을 일자일음(一字一音)의 만요가나(萬

葉假名: 한자의 음만을 따서 표기한 것)로 작게 표기하는 표기법을 썼는데 이를 센묘가키(宣命書き)라고 한다.

(5) 《만요집(萬葉集)》(만요슈)의 성립

❥ 귀족과 지식인 사이에 개인의식이 싹트고 문학적 자각이 뚜렷해지는 한편, 한자가 보급되면서 일자일음 식의 만요가나가 발달하여 개인의 심정을 단카(短歌: 음수율 5·7·5·7·7의 정형시) 또는 조카(長歌: 음수율 5·7·5·7……5·7·7)에 담은 와카(和歌: 한시에 대해 일본 고유의 시로서 주로 단카를 말함)가 융성하게 되었다.

❥ 마침내 《만요집(萬葉集)》 와카의 특색인 웅대하고 힘찬 가풍의 이른바 만요초(萬葉調)가 형성되었고 6~7세기경에는 5·7조 정형(定型)이 확립되었다.

(6) 이 시대의 와카(和歌: 한시에 대해 일본 고유의 시로서 주로 단카를 말함)를 집성한 것이 일본 최고의 가집 《만요집(萬葉集)》(759년 이후 성립)인데 전 20권으로 4,500여 수가 실려 있다.

❥ 작자의 층은 천황에서 서민에 이르기까지 광범위하며 지역도 전국적이므로 매우 복잡하고 다양하다.

❥ 작가(作歌) 연대는 130여 년 간으로 629~759년, 즉 7~8세기의 노래가 대부분임.

❥ 여러 사람이 편집한 것으로 보이나 오토모 야카모치(大伴家持)가 최종적으로 집대성한 것으로 보인다.

❥ 수록된 와카(和歌: 한시에 대해 일본 고유의 시로서 주로 단카를 말함)는 소몬카(相聞歌: 이성을 연모하는 노래), 반카(輓歌: 죽은 이를 애도하는 노래), 조카(雜歌: 주로 궁정의 공식 행사와 관계가 있는 노래) 등으로 분류·편찬.

(7) 《만요슈(萬葉集)》는 시풍에 의해 4기로 나눌 수 있다.

❥ 제1기는 아직 상대 가요의 소박함이 남아 있는 시대로, 대표 시인으로는 여류 시인 누카타노 오키미(額田王)를 들 수 있으며, 특히 왕실 시인이 많다.

● 제2기는 덴무(天武)·지토(持統)·몬무(文武) 3대 천황에 걸친 시기로서 개인의 의식이 두드러지고 표현 기술도 진보하여 만요 시풍이 확립한 시기다. 대표 시인인 가키노모토 히토마로(柿本人麻呂)는 특히 조카(雜歌: 주로 궁정의 공식 행사와 관계가 있는 노래)에 뛰어났으며 일본 와카(和歌: 한시에 대해 일본 고유의 시로서 주로 단카를 말함) 사상 최대의 시성(詩聖)으로 인정받는 시인이다.

● 제3기는 나라 시대 전기로 만요의 최성기. 주정적인 노래에서 객관적인 노래로 옮겨가는 시기로, 개성적인 시인이 배출되었다.

대표 시인으로서는 단카와 서경가(敍景歌)에 뛰어난 야마베 아카히토(山部赤人), 야마노우에 오쿠라(山上憶良), 오토모 다비토(大伴旅人) 등이 있다.

● 제4기는 나라 시대 후기로, 시풍은 이지적·기교적이어서 다음 헤이안 시대[평안시대, 794~1185: 794년 간무 천황이 헤이안쿄(平安京)로 천도한 때로부터 1185년 가마쿠라 막부의 설립까지의 약 390년간을 지칭하는, 일본 역사의 시대 구분의 하나]로 이행하는 징조가 보인다. 오토모 야카모치가 대표적인 시인이다.

각 시대에 따라 시풍의 변천은 있으나 전체적으로 일상생활에서 오는 소박한 감정을 솔직하게 표현한 남성적인 시풍이라 할 수 있다.

(8) 한시문(漢詩文)

● 율령 문화가 전개됨에 따라 궁정 귀족 사이에서 한시문이 활발히 쓰였다.
《가이후소(懷風藻)》(751)는 나라 시대까지 약 100년 동안 제작된 작품 120편을 수록한 한시집으로, 대부분이 육조시(六朝詩)의 영향을 받은 5언시(五言詩)여서 독창성이 부족함.

● 772년에는 중국의 시론을 일본 단카(短歌: 음수율 5·7·5·7·7의 정형시)에 적용하여 와카(和歌: 일본 고유의 시로서 주로 단카를 말함)의 이론화를 꾀한 후지와라 하마나리(藤原浜成)의 '가쿄효시키(歌經標式)'가 성립되었다.

(출처: 《브리태니커백과》)

위에서 보았듯이, 우리를 포함하여 모든 장소의 모든 사람은 나름대로의 '신과 신들에 대한 이야기'를 지니고 있는 셈이다.

'우리 조상은 어디서 왔을까?'와 '우리는 어디서 왔을까?' 같은 당연한 질문, 자아 정체성, 공동체 역사성을 찾으려는 궁금증이 신화의 뿌리일 수도 있다. 우리가 현재 전통이라고 하는 것, 미풍양속이라고 하는 것 등이 모두 그 요람과 원점을 찾으면 신화와 직결되거나 최소한 그 주변으로 갈 수 있을 것이다.

개념이 세분화하고 다면화, 다층화, 다양화하여 문화나 예술이라는 식으로 포장되는 편이지만, 그 모든 것의 뿌리에는 인정하든, 인정하지 않든 신화로 이어지는 길목이 있고 신화로 통하는 큰 길이 있는 것이다.

상상해 보라. 그리스인들은 자신들의 신화 속에서 낯익은 장소와 이름을 찾아내게 될 것이다. 로마의 후예라고 자인하는 이들은 자신들의 신화 속에서 귀에 익은 장소와 이름들을 듣게 될 것이다. 우리 또한 신화에 등장하는 장소와 이름들이 왠지 모르게 친숙하게 느껴지고 가깝게 다가올 것이다. 그러니 신화의 줄거리가 아무리 황당무계하고 추상적, 초월적, 극적이라고 해도 낯익은 장소들과 귀에 익은 이름들만으로도 충분히 소화할 수 있고 수용할 수 있고 그리고 은근히 동화되게 마련일 것이다. 그런 점에서 보면 신화는 과학성, 합리성, 논리성, 사실성에서 벗어나서 그 자체만으로도 충분히 의미 있고 가치 있는 것이다. 조상과 직결되고 고국과 관련 있고 고향과 그리 멀지 않은데 어떻게 그저 과거의 것들, 상상의 산물, 원시 인류의 공상 속 무지개라고 가볍게 여길 것인가?

그래서 신, 신들, 귀신들, 신령들을 인정하면 모든 신화가 그럴듯하게 들릴 수 있고 반대로 '내가 보고 듣고 알 수 있는 것만 믿는다.'는 입장에서 보면 모든 신화가 그저 전설, 풍문, 지어낸 이야기, 꾸며낸 이야기에 그칠 수 있다. 어쩌면, 문자, 말 등이 제대로 완비되어 있지 않고 그리고 너른 지역을 한 단위로 삼을 정도로 통일화, 단일화, 동질화가 되지 않은 상태에서는 그저 '이야기 식으로 퍼지고 이어지는 정도, 말에서 말로, 입에서 입으로 이어지는 정도'에서 그치기에 자연히 모든 것이 신화, 전설 식으로 이어지고 퍼졌을 것이다. 세계 인류의 경우에도 백 년 전으로만 거슬러 올라가도 문자를 아는 이보다는 모르는 문맹이 훨씬 더 많았을 것이다. 그럴 경우, 기록물보다는 입에서 입으로 이어지는 이야기가 훨씬 더 잘 퍼지고 그리고 의외로 잘 이어졌을 것이다. 그런 점에서 신화를 대하면 될 것이다. 그런 점에서 믿기지 않는 이야기일망정 긴 역사의 한 줄기, 기록물 이전의 긴 역사 기간으로 새롭게 바라볼 필요가 있을 것이다.

아니면, 인간에게는 상상력이 공유되고 그리고 누군가는 그 상상력이 유별나게 뛰어날 수도 있기에 자연스레 보통 사람들의 수준을 넘어서서 특별히 상상력이 뛰어난 이들이 일종의 전문가 집단처럼 굴며 신화를 체계화하고 전승 이야기를 보다 그럴 듯하게 종합화·논리화했을 수도 있다. 그 어떤 것이건 '신화=긴 역사의 한 부분, 문자 발명 이전의 인류 역사의 한 줄기' 식으로 이해할 수도 있을 것이다.

우리에게 가장 중요한 단군 신화를 살펴보자.

건국 신화로서의 단군 신화: 다른 신화들과의 유사점과 차이점

⭐ 단군 신화
➜ 우리 민족의 시조이자 고조선의 건국 시조인 단군에 관한 신화.
➜ 내용은 7개의 이야기로 구성.
① 환인(桓因)과 그 아들 환웅(桓雄), 그리고 환웅의 아들인 단군 그 삼대에 걸친 가계.
② 환웅이 아버지 환인의 허락을 받고 하늘에서 태백산(太白山: 지금의 백두산)으로 하강.
③ 신단수(神壇樹) 아래 신시(神市)를 베풀고 환웅천왕이라 칭한 후 인간 세상을 다스림.
④ 곰이 호랑이와 함께 사람 되기를 원했지만 곰만 사람 여자로 화신.
⑤ 곰이 변한 여인, 곧 웅녀(熊女)가 사람의 몸으로 현신한 환웅과 혼인.
⑥ 환웅, 웅녀 부부가 낳은 아기를 단군왕검이라 하고 평양에 도읍을 정한 뒤 나라 이름을 조선으로 한 것.

⑦ 단군왕검이 1,908세의 수(壽)를 누린 뒤 아사달산에 숨어 산신이 된 것 등.

➜ 이것은 일연[一然: 1206~1289, 고려 중기의 학자·승려, 이름은 김견명(金見明), 경주 김씨)]이 쓴 《삼국유사》의 기록에 의존하고 있지만, 이승휴[李承休: 1224~1300, 고려 후기 문신·학자, 가리 이씨(加利 李氏)의 시조]의 《제왕운기(帝王韻紀)》와는 다소 다르다.

실제로 ①에서 ③까지는 비슷하지만, ④와 ⑤ 사이에서 크게 차이가 난다.

➜ 즉, 《삼국유사》의 웅녀가 사라지고 그 대신 환웅의 손녀가 등장. 환웅이 손녀로 하여금 약을 먹고 사람의 몸을 갖추게 한 후 단수신(檀樹神)과 혼인하게 한다. 이어 그 사이에 아기가 태어나니 이름을 단군이라 했는데, 그가 조선의 지경에 의지해서 왕이 되었다고 《제왕운기》는 기록.

➜ 그러나 ④~⑤에서는 크게 차이가 나다가 ⑥~⑦에서는 다시 이들 문헌 사이에 큰 차이를 보이지 않는다.

➜ 단군의 어머니라는 점에서는 동일한 인물인데도 ① 한쪽은 곰이 화신한 여인이고, ② 다른 한쪽은 신(환웅의 손녀가 약을 먹고 여자로 변신)이 화신한 여인.

➜ '동물(곰)/신(환웅의 손녀)'의 대립이 두 기록 사이에 있다. 이 '동물/신'의 대립은 다시 '지상/하늘'이라는 양분적 대립을 함축함. 또한 다 같이 단군의 어머니이면서도 《삼국유사》에서는 환인/환웅으로 이어지는 부계(남계)의 가통(家統)에 혼인해 들어온 여성이고, 《제왕운기》에서는 환인/환웅으로 이어지는 부계 그 자체의 혈통에 딸린 여인임.

① 전자(《삼국유사》의 내용)가 가통 바깥이라면 ② 후자(《제왕운기》의 내용)는 가통 안이다.

➜ 양자 사이에는 '바깥 존재/안의 존재'라는 대립이 있는 셈이다. 이와 같은 어머니가 지닌 '안/밖'의 대립을 존중한다면 《삼국유사》와 《제왕운기》는 단군의 출자(出自)에 대해서도 서로 다른 대립성을 보이게 된다.

➜ 《삼국유사》에서 단군은 환인/환웅의 뒤를 이은 부계의 3대이고, 《제왕운기》에서 단군은 환인/환웅으로 이어지는 가계로서는 4대째에 속하는 여인의 아들이 된다.

➜ 《제왕운기》는 단군을 환인/환웅으로 이어지는 가통의 5대째 외손으로 기술.

이렇게 되면 이들 문헌 사이에는 '3대 부계/5대 모계'라는 대립이 생기게 된다.

✪ 《삼국유사》에서는 부계(남계)를 따른 3대에 걸친 일종의 신통기(神統紀), 곧 신족보(神族譜)가 기술되어 있고, 《제왕운기》에서는 모계(여계)를 따른 5대에 걸친 신족보가 기술되어 있는 셈임.

➥ 이들 문헌 사이에는 이야기 토막 ④와 ⑤를 두고 '동물(곰)/신', '안/밖', '부계 3대/모계 5대'라는 대립적인 양상이 있게 된다.

➥ 《제왕운기》는 《삼국유사》에 비해 불과 십여 년 후에 간행된 책.

➥ 그 짧은 시기 사이에 이만큼 큰 변화를 지닌 신화가 전승되어 있었다는 것은 고려 시대에서는 단군 신화의 서사적 구조상의 안정이 흔들리고 있었다는 증거가 될 가능성이 크다.

➥ 더욱 '곰(동물)/신', '안/밖', '부계/모계'라는 대립은 보통 차이가 아니며, 의미 작용이 거꾸로 뒤집힐 만큼의 결정적인 차이라고 보아야 한다.

➥ 이 세 겹의 대립 가운데서 '곰/신' 사이의 대립은 비교적 쉽게 조정될 수 있다. 《삼국유사》의 "곰이 약을 먹고 사람 몸을 얻어 여자가 되다."라는 표현과 《제왕운기》의 "신의 손녀가 약을 먹고 사람 몸을 얻어 여자가 되다."라고 하는 표현 사이에는 기층적인 공질성이 있는 듯하다. 공질성은 곰도 신과 마찬가지로 사람이 아니라는 사실에 착안함으로써 얻어진다.

➥ 이로써 양 기록에서 문제가 되는 부분에 담겨 있는 공통의 기층을 요약하면, "사람 아니던 존재가 약을 먹고 사람의 몸을 얻어 여자가 되다."와 같이 된다. 이와 같이, 공질의 기층을 가진 것이 사실이라면 '곰/신' 사이의 대립을 조정하기는 용이하다.

➥ 인간이 아닌 다른 존재가 약을 먹고 변신해서 혼인함으로써 단군의 어머니가 되었다는 점에서는 두 기록 사이에 차이가 없다. 뿐만 아니라, 시베리아 및 극동의 북부 지방에 깔려 있던 이른바 곰 신앙을 고려한다면 '곰/신'의 대립을 조정하는 것은 더욱 용이해질 것이다.

➥ 그러나 두 기록 사이의 대립의 조정은 여기서 그치게 된. '안/밖', 그리고 '부계/모계'의 조정은 용이하지 않기 때문이다. 고려왕조의 전설에 부계와 모계

가 엇갈리고 있다는 사실이 참고가 될 만하나, 어떤 직접적인 해답을 얻어낼 수는 없을 것이다.

✪ 단군 신화의 전승된 기록으로 보이는 《세종실록 지리지》의 단군에 관한 기록 중에서, 문제된 ④와 ⑤의 이야기 토막은 《제왕운기》를 답습하고 있다.

➜ 이러한 변이에도 불구하고 단군 신화는,
　① 첫째, '하늘에서 하강한 천신이 나라를 열고 왕의 자리에 나아간다.'라는 서사 진행에 있어서,
　② 둘째, 신맞이굿의 절차를 반영하고 있다는 점에서,
　③ 셋째, 신화·전설의 복합체라는 점에서 '건국 신화' 또는 '왕권 신화'라고 일컬어지는 신화들과 공통성을 가지고 있다.

➜ 그리고 이 공통성을 기반으로 해서 시베리아의 무속적 서사시 및 일본의 일부 왕권 신화와 비교될 수 있다.

➜ 만일, 단군 신화가 가장 오래된 신화로 인정된다면 단군 신화가 지닌 세 유형상의 특질을 우리나라 건국 신화들의 원형으로 볼 수도 있을 것이다. 이럴 때, 단군 신화의 기본적인 이야기의 축은 '하늘에서의 하강'과 '왕국의 건설'로 요약될 수 있다. 이 두 개의 기본 축에 '씨족의 건설'을 대입하면 신라 6촌장의 씨족 신화, 기타 여러 후대의 씨족 신화의 기본적인 유형이 그려진다.

✪ 《삼국유사》 혁거세왕조의 기록으로 보아 씨족 신화의 바탕 위에 왕권 신화가 형성된 추정을 해도 좋을 것이다.

➜ 왕권 신화와 씨족 신화 사이에는 기본적으로 '나라/집(가문)'의 대립이 말해주는 차이밖에 없다.

➜ '하늘에서의 하강'과 '왕국의 건설'을 기본 축으로 삼고 있다는 점에서는 단군 신화도 그 밖의 건국 신화와 대동소이하다.

➜ 그러나 단군 신화는 하늘에서 내린 제1세대가 직접 왕국을 건설하지 않고, 제2세대가 건설하게 된다는 특색을 지니고 있다. 그리고 두 세대 위에 하늘의 세대가 군림하고 있다는 점에서 천신인 첫 세대는 보내는 사람(파송자)

역할을 하면서 하강하는 자를 도와준다.

➲ 첫 세대와 두 번째 세대 사이에는 '천상의 신/지상의 신', '파송자/파송되어 하강한 존재'라는 대립성이 있게 된다.

➲ 이 가운데 둘째 대립은 '과업을 위임한 자/과업을 맡은 자'라고 함축할 수 있다. 하강한 신인 제2세대와 제3세대 사이에는 '천왕/왕검', '산 위 신단수 아래의 신시/평양 도읍의 왕국'이라는 대립이 존재한다. '천왕/왕검' 사이에는 '하늘/땅', '신성/세속' 등의 대립이 들어 있다. 그것은 '산 위의 신단수/평양이라는 도읍' 이외에 '신시/왕국'이라는 대립에 보완될 수 있을 것이다.

✪ 환웅은 종교성 짙은 무속적인 통치자였고, 단군은 세속과 관련된 무속적 왕이었다고 구분할 수도 있다.

➲ 물론, 전자 쪽에 무당 내지 샤먼으로서의 성격이 보다 더 강하게 투영되어 있다.

➲ 《삼국유사》의 "① 바람의 신 풍신(風神), ② 비의 신 우신(雨神), ③ 구름 신 운신(雲神) 등을 거느리고 곡식과 목숨과 질병과 형벌제도와 선악의 구별 등을 다스리면서 인간 세상의 삼백예순 일을 갈무리하였다."라고 쓰인 기록대로라면 환웅은 이미 상당한 정도의 이른바 '문화 영웅'이라고 할 수 있다.

➲ 문화와 제도를 비로소 창조해 '자연/문화'의 대립을 인간들에게 주면서 그 대립을 조절한 최초의 존재가 환웅이 되는 셈이다. 그러나 그가 다스리는 곳의 중심은 신시라고 불렸다. 종교적 성역이었던 셈이다.

환웅은 천신으로서 다스리되, 산속 신단수 주변의 성역을 중심으로 한 특정 공동체의 신령이자 제사장이자 통치자였던 셈이다.

✪ 환웅에 의해 고조선의 기틀은 이미 잡혀진 것이다.

➲ 하늘에서 하강한 제1세대가 직접 지상의 통치자가 된다는 점에서 환웅은 오히려 혁거세나 수로왕에 견주어도 좋을 것이다.

➲ 따라서 단군 신화를 이야기할 때 이와 같은 기초를 닦은 자로서의 환웅의 역할을 간과해서는 안 된다.

→ 환웅과 단군 사이에는 '부/자', '예비자/완성자', '천신/지상 원리에 감염된 신격'이라는 세 겹의 대립이 있음을 알게 된다. '환인·환웅·단군'으로 이어지는 3세대는 '과업을 위탁한 자·과업을 예비적으로 수행한 자·과업을 마무리 지은 자'라는 연속성을 보인다.

✪ 나머지 건국 신화에서는 단군 신화와 같은 하늘의 세대가 보이지 않고, 단군 신화에서의 제2·3세대의 기능이 하늘에서 직접 하강한 제1세대 한 사람에게 집중되어 있는 셈이다.

→ 이와 같이 단군 신화는 그 서사적 구조나 등장 인물의 성격에 있어 나머지 건국 신화들의 규범 형식을 다 갖추고 있거니와, 그것은 고조선이 최초의 왕국으로 인식되어 있는 사실과 대응하고 있는 것이다.

→ 그러면서 단군 신화는 우리나라 서사문학 일반의 3대기의 원형이 되고, 아울러 후대의 각종 마을굿의 원형으로서 마을굿을 통해 되풀이 반복, 실연되면서 이 땅 민속 신앙의 지배적 이념 구실을 다해온 것이다.

(출처: 《한국민족문화대백과》)

어디서 시작되고 어떻게 이어져 내려오고 그리고 정사와 야사, 민간 신앙과 국가 단위의 제사 등에서 어떻게 변형되고 체계화되고 시대별·장소별로 동류, 아류가 생겨났건 단군 신화는 우리의 정신적 바탕이고 근원을 캘 때 늘 먼저 되새기고 곱씹게 되는 우리의 근본이고 출발점이고 역사적 사유의 원점인 셈이다. '널리 인간을 이롭게 한다.'는 홍익인간 정신만 해도 그렇다. 단군 신화를 떠올리며 단골로 되새기게 되는 우리의 정신적 토대이고 나라를 세우고 이끌고 빛내는 하나의 정신적·이념적·철학적·사상적·윤리적 기반이 된 것이다.

⭐ 홍익인간[弘益人間: 넓을 홍(弘), 더할 익(益)]

   ➜ 인간을 널리 이롭게 한다는 뜻으로 우리나라의 ① 건국 이념이자 ② 교육 이념임.

   ➜ 단군 신화에 의하면 '널리 인간을 이롭게 한다는 것'이 천신 환웅이 이 땅에 내려와서 우리의 시조 단군을 낳고 나라를 연 이념이다. 여기에서의 '인간'은 오늘날처럼 '사람'을 뜻하지 않고, '사람들이 사는 세상'을 뜻한다.

⭐ 우리나라 고대 신화라고 볼 수 있는 단군 신화는 13세기 말엽에 저술된 ①《삼국유사》와 ②《제왕운기》, 그리고 15세기 전반기에 편찬된 ③《세종실록 지리지》 등에 실려 있다.

   ➜ 단군 신화의 가장 오래된 자료는 고려 충렬왕 때 일연(一然)이 찬술한《삼국유사》의 「고조선조(古朝鮮條)」에 인용된 고기(古記)다.
여기에 현행 「교육법」 제1조에 나타난 홍익인간이라는 말이 처음으로 나오는데, 특기할 만한 점은 천상의 신적 존재가 인간의 세상을 탐냈으며, 지상의 동물이나 사람이 되기를 원하였다는 점이다.

   ➜ 단군 신화를 언급한 기록으로는《삼국유사》를 비롯하여 거의 동시대에 쓴 이승휴(李承休)의《제왕운기》가 있다.
《제왕운기》는《삼국유사》의 저술 시기보다 불과 10여 년 뒤에 쓰인 것으로, 단군을 조선의 시조라고 하고 단군본기(檀君本紀)라는 것을 인용하였다.

   ➜ 《제왕운기》의 기록 내용이《삼국유사》와 다른 점은 다음과 같다. 단군의 '단(檀)'자가 '목(木)' 변이고,《삼국유사》에서는 환인의 서자 환웅이 웅녀(熊女)와 혼인하여 단군을 낳았다고 하는 데 반해,《제왕운기》에서는 환인의 아들 단웅이 손녀에게 약을 먹여 인신(人身)을 이루게 하고 단수와 혼인하여 단군을 낳게 한 것으로 되어 있다.

   ➜ 또《삼국유사》의 '하시삼위태백가이홍익인간(下視三危太伯可以弘益人間)'

이 《제왕운기》에는 '하지삼위태백홍익인간여(下至三危太白弘益人間歟)'로 나타나고 있다. 조선 시대에 들어와서 《세종실록 지리지》에도 《단군고기(檀君古記)》가 인용되고 있다.

➡️ 《세종실록 지리지》의 전문(全文)은 《제왕운기》의 그것과 거의 일치하나, 《삼국유사》의 '홍익인간', 《제왕운기》의 '홍익인간여' 대신 '의욕하화인간(意慾下化人間)' 즉, '인간을 다스릴 뜻을 가지고'로 바뀌었다.

✪ 조선 초기 권람(權擥: 1416~1465. 조선 초의 문신·역사학자·작가·문인)이 지은 《응제시주(應制詩註)》에도 홍익인간 대신 《세종실록 지리지》와 같이 '의욕하화인간'(意慾下化人間: '인간을 다스릴 뜻을 가지고')으로 나타나고 있다.

➡️ 이렇게 보면, 단군 신화의 건국 정신은 곧 홍익인간 정신인데 《삼국유사》와 《제왕운기》에 나타난 바와 같이, 단군은 조선이라는 국가를 통하여 이 홍익인간을 구체적으로 실현하며, 나아가 전 세계 인류에 퍼뜨려 인류 공영을 실현하려고 하였다. 다시 말하면, 인간 세상의 동극(東極)에서 서극까지를 주시한 것이다.

➡️ 현재까지 우리나라의 교육 이념인 홍익인간을 최초로 설정한 시기는 미군정 시절이었다. 1945년 8월 15일 광복과 동시에 미군정이 실시되자, 같은 해 11월 23일에 미 군정청은 교육계와 학계의 권위자 100여 명을 초청하여 조선교육심의회를 구성하고, 민주주의에 토대를 둔 우리나라 교육 이념과 제도 및 방향을 협의, 결정하였다.

➡️ 교육심의회 제4차 전체 회의에서 홍익인간을 채택하였는데, 그 내용은 "홍익인간의 건국 이념을 바탕으로 하여 인격이 완전하고 애국 정신이 투철한 민주국가의 공민을 양성함을 교육의 근본 이념으로 함"이었다.

➡️ 또한 이러한 이념을 관철시키기 위하여 '① 민족적 독립자존 기풍과 국제 우호·협조의 정신이 구전(具全)한 국민의 품성을 도야함. ② 실천궁행(實踐窮行)과 근로역작(勤勞力作)의 정신을 강조하고, 충실한 책임감과 상호 애조의 공덕심(公德心)을 발휘하게 함. ③ 고유 문화를 순화앙양하고 과학 기술의 독창적 창의로써 인류 문화에 공헌을 기함. ④ 국민 체위의 향상을 도(圖)하

며, 견인불발의 기백을 함양하게 함. ⑤ 숭고한 예술의 감상과 창작성을 고조하여 순후원만한 인격을 양성함'이라는 교육 방침을 수립하였다.

➔ 이러한 교육 이념과 교육 방침을 수립하면서 주목을 끄는 것은 고조선의 건국 신화에서 홍익인간이라는 말을 끌어내어 교육의 기본 이념으로 삼은 일이었다.

➔ 그러다가 1949년 12월 31일 법률 제86호로 제정·공포된 「교육법」 제1조에 우리나라 교육의 근본 이념을 "교육은 홍익인간의 이념 아래 모든 국민으로 하여금 인격을 완성하고, 자주적 생활 능력과 공민으로서의 자질을 구유하게 하여, 민주국가 발전에 봉사하며 인류 공영의 이상 실현에 기여하게 함을 목적으로 한다."라고 천명하였다.

✪ 그리하여 마침내 홍익인간이 우리나라 교육 이념을 대표하는 말이 되었다.

➔ 군정 시대에 교육 이념으로 사용하였던 홍익인간을 정부 수립 후 「교육법」을 제정할 때 다시 넣은 것은, '널리 모든 인간을 이롭게 한다.'는 이 홍익인간의 정신이 우리나라 역사가 시작된 이래 우리 민족이 간직해 온 민족적 신념이었기 때문이다.

➔ 당시 문교부가 이를 교육 이념으로 다시 채택하게 된 동기도 "홍익인간은 우리나라 건국 이념이기는 하나 결코 편협하고 고루한 민족주의 이념의 표현이 아니라, 인류 공영이라는 뜻으로 민주주의 기본 정신과 완전히 부합되는 이념이다."라는 것에 바탕을 두고 있다.

➔ 홍익인간은 우리 민족 정신의 정수이며 일면 기독교의 박애 정신, 유교의 인, 그리고 불교의 자비심과도 상통되는 전 인류의 이상이기 때문이다."라고 밝히고 있다.

➔ 홍익인간을 교육 이념으로 제청한 백낙준(白樂濬)도 "홍익인간은…… 우리의 민족적 이상을 말하고, 이 이상을 우리가 먼저 체득할 것과 후생에게 가르치자는 것은 결코 자족자만이나 독존독선이나 고립배타를 의미하는 것이 아니요, 실은 우리의 교육 이념인 홍익인간의 정신을 구현하자는 것입니다."라고 하였다.

> ➔ 홍익인간은 단군 이래 우리나라 정교(政教)의 최고 이념이며 광복 이후 오늘
> 날까지 우리의 교육 이념이 되고 있다.
>
> (출처: 《한국민족문화대백과》)

출처, 역사적 유래, 우리의 이해나 공감 등을 벗어나서 홍익인간(弘益人間)은 그 자체로만 보아도 실로 대단한 발상이다. 석가, 예수의 사상이나 설교가 그 오랜 시간의 간격, 그 오랜 세월의 차이에도 불구하고 우리에게도 거의 동일하게 설득력, 감화력을 지닌 것에서도 알 수 있듯이, 좋은 이상, 멋진 발상은 동서고금을 넘어서 진정으로 의미 있고 가치 있는 것이다. '인류 전체에게 고루 이익을 끼친다.'는 그 발상 하나만 하더라도 참으로 놀랍다고 하지 않을 수 없다. 수천, 수만 정도의 소규모 공동체였을 텐데도 신화를 생각하고 그 신화의 뿌리에 홍익인간이라는 위대한 이상, 대단한 목표를 내건 것이다.

'우리만 오로지 위대한 신의 자손들이다.'라는 생각은 배타성, 폐쇄성, 오만함을 보여 주고 있지만 홍익인간은 그 얼마나 신선하고 위대한 이념이자 사상이며 가치인가? 그 하나, 즉 '단군 신화 = 홍익인간 정신' 등식 하나만 해도 우리는 자긍심을 지닐 만하다. 신들의 대립과 갈등과 추태와 전쟁 같은 복잡하고 혼란스러운 내용으로 가득한 그리스 신화, 로마 신화 같은 서양의 주종보다도 우리의 신화와 신화 정신이 훨씬 더 일목요연하고 21세기를 사는 우리에게도 몇 곱절 더 설득력, 감화력이 있는 것이다.

그런 측면에서 분단을 바라보고 통일을 꿈꿔야 한다고 본다. 최소한 우리가 누리고 즐기는 것 정도로라도 한반도 내의 우리 공동체가 고루 열려 있어야 한다고 생각한다. 군사적 대결 정도가 아니라 아예 반 세기 이상 철옹성 이상으로 꽁꽁 닫힌 북한의 우리 이웃을 생각하면 실로 통탄스럽지 않을 수 없다.

03

03.

우리의 뿌리, 대한민국의 근원을 캐면 어디에 이르게 될까?

우리의 국기인 태극기(太極旗)는 세계에서 그 유래를 찾을 수 없을 정도로 독특하다. 한자 문화권, 공자 문화권의 뿌리인 중국의 경우에도 나라를 상징하는 국기의 밑바탕에 우리처럼 그렇게 복잡하고 철학적이고 사상적인 내용이 깔려 있지는 않다.

왜 우리만 그토록 유별난 이념과 사상을 국기 속에 집어넣게 된 것인가?

태극이라는 말, 음양이라는 말, 8괘(八卦)니 4괘(四卦)니 하는 말은 대체 무엇이기에 그토록 중요시되고 그리고 반영구적으로 이어질 국기의 주요 내용, 중심 문양이 되었는가?

우리 태극기(太極旗)에 담긴 의미와 그 고유성

✪ 태극(太極)

➥ 유학, 특히 성리학에서 모든 존재와 가치의 근원이 되는 궁극적 실체임.

➥ 《주역(周易)》 계사(繫辭)에서 "역(易)에 태극이 있으니 이것이 양의(兩儀: 음양)를 낳는다."고 한 데서 유래함.

➥ 의미상으로는 선진 유학의 천(天) 개념과 연관성을 가진다.

➥ '역(易)'의 우주관'은 ① 역에 태극이 있고 ② 여기서 음양 → 4상(四象) → 8괘(八卦)로 전개되는데, 앞의 문장에서 '이것이'라는 말이 태극만을 지칭하는 것인지는 의문이 있을 수 있다.

➥ 또한 태극으로 본다 해도 '낳는다'는 표현이 시간적 선후가 있는 유출론적인

것인가, 아니면 존재론적인 것인가 하는 문제가 나올 수 있다.

➜ 후에 여러 사람이 이 문제에 대해 자신의 의견을 개진했는데, 《한서》「율력지(律曆志)」에는 태극을 원기(元氣)로 보았고, 《주역 정의(周易 正義)》에서는 천지가 나누어지기 이전에 혼돈 상태로 있는 원기로 보았다.

➜ 이는 모두 당시 팽배하던 노장사상의 영향 속에서 태극을 기(氣)로 본 것이다. 즉, 원기인 태극에서 음양이 유출되어 나오는 것으로 본 것이다.

✪ 중국 송나라의 주돈이(周敦頤)는 《태극도설(太極圖說)》을 지어 《주역》에 나타난 본체관을 좀 더 상세히 설명하려 했는데, 무극(無極)과 동정(動靜)의 개념을 덧붙여 "무극이면서 태극이다. 태극이 동(動)하면 양이 되고, 정(靜)하면 음이 된다."고 하였다.

➜ 또한 오행(五行)을 덧붙여 '태극 → 음양 → 오행 → 만물'의 우주론을 성립시켰다.

➜ 그러나 그가 다시 이 과정을 역추(逆推)해 "오행이 음양이고, 음양이 태극이며, 태극이 무극이다."라고 말한 점에서 단순히 유출론적 우주론을 주장한 것은 아님을 알 수 있다.

✪ 중국 송나라의 주자(朱子)는 이 태극을 이(理)로 규정해 형체도 없고 작용도 없는 형이상학적 존재이면서 동시에 모든 존재자가 존재자이게 할 수 있는 근원 존재로 보았다.

➜ 이러한 태극은 모든 존재자의 존재 원인이면서 동시에 구체적인 현상의 존재자들 모두의 속에도 이치로서 들어 있다.

➜ 이는 태극에서 만물이 나왔다는 논리에서 볼 때, 만물 속에 태극이 그 원인자로 존재하게 되는 당연한 귀결이다. 그러므로 태극은 만물의 총체적인 보편 원리인 동시에 특수한 개별자들의 특수 원리가 된다.

➜ 이 양면성이 ① 보편 원리라는 점에서는 '통체태극(統體太極)'으로 나타나고, ② 특수 원리라는 점에서는 '각구태극(各具太極)'으로 표현된다. 이런 사실은 태극을 통해 특수와 보편을 서로 연계시켜 이해하는 것이다.

즉, 태극은 현상으로 드러나는 음양·오행·만물 속에 내재하는 보편의 원리이며, 또 개별적 존재자의 실(實)과 상함(相涵)되어 있는 개별 존재의 원리다. 따라서 현상으로 드러난 변화를 말할 때에는 태극에 동정이 있다고 할 수 있지만, 그 변화의 원인을 말할 때에는 태극은 본연의 묘(妙)이며 동정의 가능성을 품고 있는 것이 된다.

✪ 중국 명대(明代)에 이르러 왕수인(王守仁)은 심즉리(心卽理)의 입장을 취해 《전습록(傳習錄)》에서 태극을 '생생하는 이치(生生之理)'로 파악.

　➥ 명말·청초의 왕부지(王夫之)는 《주역내전(周易內傳)》에서 "음양이 섞여 있는 이치일 뿐"이라고 하여, 태극은 ① 절대적인 것이 아니라, 음양의 양면성을 함께 갖추고 동정을 통해 모습을 드러내는 ② 상대성을 가진 존재로 파악함.

✪ 우리나라의 성리학에서는 본체론보다 심성론에 더 많은 관심을 가졌지만, 태극에 대한 이해는 성리학적 심성론 전개의 바탕이 되는 까닭에 조선 초기에 매우 중시되었다.

　➥ 초기의 이러한 관심은 이언적(李彦迪)에게서 두드러진다.

　➥ 이언적은 태극을 초월과 실재의 양면을 지닌 존재로 보아, 그 초월성이란 지극히 가깝고 지극히 사실적인(至近至實) 실재에 있다고 주장하였다.

　➥ 이언적은 태극을 혼연(渾然)과 찬연(粲然)의 양면을 함께 지니고 있어 시간과 공간의 제약을 넘어선 초월적 근원자이면서도, 불교나 도가에서 말하는 허무(虛無)·적멸(寂滅)의 본체가 아니라, 빈 듯하면서도 있고(虛而有), 움직임이 없으면서도 움직일 수 있는 능력을 지닌(寂而感) 존재로 이해하였다.

　➥ 따라서 작용이 없는 고요함 속에 이미 능동성을 포함하고 있고, 이 능동성이 현실로 드러날 때 천하의 근본이 될 수 있다는 것이다.

　➥ 이언적은 중국 송나라의 주자를 계승해 태극은 이(理)이고 만물에 앞서 있는 존재로 보아서, 이(理) 우위의 가치 중시 철학을 정립해갔다.

　➥ 한편, 이언적과 거의 동시대에 서경덕(徐敬德)은 이와는 다른 논리를 전개하였다.

- 서경덕은 장자(莊子)와 장재(張載)의 영향을 받아 주기적(主氣的)인 입장에서 태극을 해명함.
- 서경덕은 우주의 본질을 선천(先天)과 후천(後天)으로 나누고, 선천은 태허(太虛)를 의미한다고 하였다.
  그리고 태허의 본질은 허(虛)인데, 이것이 곧 기(氣)라 하였다. 그러므로 선천에는 기만 존재하고, 후천에 드러날 때 선천의 일기(一氣)가 지닌 양면성이 동정을 통해 나타나는데, 그 원인이 바로 태극이라는 것이다.
- 이와 같이 서경덕에게 태극이란 후천에서만 그 묘(妙)를 드러내는 존재로서, 기의 변화 자체가 가지는 합리적 법칙이며 궤도로 이해된다.
- 변화를 중시한 서경덕은 본체를 기로 파악함으로써 태극을 변화의 법칙 정도로 낮춘 것이다.

⭐ 이언적과 서경덕의 태극관은 이황(李滉)과 이이(李珥)에게 많은 영향을 주었다.
- 퇴계 이황은 이(理)의 능동성을 말한 이언적을 높이 평가했다.
- 즉, 태극은 음양·동정과 떨어져 있지 않다는 불리성(不離性)을 말하면서도, '비이기위일물변증(非理氣爲一物辯證)'을 통해 이기의 부잡성(不雜性)을 강조함.
- 퇴계 이황은 태극을 존재론만이 아니라, 도덕적 측면으로 이해해 남시보(南時甫)에게 보낸 편지에서 "태극의 극은 단순한 지극의 의미가 아니라, 거기에 표준의 의미를 겸해 사방에서 그를 본받아 바로잡아가는 것"이라며 태극을 극존무대(極尊無對)의 것으로 높였다.

⭐ 또한 이달(李達), 이천기(李天機)에게 보낸 편지에서 "태극에 동정(動靜)이 있다는 것은 태극이 스스로 동정한다는 것"이라고 하여, 태극을 능동적 존재로 이해.
- 이처럼 태극에 대한 능동적 이해와 이(理)·기(氣)를 나누어보려는 논리가 사단(四端)과 칠정(七情)을 나누어 보는 인성론의 바탕이 되었고, 이발(理發)도 가능하다는 호발설(互發說)을 성립시켰다.

⭐ 이와 달리 율곡 이이는 태극이 모든 변화의 근본 원인이라고 이해하면서도, 태

극은 독립해 있는 존재가 아니라, 변화 속에 있다는 불리성을 강조.

➲ 율곡 이이는 박화숙(朴和叔)에게 보낸 편지에서 "음양이 생기기 전에 태극만 홀로 존재하는 것이 아니다."고 하여, 움직이는 실체는 기(氣)이고 이(理)는 그 원인자로 보아서 태극의 능동성을 부정하고 기발이승일도설(氣發理乘一 途說)을 주장.

✪ 송익필(宋翼弼)은 《태극문(太極問)》을 통해 태극에 관한 여러 학설을 물음의 형 태로 종합하고, 이에 대한 답변 형식으로 자신의 견해를 밝혔다.

➲ 이 밖에 장현광(張顯光)은 《태극설(太極說)》, 《무극태극설(無極太極說)》, 《주자태극도설(周子太極圖說)》 등을 지어 태극의 연원과 개념을 자세히 설 명하였다.

➲ 정종로(鄭宗魯)는 《태극권자설(太極圈子說)》과 《태극동정설(太極動靜說)》을 지었다.

➲ 유중교(柳重敎)는 《태극도설잡지(太極圖說雜識)》에서 《태극도설》을 설명하 면서 태극의 개념을 밝히고 있다.

(출처: 《한국민족문화대백과》)

'태극(太極) = 하늘, 만물의 근원' 등식으로 보았을 수도 있고, '태극(太極) = 우주의 생성 원리, 우주의 근본 원리' 등식으로 보았을 수도 있다. 쉽게 말 해, '모든 것의 뿌리이면서, 모든 것의 근원이 되는 것은 무엇인가?'라는 질문 을 앞세워 철학적·사상적 담론을 이어갔던 셈이다.

그렇다면, 태극기(太極旗)에 그려져 있는 중심의 청홍(靑紅) 색깔은 그저 단순히 음양(陰陽)만을 뜻하는가? 그리고 흰색 바탕 위의 네 귀퉁이에 그려진 막대 모양의 건곤감리(乾坤坎離)는 사상(四象)으로서 천지일월(天地日月)을 뜻하는가? 그래서 태극기 하나에 '천지만물의 온갖 이치가 다 담겨 있게 된 것'인가? 낮과 밤을 모르고 낮의 해와 밤의 달을 모르는 이가 어디 있는가?

예전 사람들도 우리처럼 빛과 어둠, 낮과 밤을 대하며 '음양은 만물의 속성이자 만물의 변화를 이끄는 근본 원리'라고 보았다.

서양 철학에서 변증법적(辨證法的)인[dialectic, dialectical(dialect 사투리, 방언: dialectic 변증법, 논리적 토론술, 변증적인)] 논리와 사유를 내세워 정반합[正反合(thesis–antithesis–synthesis): 판단과 그것에 모순되는 판단, 그리고 그 두 개의 판단을 종합한 보다 높은 수준의 판단에 이르는 변증법적 논리의 세 단계]을 이끌어 냈듯이 동양에서는 논리와 사유의 체계화를 위해 음양(陰陽)을 생각해 냈던 것이다. 한 마디로, 음양의 원리를 통해서 만물의 생장과 소멸을 이해하고자 했다. 음양을 중시하는 이들이 나중에는 음양가(陰陽家), 음양학(陰陽學)을 낳게 되고 우주를 향한 천문은 물론이고 남녀(男女)에서 오장육부(五臟六腑)나 기혈(氣血)에 이르기까지 음양의 원리를 적용했다. 그리고 일상생활에도 적용하여 길흉을 재는 택일(擇日), 점복(占卜) 등에도 음양을 적극 활용했다.

태극기의 네 귀퉁이에 새겨진 막대 모양의 사상을 살펴보자. 본래 《주역(周易)》의 팔괘(八卦)에서 나왔다는 것이 정설이다.

우리 태극기(太極旗)의 문양 이해하기

✪ 팔괘(八卦)

(1) 백과사전, 국어사전 등에서 말하는 팔괘

➔ 중국 상고시대의 복희씨가 만들었다고 하는 여덟 가지 괘.

➔ 중국의 유가 경서인 《주역(周易)》에 나오는 여덟 가지의 기본 도형.

(2) 전체가 이어진 선 '—'과 사이가 끊어진 선 '――'으로 이루어진다.

➔ 그 명칭은 건(乾 : ☰)·곤(坤 : ☷)·진(震 : ☳)·손(巽 : ☴)·감(坎 : ☵)·이(離 : ☲)·간(艮 : ☶)·태(兌 : ☱)다.

✪ 《역전(易傳)》에서는 다음과 같이 설명하고 있다.

- 8괘는 하늘[天]·땅[地]·우뢰[雷]·바람[風]·물[水]·불[火]·산[山]·연못[澤] 의 여덟 가지 자연현상을 상징.

- 8괘의 2괘씩(가령 건·곤)은 서로 대립.

- 음(--)과 양(—)이 8괘의 근본인데, 음양의 두 가지 기체의 결합·교감에 의해 만물이 생성한다는 것임.

- 이것은 정(正)과 반(反) 2면의 모순 대립을 통해 사물의 변화·발전을 설명하는 방식으로, 변증법적 요소가 들어 있다.

- 역학(易學)에서 자연계와 인간계의 본질을 인식하고 설명하는 기호 체계.

- 팔괘는 자연계 구성의 기본이 되는 하늘, 땅, 못, 불, 지진, 바람, 물, 산 등을 상징.

- 다산 정약용(丁若鏞)은 그 명칭과 의미를 다음의 [표]와 같이 도표화했음.

八卦	卦象	卦德	人倫	人品	遠取	近取	物色	器物	雜物
一乾天		健	父	賓	馬	首	大赤	金玉	永
二坤地		順	母	衆人	牛	腹	黑	釜	布
三震雷		動	長男	君子	龍	足	蒼	寬	稼
四巽風		入	長女	主人	鷄	股	白	繩	臭
五坎水		陷	中男	盜	豕	耳	赤	弓	血
六離火		麗	中女	武人	雉	目		甲冑	墉
七艮山		止	少男	小人	狗	手		節	門闕
八兌澤		說	少女	巫	羊	口		瓶	剛鹵

괘를 구성하는 기본 요소는 이어진 선(—)과 끊어진 선(--)인데, 이것은 일종의 범주로서 서로 반대되는 모든 현상과 관계성을 상징.

《주역》에서는 강유(剛柔) 혹은 음양(陰陽)으로 불리는데, 후에 음효(陰爻, --)와 양효(陽爻, —)로 명명. 음효와 양효가 세 개씩 겹쳐질 때 나타날 수 있는 경우가 모두 여덟 가지이기 때문에 팔괘가 성립.

- 《주역》에는 팔괘의 성립을 다음과 같이 세 가지로 해석하고 있다.

"역(易)에는 ① 태극(太極)이 있으니 ② 이것이 양의(兩儀)를 낳고 ③ 양의는 사상(四象)을 낳고 ④ 사상은 팔괘를 낳는다."

"하늘이 신물(神物)을 낳았으니 성인이 그것을 본받았으며 하늘과 땅의 변화

한국사 이야기

를 성인이 본받았다. 하늘이 상(象)을 드리우고 길흉을 나타내었으니 성인이 이것을 본뜨고, 하도(河圖)와 낙서(洛書)가 나오니 성인이 이것을 본받았다."

↪ "옛날 포희씨(包犧氏)가 천하의 왕 노릇을 할 때 위로는 하늘에서 상(象)을 관찰하고 아래로 땅에서 법(法)을 살피고 새와 짐승의 무늬와 땅의 마땅함을 살펴, 가까이는 자기 몸에서 취하고 멀리는 사물에서 취해 이에 팔괘를 지었다."

① 첫 번째는 복서(卜筮)할 때 서죽(筮竹)을 사용하여 괘를 뽑는 과정을 설명한 것으로서, 팔괘 성립의 수리적 해석이라고 볼 수 있다.

② 두 번째는 팔괘 내지《주역》의 신비적 계기를 말한다. 특히, 황하(黃河)에서 용마(龍馬)가 지고 나온 이른바 하도는 복희팔괘(伏羲八卦)의 직접적 근거라는 전설이 통설로 되어 있다.

③ 세 번째는 팔괘 성립의 합리적 해석이다. 자연과 인간의 모든 현상을 관찰, 그 경험적 내용을 귀납해 얻은 원리로서 팔괘를 그었다는 것이다.

④ 이 밖에 고대의 결승 문자에서 유래했다는 설,

⑤ 남방 전래설 등 이설(異說)이 많다.

↪ 복희팔괘도(伏羲八卦圖)와 문왕팔괘도(文王八卦圖)는《주역》본문에는 실려 있지 않다.

↪ 한대(漢代)의 상수역학(象數易學)에서 주로 논의된 것이다.

↪ 중국 송나라의 주희(朱熹)가《역학계몽(易學啓蒙)》에서 오늘날과 같은 모습으로 확정지었다.

↪ 복희팔괘도는 음양이 조화를 이루고 있으며 그 순서가 순리대로 되어 있다.

↪ 문왕팔괘도는 상극(相克)·패도(卦道)해 조화를 이루지 못하고 있다.

↪《주역》은 문왕팔괘도에 의해 구성되었다고 한다.

✪ 두 괘도(卦圖) 이외에 우리나라의 김항(金恒)이 만든 정역괘도(正易卦圖)가 있다.

↪ 이것은 자연과 인문이 극도로 조화된 우주의 이상과 인간 완성을 상징한다.

↪ 복희와 문왕의 괘도는 [그림 1]·[그림 2]와 같다.

↪ 팔괘의 근저를 이루고 있는 것은 음양 대대(陰陽 對待)의 논리인데, 이것은

중국 문화의 기본을 이루고 있을 뿐만 아니라 한국 고대 문화의 원형적 사유 구조로서 한국 사상사를 일관하며 기능적 작용을 하고 있다.

[그림 1] 복희궤도   [그림 2] 문왕궤도

✪ 역학적 사고와 한민족은 《주역》의 점법(占法)이 은대(殷代)의 구복(龜卜)을 계승한 것이며, 근대의 구복은 동방의 골복(骨卜)을 계승한 것이라는 연원적 측면에서뿐만 아니라 사유 구조에서도 본질적인 연관성이 있다.

➔ 우리나라 최초의 건국 신화인 단군 신화는 천신(天神: 하늘·양)과 웅녀(熊女: 땅·음)가 화합해 단군이 탄생되었다고 하는 음양 화합의 원형적 사고가 기본 발상을 이루고 있다.

➔ 고대 부여(夫餘)에서는 점사(占事)를 행할 때는 소를 잡아 소 발굽이 합쳐지면 길(吉)하고 벌어지면 흉(凶)한 것으로 판명했는데, 이것은 음양이 화합하면 길하고 불화하면 흉하다는 역(易)의 음양 사상과 상통한다고 볼 수 있다. '합자위길(合者爲吉: 합쳐지면 길하다.)'이라는 음양 화합의 사상은 '만파식적(萬波息笛)'의 일화에도 나타난다.

➔ 화평(和平)한 소리로 천하를 감화시켰다는 만파식적은 신비한 대나무로 만든 것인데, 이 나무는 산과 합쳐졌을 때 소리가 났다고 한다. 합쳐진 연후에 소리가 난다고 하는 것은 부여의 점사(占事)와 같은 맥락에서 이해될 수 있을 것이다.

➔ 그 밖에 고구려 광개토대왕비에 음을 상징하는 거북과 양을 상징하는 용이 보이며, 고분 벽화의 사신도(四神圖)에도 음양 화합의 형상이 보인다.

✪ 음양 사상은 한민족 최대의 문화적 성과인 훈민정음 창제의 기본적 논리 구조를 이루고 있다.

◐ 훈민정음 창제의 제자해(制字解)를 보면 처음에 "천지의 도(道)는 오직 음양 오행일 뿐이다."라고 하였고, "곤괘(坤卦)와 복괘(復卦)의 사이가 태극이 되며 동(動)하고 정(靜)한 후에 음양이 된다."라고 해 역리(易理)가 훈민정음의 기본 원리가 됨을 밝히고 있다.

◐ 훈민정음은 이렇게 음양 조화라고 하는 천지·자연의 이법(理法)에 근거해 천지·자연의 성음(聲音)을 따라서 천지·자연의 문(文)을 지은 것이라 하였다.

✪ 한민족과 《주역》 팔괘와의 관계성을 단적으로 보여주는 것은 태극기다.

◐ 중앙에 음양 화합을 상징하는 태극이 있고, 건곤감리(乾坤坎離)가 있는데, 건곤은 천지(天地)를 의미하고 감리(坎離)는 중남·중녀(中男中女)로서 육자괘(六子卦) 가운데 음양의 중(中)을 얻어 일월주야한서(日月晝夜寒暑)의 천도운행(天道運行)을 주관하는 가장 중요한 괘(卦)다.

◐ 이상과 같이 팔괘는 《주역》을 구성하는 기본 요소일 뿐만 아니라 그 근저를 이루는 음양 사상은 한민족 문화의 원형적 사유 구조라고 볼 수 있다.

(출처: 《한국민족문화대백과》)

우리는 환인, 환웅, 단군으로 이어지는 신화를 통해 '신이 내려와 다스리기 시작하며 우리의 뿌리가 시작되었다.'는 사실을 알게 되었다. 그리고 단군 신화를 통해서 '신이 드디어 단군을 통해 인간이 된 뒤에 우리의 첫 조상이 되었다.'는 사실을 확인하게 되었다. 어디 그뿐인가? 단군에 의해 홍익인간(弘益人間)이라는 통치 목표, 통치 이념이 구체화되며 '모든 인간을 이롭게 한다.'는 숭고한 비전이 우리 정신, 우리 사상의 뿌리로 자리 잡게 되었다.

한마디로, 단군의 '홍익인간에 바탕을 둔 다스림' 속에서 우리는 처음부터 '신의 통치' 아래 놓이게 되고 그리고 '모든 인간을 이롭게 하는 숭고한 태동의 요람이 되고 뿌리가 되었다.'고 볼 수 있다. 그리고 단군 신화에서 나타난 숭고한 비전은 우리의 태극기 문양 속에 그대로 상징화되며 '우주만물, 천지만물의 조화로운 흐름에 바탕을 둔 민족 공동체, 민족의 활로'를 모색하고 개척하게 되었다. 간단히 말하면 '하늘에 대한 믿음'이고 '그 하늘을 다스리는 신에게 모든 것을 맡기고 기대는 신의 자손들, 신의 백성들, 신의 분신들'로 우리 자신을 자리매김하게 된 것이다.

〈신화, 전설, 상징 등은 의미, 가치와 통하고 그리고 그 모든 것은 얽히고 설켜 사람 만들기로 이어진다. 무슨 말인가? 그런 것들마저 없다면 아무리 큰 공동체를 이뤄도 개미 집단, 바구미 집단, 벌 집단, 새 집단, 짐승 집단에 불과할 수도 있다. 그런 복잡한 이야기를 엮어내고 그런 교묘한 상징물을 만들어내는 속에서 개개인은 비로소 인간 공동체의 일원이 되고 가족과 씨족과 부족의 일원이 된다. 모자, 귀고리, 안경, 목도리, 위아래 옷가지, 겉옷, 속옷 등으로 끝나지 않는다. 의식주라는 세 테두리를 뜯어보면 그 속에는 실로 무궁무진한 함수와 변수와 변화들이 놓여 있다.

우리가 역사라고 말하는 것은 우리가 인간이라는 의미이기도 하고 우리 각자가 거대한 공동체의 일원이라는 뜻도 된다. 아무리 황당무계한 이야기라고 해도 신화나 전설은 하늘에 걸린 것이고 신에 대한 것이고 사람에 대한 것이기에 자연스레 하나로 이어지고 한 묶음으로 꿰진다. 쉽게 말해서, 우리는 역사라는 큰 바구니 속에 신화, 전설, 가족, 씨족, 부족, 온갖 상징, 문명과 문화 등을 차곡차곡 채워가고 쌓아가면서 비로소 개인에서 집단으로 이어지고 큰 범위의 동물, 큰 범위의 피조물, 큰 범위의 생명에서 한 단계씩 위쪽으로, 빛 쪽으로, 동굴 밖으로 발돋움하게 되는 것이다.〉

〈모든 생명은 틀에 박힌 일상을 보낸다. 식물의 틀에 박힌 일상은 숲을 이루고 동물의 틀에 박힌 일상은 채집과 사냥 같은 수렵으로 이어진다. 식물과 동물은 아주 완벽에 가까운 피조물들이다. 틀에 박힌 일상 정도로 충분히 생명을 이어가고 종족 번식과 공동생활을 되풀이한다. 하지만 사람만은 완벽한 쪽에서도 다르고 불완전한 쪽에서도 한참 다르다. 알몸이기에 의복이 필요하고 옷가지 정도로 다 감추고 피할 수 없기에 주택이 필요했다. 그리고 수렵 정도로는 공동체가 커지며 버틸 수 없었고 그리고 공동체와 공동체가 겹쳐지면서 교집합, 합집합을 제대로 꾸려나갈 수 없었다. 그래서 정착생활, 농경생활, 더욱 큰 범위의 공동체의 지속이 필요했다. 알몸 하나에서 더욱 완벽한 의식주를 바라게 되었고 그 목표를 이루기 위해 복잡한 전략과 전술이 필요했다. 정복과 탐욕과 잔혹성이 공동체 단위로 얽히고설키면서 공유와 차별, 귀속과 격리, 보호와 차단 같은 양날의 칼이 무수히 고안되고 지속되게 되었다. 그리고 그 모든 것은 역사라는 하나의 테두리 속으로, 공동의 테두리 속으로 차곡차곡 쟁여지고 순서대로 엮이게 되었다.〉

04

04.

우리가 국가 단위로 발달하게 된 때는 언제인가?

앞에서 소개한 단군 신화가 바로 우리의 뿌리이기에, 당연히 단군이 세운 나라가 우리의 최초의 나라가 될 것이다. 그리고 단군조선, 왕검조선(王儉朝鮮), 전조선(前朝鮮)은 같은 말이다.

우리가 이룩한 최초의 국가 단위 공동체에 대한 이야기

✪ 단군조선

➔ 역사적 실체로서 등장한 고조선은 단군조선(檀君朝鮮), 기자조선(箕子朝鮮), 위만조선(衛滿朝鮮)으로 대별됨.

➔ 단군조선은 우리 민족사에서 최초로 역사에 나오는 국가이며, 개국 시조는 단군임.

✪ 조선이라는 말이 붙게 된 까닭

➔ 《삼국유사(三國遺事)》「고조선조(古朝鮮條)」에 인용된 중국의 《위서》에 따르면, 《위서》가 찬술되던 당시로부터 2,000년 전에 단군왕검(壇君王儉)이라는 이가 있어 아사달(阿斯達)에 도읍하고 나라를 열어 조선이라 부르니, 시기는 중국의 요(堯) 임금 때와 같다고 한다.

➔ 또한, 《고기(古記)》를 인용하여 환웅(桓雄)과 웅녀(熊女) 사이에 태어난 단군이 요(堯) 임금 재위 50년에 평양성(平壤城)에 도읍을 정하고 조선이라 부른 내용을 기록하고 있다.

➜ 《제왕운기(帝王韻紀)》에서는 단군에 의한 조선을 전조선(前朝鮮), 기자에 의한 조선을 후조선(後朝鮮)이라 하고 위만조선을 후속시켜 고조선을 삼조선(三朝鮮)으로 나누고 있다.

➜ 《삼국유사》에서는 '고조선'이라는 이름 아래 단군조선, 기자조선을 포괄하고 있다.

✪ 단군조선의 실상에 관해서는 여러 측면에서 검토될 수 있으나, 그 역사적 성격을 고고학적 시기 구분과 연결시키면 우리나라의 신석기 문화 및 일부 청동기 문화와 관련된다.

➜ 따라서 단군조선의 성격은 국가 형성과는 직접적인 관계가 없는 사회이며, 우리 민족사에 최초로 등장하는 역사적 존재로서의 의의가 크다.

➜ 고조선에 대해 종래 단군 1,000년, 기자 1,000년의 역사로 언급해 왔듯이, 고조선을 곧 단군조선만으로 보는 견해는 무리임.

➜ 기자를 역사의 공백으로 남기는 것에는 많은 문제점이 있다.

➜ 흔히 고조선의 역사를 언급하면서 단군 신화를 고조선의 건국 신화로 설명하지만, 단군조선이나 왕검조선의 건국 신화로 이해하는 것이 합당함.

➜ 단군조선의 건국 연대는 《동국통감(東國通鑑)》에 무진년(戊辰年)이라고 기록된 내용에 따라 서기전 2,333년으로 이해하고 있음.

➜ 《삼국유사》의 '요(堯) 임금과 같은 시기'라는 표현도 단군조선의 시작이 오래되었음을 뜻하는 것임.

➜ 또한 '나라를 열고 이름을 조선이라고 하였다(開國號朝鮮).'는 것은 새로운 지도자 단군이 한 집단, 한 사회를 열었다는 의미. 규모를 더 확대해서 나라를 열었다고 해도 인구는 그리 많은 편이 아니었을 것임.

✪ 단군조선을 계승한 것으로 인식되어온 기자조선의 출현(서기전 12세기)은 우리 역사에서 청동기 문화의 시작과 그 시기가 거의 일치함.

➜ 이는 단군조선에서 기자조선으로의 변화가 단순한 정치적 변화가 아닌 대규모의 문화·종족적 변화를 반영한 것임을 방증.

➲ 단군조선을 포함한 고조선사 인식에서 제기되는 또 하나의 문제는 강역 문제임.

➲ 여기에는 ① 대동강 중심설(大同江中心說) ② 요동 중심설(遼東中心說) ③ 이동설(移動說) 등이 있다. 이 중에서 근래 주목받는 이동설은 요동에서 대동강 유역으로 고조선의 중심지가 이동되었다는 주장임.

➲ 이러한 견해들은 각각의 관점과 고조선을 인식하는 기본 입장의 차이에서 나타난 것임.

➲ 단군조선보다는 이를 계승한 기자조선 및 위만조선, 그리고 한사군(漢四郡)의 지리 고증 등의 측면에서 논쟁이 진행.

➲ 이들 견해는 관련 문헌과 고고학적 자료의 재검토가 필요함.

➲ 정치적 변화 추세에 따른 강역의 변화를 상정하는 것이 일반론임.

단군의 단군조선, 왕검조선 혹은 고조선, 기자의 기자조선(단군조선에 이어 서기전 1,100년경에 건국한 초기 국가), 위만의 위만조선(위만이 세운 고대 국가) 등이 우리의 최초의 공동체 출발과 직·간접적으로 이어진 '조선'에 대한 이해일 것이다.

하나, 다행히도 우리의 공식적인 출발점은 단군조선이라서 현재처럼 서기(西紀) 몇 년 식으로 쓰기 전에는 반드시 단기(檀紀) 몇 년 식으로 햇수를 표현했다. 즉, '서기 몇 년 + 2,333 = 단기 몇 년' 식으로 서기(西紀)에 일일이 단군조선의 원년인 '기원전 2,333년'을 더했던 것이다.

그런 식으로 단군조선을 우리의 뿌리로 공인하고 우리의 첫 조상으로 우리 정신세계와 우리 생활 현실에 깊이 새겼던 것이다. 하나, 그것 자체도 사실은 역사적이라기보다도 약간 소꿉놀이 같은 느낌, 애들 열 손가락 세기 셈법의 일종과 같을 수 있다. 누구나 그런 식의 셈법을 하고 있고 그리고 할 수 있다는 말이다. 어떤 이는 죽을 운명에서 벗어난 것을 기념하여 생일을 첫째, 둘째로 나눠 두 차례 기리기도 한다. 즉, 태어난 때와 죽을 고비에서 간신히 살아 돌아온 때를 각각의 의미로 해석하여 이중으로 생일을 맞고 실제로도 그런 식으로 기린다는 것이다. 어디 특이한 개인들뿐인가? 개인도 홍보 차원에서, 개인 이력의 과시 차원에서 그럴 수 있지만 모든 공동체 또한 그런 셈법을 활용하고 있고 활용할 수 있다는 말이다. 종교 집단은 앞다퉈 그런 셈법을 활용한다. 유교는 공자 탄신일을 원점으로 할 수 있다. 도교는 노자 탄신일을 그렇게 할 수 있다. 불교는 석가모니의 탄신일을 그런 식으로 셈할 수 있는 것이다. 그렇게 놓고 보면 우리가 지금은 좀 시들해졌지만, 한때는 국가제도처럼 고집했던 단기 병용도 그저 의미 있는 시점을 골라서 달력 셈법의 하나로, 햇수 셈법의 하나로 우기고 되새기고 강제하고 확산하고 교육하는 것들의 일종일 수도 있는 것이다.

다들 하기 때문에 대단한 것이 아니다. 그런 식으로 해야만 '보아라. 사실이 아니냐? 햇수가 있고 원점이 있는데 어떻게 가짜라고 하고 거짓이라 하고 꾸민 것이라 할 수 있느냐? 더욱이나 어떻게 착각이라 하고 오해라 하고 과신, 맹신이라고 할 수 있느냐?'는 식으로 말할 수 있을 것이다. 일종의 진위 밝히기나 진실 캐기보다는 전형적인 적반하장(賊反荷杖) 식 사고방식일 수도 있는 것이다. 근거가 미약하고 취약하지만 그런 식으로 정해 놓으면 어느 정도 묻히고 웬만큼 가려지고 그리고 누군가는 진실로 믿게 될 수도 있다고 여긴 셈이다.

〈인류는 아주 오래 전에 대량 생산, 대량 공급, 대량 소비, 대량 유통의 고리에 합류하게 되었다. 뭐든 공장 생산 방식이 아니면, 그 많은 인구의 그 많은 욕구와 그 많은 시장을 충족시킬 수 없다. 그 많은 가게의 진열장을 다 채워 놓아야만 비로소 세상이 돌아가고 시장이 돌아가고 일상 생활이 가능한 법인데, 어디서 어떻게 그 많은 수요를 충족하고 그 많은 것을 공급할 수 있겠는가? 가금류, 가축류를 비롯하여 채소, 약초, 산채, 향신료까지도 모두 공장 생산 방식이다. 뭐든 자라는 것은 영양분 공급만 원활하면 기적적으로 자라고 가공할 정도로 불어나기에 공장 생산 방식이 곧바로 대량 공급과 대량 소비로 이어지게 된 것이다. 하지만 지금도 유기농이니, 첨가제 제로니, 화학 비료 제로니, 농약 제로니, 인위적 유전자 조작 전무(全無)니 뭐니 하며 따지고 심지어는 아는 이가 기르고 지은 것이라며 앞세우며, 내가 직접 농사지은 것이라며 한껏 자랑한다. 세상 유통, 세상 시장의 먼지도 아니고 지푸라기도 아니고 임종의 마지막 숨 정도도 아닌 것을 두고 의미를 부여하고 자랑을 늘어놓는 셈이다. 역사라는 곧 세상에 대한 기록일 것이다. 역사란 바로 사람들의 나날에 대한 자취일 것이다. 역사란 때로는 현미경 속의 그림이고 때로는 망원경 속의 그림일 것이다. 그리고 대부분은 이래저래 사족이고 토씨이고 섣부른 추정일 것이다. 위에서 보듯이 대량이라는 머리글자가 들어가지 않으면 현실의 세상, 현실의 나날이 불가능한데도 개개인은 여전히 유기농을 따지고 그리고 내가 지은 것, 내가 딴 것, 내가 기른 것이라는 식으로 과시한다. 그럴 경우, 우리는 과연 어떤 것을 우리의 현대사라고 하고 우리의 당대사라고 하겠는가? 공적으로는 대량이라는 말을 앞세우고 공장이라는 말을 먼저 내뱉지만 사적으로는 몸에 좋은 것, 건강에 최적인 것, 믿고 먹을 수 있는 것 식으로 고집하고 따져야 한다는 말인가?

그렇다면 역사는 현실인가, 아니면 누군가의 심증이고 고집이란 말인가? 그리고 누가 역사가인가? 역사적 사족을 달고 역사적 추리를 하면 그 자체로 무조건 역사의 일부분이 되고 역사의 한 식구가 되는 것인가? 그리고 미미한 부분을 차지하는 최고급, 극소수 부유층을 위한 최상품, 과반을 차지하는 일반 대중을 위한 중급, 경제적 약자와 극빈층을 위한 저급 등으로 나뉜다면 역사는 어느 방향으로 기울어야 알맞은가? 다수결 원칙인가, 아니면 만장일치 원칙인가? 통계 운운하며 평균치를 따지고 중간치를 앞세워야 하는가?〉

단군왕검의 고조선, 우리가 대개 우리의 최초 국가로 받아들이는 것.

그리고 단군 신화, 건국 신화가 그 속에 함께 있기에 우리의 뿌리를 말하고 우리의 조상을 말하고 우리의 역사를 말하게 되면 당연히 되새기게 되는 것. 그러나 실제 역사 공부로 들어가면 의외로 복잡하고 미묘하다. 신화 시대와 역사 시대로 나눠야 하고 그리고 문자로 기록한 것을 기준으로 선사 시대와 역사 시대로 나눠야 하기 때문이다.

우선 가장 헷갈리는 것이 '단군 왕검의 고조선을 어떻게 받아들여야 하느냐? 신화로 보아야 하느냐? 아니면, 어엿한 실제 역사로 보아야 하느냐?'일 것이다.

거기에 더 헷갈리게도 조선이라는 이름을 가진 고대 국가, 곧 우리의 원점,

출발점이 더 복잡하다는 사실이다. 나라 이름에 '조선'이 들어가 있는. 대표적인 나라는 단군조선, 기자조선, 위만조선 등이다. 그리고 그 셋은 '고조선'이라는 나라 이름 아래 대동소이한 것, 서로 물려주고 물려받은 것, 서로 톱니바퀴처럼 맞물려 돌아간 것으로 여겨지고 다뤄지는 것이 보통이다.

그렇다면 우선 기자조선부터 살펴보기로 하자.

우리 고대국가의 하나인 기자조선 이야기

✪ 기자조선
  ➲ 한국 고대 사회의 기원을 이루는 고조선의 하나.
  ➲ 서기전 195년 위만(衛滿)에게 멸망당할 때까지 900여 년간 존속.
  ➲ 기자조선의 명칭 = '기자(箕子)'라는 중국 역사상의 인물 + '조선(朝鮮)'이라는 한국 역사상의 지역임.
  ➲ 진(秦)나라 이전의 문헌인 《죽서기년(竹書紀年)》, 《상서(尙書)》, 《논어(論語)》 등에는 기자가 은(殷)나라 말기의 현인(賢人)으로만 표현함.
  ➲ 한(漢)나라 이후 문헌인 《상서대전(尙書大傳)》「은전(殷傳)」, 《사기(史記)》「송미자세가(宋微子世家)」, 《한서(漢書)》「지리지(地理志)」 등: 기자는 은나라의 충신으로서 은나라의 멸망을 전후해 조선으로 망명해 백성을 교화하였으며, 주(周)나라는 기자를 조선의 제후에 봉했다고 함으로써 기자와 조선을 연결.

✪ 한국사 속의 기자조선에 대한 인식
  ➲ 고려 시대의 기록인 《삼국유사(三國遺事)》: 단군조선과 구분하지 않고 고조선이라는 표현 속에 포함.
  ➲ 《제왕운기》: 후조선(後朝鮮)으로 표현함.
  ➲ 성리학을 지배 이념으로 삼아 건국한 조선 왕조기: 왕도정치의 구현과 사대관계의 유지가 이상적인 정치와 외교로 인식되던 시대. 기자와 같은 중국의 현인이 조선왕조와 국호가 같았던 고조선에 와서 백성을 교화한 사실을 명

예스러운 일로 이해해 기자동래설을 긍정적으로 수용. 고려 숙종 때 평양에 축조한 기자릉(箕子陵)에 대한 제사도 조선은 국가적 차원에서 거행.

✪ 기자와 기자조선을 별개의 존재로 보는 시각.

➡ 기자는 은나라 말기의 현인으로서 실재 인물이었다고 해도, 이 기자와 결합된 기자조선의 실체는 새롭게 규명해야 한다는 것임.

➡ 당시의 교통 사정, 군신 간의 의리, 범금 팔조(犯禁 八條)의 성격, 기자릉(고려 숙종 때 평양에 축조)의 허위성 등을 통해 기자동래설의 모순을 지적.

➡ 기자조선의 대두를 토착 사회 내에서의 세력 교체로 보고, 춘추(春秋)에서 전국(戰國)으로 연결되는 시기에 한반도 서북 지방을 중심으로 한씨조선(韓氏朝鮮)이 성립되었다는 견해가 대두됨.

✪ 기자의 동래는 부인하지만 기자를 조상신으로 섬기는 기자족(箕子族)의 평양 지역 이동설이 제기되어 기자조선의 존재를 어느 정도 인정하는 견해임.

➡ 동이족(東夷族)의 일파인 기자족은 산서성(山西省) 태곡현(太谷縣) 일대에서 기국(箕國)을 세워 은나라의 제후국으로 존재했는데 은(殷)·주(周) 교체, 춘추전국 같은 중국에서의 정치적 격동으로 난하(灤河) 하류 지역으로 이동해 기자조선을 세웠고, 다시 요서(遼西), 요동(遼東)을 경유해 평양 지역으로 파상적인 이동을 한 것으로 추정.

➡ 기자조선은 중국사 속의 소국인 기자국일 뿐이라는 견해.

➡ 기자는 은나라 왕실의 근친으로서 기자가 봉해진 기국은 하남성(河南省) 적구현(適丘縣) 지역으로 은·주 교체기에 난하 하류 지역으로 이동했고, 진(秦)나라 통일 이후 난하 중·하류 동부 연안으로 다시 이동해 고조선과 접해 있었다고 보는 시각임.

➡ 위만이 기자국을 멸망시킨 것으로 파악해 한국사의 인식 대상인 고조선과 무관한 것으로 이해.

✪ 1973년 중국 요령성 객좌현(喀左縣) 북동촌(北洞村)에서 출토된 청동기의 '기

후(㠱侯)' 명문을 기자동래 및 기자조선의 고고학적 증거로 보는 주장.

→ 이에 대해 객좌의 '기후'명 청동기는 기자집단의 이주 내지 건국과 관련된 유물이 아니라, 서주(西周) 초기 북경 일대에 위치한 연국(燕國)이 객좌 지역에 단기간 진출하였다가 남긴, 연국 청동기의 일종으로 보아야 한다는 설명.

✪ 기자조선은 자료의 해석 방향에 따라 다양하게 인식될 가능성을 내포하고 있음.

→ 기자조선과 같은 정치적 사회의 재구성과 관련하여 문헌 자료뿐만 아니라 고고학 자료와 인류학 이론을 이용함으로써 합리적 해석을 이끌어낼 수 있을 것임.

→ 시베리아 청동기 문화인 카라스크 문화와의 관련 속에서 서기전 13세기경에 시작된 우리나라 청동기 문화의 특징은 무늬 없는 토기(無文土器), 고인돌·돌널무덤(石棺墓), 비파형 동검, 세형 동검, 청동 거울 등으로 요약.

→ 비파형 동검 등 청동 유물은 우리나라 청동기 문화의 기원 및 분포 지역과 관련해 주목을 받고 있음.

→ 즉, 우리나라의 청동기 문화는 대릉하(大凌河) 중심의 요령(遼寧) 지방으로부터 한반도 일대에 걸쳐 분포해, 선주민의 신석기 문화뿐만 아니라 중국의 청동기 문화와도 다른 성격을 보인다.

→ 우리나라의 청동기 문화: 양식 생산 단계로 진입한 예맥족(濊貊族)이 선주민인 양식 채집 단계의 고아시아족을 흡수·동화함으로써 나타난, 주민과 문화의 교체 결과로 파악.

→ 서기전 7~6세기를 전후해 시작된 철기 문화는 위만조선이 건국되던 서기전 2세기경에는 다양한 철제 무기와 농기구가 확대·보급되어 전쟁 수행 능력과 농업 생산력을 증대.

→ 문헌 자료상 기자조선이 존재했던 서기전 12~2세기의 기간은 청동기 문화에서 철기 문화로 계기적 발전이 진행되던 시기임. 문화의 주체는 양식 생산 단계에 있던 예맥족임.

→ ① 기자동래설과 ② 기자조선설을 부인하는 입장에서 이 기간 동안의 문화 복합체는 주민 구성에 따라 예맥조선(濊貊朝鮮)으로 불러도 무방함.

> ⮕ 정치 발전 단계상의 위치는 왕(王)·대부(大夫)·박사(博士) 같은 정치 조직과
> 범금 팔조(犯禁 八條) 같은 관습법의 존재로 볼 때 초기 국가(初期國家,
> pristine state) 단계로 추정됨.

⭐ 기자조선(예맥조선)의 문화: 비파형 동검을 중심으로 한 청동기 문화

> ⮕ 비파형 동검의 기원지에 대한 학설: 요동설, 요서설 등
> ⮕ 최근 연구: 비파형 동검의 기원을 중앙아시아의 카자흐스탄 카라간다 지역
> 북부와 남부 러시아의 일원에서 전개되었던 훼도롭(Fedrov) 문화(종래 안드
> 로노보 문화)의 파인형(波刃形) 청동검에서 유래한 것으로 이해.
> ⮕ 기자조선(예맥조선)의 문화 성격: 기존 농경 문화의 기반 위에 비파형 동검
> 과 함께 유입된 유목 문화가 동화된 반농반목(半農半牧)적 사회 단계.

(출처: 《한국민족문화대백과》)

　　단군조선은 단군이 세운 우리의 고대국가, 기자조선은 기자가 세운 우리의
고대 국가, 위만조선은 위만이 세운 우리의 고대국가. 그런 식으로 이해하고
정리하면 되는가? 그리고 그 셋은 '고조선(古朝鮮)'이라는 한 지붕 아래에 있
는 세 나라 정도로 요약하면 되는가?

　　그렇다면 이제 우리 고대국가의 하나인 위만조선에 대해 살펴보자.

우리 고대국가의 하나인 위만조선

⭐ 위만조선

> ⮕ 별칭: 위씨조선(衛氏朝鮮), 한씨조선(韓氏朝鮮)
> ⮕ 《사기(史記)》「조선전(朝鮮傳)」과 《한서(漢書)》「조선전」 등의 중국 문헌에 등
> 장하는, 우리나라 최초의 고대국가.
> ⮕ 서기전 194년에서 서기전 108년까지 86년간 존속.

- ➜ 기록에 따르면 연왕(燕王) 노관(盧綰)이 한(漢)나라에 반역하였으나 실패하여 흉노로 도망하자 그 밑에 있던 위만은 무리 1,000여 명을 모아 동쪽으로 패수(浿水)를 건너 상하장(上下障)이라는 곳에 정착하였다고 함.

- ➜ 당시는 고조선의 마지막 왕인 준왕의 시대로, 위만은 요동태수(遼東太守)로부터 변방을 방어하는 외신(外臣)의 직함을 받았다. 그런데 차츰 그는 진번조선(眞番朝鮮)과 연(燕)·제(齊)의 유민들을 모아 왕 노릇을 하다가, 끝내는 준왕을 내몰고 왕검성(王儉城)에 도읍을 정하였다. 이는 중국 한(漢)나라 혜제(惠帝) 1년(서기전 194) 때의 일임.

- ➜ 위만이 연(燕)에서 들어올 때 "상투를 틀고 조선 옷을 입었다(魋結蠻夷服)."고 묘사(국호를 그대로 조선으로 한 것으로 볼 때 위만을 조선인 계통의 자손으로 추정됨.).

- ➜ 위만은 중국어와 조선어에 능통하였고 주변 사정에 정통했으며, 주위의 진번 등을 복속시켜 영토를 확장.

- ➜ 위만의 가계는 이름이 밝혀지지 않은 아들을 거쳐 손자 우거(右渠)와 증손자 장(長)에 이르게 되며, 손자 우거왕 대인 서기전 109년 한 무제(漢 武帝)의 침공으로 서기전 108년에 멸망.

- ➜ 위만조선의 통치 기간은 위만에서 우거에 이르는 3대 86년간(왕권이 세습될 정도로 국가의 기반을 탄탄하게 갖추고 있었을 것임.).

- ➜ 위만조선의 국가적 기반: 우거왕 대에 1년여 동안이나 한 무제의 원정군과 대치하였던 사실로 짐작할 수 있음.

- ★ 우거왕 대에 한 무제(漢 武帝)의 침략을 받게 된 직접적인 원인: 주위의 예(濊)나 변진(弁辰)의 조공로 및 무역로를 차단한 일.

  - ➜ 위만조선은 지리상으로 한(漢)나라와 이들 나라의 중간에 위치하고 있어 군사력만 있다면 무역로를 관리·통제할 수 있었음. 이를 통해 위만조선은 상당한 중간 이익을 얻을 수 있었던 것으로 추정. 중간 이익에 대한 과욕은 한 무제의 원정군을 불러들이는 결과를 초래하여, 결국 위만조선의 멸망을 야기함.

  - ➜ 위만조선은 상하장을 근거로 하여 유민 집단과 망명인들을 통솔하고, 주위의

여러 부족을 정복해 나갔음(성격상 정복국가임).

↪ 정복국가로 출발한 위만조선은 호전성을 띠었고 조공로·무역로의 차단도 이러한 성격에 기인한 것으로 추정.

✪ 위만조선이 정복국가였다는 사실

↪ 《후한서》「동이전」예조(濊條)에는 "원삭(元朔) 1년(서기전 128), 예군(濊君) 남려(南閭)가 우거를 배반하고 28만 명을 데리고 요동으로 갔다."는 기사가 있음.

↪ 《삼국지》「위서 동이전」한조에는 "조선상(朝鮮相) 역계경(歷谿卿)이 우거에 반하여 2,000여 호의 백성을 데리고 진국(辰國)으로 망명하였다."는 기사가 있음.

↪ 위만조선의 지배 계층과 토착 세력 간에는 알력이 있었을 것으로 추정.

↪ 위만조선에 대한 기록에 등장하는 인물: 위만과 손자 우거, 증손자 장(長)을 비롯한 왕족, 그리고 조선상 노인(路人)과 한음(韓陰), 대신(大臣) 성기(成己), 장군 왕겹(王唊), 이계상(尼谿相) 삼(參) 등.

↪ 조선상 노인의 아들 최(最)의 이름이 나타나는 것으로 보아 왕의 신분이 세습된 것과 마찬가지로 상류층 내에서는 신분이 세습된 것으로 추정.

↪ 위만조선에는 적어도 지배층인 상류층과 피지배층인 평민으로 구분되는 신분 계층이 존재하였으며, 신분제도는 상류층, 평민과 노예로 형성되었을 것으로 추정.

↪ 역계경, 남려 등의 관련 기사를 통해 볼 때 당시 위만조선의 인구는 적어도 50만 명 이상이었을 것으로 추정.

↪ 삼, 역계경, 남려 등은 위만조선을 이루는 부족의 장이자 행정 관료로, 그 밑에 상당한 인구를 거느리고 있었을 것임.

↪ 50만 명 이상의 인구를 지닌 고조선 사회는 매우 복잡한 양상을 띠고 있었을 것이며, 그에 상응하는 법령 체계도 존재하였을 것으로 추정.

↪ 《한서》「지리지」에 따르면 고조선에는 기자(箕子)에 의하여 제정된 「팔조금법(八條禁法)」이 있었다. 이후 낙랑의 영향을 받아서인지 60여 조로 늘어났고 「낙랑계령(樂浪契令)」도 제정함.

→ 《후한서》「동이전」예조에도 비슷한 기사가 있는데, 이 무렵은 바로 낙랑군이 설치된 직후로 보이나 위만조선 시대부터 이미 사회가 복잡해지고 많은 법이 제정되었다고 보아도 무방할 것임. 율령을 옹호하기 위하여 군사력과 치안력이 합법적으로 사용되었을 것이다.

→ 장군 왕겹의 존재, 조선군에 의한 요동동부도위(遼東東部都尉) 섭하(涉何)의 피살, 왕검성을 중심으로 한(漢)나라 무제의 원정군에 1년여 동안이나 저항하였던 사실, 그리고 위만조선의 멸망이 단지 군사력의 약세 때문이 아니라 내분에 의한 것이었다는 등의 기록을 통해 볼 때, 당시 조선의 군사력은 무시할 수 없을 정도로 강성하였을 것으로 추정됨.

→ 고고학상으로 이미 철기시대 전기(초기 철기시대, 서기전 700~1년)에 이른 위만조선에서는 철제 무기의 사용이 일반화되고 전차(戰車)도 이용되었을 것으로 추정.

→ 무기 제작 위한 철광의 발견과 확보, 제련 등에 있어 직업의 전문화가 이루어졌을 것임.

✪ 위만조선의 실제 연대, 서기전 194년에서 서기전 108년까지

→ 청천강 이남의 서북 지방에서 나타나는 세형 동검 관계 유물·유적들을 위만조선의 흔적으로 간주할 수 있으며, 관련 묘제로는 돌무덤, 움무덤, 독무덤을 들 수 있다.

→ 위만조선 총정리

① 장거리 무역, 인구의 증가와 이에 따른 토지의 확장과 확보.

② 무력을 통한 인근 부족의 정복, 철제 무기의 사용과 이를 위한 제반 전문 장인의 존재.

③ 말의 사육에 필요한 마장(馬場)과 조련사의 확보.

④ 잉여 식량의 확보.

⑤ 율령 조직

⑥ 조공로·무역로의 통제에 따른 중간 이익을 취함.

⑦ 군사력을 유지하기 위한 징병 제도

⑧ 조세 등 일련의 복합적인 요인들이 상호 관계를 맺는 과정에서 국가를 형성.

➔ 위만조선은 직업적인 계층의 중앙 관료들로 구성된 정부를 갖추고 있었으며, 무력을 합법적으로 사용할 수 있는 여건을 완벽하게 구비하고 있었으므로 국가의 정의에 부합

➔ 사용된 문자와 언어, 그리고 위만조선을 대표할 예술 양식 등은 아직 밝혀지지 않고 있다. 당시에는 한자가 사용되었을 것으로 추정.

➔ 출토되는 중국의 명도전(明刀錢)이나 오수전(五銖錢), 화천(貨泉) 등은 위만조선과 중국과의 교역 관계뿐만 아니라 문자 사용에 대한 간접적인 증거임.

➔ 위만조선 시대가 포함되는 초기 철기 시대에 대한 연구 성과가 축적되고, 당시의 행정 중심지였던 왕검성의 위치에 대한 정확한 고증과 그에 따른 발굴이 수행된다면, 위만조선의 실체가 더욱 구체적으로 밝혀질 수 있을 것임.

(출처: 《한국민족문화대백과》)

고조선과 삼국 시대. 우리는 그 둘이 바로 우리 조상, 우리 원점과 밀접하고 장구한 우리 역사와 직결된다고 보면서도 그 둘 사이의 관련성과 그 둘 사이의 역사에 대해서는 대체로 희미한 편이다. 삼국 시대를 말하기 전에 뭔가 더 알아보고 살펴볼 것은 없는가? 만일, 삼국 시대의 출발점도 우리의 지정학적 요인으로 인해, 아니면 우리 밖의 여러 변화로 인해, 혹은 우리 내부의 이런저런 변화로 인해 – 그리 단순하거나 일목요연하거나 명확하지 않다면 우리가 말하는 삼국 시대는 그 뿌리부터 흔들리고 그 시초부터 오리무중인 것이 아닌가? 정사(正史)니 야사(野史)니 해도 구체적인 기록과 종합은 한 시대가 지나고 나서야 시작되게 마련이다. 해당되는 시대와 국가와 사람들이 까마득한 과거에 속하고 난 뒤에야 그 기록의 필요성을 공감하고 공유하게 된다. 어디 그뿐인가?

후세의 평가와 주관, 후세인의 취사선택 역량과 자료 수집 수준 등에 얽매이고 그리고 오랜 시간 헌신할 인력의 수준과 필요한 경비, 지원, 관심 같은 것들에 기대게 마련이다.

우리는 삼국 시대를 잘 알고 그리고 그 삼국시대가 바로 신라, 고구려, 백제를 말한다는 것을 잘 안다. 그렇다면 그 삼국 시대 이전은 어떤 모습이었을까? 그리고 삼국 시대의 과거로 거슬러 올라가면 과연 어디에 이르게 될까? 우리는 넓게는 아시아의 동북 지역에 속하고 좁게는 중국 대륙의 동쪽에 자리한 한반도와 그 북방 등으로 말해질 수 있다. 대체 삼국 시대 이전의 한반도와 그 북방 지역은 어떤 식으로 살아가며 중국 대륙과 이어지고 그리고 3면이 바다로 둘러싸인 독특한 환경에서 생존하고 활약했을까? 그런 의문점, 궁금증을 갖고 우리의 과거 역사를 바라보면 더욱 이해하기 쉬울 것이다.

우리는 삼국 시대의 뿌리, 삼국 시대 이전의 우리 과거 모습을 '부여'라는 이름 속에서 찾기도 한다. 부여는 우리의 고대국가, 초기국가와 밀접한 관계를 갖고 있다. 즉, 연맹 형태로 존재한 여러 국가 공동체의 하나라는 것이다. 그렇다면 부여 이외에 얼마나 많은 다른 국가 공동체가 존재했다는 것인가? 그리고 그 연맹 형태를 통해 어떤 식의 체계를 갖추고 어디에서부터 어디까지를 관할하며 언제부터 언제까지 존속하다가 어떤 계기로 언제 삼국 시대로 이어지게 된 것인가?

부여(夫餘)는 기원전 2세기경부터 서기 494년까지 600년 이상 존속한 것으로 추정된다. 지금의 만주 일대 즉, 중국 대륙의 동북방을 다스린 것으로 본다. 그리고 삼국 시대의 두 축인 고구려와 백제는 부여에서 시작된 국가 공동체로 본다. 부여(혹은 북부여)는 삼국 시대 이전의 국가 형태이기에 부족 국가 형태를 띠고 있었을 것이다. 주로, 예맥계 부여족이 중심이 되었을 것으로 본다. 당시는 중국의 은(殷)나라시대였으므로 당연히 은(殷)나라의 제도, 문화 등을 많이 받아들였을 것이다. 따라서 중국 은나라의 발전 정도에 맞춰서 부여의 생활상을 엿볼 수 있을 것이다. 부여는 물론 중국과도 인접하고 한반도와 그 북방에 위치한 고구려와도 인접했기에 때로는 다투고 때로는 연합하며 존속했을 것이다. 비록, 부족 국가 형태이기는 하나, 오늘날의 국가들처럼 인접한 나라들과 엄연히 경쟁 관계, 협력 관계에 있었을 것으로 본다. 중국 대륙이 요동치고 전란에 휩쓸릴 때는 부여 또한 직·간접적으로 그 소용돌이에 휘말렸을 것이다. 그 하나로, 중국 대륙이 위(魏), 오(吳), 촉(蜀) 등으로 나뉜 채 서로 겨루다가 그 삼국을 통일한 진(晋)나라가 일어서자 부여는 당연히 그 진(晋)나라와 교역하고 동맹했을 것이다. 그러다가 진(晋)나라가 북방의 여러 민족에게 쫓겨 남쪽으로 옮겨가게 되면서 부여 또한 졸지에 고립무원(孤立無援) 상태가 되고 말았을 것이다.

〈부여(夫餘, 扶餘, 扶余, 夫余로 표기: 중국의 문헌에서는 夫餘로, 한국의 문헌에서는 扶餘로 표기)는 - 서기 285년(고구려 서천왕 16) 선비족 모용외(慕容廆)에게 공격을 받아 북옥저로 도망하였다가 후에 다시 본국을 회복하기는 하였으나 (이때 북옥저 지역에 일부가 남아 동부여를 건국), 서기 346년 연왕(燕王: 선비족 연나라는 고구려와 탁발선비의 국가인 북위의 협공에 멸망) 모용황(慕容皝)에게 공격을 받아 쇠약해졌으며, 이후 고구려의 보호를 받다가 서기 494년 고구려에 병합되었다.〉

위의 백과사전적 설명에서 보듯이 부여는 결국 삼국 시대의 한 축인 고구려에 흡수되고 말았다는 것이다. 사마천(司馬遷)의 《사기(史記)》같은 중국 문헌에 따르면, 부여는 중국 대륙을 최초로 통일한 진시황 이전부터 존재했다. 즉, 기원전 222년에 진시황의 진(秦)나라에 멸망한 중국 전국 시대의 연(燕)나라와 부여가 인접했는데, 바로 그 연(燕)나라와 부여가 긴밀한 관계에 있었다는 것이다. 또한, 중국의 역사서인 《후한서》의 「동이열전」에는 "읍루(挹婁)는 예전부터 숙신(肅愼)의 나라인데 한(漢)나라가 흥한 이후 부여에 신하로서 복속했다."는 기록이 있다.

중국의 한나라는 전한(前漢: 기원전 206~기원후 8)과 후한(後漢: 23~220)으로 나누어진다. 위에서 인용한 것은 전한 시대에 해당되는 내용이므로 부여는 기원전에 해당하는 중국 전한 시대에 이미 동쪽의 읍루(숙신)를 복속시키고 있었던 셈이다.

〈부여는 맥족(貊族)이 고조선 즉, 예인(濊人)의 나라에 건국한 국가란 설과 예(濊)의 일부가 맥(貊)에 흡수되어 만주로 이동하는 과정에서 형성된 예맥족(濊貊族)에 의해 건국되었다는 설이 있다.〉

위의 설명에서 보듯이, 부여에 대한 서로 다른 학설, 주장, 추정들이 있다는 것도 꼭 참고해야 할 것이다. 당시에 대한 세세한 기록들이 드물기에 자연히 이런저런 추측, 추정을 하게 된 것이다. 하지만, 분명한 것은 중국과 한반도 사이에서 중요한 역할을 하며 장차 삼국 시대의 본격적인 출범에 하나의 중심 고리 역할을 했다는 사실일 것이다. 따라서 모호한 부분이 있더라도, 그리고 엇갈리는 주장이 있더라도 부여에 대한 연구와 관심은 우리의 뿌리를 캐는 일과 직결된다고 보아야 할 것이다. 그리고 '부여의 영역이 사방 2천 리에 이르렀다.'는 식의 이야기가 전해지고 그리고 그에 맞춰서 인접 지역을 그려보고 중국 대륙의 북방 드넓은 땅에 해당하는 대국을 상상하는 일은 어쩌면 당연할 수도 있다.

{《삼국사기》에 따르면, 부여의 역사는 해부루왕 때 시작된다. 쌍양에서 재상 아란불의 꿈에 천제가 나타나 해부루왕을 가섭원으로 옮겨가게 하고, 해모수가 천제의 아들이라 칭하며 북부여(北夫餘)를 건국해 그 자리를 차지했다. 《삼국유사》에 따르면, 해모수가 기원전 59년 북부여를 건국했다. 해부루가 그의 아들이라고 하면서, 하백의 딸 유화에게서 주몽[동명성왕 또는 추모왕(鄒牟王)은 고구려의 개국 시조(재위: 기원전 37~기원전 19)]을 낳았다. 하지만 해모수는 《삼국사기》와 《삼국유사》에만 나오는 인물로, 고구려 광개토왕릉비에 새겨진 고구려 건국 이야기에 '주몽은 하늘의 아들(천제지자)이자 하백의 외손'이라고만 할뿐, 해모수는 등장하지 않는다. 당대의 고구려인들이 직접 새긴 광개토왕릉비의 기록으로 볼 때 해모수는 등장하지 않으므로 실존 인물인지 알 수 없다.}

{《논형(論衡)》[중국 한(漢)나라의 왕충(王充: 27~97, 중국 최초의 유물 사상 주창자)이 지은 사상서, 총 30권 85편에 20여 만 자로 구성]에는 동명이 탁리국을 탈출하여 부여의 땅에 나라를 세웠다고 기록되어 있다. 북부여의 유민들이 외세에 유린되는 부여를 탈출해 두막루를 세웠다고 《신당서(新唐書)》「유귀국전」에 전해진다. 서기 494년 물길이 북부여를 압박하자 왕실이 고구려에 항복하면서 완전히 멸망하였다.}

{《삼국사기》에 따르면, 동부여는 부여의 왕이었던 해부루가 세웠다. 2세기까지 번성하던 부여는 3세기 후반에 북방의 유목민들이 중국 대륙으로 대거 남하하던 시기에 이들로부터 많은 침략을 당해 급격히 쇠약해졌다. 285년의

선비족 모용씨(慕容氏)의 침공으로 인해 왕 의려가 죽고 수도가 점령당하여 왕실과 백성 다수가 두만강 하류에 있던 북옥저로 도피하게 되었다. 이듬해 그 다음 왕 의라가 서진의 도움으로 나라를 회복해 귀환했는데, 그중 일부가 북옥저 지역에 계속 살았다. 이렇게 되어 본래 부여가 있던 곳을 북부여라고 하고, 북옥저 지역에 남은 무리들이 나라를 형성하여 동부여가 되었다는 것이 일반적인 견해다.}

{서기 121년, 고구려가 후한과 충돌할 때에 부여 왕자 위구태(尉仇台)가 현도성을 침공한 고구려의 군사를 공격하여 현도성을 구원한다. 중국의 《북사(北史)》[중국 북조의 역사서: 이대사에 의해 편찬이 시작되었고, 그의 아들인 이연수에 의해 완성된 24사 중의 하나인 역사서, 총 100권이며, 본기 12권, 열전 88권으로 구성, 남북조 시대(439~589)의 북조에 해당하는 왕조인 북위, 서위, 동위, 북제, 수나라의 역사]와 《수서(隋書)》(중국 수나라의 역사서로, 당 고조 이연에서 시작하여, 당 태종, 당 고종에 이르기까지 3대에 걸쳐 완성된 총 85권의 수나라 역사 통사)는 능안에서 이를 오해해 구태가 백제의 시조인 것으로 기록하여 시조 구태설이 생겨났는데, 이것은 〈북사〉와 《수서》의 오류다. 서기 167년에는 부여왕 부태(夫台)가 후한(後漢) 본토와의 직접 무역을 시도하는 과정에서 현도성과의 무역 마찰이 생겨 선비족과 고구려의 묵인 하에 현도성을 공격하기도 하였다. 4세기 전반에 고구려가 북부여를 장악하자, 본국과 차단된 동부여는 자립하다가 서기 410년에 광개토왕의 고구려에 멸망당했다.}

{졸본부여(卒本夫餘)는 《삼국사기》가 기록하는 고구려의 도읍지 명칭이나, 《삼국유사》에서는 도읍지를 졸본이라 칭하고 졸본부여는 그 자리에 세워진 나라인 것처럼 기록하고 있다. 《삼국사기》「고구려본기」에서도, 졸본 부여의 왕이 주몽을 사위로 삼아 그로 하여금 왕위를 계승하게 했다는 이설을 적어두고 있다. 「백제본기」에서는 위와 같은 내용이 아예 사실로 기록되어 있다. 여기에 덧붙여 《삼국사기》에서는 시조 비류설을 언급하면서, 졸본 지방의 유력자 연타취발이 주몽을 사위로 삼고, 주몽이 그 집안의 세력과 자신의 능력을 기반으로 하여 그 지방의 다른 부족들을 제압하면서 고구려를 세우고 왕위에 올랐다고 말하고 있다. 이로 보아, 졸본부여는 고구려의 전신 국가이거나 고

구려의 별칭일 것이다. 그리고 이때의 졸본부여는 고주몽이 건국한 기원전 37년의 고구려 이전에 많은 문헌에서 등장하는 고구려일 가능성이 높다. 또한, 졸본부여라는 이름은 고구려가 부여계의 국가임을 알 수 있는 증거다.}

{남부여(南夫餘)는 백제 성왕(聖王: 26대, 재위 523~554)이 새롭게 지정한 국호다. 이 국호나 건국 신화, 무덤 양식 등을 보면 백제는 부여로부터 갈라져 나왔고 그를 오래도록 계승했음을 알 수 있다.}

우리가 부여에 대해서 더 알 수 있는 것들은 과연 무엇일까?

부여가 삼국 시대의 뿌리이고 우리의 원점이라면 이에 대해 좀 더 상세하게 알아보아야 할 것이다. 그렇다면 현재 어느 정도 널리 알려진 것들 중심으로 몇 가지 중요한 내용만 정리해보기로 하자.

{부여에는 왕 아래에 가축의 이름을 딴 마가, 우가, 저가, 구가와 대사자, 사자 등의 관리가 있었다. 이들 가(加)는 저마다 따로 행정 구획인 사출도를 다스리며 왕이 직접 통치하는 ① 중앙과 합쳐 ② 5부를 이루었다. 가(加)들은 새 왕을 추대하기도 했다. 자연 재해로 곡식이 잘 익지 않으면 그 책임을 왕에게 돌리기도 하였다. 부여의 왕 마여가 이러한 부여의 풍속에 의해 죽임을 당했다. 그러나 왕을 배출한 대표 부족의 세력은 궁궐, 성채, 감옥, 창고 등의 시설을 갖추고 있었다.}

{부여의 지배 계급을 형성한 부족장의 칭호인 '~가(加)'는 씨족장, 부족장을 의미하는 것으로 고구려에서도 사용되었다. 부족장들 중에서 가장 유력한 자에게는 마가(馬加), 우가(牛加), 저가(猪加), 구가(狗加) 등 가축의 이름을 붙여서 불렀다. 이들은 각기 사출도(四出道)의 하나씩을 주관하였다. 이들 대가(大加)는 왕과 마찬가지로 대사(大使), 대사자(大使者), 사자(使者) 등의 직속 가신(家臣)을 거느렸다. 조두(俎頭)라는 고급 밥그릇을 사용하였고, 죽으면 많은 사람을 같이 순장하였다. 정치 권력과 경제적인 부(富)를 지닌 자들로서 많은 노예를 소유하였다.}

{부여의 행정 구획은 사출도(四出道)라 불렀다. 이는 국도(國都: 수도)를 중심으로 하여 거기서 사방으로 통하는 네 갈래의 길을 의미하는 것으로, 중앙에는 왕이 있고 4가(加)가 사출도에 머물며 각기 소속의 호족과 하호를 지

배하였다.}

그렇다면, 부여의 풍속은 어땠을까?

우리의 뿌리이고 원점이라면 우리가 아는 역사 속의 풍속들과는 어떤 연결고리가 있었을까? 어떤 공통점, 유사점이 삼국 시대, 통일신라 시대, 고려 시대, 조선 시대 등을 거쳐 현재의 우리에게까지 이어져 있을까?

'영고[迎鼓(맞이할 영(迎), 북 고(鼓)): 맞이굿(추수 후 음력 12월에 거행)]'라는 제천(祭天) 행사에서 우리의 하늘 신앙, 하늘 높이기 등이 생겨나고 이어졌을까?

부여는 전쟁 같은 중대사가 있을 때 제천의식을 행하고 소를 잡아 그 굽으로 길흉을 점쳤다. 이를 우제(牛蹄: 소 발굽)점법이라고 한다. 제물이 된 소(牛)의 굽(蹄)이 벌어지면 흉(凶), 합치면 길(吉)한 것으로 생각했다. 영고(迎鼓)는 제천 행사이자 축제이고 그리고 약간 늦은 추수 감사절이기에 하늘에 대한 제사, 노래와 춤, 죄수 석방 같은 일들이 이어졌다. 물론, 부족 국가시대이고 오늘날에 비하면 원시, 고대에 해당하는 시기였으므로, 일부다처제(一夫多妻), 축첩(蓄妾), 순장(殉葬) 등의 풍습이 있었다. 한 가지 특이한 점은 주로 백의(白衣)를 입었기에 백의민족이라 불렸다는 점일 것이다.

부여에는 생산을 담당한 하호(下戶) 계급이 있었다. 신분은 양인(良人)이되 노복(奴僕)과 같이 사역하는 예민(隷民)이었다. 전시에는 군량(軍糧)을 운반하였다. 부여는 형법이 아주 엄격한 사회했다.

① 살인, 간음, 부녀의 투기 등은 극형으로 다스렸다. ② 살인자는 사형에 처하고 그 가족은 노비로 삼았다. ③ 남의 물건을 훔치면 물건 값의 12배를 배상해야 했다. ④ 간음한 자와 투기가 심한 자는 사형에 처했다. ⑤ 간음과 투기자는 그 시체를 산에 갖다 버렸다. ⑥ 단, 그 여자의 집에서 시체를 가져가려면 소나 말을 바쳐야 했다.

고조선의 법제도(8조금법, 8조법)와 약간 다르나, 개인의 생명과 사유 재산 및 가부장제적인 가족제도를 우선시하는 근본 정신은 같았다. 부여는 가족제도를 중시하여 형이 죽으면 동생이 형수를 아내로 삼았다. 부여는 비록 우리의 원점이고 뿌리이기는 하나, 중국 대륙과 인접하여 대륙의 영향을 많이 받았기에 자연히 부여에 대한 기록도 중국의 역사서에서 더 잘 살펴볼 수 있다.

{《삼국지(三國志)》「위서(魏書)」의 '오환선비동이전' 중, 부여 관련 기사, 즉, 부여전(夫餘傳)은 총 930자(字)다. 중국 정사(正史) 중 부여에 관한 최초의 열전(列傳)으로 그 사료적 가치가 높다. 그 내용은 부여의 위치와 강역을 비롯하여 관제·의식(衣食)·의례(儀禮)·풍속·산물(産物) 등 부여의 생활 습속에 관한 상세한 기술과 현도군, 후한(後漢), 공손씨(公孫氏) 등 중국의 제(諸) 세력과 관계된 기사로 구성되어 있다.}

부여왕국(서기 494년 고구려에 병합)의 왕들		
왕호	이름	재위 기간
(1) 동명왕(東明王)	동명(東明)	미상
(2) 해부루왕(解夫婁王)	해부루(解夫婁)	기원전 60년경까지
(3) 금와왕(金蛙王)	금와(金蛙)	기원전 20년경까지
(4) 대소왕(帶素王)	대소(帶素)	서기 22년까지
(5) 갈사왕(曷思王)	성명 미상	미상
(6) (갈사부여 2대왕)	성명 미상	왕호, 성명, 재위 기간이 전해지지 않음.
(7) 도두왕(都頭王)	도두(都頭)	서기 68년까지
(8) 부태왕(夫台王)	부태(夫台)	미상
(9) 위구태왕(尉仇台王)	위구태(尉仇台)	미상
(10) 간위거왕(簡位居王)	간위거(簡位居)	미상
(11) 마여왕(麻余王)	마여(麻余)	미상
(12) 의려왕(依慮王)	의려(依慮)	서기 285년까지
(13) 의라왕(依羅王)	의라(依羅)	미상
(14) 현왕(玄王)	현(玄)	346년까지
(15) (여울)(餘蔚)	(여울)(餘蔚)	후연에서 부여왕으로 책봉함.
(16) 잔왕(孱王)	성명 미상	494년까지

우리의 뿌리가 왜 중국 대륙으로 이어지는지 알았다. 우리의 원점이 어째서 중국 대륙 동북방 전체로 펼쳐지는지 알았다. 그리고 흔히 말하는 만주와 그 외곽, 만주와 그 연장선이 어떻게 우리의 시발점, 출발점, 원점일 수밖에 없는가에 대해서도 잘 알게 되었다. 꼭 그 땅에, 그 당대에 번성하던 부여와 그 주변 세력들이 고구려에 흡수되었다는 사실 하나만을 유달리 강조하는 것

은 아니다.

인류 역사는 여느 물줄기처럼 이래저래 어느 지점에서 발원하여 뭍으로든 물로든 이동하고 확장하게 되어 있었다. 우리 조상들도 그런 흐름에 맞춰서 더 살기 좋은 곳으로 이동하고 그리고 이동할 때마다 뿌리, 원점을 되새겼다.

우리는 어느 때부터인가 현재의 한반도만을 둥지로 삼고 기틀로 여기게 되었다. 제국주의의 침략으로 국경선이 수시로 바뀌던 때를 지나 세계가 하나의 공동체로 묶어지면서 자연스럽게 침략도 사라지고 경계도 더욱 명확해진 것이다. 그리고 그런 과정 속에서 우리는 현재처럼 한반도를 유일한 무대로 삼게 된 것이다. 하지만 역사의 주체인 개개인으로 보면 그 경계는 중첩되고 더 확장될 것이다. 그래서 흔히 우리를 포함하여 동북아시아 전체를 한자문화권으로 통칭하게 된 것이다. 거슬러 올라가면 중국 문자인 한자를 공용어 혹은 유일 언어, 유일 문자로 사용했다는 것이다. 그래서 현재까지도 그런 잔재, 흔적이 곳곳에 남아 있다는 것이다.

누가 아는가? 먼 미래는 그 미래 자체에 맡겨져 있다. 지금의 우리가 과거의 조상과 다르게 살고 다르게 이어왔듯이, 먼 미래의 후손들, 먼 미래의 사람들은 자신들의 운명을 개척하기 위해 우리와 다른 방법을 택하고 과거와 다른 길을 찾게 될 것이다. 사계절의 순환, 건기와 우기의 조화처럼 세상도 변하고 천지만물 속의 역사도 어쩔 없이 변하게 될 것이다. 그 변화는 하나의 속성이기도 하고 생존과 발전을 위한 필수 코스일 수도 있다. 그런 차원에서라도 우리의 뿌리, 원점을 잘 새기고 있어야 할 것이다. 눈에 보이는 세상과 눈에 안 보이는 세상이 늘 함께한다고 보는 것이 더 정확할 수도 있다. 현재의 것을 통해 미래의 색다른 것까지를 그려보는 것이 바로 혜안이고 통찰력이고 비전일 것이다.

05

05.

삼국 시대의 출발점에는 무엇이 있었을까?

부여를 시원(원점, 출발점)으로 삼은 고구려와 백제를 살펴보면 삼국 시대 태동의 징후와 과정을 알 수 있을 것이다. 그리고 신라까지를 합치면 삼국 시대의 드러난 모습과 숨겨진 모습 등을 어느 정도 잘 꿸 수 있을 것이다.

우리의 삼국 시대 요약

✪ 우리의 삼국 시대, 7백여 년의 긴 역사(철기 문화시대)

➔ 고구려·백제·신라의 세 나라가 정립하던, 한국사의 한 시기

➔ 《삼국사기》에 나타나는 삼국의 건국 연대(① 신라: 서기전 57, ② 고구려: 서기전 37, ③ 백제: 서기전 18)로부터 ① 660년 백제 멸망, ② 668년 고구려 멸망까지의 700여 년간.

✪ 서력 기원을 전후하여 한반도와 만주 지역의 예맥(濊貊)족과 한(韓)족사회에는 철기 문화가 보급됨.

➔ 어로·목축과 함께 농경이 크게 발달하여 생산력이 증강되었고, 새로운 전술인 기병전(騎兵戰)의 등장으로 군사력이 강화.

➔ 안으로는 인접한 정치 세력 간의 통합이 촉진되고, 밖으로는 ① 요동군·② 현도군·③ 낙랑군·④ 대방군 등 중국의 식민지 세력과 충돌을 되풀이하는 과정에서 고대 왕권이 성립되고 그 지배력도 점차 강화.

✪ 고구려가 성장한 동가강(佟佳江) 유역과 압록강 중류 지역인 통구(通溝) 일대, 정치세력이 성장하여, 위만조선 때 예군(濊君) 남려(南閭)의 세력이 성립된 지역.

➔ 서기전 82년에는 이 지방의 지배 세력이 현도군을 몰아내어, 한(漢)나라는 서기전 75년 현도군을 요동 지방의 흥경(興京) 노성(老城) 방면으로 이동.

➔ 교통 요충 지대에서 성장한 고구려는 태조왕(53~145) 때 동해안 지역에 진출하고 청천강 상류 지역을 확보한 후 요동 지방을 위협함.

➔ 고구려는 영토의 확장과 더불어 5부에 대한 국왕의 지배권을 상당 부분 확립하고 책구루(幘溝漊)를 설치하여 한(漢)의 정치적·경제적 간섭을 차단함으로써 고대 국가로 성장할 수 있는 기반을 마련.

➔ 통구를 잃은 한(漢)나라는 서안평(西安平: 지금의 봉황성[鳳凰城])에서 압록강 하류를 거쳐 낙랑군에 이르는 교통로를 개척함.

➔ 신대왕은 다시 서안평을 공격하여 대방현령을 죽이고 낙랑태수의 처자를 사로잡는 등 교통로를 위협. 311년(미천왕 12) 서안평을 확보하고, 313년에 낙랑군을 점령.

➔ 고구려는 북방에서 중국의 침입을 막는 방파제 구실을 하면서 성장함.

✪ 백제는 고구려보다 약 100년 늦은 고이왕(234~285) 때 고대왕국으로 발전.

➔ 백제의 성장에 위협을 받게 된 낙랑군은 맥인(貊人: 동예 세력으로 추정)과 함께 백제를 자주 침입함. 책계왕을 죽였으며, 자객을 보내 낙랑군의 변경을 빼앗은 분서왕을 죽이기도 하였다.

➔ 백제 역시 고대국가로 성장하는 과정에서 중국 세력과의 힘든 대결을 피할 수 없었다.

✪ 신라는 왕호로 볼 때 ① 거서간(居西干), 차차웅(次次雄) 시기에 이어 연장자인 연맹장을 뜻하는 ② 이사금(尼師今) 시기를 지나 대수장을 의미하는 ③ 마립간(麻立干) 시기에 이르러 고대 왕국을 건설.

➔ 진한의 한 지역국가였던, 신라의 모체인 사로국은 3세기 초부터 가야 등 주변 세력들에 대항하는 연맹체를 형성.

➜ 낙랑군과 연결된 종족들, 가야와 가야의 영향력 하에 있던 왜(倭), 한강 상류 지역을 개척하고 있던 백제 등과 자주 충돌하면서 성장함.

➜ 신라 고대 왕권의 성립은 마립간이라는 왕호를 사용하기 시작한 내물마립간 (356~401) 때의 일로, ① 고구려보다 약 200년, ② 백제보다 약 100년이 늦다(고구려, 백제, 신라 순으로 고대 국가로 성장).

➜ 신라는 4세기 후반 이후 고구려와 백제의 충돌이 계속되어 이들이 신라에 미치는 압력이 약화된 틈을 이용하여 고대국가의 기반을 강화.

✪ 고구려는 낙랑군을 멸망시킴으로써 한반도에서 중국의 식민지 세력을 축출.

➜ 동북아시아의 국제 정세는 4세기에 새로운 국면을 맞았다.

➜ 한족(漢族)의 세력이 중원에서 약화되고 오호십육국(五胡十六國)이 강력한 정복국가를 형성하였으며, 이들의 정복사업은 고구려에까지 영향을 미쳤다.

➜ 고구려는 국가적인 위기를 맞았다.

➜ 342년(제16대 고국원왕 12) 중국 연(燕)나라 모용황(慕容皝)의 침략을 받아 수도인 환도성(丸都城) 함락(수도를 국내성에서 환도성으로 옮긴 직후). 연나라는 고국원왕[별칭은 국원왕(國原王), 국강상왕(國岡上王), 소열제(昭烈帝)]의 부친인 미천왕 시신과 왕모 주(周)씨, 왕비 등을 인질로 삼아 고구려 압박. 후에 협상하여 미천왕 시신, 왕모(13년간 인질생활을 한 후 귀국)를 돌려받음.

➜ 371년(고국원왕 41), 고국원왕은 평양에서 백제 근초고왕 군대의 북진을 막으려다 [유시(流矢): 누가 쏘았는지 모르는 화살]에 맞아 전사해 고국원(故國原)에 묻혔다.

➜ 고구려는 남북 양쪽에서 큰 압력을 받았으나 370년 연나라를 멸망시킨 전진(前秦)과 친교를 맺으면서 일단 위기를 모면함.

➜ 고구려는 국제 관계의 안정 구축과 더불어 내치에 힘을 써 태학(太學)을 세우고 율령을 공포하며 불교를 받아들임으로써, 안팎으로 체제를 정비함.

➜ 정비된 힘을 바탕으로 광개토대왕 때는 요동을 확보하고 한때 요서 지방까지 진출함.

➔ 장수왕 대에 이르러서는 475년(장수왕 63) 백제의 수도 한성(漢城)을 점령하고 아산만과 죽령을 연결하는 선까지 영토를 확장.

✪ 중국이 남북조(南北朝)로 분열되어 있는 동안

➔ ① 고구려는 북조의 위(魏)와, ② 백제는 남조의 송(宋), 양(梁) 등과 연결되어 동아시아의 국제 관계는 ① 북위, 고구려, 신라를 연결하는 세력과 ② 송, 백제, 왜의 연결 세력이 대립하는 형세가 되었다.

➔ 이러한 국제 관계 속에서 전개되는 삼국의 관계사는 3기로 나누어 볼 수 있다.

① 제1기는 고구려 광개토대왕(391~412) 때부터 장수왕(413~491)·문자명왕(492~518) 때까지의 약 130년간으로, 이때는 고구려가 남진 정책을 펴 삼국 관계를 좌우하던 시기임.

② 제2기는 후발 세력이었던 신라가 큰 발전을 이룬 법흥왕(514~529)·진흥왕(540~575) 때의 약 60년간. 신라는 고구려가 돌궐족의 침략을 방어하느라 북서 지역에 군사력을 집중한 틈을 타서 백제와 더불어 한강 유역을 고구려로부터 빼앗고, 이어 백제를 쳐서 이 지역을 점령함으로써 남양만을 통해 중국과 직접 교통할 수 있는 해로를 확보함.

이어 동해안으로 북상하여 함경남도 이원(利原)까지 진출하였으며, 낙동강 유역의 가야 지역을 완전 병합. 이에 신라의 국력은 백제보다 우위에 서게 되었다.

③ 제3기는 중국의 수(隋)나라가 남북조로 분열되었던 중국을 통일한 때(589년)부터 668년 고구려가 망할 때까지의 시기임. 수(隋) 왕조는 통일 세력을 유지하기 위하여 먼저 고구려와 돌궐족(突厥族)의 연합 세력이 가해 오는 압력을 극복하지 않으면 안 되었다.

그러므로 그 당시 경계가 되었던 요하(遼河) 선에서 고구려에 압력을 가하기 시작. 이리하여 (1) 여·수전쟁(고구려, 수나라)과 (2) 여·당전쟁(고구려, 당나라)이 70년간이나 지속됨.

이 파동은 한강 유역에까지 미쳐 신라, 백제, 고구려의 세력 다툼이 치열해짐.

위에서는 삼국 시대를 고구려, 백제, 신라 등으로 나눠 총론적으로 살펴보았다. 어느 역사나 동일하듯이 결국은 삼국의 흥망성쇠로 요약될 것이다.

시작은 지정학적인 환경 그대로 북방에서 남방으로 이어지는 식의 정착이고 발달이고 변화였지만, 그 끝은 그 지정학적 환경이 멀리 중국 대륙의 중심부로 이어져 결국 중국 당나라 정부의 영향력 아래서 나당연합군(신라와 당나라의 연합군)에 의한 정복과 강제적·무력적인 통일로 이어졌다.

어느 역사에서나 공통적으로 일어나듯이 우리의 삼국 시대 또한 수많은 동종집단끼리의 경쟁과 갈등으로 얼룩진 각축전을 거쳐 지정학적 요인에 의한 외부 이질집단의 간섭과 정복으로 끝을 맺었다. 그 결과, 삼국 시대의 처음도 중국 대륙과의 역사적 접목 부분에서 찾게 되고 삼국 시대의 끝도 중국 대륙과의 역사적 접합 부분에서 찾게 되는 것이다.

하지만 아래의 삼국 시대 사람들의 생활상에 대한 이야기에서 알 수 있듯이, 각각의 국가 공동체 안에서 왕과 귀족을 중심으로 상하로 이뤄진 신분제도를 유지하며 나름대로 독창적인 역사를 남겼다. 고구려가 처한 상황, 백제가 처한 상황, 신라가 처한 상황이 원주민 공동체들과의 관계에서도 다르고 국가가 놓인 내외 환경적 요인들 차원에서도 다른데도 불구하고, 삼국 시대로 요약되고 정리될 수 있는 한 시대를 장식하며 삼국 시대라는 그 말에 걸맞게 삼국이 세력의 균형을 어느 정도 잘 지켜냈다.

어디 그뿐인가?

각자 고유한 체제와 문화, 고유한 생활과 문물을 유지하며 때로는 동북아 질서의 균형자 역할을 담당하기도 하고 때로는 중국 대륙과 해양 세력을 이어주는 교량 역할, 매개자 역할, 전승자 역할, 교화자 역할을 수행했다. 크게 보면 그래서 중국 대륙, 한반도, 일본을 위시한 해양 세력 등이 일종의 삼각구도, 삼각관계를 이룬 채 더욱 큰 범위의 지정학적 고리, 지정학적 환경, 지정학적 질서를 만들어 냈던 셈이다.

물론, 그 속에서 삼국 시대는 어엿한 중심 역할을 수행한 것으로 보인다. 삼국 밖의 환경이 어떻게 바뀌든, 한반도 밖의 질서가 어떤 식으로 재편되어가든 삼국은 삼국 시대를 유지하며 최소한 한반도를 중심으로 그 정체성과 정통성을 잘 유지하고 있었던 것이다. 그 결과로 삼국 시대 이후의 혼란상이 어떤 정도였든지 간에 고려, 조선으로 이어지는 – ① 삼국 시대 제2기(고려 시대), ② 삼국 시대 제3기(조선 시대) 같은 형태의 – 변화와 통일을 이루며 지속적으로 그 기본 정체성과 핵심 정통성을 훌륭히 유지했던 것이다.

한마디로, 우리 민족은 삼국시대라는 기반을 중심으로 그다음 단계인 고려 시대와 조선 시대를 거치면서 ① 충분한 동질성 속에서, ② 어려운 계속성 속에서 나름대로 시대적 선순환(발전적·상향적 변화라는 측면에서)과 역사적 전진(외세와의 대립과 균형 속에서 독립성과 통일성을 유지)을 이뤄낼 수 있었던 셈이다.

삼국 시대, 통일신라 시대, 후삼국 시대, 고려 시대, 조선 시대……. 그리고 맨 앞의 신화 시대와 고조선 시대(단군조선, 기자조선, 위만조선)……

맨 뒤의 구한말, 일제강점기, 광복과 미군정 시대, 정부 수립과 6·25전쟁, 근대화와 민주화, 산업화와 선진화…… 그 모든 일이 한반도를 중심으로 한 삼국 시대에서 시작된다고 볼 수 있다. 그 모든 일이 삼국 시대가 놓여 있던(삼국 시대 사람들이 받아들여야 했고 겪어야 했던) 대륙 세력과 해양 세력 사이의 교량 역할, 매개자 역할, 전승자 역할, 중간자 역할 등에서 기승전결(起承轉結) 수순, 정반합(正反合) 질서 등을 반복하며 오늘에까지 이어져 왔다고 볼 수도 있는 것이다.

〈역사란 이래저래 0.001%의 흔적에서 나머지 전체를 추정하고 상상하고 사색하는 것이다. 그 속에서 우리는 당연히 길을 잃고 헤매게 되고 중심과 변두리를 혼동하며 사족(蛇足)을 다느라 진땀, 비지땀을 흘릴 수도 있다. 하지만 우리 역사처럼 한반도라는 그릇이 있고 지정학적 고리가 있으면 의외로 공부하기 용이하고 이해하기 쉬울 수도 있다. 우리가 놓친 것들은 중국 대륙에 있을 수 있고 우리가 흘린 것들은 해양 세력을 대표하던 일본 쪽에서 찾을 수도 있는 것이다. 그래서 역사란 참 의미심장한 공부일 수 있다. 그래서 역사란 이래저래 자기 조상을 찾아가는 가슴 벅찬 여로일 수밖에 없고 자기 원점을 찾아가는 뿌리 캐기, 씨앗 찾기의 숭고한 작업일 수밖에 없는 것이다. 값없는 흙과 돌만 캐내는 식의 낭비적이고 소모적인 일이 결코 아닐 것이다. 값나가는 것을 다 캐낸 폐광을 들추고 뒤집고 헤매는 억지스럽고 한심한 바보짓이 결코 아닐 것이다. 삼국 시대를 살피고 캐보는 일, 삼국을 되새기는 일도 단순한 역사 공부를 넘어서서 자기 조상을 찾고 자기 과거를 캐고 자기 존재를 알아보는 쪽이면 의외로 긴장감 넘치는 일이 되고 상상 외로 경이롭고 신비로운 탐험이 될 것이다.

그 어떤 여행이 자기 뿌리로 이어지는가? 그 어떤 여정이 자기 조상으로 이어지는가? 그 어떤 공부가 제 조상의 삶과 정신에 대한 체험이 되고 발견이 되는가? 역사란 그래서 소중한 것이다. 역사란 그래서 한낱 케케묵은 것을 들춰내는 일로 끝날 수 없다.

역사가란 그래서 한낱 해묵은 것들을 들고 사족(蛇足)을 달고 사설(辭說)을 늘어놓는 만담가, 이야기꾼, 수다쟁이일 수 없다.〉

삼국 시대의 생활상

✪ 삼국 시대의 공통적 특징

삼국은 초기 국가(부족국가, 성읍국가)들을 파괴하지 않고 국가의 하부 지배 체제화.

➜ 초기 국가는 지형, 생태, 생업, 주민의 안보 등의 조건에 의하여 형성된 상호 의존적인 취락들의 집합체인 나(那) 혹은 읍락(邑落)들을 구성 요소로 하는 정치 체제를 갖추었음.

➜ 삼국 시대의 초기에는 이 같은 읍락이 여전히 사회 조직의 근간 역할을 했음. 주민들은 국가에 편입되었지만 현실적으로는 종래 지배층의 지배를 받았으며, 읍락 공동체의 질서를 지키며 살았다.

● 읍락들은 국가의 입장에서는 수취의 대상이라는 의미를 가졌는데 국가는 국가의 통치를 받아들인 종래의 지배자를 통하여 이 같은 읍락 혹은 읍락군(邑落群)들로부터 집단적 공동적으로 수취를 행하였다.

● 그러나 읍락 내에는 이미 정치적 지배 관계가 성립되어, 지배층인 호민(豪民)과 그들의 지배와 지도를 받는 농민인 민(民)들이 있었다. 이들 민(民)은 상대적으로 가난하여 중국인들로부터 하호(下戶)로 불렸다.

● 이외에도 종족 간의 전투나 범죄 출생 등에 의해 확보된 노예 신분의 노비들이 있었다.

● 이들 주민들은 읍락을 구성하는 취락에서 대체로 소규모의 반움집이나 지상 가옥에 부부와 자녀 중심의 가정 단위로 살았다.

● 호민이나 일부 부자들은 기와집에 사는 경우도 점차 나타났다.

● 종래의 읍락은 삼국 시대의 중·후반기에 내외적으로 큰 변화를 보였다. 내적으로는 철제 농기구의 보급, 국가 정책적인 수리 시설 확충 등 적극적인 농업 증산 정책에 힘입어 읍락민 상호 간의 경제적 분화가 심화되고, 외적으로는 국가 체제를 정비하면서 중앙 정부의 지배력이 강화되어 지방관이 파견되는 등 변화를 맞이하게 되었다.

● 지방관을 통한 지방의 지배는 주로 조세 수취에 집중되었는데 현물 및 부역을 수취하였다. 그런데 읍락 내 주민 간의 사회적·경제적 분화가 진행되었지만 국가적으로 볼 때 지방의 읍락 단위들은 여전히 문화생활의 공동체로 견고한 생명력을 유지하고 있었고 국가도 행정의 편의상 읍락 단위의 통치를 계속함.

✪ 삼국 시대의 지방 통치 조직
군현을 설치하면서도 각 군현에 지방관을 한 명만 둔 것이 아니라 대체로 군현 내의 읍락 별로 지방관을 두었던 것으로 보인다.
① 백제의 경우 각 군(郡)에 3명의 군장(郡將)을 두었다.
② 신라의 경우 각 군에 나두(邏頭)를 둔 것을 위시하여 촌별로 도사(道使)를 두고 있었다.

③ 고구려의 군현 지배는 더욱 체계화. 군현과 비견되는 성(城)의 군사상 중요도나 인구 등이 참작되어, 중요한 성에는 도사(道使)라고도 일컬어지는 처려근지(處閭近支)가 파견되고 여타의 성에는 가라달(可邏達) 및 누초(婁肖)라는 지방관을 파견. 성에는 촌(村)이라는 종래 읍락을 이어 편제된 행정 단위들이 최하 단위로서 존속.

✪ 삼국 시대의 신분제도

삼국은 세습적 신분사회였는데 신분은 왕경민과 지방민, 그리고 노비로 일단 구분할 수 있다. 왕경민의 상층부는 왕족을 위시하여 귀족으로 구성되었으며, 귀족 내에도 신분별 차별이 존재.

➲ 신라의 경우 골품제는 왕경민 중에서도 진골 귀족의 특권을 실질적으로 보장하고 있었는데, 신분별로 관직의 취임을 제한하고 집이나 소비 생활 등에서도 일정한 차별과 제약이 있었다.

➲ 고구려나 백제의 경우도 큰 차이는 없었을 것으로 추정. 왕경민 가운데 다수를 차지했을 하층의 주민들은 초기에는 5부 혹은 6부민으로서 국가 운영의 중추 세력의 하부 인자로서 군사력의 근간이 되었지만, 주민의 증가 및 귀족층의 확대와 더불어 점차 그 신분이 격하되면서 평민화하는 과정을 밟아 삼국 시대 말기에는 지방의 농민 일반과 별 차이가 없는 존재가 되었다.

➲ 지방민들의 경우도 이미 읍락 단계 이래 계층 분화가 진전되면서 신분 등급의 차이가 있었다. 상대적으로 자료가 많이 남아 있는 신라의 경우 진촌주와 차촌주 등으로 등급이 나누어져 있는 촌주층은 물론 일반 주민 내에서도 신분 등급이 나누어져 있었음을 확인할 수 있다.

➲ 고구려의 경우 광개토대왕 수묘연에 국연(國烟)과 간연(看烟)의 신분 차별이 개재된 사람들이 보이는 바, 그 정도가 유사했음을 알 수 있다.

➲ 지방민은 중앙 정계로의 진출이 사실상 불가능했음.

➲ 삼국 간의 전쟁이 격화되면서 전공을 세우거나 지방에 진출한 유력자들과의 관계를 통해 일부 지방민이 중앙에 진출하기도 하였다.

➲ 신라의 경우 지방의 유력층인 촌주 중 진촌주와 차촌주는 중앙의 5두품 및 4

두품과 같은 신분적 대우를 받았다.

✪ 삼국 시대의 왕과 귀족

삼국은 왕을 정점으로 한 지배 체제를 구축.

➜ 초기에는 연맹왕국적 성격을 갖고 있었던 만큼 5부나 6부의 대표인 중앙 귀족들은 귀족 회의체를 통하여 왕권을 견제하며 국가의 통치에 공동으로 대응.

➜ ① 고구려의 제가회의(諸加會議), ② 신라의 화백제도(和白制度)와 사영지회의(四靈地會議) 등은 그 구체적인 예.

➜ 신라의 상대등은 왕이 귀족회의를 하부 기구화했을 때에도 귀족회의 의장으로서 여전히 큰 권한을 행사하였으며, 고구려 후기의 최고위관인 대대로(大對盧)는 왕이 임명하지 않고 귀족들의 합의나 상호 경쟁에 의해 선출.

➜ 한편 왕은 더욱 관료적인 성격을 갖는 국상이나 주부, 사자, 품주 등을 설치하면서 시간이 지남에 따라 왕권을 강화하고 행정 체계를 갖추어갔다.

➜ ① 고구려는 14등급, ② 백제는 16등급, ③ 신라는 17등급의 관계(官階)를 마련했고 다양한 중앙 제 부서와 지방 관청으로 구성된, 비교적 체계적인 행정 조직을 갖추었다.

➜ 귀족들이 지휘하는 군사 조직도 갖추어졌는데, 삼국은 중앙의 왕의 측근 부대는 물론 신라의 6정(停)과 같이 지방의 성이나 전략적 요충지에 주둔하는 막강한 군사력을 갖추고 상쟁의 길에 나섰다.

✪ 삼국 시대의 경제생활

➜ 수렵이나 어로, 열매 채취 등의 방식이 여전히 존속.

➜ 일부 종족의 경우에는 목축도 비중이 있었지만, 전체적으로 보아 농업의 비중이 거의 절대적인 농업사회라고 할 수 있음.

➜ 농토의 소유와 경영은 사회적·경제적으로 중대한 의미를 가지고 있음.

➜ 삼국 시대 초기에는 인구에 비해 대지가 상대적으로 많아 주민들의 집단적 이주도 가능하였으며, 이에 따라 토지를 둘러싼 주민 간의 갈등은 미미했음.

➜ 토지에 대한 일반적이고 국가적인 분급은 없었을 것임.

⮞ 공동체적 성격이 존속하던 읍락사회. 토지를 점유하고 경작한 자의 해당 토지에 대한 권리가 관습적으로 인정되었을 것.

⮞ 시간이 경과하면서 토지에 대한 소유 관념이 강화되고 사회적·경제적 분화가 심화됨에 따라 토지의 소유를 둘러싼 갈등도 발생. 최초의 기록이 《삼국사기》 고국천왕[故國川王: 고구려 제9대 왕, 재위 179~197, 별칭은 국양왕(國襄王), 국양왕(國壤王). 이름은 남무(男武), 좌가려(左可慮)와 어비류(於卑留)의 반란(190~191)] 12년(190) 9월조(왕후의 친척들이 타인의 자녀와 특히 전택(田宅)을 빼앗아 왕의 처벌을 받은 사실이 전한다.)에 나와 있음.

⮞ 삼국에서는 전공에 의한 사전(賜田) 혹은 매득이나 강제 겸병 등을 통해 귀족들의 대토지 소유가 진행되고, 일반민 중에는 경영상의 실패나 천재 등으로 토지를 상실한 무전 농민도 등장.

⮞ 신라의 촌락 문서 등을 통해 보면 삼국시대의 많은 농민은 자영 소농으로서 존재.

⮞ 토지제도와 관련하여, 삼국에는 귀족들의 식읍(食邑)이 존재함.
  ① 고구려의 경우 큰 전공을 세운 경우 토지를 지급한 다수의 사례가 확인
  ② 신라에 귀순한 금관가야 왕의 경우 본래의 지배지인 김해 지역을 식읍으로 받았다.

⮞ 식읍은 소유권보다는 일정한 행정 구역에 대한 조세 수취권을 준 것. 식읍민에 대한 지배 정도는 국가 권력의 의지나 행정력의 수준 등에 달려 있었을 것인데, 현물 수취와 더불어 부역에 대한 수취도 행해졌을 것.

⮞ 통일신라 초기에 녹읍을 혁파한 사실이 나타나므로 삼국 시대에도 녹읍(祿邑)이 존재했음을 알 수 있다.

⮞ 녹읍은 식읍과 유사.
  ① 식읍: 일시적이며 매우 큰 공로에 대한 대가로 지급.
  ② 녹읍: 문자대로 보면 관직 복무에 대한 대가로 일정 행정 구역의 수취권이 지급된 것임.

⮞ 녹읍은 국가 성립기로부터 귀족들에게 종래 연고가 있던 지배지에 대한 경

제 및 경제외적 지배를 인정해 주었던 데서 비롯되었다. 그러나 이 제도는 삼국 시대 후반이나 말기에 국가 지배 체제 및 관직 체계의 정비 과정에서 관료 보수의 체계화와 연계됨.

➲ 수조권 역시 해당 지역의 조세 전량에 대한 수취권인지 일정률에 한한 수취권인지 현재로서는 알 수 없다.

➲ 조세제도는 국가의 지속적인 유지 발전을 위하여 주민들로부터 지속적·강제적으로 현물 및 노동력을 무상 수취하기 위해 마련임.

➲ 주부(主簿)나 사자(使者), 품주(稟主) 등 조세와 관련된 관직들이 일찍부터 나타나고 물장고(物藏庫) 등 창고가 운영되었으며, 특히 지방관을 통하여 수취 체계가 운영됨.

➲ 삼국 각국 주민들의 조세 부담액은 정확히 알 수 없지만 《수서(隋書)》「고려전」 등을 통해 볼 때 고구려의 경우 후기에는 일반민들이 아마도 정남인 호주를 기준으로 곡 5석과 포 5필을 내었고, 부가적으로 3등의 호등제에 따라 5두, 7두, 1석의 곡을 더 내었던 것을 알 수 있다.

➲ 백제나 신라의 경우도 유사했다고 하는데, 특히 백제에서는 풍흉의 정도에 따라 차등적으로 수취하였다. 이 같은 사실을 통해 삼국 시대 초기나 중기에는 더욱 적은 양을 수취했으며, 특히 균일액의 호별 수취 부과와 더불어 그 이전에 인두별 부세를 수취했던 것으로 추정해 볼 수 있다.

✪ 농업은 국가나 지역에 따라 약간의 차이가 있었다.

➲ 산지가 많은 고구려 지역은 논농사보다는 밭농사의 비중이 월등히 높았을 것임.

➲ 백제나 신라의 경우에도 밭농사의 비중이 컸으나 점차 논농사가 보급되어, 삼국 시대 말에는 논농사의 비중도 무시할 수 없는 정도에 이르렀을 것으로 추정됨.

➲ 조·콩·보리·밀 등 다양한 곡식과 채소가 재배되었으며 벼도 점차 보급되어 재배되었다.

➲ 농사에는 철제의 호미, 따비, 괭이, 낫 등이 이용되었으며 삼국 시대 후반에

는 소를 이용하여 철제 쟁기로 논밭갈이를 함으로써 더욱 많은 땅을 경작하고 기왕의 경작 토지의 이용도도 크게 높였다.

1993년에 발굴된 서울 근교 한강가의 미사리 유적에서는 한 지점에서 시기가 다른 삼국 시대의 밭 경작 유구 2개가 발견되었는데 하층의 유구는 휴한농법을 보여주고 있는 반면 삼국 시대 중·후반에 이용된 상층의 유구는 이미 상경화되고 있음을 보여주고 있다.

➔ 삼국 시대의 주민들은 자신의 신분에 따라 생업을 갖게 되었다.

➔ 수도에 사는 사람들은 관리나 전문 군인이 될 수 있었다. 그러나 모든 사람이 그 같은 직책을 얻을 수는 없었다.

➔ 귀족들은 수도에 살며 최고의 지위를 누렸다. 한반도와 만주 지역에서 발견된 삼국 시대의 수많은 건축물과 무덤을 통해 삼국 시대 귀족들의 세련된 생활상을 엿볼 수 있다.

➔ 특히 고구려의 왕과 귀족들의 무덤 벽화에는 많은 노비로부터 시중을 받고 있는 귀족들의 풍족한 생활상이 나타난다. 벽화에 그려진 이들은 늘 말을 타고 사냥을 하여 신체를 단련하고 군사적인 훈련을 하고 있으며, 무용가들의 춤이나 음악가들의 연주를 즐기기도 하였다.

➔ 중·하급 관료들은 군사 및 행정의 다양한 직무에 종사하며 비교적 유복한 생활을 누렸던 것으로 보인다.

➔ 나머지 대다수의 일반 주민은 농업에 종사하며 국가에 세금을 내고, 삼국 간의 전쟁이 치열하게 펼쳐진 삼국 시대 후반에는 병사로 동원되기도 하였다.

✪ 삼국 시대의 문화생활
삼국 시대의 주민들은 노래와 춤을 매우 즐겼다.

➔ 고구려의 경우 저녁마다 마을 주민들이 모여 노래와 춤을 즐겼다 한다.

➔ 또 공부에도 힘써, 고구려의 경우 수도에 태학(太學)이라는 대학이 설치되었고 지방에도 경당(扃堂)이라는 수련 기관이 있어 농촌의 평민 자제들까지도 책 읽기와 활 쏘기에 힘썼다.

- ➔ 백제의 경우에도 국가적으로 중국의 왕조로부터 유교의 경전을 수입하여 가르치는 한편, 왜(倭)에 학자를 파견하여 이를 전하고 가르쳐 주었다.
- ➔ 신라의 경우 국가적인 정책은 알 수 없지만 학자들이 스스로 제자를 가르치며 유학의 경전들을 읽히기도 하였다.

삼국 시대인들의 신앙은 매우 복합적이었다.
- ➔ 조상신을 숭배하였음은 물론 천신(天神)이나 산천신들을 섬겼다.
- ➔ 삼국 시대 중반 이후에는 중국으로부터 불교가 전래되어 왕실과 귀족을 중심으로 점차 확산되어 갔다.
- ➔ 삼국 시대 말기에는 일반민 사이에서도 불교가 확산되었다.
- ➔ 이외에 중국에서 형성된 도교가 들어와 신앙되기도 하였다.
- ➔ 고구려는 중국 문화와 접촉하기 쉬운 만주 지역에서 성장하여 가장 먼저 고대국가를 성립시켰고, 오랫동안 한나라의 침략 세력과 대결하는 과정에서 자주적으로 외국 문화를 수입하였다. 고구려는 중국 문화뿐 아니라 인도 문화·서역 문화 및 북방 문화와 먼저 접촉하면서 이를 정리·소화하여 고대 사회를 운영할 수 있는 다양한 능력을 갖추게 되었고, 이를 백제와 신라에 전하는 역할을 하였다. 고구려는 한국 고대 문화의 기준을 먼저 세웠던 것이다.
- ➔ 그러나 한국 고대사의 진행 과정을 볼 때, 사회의 문화 기반은 중국 문화와의 격차가 커서 중국 문화 수입에 치중하면 토착 문화가 해체되는 작용이 일어나 자주적인 발전이 저해되었다.
- ➔ 또한 새외 민족(塞外 民族)과 연결하여 중국과 대결하는 경우에는 복합적인 사회를 운영해 보지 못한 동북아시아 문화의 한계성에 부딪히게 되었다. 따라서 삼국문화는 큰 대가를 치르면서 이러한 양면적 한계성을 극복하며 성장함.
- ➔ 삼국 시대 문화사에 있어 불교의 역사적 기능과 공헌은 대단히 컸다. 삼국의 불교는 고구려의 낭법사(朗法師), 백제의 겸익(謙益), 신라의 원광(圓光) 등에 의하여 크게 발전하였다.
- ➔ 불교는 원래 유일신 신앙과는 달라서 각 지방의 토착 신앙을 부인하고 배제

하는 것이 아니라 그것을 포섭할 수 있었다. 따라서 불교 이전의 전통 문화와의 갈등이 심하지 않았다.

➲ 또 국가 성립 이전 단계에 비하여 크게 확대되고 복잡해진 고대사회에 적응할 수 있는 철학을 제시하였으며, 다른 나라들의 고대 문화를 전달하는 구실을 하여 삼국의 고대 문화 발전의 길잡이가 되었다.

➲ 뿐만 아니라 인도나 서역, 중국이나 북방 민족과 우리나라 삼국에 공통되는 국제 문화의 기준을 제공하며 문화 교류를 촉진함. 이로써 삼국으로 하여금 국제 문화의 정세를 자각하고 한족 문화에 대응할 수 있는 문화적 탄력성을 갖게 하여 한 문화(漢 文化)에 전적으로 빠져드는 것을 막아주었다.

➲ 한국 불교의 호국 사상도 이러한 역사적 전통을 바탕으로 성립된 것이다. 신라의 원광이 제시한 세속오계(世俗五戒)도 신라의 전통적 사회 체질을 토대로 유교와 불교를 아울러 이해하면서 세운 신라 고대 사회의 가치 기준이었다. 이와 같이 삼국사회는 불교를 통하여 철학이라는 것을 깨닫게 된 것이다.

한편, 삼국은 공히 중국으로부터 한학(漢學)을 수입하여 배우는 데 힘썼다.

➲ 한학은 유학을 중심으로 한 중국 고중세의 종합적 학문으로, 삼국은 이의 습득을 통해 통치 철학을 보강하고 행정의 체계화를 시도하며 더욱 세련된 문화생활을 도모하였다.

➲ ① 고구려는 태학이라는 국립 대학을 세워 지배층의 자제들로 하여금 유교의 경전을 위시한 한학을 학습하게 했고, ② 백제도 중국으로부터 다양한 서적을 수입하여 학자를 양성하고 이를 일본의 전신인 왜에 전달함으로써 아스카(飛鳥) 문화의 발전에 크게 공헌하였다. ③ 신라의 경우 대학인 국학(國學)은 통일기에야 세워졌지만 학자들이 스스로 유학 경전을 통해 제자를 기르기도 하며 중국으로 유학가서 배워오기도 하였다.

➲ 이 시대 한학의 수준이 어느 정도였는지는 잘 알 수 없다. 그러나 고구려는 일찍부터 한문을 사용하여 일찍이 《유기(留記)》라는 역사서를 편찬하였고, 백제는 근초고왕 때 고흥(高興)이 《서기(書記)》를 편찬하였으며, 신라는 진흥

왕 6년(545) 널리 문사를 모집하여 《국사》를 편찬한 바 있다.

➷ 금석문(金石文)으로는 고구려의 것으로 414년에 건립된 광개토대왕비를 비롯하여 장수왕 때의 것으로 보이는 중원고구려비(中原高句麗碑) 등이 있고, 신라의 것으로는 단양적성비(丹陽赤城碑)를 비롯하여 4개의 진흥왕 순수비에 비문이 남아 있다. 백제의 것으로는 말기의 것으로 보이는 사택지적비문(沙宅智積碑文)이 있다.

➷ 광개토대왕비문이나 중원비문에는 유교 사상의 흔적이 나타나지 않는다. 이는 당시 고구려 문화의 성격이나 경향에서 온 것이라고 보인다. 그러나 진흥왕 순수비에서는 《서경》과 《논어》의 구절을 이용하면서 고대국가의 왕의 권위를 합리화하고 있다.

➷ 이것은 삼국 시대의 고대국가적 경험의 단계가 《시경》이나 《서경》에 나타난 중국 주(周)나라의 정치적·사회적 경험과 유사하여, 삼국이 그것을 이해하는 것이 그리 어렵지 않았음을 보여주는 것이다.

➷ 612년(진평왕 34)에 만들어진 것으로 보이는 임신서기석(壬申誓記石)에는 《시경》, 《서경》, 《예기》, 《춘추》 등을 읽은 것이 나타난다. 이로써 당시 청소년들이 새로운 교양을 갖추기 위하여 경전을 읽었음을 알 수 있다.

➷ 백제는 541년(성왕 19) 중국 양(梁)나라에 《열반경경의(涅槃經經義)》 등의 불교 서적과 모시박사(毛詩博士)를 보내줄 것을 청했다. 이것은 불교나 한문학 또는 유교에 대한 이해도가 높은 수준이었음을 알려준다.

➷ 백제 말기의 것인 사택 지적 비문에는 노장 사상(老莊 思想)까지 나타나 있다.

➷ 또한 고구려에서는 말기에 당나라로부터 도교를 수입하여 불교와의 마찰이 발생하는 문화파동이 일어났다.

➷ 이러한 과정을 거치면서 삼국 시대 말에 신라의 강수(强首)는 당나라에 보내는 외교 문서를 작성하는 데 능하였다고 한다. 이것은 물론 한문 수사에 있어서 그 수준이 향상된 것을 짐작하게 한다.

➷ 그러나 한학(漢學)이란 정치 이념의 표방에 그치는 것이 아니고 의학(醫學), 역학(曆學), 병학(兵學), 율학(律學) 등 중국의 학문 및 문화 전반을 가리키는 것이다. 따라서 이 땅에 신라의 강수(强首) 같은 사람이 나왔다는 것은 고구

려 소수림왕 때 태학이 세워진 이래 300여 년의 세월이 지나는 동안 한학의 수준이 전반적으로 향상되었기 때문에 가능한 것이었다.

삼국 시대에 와서 문화적 개성을 확립하여 문화의 후진성을 극복할 수 있었던 이유는 다음과 같다.

① 첫째, 한반도는 기후가 온화하여 농업에 적합하므로 한곳에 정착하여 지속적으로 문화를 축적할 수 있었다.

② 둘째, 전국 시대부터 산둥성(山東省)을 중심으로 북중국 일대에 살고 있던 맥족(貊族)이 보다 앞선 중국 철기 문화를 가지고 이동해 옴으로써, 이미 성립되어 있던 고조선의 청동기 문화 전통과 복합할 수 있었다.

③ 셋째, 각 지방에서는 이러한 유이민들이, 북방에서는 부여족 계통이, 남방에서는 한족(韓族) 계통이 수많은 초기 국가(부족국가, 성읍국가)를 세우면서 철기 문화의 기반을 넓히고 저마다 개성 있는 지방 문화를 성립시켰다.

④ 넷째, 삼국이 성립된 뒤 불교를 통하여 당시의 국제 문화를 폭넓게 이해함으로써 삼국의 고대 문화는 더욱 다양한 탄력성을 가지게 되었고, 그 밀도와 세련미도 더욱 강화되었다.

➔ 국내외를 막론하고 전쟁으로 영일(寧日: 편안한 날)이 없었으면서도 삼국은 충분한 능력을 가진 고대 문화를 건설함으로써 통일의 기반을 마련하였다.

➔ 왕과 귀족 세력이 거주하는 수도에는 궁궐·관청·불교 사원 및 귀족들의 조상신이나 토지신, 농업신을 모시는 신사가 설립되었다.

➔ 또한, 전국의 물산이 모이는 시장이 개설되고, 수도의 안전을 위하여 궁궐과 관청을 보호하기 위한 내성(內城)과 일반 시가지를 둘러싼 나성(羅城)을 축조하였다.

➔ 신라의 수도 경주는 지형적 조건으로 나성을 쌓지 않고 외곽에 산성을 쌓아 방위하였다. 이와 같이 수도의 도시 문화가 발달하게 되어 삼국의 문화는 도시 중심의 귀족 문화의 성격을 갖게 되었다.

한국사 이야기

✪ 삼국 시대의 국제 교류

외국 문화와의 접촉과 수용은 사신의 내왕과 불교 승려의 유학을 통하여 이루어졌다.

➔ ① 고구려는 북조(北朝)의 문화를, ② 백제는 남조(南朝)의 문화를 받아들였다. ③ 신라는 처음에는 고구려의 것을, 뒤에는 백제의 것을 받아들였는데, 중국과의 교통도 여제(고구려, 백제) 양국의 교통로에 의존하였다.

➔ 이와 같은 현상은 중국 음악의 수입에 잘 나타나고 있다. 고구려는 서역 음악과 북조계의 음악을 받아들여 거문고, 공후, 피리, 생(笙) 등과 요고(腰鼓)·담고(擔鼓) 등의 타악기를 사용하여 그들의 기질에 맞는 활기찬 음악을 만들어냈다. 백제는 남조계의 청악(淸樂)을 양(梁)나라로부터 들여왔는데, 타악기의 사용을 즐기지 않아 고구려와는 달리 음악이 전아(典雅)하였다. 신라의 음악은 진흥왕 때에 와서 가야 음악을 받아들임으로써 가야금 연주에 맞추어서 무용과 노래를 곁들이는 형태로 발전하였다.

➔ 중국의 진(晉)으로부터 칠현금이 들어오자 고구려의 왕산악(王山嶽)은 이를 개량하여 거문고를 만들고 100여 곡을 작곡하였고, 그 뒤 통일기에 옥보고(玉寶高)가 다시 30곡을 작곡하였다. 비파나 대금·중금·소금의 삼죽(三竹)은 일찍부터 신라에서 발달했는데, 이것들은 중국의 것을 본받아 개량한 것으로 보인다.

➔ 가야금은 본래 중국의 쟁(箏)을 고쳐서 만든 것인데 우륵(于勒)이 12곡을 새로 작곡한 바 있고, 가야가 망한 뒤에도 신라에 전해져 오늘날의 우리 음악에도 사용되고 있다.

➔ 이와 같은 예들을 통해 볼 때, 삼국은 중국의 음악을 수입하여 그대로 사용한 것이 아니라, 자신에게 맞게 악기를 개조하기도 하고 스스로 작곡도 하여 나름대로의 개성을 가진 음악으로 발전시켰다.

✪ 삼국 시대의 건축 및 조형

고대국가가 성장하고 귀족 문화가 발전함에 따라 궁궐·사원·성곽·고분 등의 건축 기술, 또는 각종 무기 제작 기술 및 장식품 제작을 위한 세공 기술이나 유리·옥 등의 제조 및 가공 기술이 발달하게 되었다. 특히, 고분 축조에 따라 발달된 고구려 고분 벽화의 회화 기술은 백제와 신라에도 영향을 주었다.

➜ 불교가 우리나라에 들어온 뒤 초기에는 주로 북위(北魏)의 양식을 모방한 불상이 고구려에 나타났다. 그런데 불교가 보급되고 이에 대한 이해가 깊어짐에 따라 불상도 점점 더 세련된 모습으로 만들어지게 되었다.

➜ 신라의 경우를 예로 들어보면, 경주 삼화령(三花嶺) 석조미륵세존의 협시불인 앳되고 가련한 모습의 속칭 '애기 부처'가 만들어지는가 하면, 고대 사회 생활을 이끌어 나갈 수 있는 철학을 생각하는 금동미륵보살반가상이 나오기도 했다.

➜ 탑을 만드는 기술에서는 백제가 가장 앞섰는데, 목탑은 남은 것이 없다. 하지만 석탑으로는 익산의 미륵사 탑, 부여의 정림사 탑이 남아 있어 그 수준을 짐작할 수 있다.

➜ 신라 황룡사의 9층 탑도 백제인 아비지(阿非知)가 만들었다고 전해 온다. 이 같은 석탑 조성 기술은 통일신라기에 계승되어 석가탑, 다보탑으로 승화·발전되었다.

(출처: 《한국민족문화대백과》)

06

06.

청동기 문화, 철기 문화와 삼국 시대

인류 역사는 물론이고 우리 역사를 생활상의 도구 위주, 연장 위주로 보면 석기 시대, 청동기 시대, 철기 시대로 나눌 수 있다. 그리고 우리의 삼국 시대는 ① 청동기 시대에서 철기 시대로 진입하여 ② 본격적으로 철기 문화 시대를 꽃피운 시기라고 볼 수 있을 것이다. 따라서 우리의 삼국 시대를 문명 발달의 재료 측면에서 보면 청동기 시대와 철기 시대를 두루 살펴보아야 한다.

청동기 시대는 당연히 삼국 시대의 초기와 그 이전에 해당될 것이다. 그리고 철기 시대는 삼국 시대가 발전의 새로운 전환기를 맞는 시점과 직결될 것이다.

즉, 삼국이 어엿한 독립국가로서 도약의 발판을 마련하는 시기에 철기 문화가 본격적인 개화를 시작하고 마침내 만개하게 된다는 것이다.

청동기 시대와 우리 역사

✪ 청동기 시대

➔ 인류가 청동기(靑銅器)라는 금속 재료를 주로 사용하며 문명을 꽃피운 시대.

➔ 청동기 시대(靑銅器時代)라는 용어는 고고학(考古學)에서 인류 역사의 발달 과정을 사용한 도구의 재료를 기준으로 나눈 세 시대, 즉 석기 시대(石器時代), 청동기 시대, 철기 시대(鐵器時代)의 하나임.

➔ 처음 이 용어를 창안한 사람은 덴마크의 역사학자 베델 시몬센(Vedel Simon-sen)으로, 그는 스칸디나비아 고대 주민 문화의 역사는 석(石) 시대, 동(銅) 시대, 철(鐵) 시대라는 세 시대로 나눌 수 있다고 한데서 비롯된다. 그러나 당

시에는 이 용어가 널리 받아들여지지 않다가 3년 후인 1816년에 덴마크의 고고학자인 크리스티안 유리겐센 톰센(Christian Jurgensen Thomsen, 1788~1865)이 국립박물관의 유물을 석기 시대실, 청동기 시대실, 철기 시대실로 나누어 전시하고, 안내서인 《북구 고대학 입문(北歐 古代學 入門: LedetraA.D. til Nordisk Oldkyndighed, 1819)》에 기술함으로써 널리 사용하게 되었다. 이때의 청동기 시대라는 용어는 문자를 사용하기 전의 시대, 즉 선사 시대(先史時代)에 적용되는 시대 구분이다.

✪ 인류는 이미 순동(純銅)을 북이라크에서 서기전 5500~4500년 전경에 사용하기 시작하였으나 순동은 견고하지 못하여 도구로 사용하기에 부적합하였다.

  ➔ 처음에는 순동을 두드려 펴서(打伸) 간단한 핀(pin)이나 저울추(錐) 등을 만들어 사용하다가 광석에서 금속을 추출하는 정련법(精鍊法)과 그 용액을 틀(거푸집: 鎔范)에 부어 만드는 야금술(冶金術)이 우연히 개발되면서부터 구리에 비소(砒素, 3%), 주석(朱錫, 10%), 아연(亞鉛, 4%) 등을 합금(合金)하여 견고한 도구용 청동기를 생산하게 되었다.

  ➔ 야금술의 발상지는 동북 이란의 산지(山地)로 추정되고, 그곳으로부터 아시아·구라파·아프리카의 문명 지대(文明 地帶)로 퍼져나갔다.

  ➔ 주석 합금의 청동기는 이집트에서 서기전 3700년경의 제품이 피라미드 밑에서 나왔고, 인도의 인더스 문화(Indus文化)에서는 서기전 2500년 전 경에, 그리고 중국에서는 용산(龍山) 문화 단계인 서기전 2000년경에 생산되었다.

  ➔ 동광(銅鑛)은 800℃, 동은 1,080℃에서 녹는데(融點), 주석을 넣으면 이 융점을 낮추는 역할을 한다. 유명한 중국의 《주례(周禮)》「고공기(考工記)」에는 예기(禮器)와 무기 각각을 만드는 데 필요한 합금 비율을 기록해 놓았다.

✪ 한반도의 청동기의 제작과 사용 시기에 관한 정확한 자료(유적)가 발견되지 않아서 어디서 언제 시작되었는지, 중원(中原)과 오르도스(Ordos)의 청동기 중 어느 계통에 속하는지에 관하여 아직 명확하게 말할 수 없다.

  ➔ 청동기 시대는 청동기가 생산되어 도구로 사용하기 시작한 때로부터 철기를

처음 사용하기 시작한 때까지를 가리킨다.

➔ 한반도에서 청동기는 생산하기가 어렵고 양이 적었기 때문에 청동기 시대 전 기간 동안 마제석기(磨製石器)를 병용해서 사용할 수밖에 없었고, 철기가 일반화되기 이전인 철기 시대 초기에도 청동기를 병용하였다.

➔ 그런데 한반도의 경우 청동기시대를 청동 단검(靑銅 短劍)의 출현 시기와 그 이전 시기로 구분하기도 한다.

➔ 예를 들면, 의주 신암리(義州 新岩里) 2층에서 청동 손칼(靑銅 小刀), 청동 단추(靑銅泡) 등이 출토되었는데, 이 시기를 서기전 1500년~1000년으로 추정하여 청동기 시대의 상한(上限) 연대로 보기도 한다.

➔ 청동 단검의 출현, 즉 비파형 동검(琵琶形 銅劍: 종래의 遼寧式 銅劍)이 출토되는 시기를 서기전 9~8세기까지 올려보게 되었다. 그 근거는 요서(遼西) 지방 남산근(南山根)의 석곽묘(石槨墓)에서 한반도의 비파형 동검과 비슷한 형식이 춘추 시대(春秋時代) 초기의 청동기(禮器)와 함께 출토된 것을 근거로 한다.

➔ 그리고 비파형 동검 이후, 즉 변형비파형 동검(變形琵琶形 銅劍)인 세형 동검(細形 銅劍)을 한반도에서만 출토된다고 하여 한국식 동검(한반도산) 제작 시기를 청동기가 발달한 시대로 보려는 견해가 있고(김원용), 또 세형 동검은 다수의 철기와 함께 출토되므로 이 시기를 철기 시대로 보고 그 이전 비파형 동검 시기만을 청동기 시대로 보아야 한다는 견해가 있다(윤무병).

✪ 청동기 시대의 유물

1) 청동기

➔ 청동기 시대의 대표적인 유물은 비파형 동검을 비롯하여 동경(銅鏡), 동부(銅斧), 동탁(銅鐸), 동끌, 동화살촉(銅鏃) 등이며, 요동(遼東) 지방과는 달리 각종 차마구(車馬具)와 예기(제기) 등은 한반도에서는 출토되지 않는다.

➔ 남아 있는 청동기의 수량은 대단히 적은 편이고, 그것도 일반 주민의 생활 도구가 아니고, 상위 계층에 속하는 일부 유력자만이 소유한 특수품이거나 신분을 나타내는 상징적(象徵的) 물품이었을 것으로 추정되고 있다.

➲ 비파형 동검은 요녕식 동검(遼寧式 銅劍)이라고도 칭한다. 그것은 전에 만주식 동검(滿洲式 銅劍)이라고 부르던 것을 해방 이후 요녕성(遼寧省) 일대에서 완제품이 다수 출토되어 일본 학계에서 요녕식 동검이라고 이름 붙인 이래 한국 학자들도 자주 사용하였다.

➲ 동검의 형상은 상반부가 창의 몸통(槍身)처럼 생기고 하반부는 비파형과 같이 생긴 것이 합쳐진 모습으로, 아래는 짧은 슴베(莖部)가 있어 자루는 청동 등으로 별도로 만들어 끼워 끈으로 매어 고정시키는 것이다. 비파형 동검은 몸통은 타원형으로 생긴 현악기 비파(琵琶)와 비슷하게 생겼다고 하여 중국 학계에서 붙인 이름이다.

➲ 최근에는 한반도에서도 다수가 발견되고 있으므로 구태여 일부 지역의 지명인 '요녕'을 붙여서 부르는 전자보다 형상화하여 부르는 것이 편리하고 합리적이라고 여겨 비파형 동검이란 용어를 일반적으로 사용한다. 칼몸과 자루를 별도로 만들어 합쳐서 완성한다는 것은 칼몸과 자루를 동시에 하나로 만드는 중국검(桃氏劍)과 구별한다. 오르도스 동검 중에 사곡검(蛇曲劍)이라고 하는 날이 휘어진 검이 있는데 그것과 유사하다.

➲ 청동단검의 형식에 관하여 윤무병은 다음과 같이 설명하고 있다. 제1류는 비파형 동검으로 이 유형은 검신(劍身)의 상반부가 첨예하고 하반부는 광대해져서 마치 나뭇잎 형상(중국 현악기의 비파형)으로 되어 기부(基部)는 곡선을 이루면서 슴베로 이어진다.

➲ 등대[脊]에 세운 능각(稜角: 鎬)이 상반부에서만 끝난다. 제2류는 세형 동검으로 등대에 세운 능각이 결입부(抉入部)까지 내려가지 않은 것을 말하고, 검신이 전체적으로 1류보다는 가늘고 3류보다는 넓다. 제3류도 역시 세형 동검으로 등대에 세운 능각이 결입부 아래까지 내려가고, 검신이 가장 가는 것(細身)을 말한다.

➲ 능각은 양쪽 날을 세우기 위하여 갈(硏磨할) 때 생긴 것이다. 제2류와 제3류는 다시 봉부(鋒部)가 짧은 것을 a식, 봉부가 긴 것을 b식으로 세분한다. 제2류는 제1류, 즉 비파형 동검의 전통을 가장 농후하게 지니고 있다. 형식상의 선후 관계는 제1류 → 제2류 → 제3류의 순서로 변천하였다. 제 1류에 속하

는 예는 평안남도 출토 동검(《고적조사 보고(古蹟 調査 報告)》 제2책), 평양 부근 출토 동검(《조선 고문화 종람(朝鮮 古文化 綜鑑)》 제1권), 고흥 운대리 출토 동검편(銅劍片) 등이 있다. 제2류 a식에 속하는 예는 경주 입실리 출토 3호·6호 동검, 부여 연화리 출토 A호·B호·C호·D호 동검, 제2류 b식에는 평양 정백동과 용산리 출토 동검 등이 있다. 제3류 a식에는 경주 입실리 출토 2호·4호 동검, 경주 평리 출토 동검, 경주 구정리 출토 동검 등이 있다. 제3류 b식에는 전강원도출토 동검(《고적 조사 보고》 제2책), 경주 입실리 출토 1호 동검, 황주 흑교리 출토 동검(《조선 고문화 종람》 제1권) 등이 있다.

◐ 동경은 번개무늬·별무늬 등이 양각된 조문경(粗文鏡)과 세형 동검과 함께 출토되는 세문경(細文鏡)의 두 종류가 있다. 조문경은 한쪽에 치우쳐서 줄을 끼우는 꼭지(鏡鈕)가 돌출되어 있고, 경의 둘레 끝(鏡緣)에는 단면이 반원형으로 된 굵은 돌출 선을 돌리고, 내부는 삼각형의 구역을 2~3개 만들고 그 안에 굵은 음각선문(陰刻線文)을 가득 채웠다. 이런 형상은 중국 거울과는 큰 차이를 보여준다. 십이대영자(十二臺營子)에서 출토된 거울은 Z자 문양으로 되어 있고, 전충남(傳忠南), 전평양(傳平壤), 전성천(傳成川) 출토 국립박물관 소장 거울의 삼각 구역 문양은 Z자 문양의 변형으로 생각된다.

◐ 동단추는 동포(銅泡)라고도 하며 큰 것은 지름이 5cm 되는 것도 있고, 옷·마구·신 등에 장식으로 달았던 것으로 추측하고 있다. 심양정가와자(瀋陽鄭家窪子), 회령 삼봉, 강계 풍룡리, 봉산 신흥동 등지의 집자리와 돌널무덤(石棺墓)에서 출토되었다.

2) 토기

◐ 한반도의 토기는 즐문토기(櫛文土器 : 빗살무늬토기)에서 비롯하여 무문토기(無文土器)로 이어졌다. 전자는 주로 신석기시대에, 후자는 청동기시대에 주로 사용한 것으로 이해하고 있다. 무문토기는 1,000여 년 동안 사용하다가 한대(漢代) 토기의 영향으로 형성된 낙랑 토기(樂浪 土器), 고구려 토기, 신라 토기 등의 경질토기(硬質土器)로 발전한 것으로 보고 있다. 그러나 무문토기도 여러 단계로 변화하였다고 보는 견해가 있다(윤무병). 먼저 기형에 의

한 형식을 분류하고 변천 과정을 살펴보면 다음과 같다.

➔ 기형에는 발형 토기(鉢形 土器), 독형 토기(甕形 土器), 호형 토기(壺形 土器), 완형 토기(盌形 土器), 두형 토기(豆形 土器), 시루형 토기(甑形 土器) 등이 있다.

➔ 발형 토기에는 구연부가 넓고 대부분 입술(口脣)이 수직이고, 동체(胴体)는 원통형이 많고 깊으며 바닥은 평저로 되어 있다. 발형 토기가 출토된 유적은 전국적으로 분포되어 있고, 유명한 곳은 강계 공귀리, 회령 오동, 무산 호곡동, 웅기 서포항, 서울 역삼동, 양주 수석리 등지의 주거지와 돌널무덤 등이다. 남한 지역에서는 적갈색의 심발형 토기(深鉢形 土器)가 대표적인 토기라고 할 수 있다.

➔ 발형 토기의 변형으로 공열토기(孔列土器)라는 것이 있는데, 입술(口緣部) 바로 아래에 직경 5mm 이내의 작은 구멍을 횡렬로 배열하였고, 평안남도와 황해도 지방을 제외한 전 지역에 골고루 분포되어 있다. 심발형 토기 중에는 구연부 아래나 복부(腹部)에 작은 돌기형의 꼭지손잡이가 달린 것들이 있고, 서울 가락동 등지에서 발견되었다.

➔ 팽이형 토기(角形 土器)는 구연부를 밖으로 감싸 넘겨 덧댄 것처럼 하고 거기에 짧은 사선(斜線)을 2~3개씩 새겼다. 동체는 복부에서 가장 팽창하였고 하부로 내려가면서 갑자기 축약되고 뾰족한 바닥을 만들었는데, 전체적으로 팽이와 같은 형상이다. 태토는 활석 가루를 섞은 것이 많고, 색은 갈색이 주류를 이루는데 흑색 또는 마연흑색도 더러 있다. 평양 금탄리·미림리·황주 심촌리·송림 석탄리·용연 석교리 등 평안남도와 황해도에서 발견되었다. 남한에서는 서울 가락동에서 출토된 적이 있는데 이는 매우 드문 일이다.

➔ 이중(二重)의 구연부를 가진 변형각형 토기(變形角形 土器)들도 전국적으로 출토되는데, 구연부의 사선이 없어진 것이 많고 점토대토기(粘土帶土器)와 비슷한 것도 많아 구분에 혼동을 일으킨다.

➔ 점토대토기는 역시 발형 토기의 일종인데, 구연부에 점토로 된 띠를 덧붙인 것이다. 경기도의 한강의 북안과 남안 지대와 대구·경주 등지에서 제한적으로 출토되고 있다.

➡ 화분형 토기(花盆形 土器)는 요즘의 화분과 같이 생겼으며, 구연부가 넓고 사선으로 벌어졌고, 기형은 V자형의 하부를 절단한 것과 같은 형상으로 평저가 대부분이다. 태토는 활석이나 석면이 섞인 것이 많으며, 색은 회색이 주류이지만 갈색도 더러 있다. 강서 태성리의 토광묘(土壙墓)에서 많이 나왔고, 평양 부근에 많으며, 남한 지역에서는 드문 편이다.

➡ 호형 토기에는 짧은 목[短頸]과 긴 목(長頸)이 있고, 소형과 대형이 섞여 있다. 여기에 속하는 토기로서 미송리에서 많이 나오는 미송리형 토기(美松里形土器)라는 것도 있는데, 장경호(長頸壺)로서 평저이며 목·어깨·복부 등에 2~3조의 띠선(帶線)을 돌렸다. 그리고 복부에 조그마한 띠형(帶狀) 손잡이가 돌출되어 있다. 미송리를 비롯한 평북·평남 지역에서 주로 출토된다.

➡ 우각형(牛角形) 손잡이토기는 서울·양주·파주·광주 등지에서 많이 발견되었는데, 장경호의 복부에 소뿔형의 손잡이가 한 개식 두 개가 붙어 있다.

➡ 완형 토기라고 하는 소형 토기에는 기고(器高)에 비해 구연부가 더 넓은 대접·보시기·접시 등의 기형이 대부분이고, 전국적으로 분포되어 있다.

➡ 두형 토기(高杯形 土器)는 완형 토기에 높은 굽이 달린 것으로 오늘날 제기(祭器)와 같은 형상이다. 실제로 제기로 많이 사용되었을 것으로 추정되고 있으며, 삼국 시대 토기에도 같은 기형이 많다.

➡ 무문토기에는 표면을 갈고 붉은 칠(丹漆)을 한 단도마연토기(丹塗磨硏土器)라는 것도 있고, 표면과 속까지 검게 구운 토기를 표면만을 간 흑색마연토기(黑色磨硏土器)도 있다.

➡ 토기는 지역성이 강하여 기형의 변화도 심하고 그 편년에도 차이가 있다.

➡ 압록강 유역의 미송리형 토기는 공귀리형 토기(公貴里形 土器)의 후대에 출현하였다. 공귀리형 토기는 쑹화강 유역과 길림성(吉林城) 지방의 토기와 연결되는 것이고, 미송리형 토기들은 청동 공부(靑銅 銎斧)와 함께 나오고 있어 연대가 내려가는 것임을 알 수 있다. 청천강 유역의 세죽리 유적(細竹里遺蹟)에서는 중간층에 상하 두 층이 있는데, 그 하층에서 미송리형 토기가 출토되고, 상층에서는 묵방리형 토기(墨房里形 土器)가 출토되어 미송리형 토기와 묵방리형 토기와의 선후가 분명해졌다.

➜ 평안도와 황해도의 팽이형 토기는 층위로서가 아니라 기형의 변화로, 특히 전형적인 팽이형 토기인 금탄리 출토 토기가 가장 오래되었다. 그다음은 경부(頸部)가 발생하는 등 변화가 약간씩 나타나는 침촌리와 신흥동 토기(新興洞 土器)가 뒤를 잇고 있다. 구연부의 형식 변화는 침촌리와 신흥동에서 좀 더 많이 진행되었다. 침촌리와 신흥동 토기에 비해 석탄리와 입석리 토기(立石里 土器)에서는 변형 토기의 수량이 증가하고 기형이 더욱 다양화되었으며, 이중구연이 퇴화되면서 두터워진 구연부가 다수 나타나며 그 뒤를 따르고 있다.

➜ 오랜 순서부터 나열하자면 다음과 같다. 금탄리 출토 토기, 침촌리와 신흥동 출토 토기, 석탄리와 입석리 출토 토기.

➜ 남한 지역에서는 공열토기, 팽이형 토기, 단도마연토기 등이 보편화되어 출토되는 것으로 볼 때 이들 토기들이 출토 토기들 중에서 비교적 앞선 시기의 것으로 볼 수 있다. 다음은 점토대토기와 우각형 토기, 두형 토기, 흑색토기 등이라고 추측하고 있다. 공열토기는 옥석리 주거지에서 출토되어 방사성탄소 연대 측정(放射性炭素 年代 測定)에 의해 기원전 7세기 전의 것으로 확인되었다. 팽이형 토기는 첨저(尖底)로 즐문토기의 전통을 아직 갖고 있고, 단도마연토기는 지석묘(支石墓)와 석관묘(石棺墓)에서 출토되고, 세형 동검과는 절대로 공반(共伴)하지 않는, 오랜 토기다. 점토대토기와 우각형 손잡이 토기는 세형 동검과 공반하는 토기이고, 흑색토기는 초기 철기(初期 鐵器)와 공반하는, 가장 늦은 시기의 토기인 것이다.

3) 석기

➜ 청동기 시대에서 귀한 청동기보다 더 보편적으로 사용된 도구는 마제석기다.

➜ 석기에는 돌칼(石刀), 반달칼(半月形 石刀), 돌도끼(石斧), 돌화살촉(石鏃), 갈돌(研石) 등 다양한 종류가 있다.

➜ 돌칼은 점판암이나 혈암으로 만든 것으로 경도(硬度)가 낮으며, 형상은 자루에 아무런 문양도 없는 맨자루 형식(一段 柄式)과 자루의 중간에 홈이 파여 돌려진 모양의 형식(二段 柄式) 등이 있다. 돌칼의 크기도 대개 30cm 정도

이하의 작은 것이 많다. 그러나 칼몸(刀身)은 길이에 비해 넓은 편이다. 후기의 돌칼로 김해 무계리 지석묘에서 출토된 것과 같이 칼코가 너무 크고 자루가 작아서 손아귀에 잡기도 불편하여 실제로 사용하기에 어렵게 보이는 것들이 있는데, 그러한 돌칼은 의기(儀器)로 사용했을 것으로 생각된다.

⮕ 돌칼은 초기의 조잡하게 생긴 것 외에 대부분의 것은 기계로 뽑은 것과 같이 정제되어 있는 것이 많은데, 이러한 것들은 오르도스동검, 도씨검(桃氏劍, 중국식 검), 비파형 동검, 세형 동검 등을 모델로 하여 만들어진 것으로 보이며, 제작 연대도 전해지고 있다.

⮕ 반달칼은 전체 형상이 반달형으로 날 부분은 직선이고 등 부분이 곡선으로 하현달 모양이며, 일반적인 칼처럼 생기지 않았다. 그것과 반대로 곡선이 날이고 직선이 등인 것도 더러 있고, 또 어떤 것은 삼각형으로 생긴 것들도 있는데, 이것들은 삼각형의 두 단변이 날로 되어 있다.

⮕ 반달칼은 대개 등 가까운 곳에 두 개의 구멍이 있어 끈을 끼워서 사용하게 되어 있다. 반달칼은 칼몸을 손아귀에 넣고 벼이삭 등 곡식 이삭을 자르는 데 사용한 것이다. 양자강 유역의 반달칼의 형상이 한반도의 것과 비슷한 점을 들어 벼농사와 함께 바다를 건너 들어온 것으로 추측하고 있으며, 반달칼과 홈자귀(홈도끼)의 유입 경로를 추적하여 벼농사의 유입 경로로 생각하게 되었다.

⮕ 돌화살촉의 형식에는 장삼각형으로 된 것과 버들잎 모양으로 된 것의 두 가지가 있다. 장삼각형은 슴베가 없고 아래 양쪽 끝이 날카롭고 길게 나와 있어 마치 날개 모양이고, 화살대에 끼워서 사용하게 되어 있다. 버들잎형은 촉신이 더욱 길고 슴베가 있어 대에 꽂게 되어 있다.

⮕ 돌도끼에는 날을 양쪽에서 간 것과 한쪽에서 간 것, 도끼 몸이 장방형인 것과 방형인 것, 볼록렌즈 모양으로 중간이 볼록 나온 것, 둥글게 생긴 것, 둥근 몸에 여러 개의 튀어 나온 날이 돌려 있는 것(多頭石斧) 등 여러 종류가 있다. 그리고 유별나게 도끼 몸 중간에 가로 홈이 파여진 홈자귀(有溝石斧)도 있다.

⮕ 동부는 선형 동부(扇形 銅斧)라고 하는 것처럼 날이 부채 모양으로 벌어지고 양끝은 날카롭게 올라간 모양의 형식이다. 이런 동부는 의주 미송리, 영흥읍,

부여 송국리 등지에서 그 거푸집이 출토되었다. 그러나 시간이 내려감에 따라서 부채 모양으로 벌어진 날카로운 부분이 없어지는 대신 사각형이 되고, 위에서 꽂게 되어 있는 구멍이 주머니식으로 변해갔다. 이런 형식은 영암과 대구에서 출토되었다.

➨ 동촉은 양 날개가 있고 슴베가 달린 형식으로 양익형(兩翼形)이라고 하는데, 조양현 십이대영자, 사리원 상매리, 고성 간성읍 등지에서 출토되었다.

➨ 동기를 주조하였던 근거는 광석을 녹이는 용광로인 가마의 터와 끓는 동용액(銅溶液)을 부어 만드는 틀인 거푸집의 존재로 인정하는데, 한반도에서 가마터는 발견되지 않고, 서기전 5~4세기경의 거푸집만이 발견되었다. 거푸집은 활석(滑石) 또는 사암(砂岩)으로 만들어졌다. 그러나 세형 동검 시기의 다뉴세문경(多鈕細文鏡)과 같이 정교한 것은 흙을 이용한 밀납(蜜蠟)으로 틀을 만들어 주조하였다.

✪ 청동기 시대의 유적

1) 주거지

➨ 청동기 시대의 주민들은 하천이나 계곡이 내려다보이는 약간 높은 구릉이나 산기슭에 소단위로 모여 거주하였기 때문에 이 주거지는 대개 이러한 지형에서 발견되었다. 방형, 장방형과 원형의 두 종류가 있다.

➨ 주거지는 전부가 수혈 주거(竪穴 住居)로 지면을 1m 가까이 파서 만들었다. 그리고 출입을 위해 남쪽에 흙을 다져서 2~3단의 계단을 만들고, 주거의 한복판 또는 출입구의 반대편에 치우쳐서 화덕(爐)을 설치하였다. 화덕은 지면을 배 모양으로 10~20cm 정도의 깊이로 낮게 파고 주위에 돌을 돌려놓은 것도 있고, 주거면을 파지 않고 돌만 몇 개 원형으로 돌려서 만든 것도 있다. 화덕은 음식을 익혀서 먹는 데 사용하기도 하고, 난방용으로도 이용하였다.

➨ 지붕은 나뭇가지와 입줄기가 긴 억새·갈대 같은 풀잎을 엮어서 덮었다. 벼농사가 널리 퍼진 후에는 요즘 같이 볏짚으로 지붕을 이었다. 방형·장방형의 집은 지붕을 맞배형으로 만들었는데 후대에는 우진각형으로 발전하였으며, 원형의 지붕은 원추형(圓錐形)으로 마치 몽고의 파오형과 같이 만들었다.

● 서산 해미 주거지와 부여 송국리 주거지(松菊里 住居址)의 방형은 한 변이 4~5m이거나 장방형은 4m×7m 정도 되고, 원형의 경우에는 지름이 5m 내외 정도 되는 면적을 확보하고 있었다. 그러나 특별히 면적이 넓은 것은 장방형의 경우 파주 덕은리에서 3.7m×15.7m, 파주 교하리에서 3m×9.5m 정도의 큰 주거지도 발견되었는데, 이는 마을의 중심지에서 공회당 같은 공동 집회(共同 集會) 장소로 쓰인 것으로 추측되고 있고, 덕은리처럼 도구용 돌과 재료가 많은 주거지는 석기 공장으로도 추측되고 있다.

● 청동기 시대의 주거지 유적으로 가장 대표적인 1~2곳만을 설명하면 다음과 같다.

① 덕은리 주거지(德隱里 住居址). 이 주거지는 장방형 중에서도 세장형(細長形)으로 특이한 형상을 하고 있는데, 벽고는 가장 잘 남아 있는 곳이 90cm이었고, 중심부는 지표 아래 40cm 정도였다. 바닥면은 평탄하고 진흙을 3~4cm 정도의 두께로 깔았다. 기둥 구멍은 벽면을 따라가면서 파져 있었고, 작은 구멍에 세운 소주(小柱)로 벽면을 지탱하게 만든 것으로 보인다. 기둥 구멍은 큰 것은 깊이 25cm, 지름 15cm이고, 보통의 구멍은 깊이 15~20cm, 지름 11~12cm이었고, 간격은 일정하지 않으나 대개 30cm 이내가 많았다. 여기서는 출입용 계단의 흔적은 발견되지 않았으며, 사다리 같은 도구를 이용하였을 것으로 추측하고 있다. 주거의 폐기는 벽면이 불에 탄 흔적이 많은 것으로 보아 화재 때문인 것으로 보고 있다. 발견 유물은 마제석검(磨製石劍)과 약 20개의 석촉, 방추차(紡錘車), 마연석 10여 개 등이었다.

② 송국리 주거지. 이 주거지는 청동기 시대 주거지로서는 규모 면에서나 내용의 다양성에서나 대표적인 유적으로 평가받고 있다. 이 주거지는 평야가 내려다보이는 야산 중턱쯤에 100여 기(基)가 밀집되어 있는 주거군(住居群)으로서 큰 마을 또는 당시의 도시로까지 추정된다. 주위에서는 환호(環濠)와 목책(木柵) 등 방어 시설이 확인되었다. 개별 주거지의 형태는 원형과 장방형의 두 가지이며, 원형의 경우 주거의 중심부에 길이 1m되는 타원형의 구덩이를 파고 그 양 끝에 각 1개씩 2개의 기둥 구멍을 배치

하였고, 구멍 사이는 저장혈(貯藏穴)로 사용되었을 것으로 추측한다. 화덕 자리는 주거지 내에서는 발견되지 않았는데, 옥외에 따로 마련하였을 것으로 추측되고 있다. 이 경우 공동 취사의 개연성도 생각해볼 수 있을 것이다. 지름 5m 크기의 원형 주거지에는 대략 5인 정도의 가족이 상거한 것으로 추정되고 있다. 출토 유물로는 무문토기, 홍도(紅陶), 흑도(黑陶), 반달형 검(半月形 劍), 석촉, 돌칼, 가락바퀴[紡錘車], 석부, 석부거푸집(石斧鎔范) 등이 있다. 무문토기는 특별히 송국리 형토기라고 명명된 형식이 있는데, 기형은 폭이 좁은 평저에 작은 굽, 계란 모양의 복부, 약간 외반(外反)한 짧은 목, 갈색조의 토기다. 크기는 다양한데, 소형은 10cm, 보통은 20~40cm, 큰 것은 80cm나 된다. 시기는 서기전 6~5세기로 추정된다. 송국리형 주거지와 송국리형 토기는 남한 각지에 넓게 분포되어 있다. 송국리 주거지군 속의 낮은 구릉상에서 규모가 큰 석관묘가 발견되었다.

2) 무덤

➜ 청동기 시대의 대표적인 무덤 형식은 고인돌과 돌널무덤, 돌덧널무덤(石槨墓)이고, 그 외에 돌무지무덤(積石塚), 움무덤(土壙墓), 독널무덤(甕棺墓) 등이 알려져 있다.

➜ 고인돌은 함경북도를 제외한 한반도 전역에 밀집 분포되어 있고, 동양에서는 중국의 절강성(浙江省), 산동 반도(山東半島), 요동(遼東) 지방, 그리고 일본의 구주(九州) 지방에 분포되어 있다. 고인돌은 하천변이나 약간 높은 대지 위에 물의 흐름 방향(流向) 구릉의 줄기 방향과 일치하게 위치하고 있고, 이런 지형은 당시 주민이 거주하는 지형에서 가까운 곳으로서 주거지와는 구분되는 곳이기도 하다. 고인돌은 형상으로 보아 탁자식(卓子式)과 기반식(碁盤式), 그리고 변형식(變形式) 또는 개석식(蓋石式)이라고 부르는 세 종류로 분류된다. 탁자식은 지면 위에 판상형 돌로 받침돌(支石)을 세우고 그 위에 거대한 윗돌(上石)을 올려놓아 마치 장방형의 석실 같은 매장 공간을 만들고, 한쪽의 단벽(短壁)에 개폐할 수 있는 판석문을 세웠다. 기반식은 지면 위에 괴석 4~5개로 받침돌로 하고 그 위에 덮개돌(판상석)과 윗돌(거대한 괴

석형)을 올려놓고, 지면 아래에 돌널(판상석벽), 석곽(괴석 쌓기)이나 움구덩이(土壙), 옹관(甕棺) 등의 매장 공간을 마련하였다. 변형식 또는 개석식이라고 하는 형식은 지면에 판상이나 괴석으로 된 받침돌이 없이 윗돌을 지면에 바로 놓고 아래는 기반식과 같은 구조·형식의 매장 공간을 만든 무덤이다. 큰 윗돌을 받쳤다는 의미로 본다면, 변형식(개석식)은 고인돌이 아니라 별도의 무덤 형식이라고 할 수 있다.

↪ 출토 유물은 매장 공간 밖에서 제사를 지낸 후 파손한 무문토기편(無文土器片)이 출토되고, 부장품으로 마제석기 약간과 간혹 홍도 등이 발견되는 것이 상례. 금속제 유물은 매우 드문 편이나 근래에 와서 전라남도 해안 지역에서 기반식이나 변형식 고인돌에서 청동단검 등 청동기들이 자주 발견되고 있다.

↪ 돌널무덤은 지면을 파고 판상석을 세워 사벽을 만들고, 돌덧널무덤에서는 괴석을 쌓아 벽을 만들었다. 돌널이나 돌덧널은 모두 지면에 얕은 분구(墳丘)를 만들었다. 경우에 따라서는 윗돌이 없어진 고인돌의 하부 구조와 혼동이 될 정도로 비슷한 모양새를 하고 있다. 그러나 돌널무덤이나 돌덧널무덤은 위치상으로 보면, 고인돌보다 높은 지형에 많이 축조되었다.

↪ 출토 유물은 고인돌보다는 다양한 양상을 보인다. 부여 송국리 돌널무덤(石棺墓)은 구덩이에 판석으로 4벽을 만들었는데, 길이 2.05m, 너비 1m, 깊이 0.8∼0.9m의 크기로 머리 부분은 넓고 발 부분은 좁은(頭廣足狹) 형상의 매장 공간을 만들었고, 바닥에도 조금 작은 판상석을 여러 장 이어서 깔았다. 돌널무덤 중에서 규모가 가장 큰 이 무덤에서는 비파형 동검·마제석기·무문토기·관옥(管玉)·장식옥 등 다양하고 풍부한 유물이 출토되어 지역의 수장묘(首長墓)로 판단하고 있다.

↪ 돌무지무덤은 분구를 흙 대신 괴석을 쌓아 만들고, 그 속 지하에 매장 시설을 마련하는 무덤 형식으로 분포된 것이 많지는 않다. 대표적인 예는 춘천샘밭(泉田里)의 소양강 북안 모래밭에서 발견된 탁자식 고인돌과 수기였다. 매장 시설은 판석으로 소형(45cm×22cm×22cm)의 석곽을 짜고 그 위에 판석을 덮고 바닥에도 소형의 판석을 깔았으며, 그 위에 돌을 쌓았다. 어떤 것은 소형 석곽 수개를 배치한 것도 있다. 매장 시설 밖에서 마제석기·관옥·적

색무문토기편(赤色無文土器片) 등의 유물이 출토되었다.

➲ 움무덤은 움구덩이 안에 나무널이나 나무덧널을 넣고 그 안에 시신을 안치하는 무덤 형식인데, 무문토기를 사용한 사람들이 고인돌이나 돌널무덤을 버리고 사용한 그다음 단계의 무덤 형식이다. 이 형식의 무덤은 세형 동검을 비롯한 동모(銅鉾), 동과(銅戈), 동탁(銅鐸), 다뉴세문경, 차마구 등 여러 종류의 청동기를 부장하고, 시신을 앙와신전장(仰臥伸展葬) 하였다. 이런 형식의 무덤의 예에는 경주의 입실리, 구정동, 평리 등지의 유적이 알려져 있다. 예외적으로 움 내부에 나무덧널 대신 막돌로 돌덧널을 만들고 그 안에 세형 동검 등 다수의 청동기를 부장한 무덤 형식도 대전 괴정동, 부여 연화리 등지에서 발견·조사되었다. 돌널무덤과 함께 유행한 돌덧널무덤과의 차이는 지하 깊숙이 축조된다는 점과 돌은 판석 대신 전부 막돌만을 사용하였다는 점이다.

➲ 독널무덤도 많이 발견된 형식은 아닌데, 광주 신창리, 동래 낙민동, 김해 패총, 강서 태성리, 신천 명사리 등지에서 발견된 사례가 보고되어 있다. 구성형식은 두 개의 독을 아가리를 맞대어 놓은 것인데(合口式), 신창리의 경우 큰 것은 130cm, 보통은 60~70cm, 가장 작은 것은 49cm 되는 것들이었다. 김해의 경우는 독의 외부 아래에서 세형 동검이 발견되었다.

✪ 청동기 시대의 농경

➲ 청동기 시대의 인류는 신석기 시대에서 정착생활로 들어간 후 이미 수백 년의 장구한 세월을 거치면서 정착지 주변에 경작지를 만들어 식량을 조달하였다. 농경지는 주거지의 가장 아래 쪽, 지금의 평야의 바로 위 높은 자리에서 확인되었다. 곡식은 벼를 비롯하여 보리·조·피·수수·콩 등이었으며, 벼의 경우 여주 흔암리와 부여 송국리의 주거지에서 탄화미(炭化米)가 발견되었다. 송국리에서는 395g의 탄화미가 54−1호 주거지 바닥에서 출토되었다. 김해 패총에서 발견된 탄화미는 서기전 7세기로 올라가고, 흔암리의 탄화미는 서기전 13세기의 연대가 방사성탄소 연대 측정의 결과로 나왔다. 북쪽에서는 평양 호남리의 남경 유적에서도 벼가 발견되었다. 두만강 유역의 회령 오동 유적(會寧 五洞 遺蹟)에서 콩·팥·기장 등의 곡물이 주거지 바닥과 퇴적

층에서 발견되었고, 봉산 지탑리에서는 피(稗)의 덩어리가 토기의 바닥에 붙어 나왔다.

⇨ 벼농사(稻作農耕)는 양자강 이남 지역에서 바다로 남한 지방에 도착하였다는 설이 있고, 또 다른 설로는 양자강 지방으로부터 중국의 동해안을 타고 올라와 산동반도 등지를 거쳐서 대동강 유역으로 유입되었다는 주장이 있으나 전자가 다수설로서 통설이다.

⇨ 벼의 종류는 인디카(Indica)와 자포니카(Japonica)의 두 종류 중 후자에 속한다. 남한의 벼농사는 서기전 3세기경 일본의 규슈 지방으로 전래되었다. 농경을 했다는 근거로는 송국리의 논 유적 등을 들 수 있고, 유물로는 마제석기의 반달칼·홈도끼(有溝石斧) 등과 농부가 따비로 밭을 갈고 있는 조각상이 있는 농경문 청동기(農耕文 靑銅器) 등이 있다.

(출처: 《한국민족문화대백과》)

도구, 연장, 무기 같은 재료, 소재, 질료가 다르게 되면 문명 자체, 문물 자체, 생활상 자체, 국가 운영 자체가 다르게 될 것이다. 그런 점에서 청동기에서 철기로 이동한다는 것은 단순한 생활상의 변화 그 이상일 것이다. 편익 이상이고 발전 이상일 것이다. 농경 중심 사회의 연장 변화와 그로 인한 농경 자체의 변화로 끝나지 않는 일일 것이다. 정복전쟁, 약탈전쟁을 비롯한 온갖 형태의 각축전이 일상화된 삼국 정립의 시대, 삼국 경쟁의 시대에서는 청동기에서 철기로 바뀌고 다시 철기가 보편화, 일반화, 대중화되는 더욱 큰 폭의 변화가 그리 단순한 일이 아니었을 것이다.

분명히 변화 이상의 것들을 가져다주고 변화를 뛰어넘는 현상들을 보였을 것이다. 분명히 작은 범주의 변화로 그치지 않고 더욱 큰 범위에서 상상 밖의 범주로 그 변화의 불똥이 튀고 그 변화의 물결이 끝없이 이어졌을 것이다. 청동기혁명, 철기혁명이라고 생각하며 우리의 삼국 시대와 청동기 문물이 어떻게 이어지고, 우리의 삼국 시대 발전 양상과 철기 문물이 어떤 식으로 상호작용을 일으켰는가를 더욱 심도 있게 살펴볼 필요가 있을 것이다.

✪ 철기 시대

- ➜ 인류가 철을 이용해 도구로 사용하게 된 시기부터 역사 시대 이전까지의 시기를 말함.
- ➜ 한국 고고학에서 철기 시대란 철기가 사용되기 시작한 서기전 300년경부터 삼국이 정립된 서기 300년경까지를 말한다.
- ➜ 그런데 우리나라 고고학자들은 이 시대를 두 시기로 나누어 서기전 300년에서 서기 전후(혹은 서기전 100년)까지를 초기 철기 시대(初期 鐵器 時代)로, 서기 전후(혹은 서기전 100년)부터 서기 300년까지를 원삼국 시대(原三國 時代)로 구분하고 있다.
- ➜ 반면 일부 연구자는 이를 통합해서 삼한 시대(三韓 時代)로 지칭하기도 한다.

✪ 철기 시대 연원

- ➜ 고고학에서의 시대 구분은 19세기 덴마크 국립박물관의 톰센(Thomsen, C. J.)에 의해서 처음으로 진행되었다. 그는 1836년에 간행된 덴마크 국립박물관 안내 책자에서 무기와 도구를 만드는 데 사용된 도구에 따라 돌, 청동, 철의 순서로 계승되었다고 설명함.
- ➜ 그 후, 그의 제자인 월사에(Worsaae)가 층서적인 발굴을 통해 이를 보완하면서 선사시대를 ① 석기 시대(Stone Age) ② 청동기 시대(Bronze Age) ③ 철기 시대(Iron Age) 등으로 나누는 삼시대법(三時代法)이 완성. 이러한 삼시대법은 곧 바로 전 세계 고고학계로 파급됨.
- ➜ 철은 청동기를 잇는 새로운 금속기로 인류가 도시나 국가를 형성한 문명 단계에 들어서면서 등장. 청동에 비해 철의 원료는 세계 각지에 널리 분포되어 있어서 야철 기술(冶鐵 技術)만 습득하면 생산을 할 수 있음. 인류가 철을 최초로 이용한 예는 서기전 4,000년대에 이집트에서 만들어진 철제 구슬로 알려져 있다. 본격적인 철의 제작은 서아시아의 아나토리아(Anatoria) 지방에

서 출현한 히타이트(Hittite)제국(서기전 1450~1200)에서 시작.

🢂 히타이트제국이 멸망한 뒤 철은 급속히 사방으로 퍼졌다. 대체로 메소포타미아 지방은 서기전 13세기, 이집트는 서기전 12세기, 이란은 서기전 10세기, 유럽은 이보다 약간 늦은 서기전 9~8세기경에서야 철이 보급되었다.

✪ 한편, 서기전 8세기경에는 북방 흑해 연안에도 야철 기술이 전파되어 이 지방 주민들의 기마유목화(騎馬遊牧化)를 촉진시켜 스키타이(Scythai) 문화를 꽃피우게 하였다.

🢂 스키타이 유목족에 전파된 철기 문화는 동방으로 퍼져서 중앙아시아를 거쳐 중국으로 전파되었다. 중국에서 인공철은 춘추 시대(春秋 時代) 말에서 전국 시대(戰國 時代) 초기에 등장. 전국 시대 후반에 들어서면 철기의 보급이 현저하게 진전되었으나 출토 유물들은 농공구(農工具)가 주류. 전국 시대 말에서 전한(前漢) 시대 초기에 걸쳐서 철의 생산이 급진전되지만 여전히 주조(鑄造)로 된 농공구가 주이고, 무기는 청동제를 사용. 전한 말에서 후한(後漢) 대에 들어서면서 비로소 강(鋼)이 본격적으로 생산되어 철제 큰칼(大刀)과 같은 무기가 등장하였다.

✪ 철기 문화 형성

🢂 우리나라에서 철기 문화의 형성 과정에 대해서는 여러 가지 설명이 있으나 대체로 크게 두 단계를 거쳐 형성되었다고 보고 있다.

① 첫 번째 단계는 중국제 철기가 들어온 시기다. 서기전 4~3세기에 해당하는 명도전(明刀錢)이 압록강 중류 지방에서 서북 지방에 걸쳐서 철기류와 함께 출토되었다. 즉 평안남도 덕천군 청송리에서는 명도전이 철제 이기(鐵製 利器)와 함께 출토되었고, 평안북도 위원군 용연동에서는 연(燕)나라 제품이 분명한 철제 농기구가 일괄 발견된 바 있다. 명도전은 중국 연나라 때 동으로 만들어진 화폐로서 표면에 '명(明)'자가 양주(陽鑄)되어 있어서 붙여진 명칭이다.

이와 같이 한반도 북부 지역에 유입된 철기류는 중부 지역을 거쳐 서남부 지역까지 파급되었는데 충청남도 부여 합송리 유적, 당진 소소리 유적과 전라북도 익산 신동리 유적, 완주 갈동·신풍 유적, 장수 남양리 유적 등지에서 주조 철기가 청동기류와 함께 다수 발견되고 있다. 그런데 이 시기의 철기는 주조로 된 농기구류가 주류를 이루고 있고, 세형 동검(細形 銅劍)을 표지로 한 청동제 무기와 덧띠토기(粘土帶土器) 등이 사용되었다. 따라서 위만조선(衛滿朝鮮)의 건국 전후에 한반도로 들어온 철기 문화의 여파가 남부 지역까지 미쳤을 것으로 추정된다.

② 두 번째 단계는 철기가 본격적으로 생산, 사용되기 시작한 시기다. 서기전 108년 한나라 무제(武帝)에 의한 낙랑군(樂浪郡)의 설치는 철기 문화가 본격적으로 유입되는 계기가 되었다.

이 시기부터 철기는 우리나라 전역으로 급속히 전파되었다. 즉 도끼, 가래, 낫 등 철제 농경구와 단검, 창, 꺽창을 비롯한 무기류가 전국적으로 생산·보급되기 시작하였다.

➔ 그런데 중·남부 지역 철기 문화는 최소한 두 가지 통로로 유입된 문화를 수용한 것으로 이해된다.

➔ 하나의 통로는 육로를 이용한 것으로 대동강 유역으로부터 한강 유역을 거쳐 낙동강 유역으로 파급되었다. 낙동강 유역의 움무덤(土壙墓)에서 철기와 함께 중국 전한 대에 제작된 일광경(日光鏡), 소명경(昭明鏡), 가상부귀경(家常富貴鏡) 등 거울이 발견되고 있으며 특징적인 토기는 와질토기(瓦質土器)다.

➔ 다른 하나는 해로를 이용한 것으로 서해안과 남해안을 거쳐 동남부 지역으로 파급되었다. 이 지역의 조개더미에서 화천(貨泉)·오수전(五銖錢) 등 중국의 화폐와 점뼈(卜骨)가 발견되었고, 특징적인 토기로는 경질민무늬토기와 적갈색연질토기 등이 있다.

➔ 다만 두 계열의 문화는 낙동강 하류 지역에서는 어느 정도 혼합되는 경향을 보이고 있다. 그리고 경주 황성동 유적에서는 철을 채취하던 제철 유적이 발견되어, 이 시대에 철 생산 활동이 활발했음을 엿볼 수 있다.

➔ 또 《삼국지(三國志)》「위서 동이전(魏書 東夷傳)」을 보면 서기 3세기경 영남 일대에서 철이 많이 생산되어 낙랑, 대방(帶方), 왜(倭)와 철을 교역했다는 기

록이 있다. 이는 비단 서기 3세기에 국한된 것이 아니라 그 이전부터 교역이 있었던 것으로 보인다. 이와 같이 철기 생산의 전국적인 확산은 낙랑군이 설치된 이후, 이 지역에서 밀려난 위만조선 유민들에 의해서 이루어졌을 가능성이 큰 한편, 해로를 통해 동아시아에서의 문화 교류가 활발해진 결과이기도 하다.

✪ 철기 시대 문화

➔ 철기 시대의 문화 양상은 북부·중부·남부 지역 등 지역별로 다소 차이를 보인다.

➔ 먼저 북부 지역에서 가장 이른 철기 시대 유적은 평안북도 위원 용연동 유적, 영변 세죽리 유적 등이다. 용연동 유적에서는 연나라 제품이 분명한 쇠도끼(鐵斧), 쇠화살촉(鐵鏃), 쇠꺾창(鐵戈)등과 함께 쇠낫(鐵鎌), 반달쇠칼(半月形鐵刀), 쇠가래(鐵鍬), 쇠호미(鐵鋤) 등의 농기구가 일괄 발견된 바 있다. 또 세죽리 유적의 철기 시대 층에서 확인된 집자리는 모두 지상 가옥이다. 집자리에서 명도전, 포전(布錢) 등의 화폐와 샷무늬토기(繩蓆文土器) 및 철기 등이 출토되었다. 세죽리 유적이 존재했던 시기의 무덤으로는 움무덤, 조개더미, 독무덤(甕棺墓) 등이 주를 이루며, 유물로는 철기, 청동기와 더불어 회색의 샷무늬토기 등이 출토되었다.

➔ 그중 철기로는 호미, 괭이, 삽, 낫, 반달쇠칼, 도끼, 자귀 등이 있다.

➔ 고고학계에서는 이 시기의 문화 유형을 소위 '세죽리–연화보 유형'이라 명명하고 있다. 한편 동북부 지역인 함경북도 회령 오동 유적에서는 제6호 집터에서 주조 쇠도끼가 출토된 바 있다. 그리고 무산 호곡동 유적에서 5기와 6기에 속하는 집터가 철기 시대에 속하며 다수의 철기를 포함하고 있다. 특히 5기에 속하는 집터에서 출토된 주조 쇠도끼는 연나라의 철기와 관련되어 있는 것으로 보고 있다.

➔ 대동강 유역에서 철기 시대의 무덤은 널무덤(土壙木棺墓), 덧널무덤(土壙木槨墓), 귀틀무덤(木室墳)으로 구분되고 있다.

➔ 북한에서는 널무덤의 연대를 서기전 5세기에서 2세기 중엽으로, 덧널무덤을

서기전 2세기 중엽 이후로 보고 있다. 강서 태성리 유적의 널무덤에서는 세형 동검과 동투겁창(銅矛) 등의 청동기류, 쇠도끼, 철단검 등의 철기류, 화분형 토기(花盆形 土器), 배부른 단지 등의 토기류가 출토되었다.

➴ 그리고 철기 시대 초기의 유적으로는 서흥 천곡리 돌널무덤(石棺墓), 황해도 송산 솔뫼골 돌돌림무덤(圍石墓), 함흥시 이화동 움무덤 등이 있다.

➴ 따라서 대동강 유역의 철기 문화는 세형 동검이 만들어지고, 움무덤이 유입된 서기전 3~2세기경에 시작되었다고 보는 것이 무난하다. 또 서기전 1세기 이후에는 귀틀무덤과 벽돌무덤(塼築墳) 등이 사용되었는데 이는 낙랑군 계통의 무덤으로 보고 있다.

➴ 중부 지역의 대표적인 철기 시대 집터 유적으로는 가평 마장리, 이곡리 유적과 춘천 중도 유적을 들 수 있고, 이후 조사된 것으로는 하남 미사동 유적, 수원 서둔동 유적, 횡성 둔내 유적, 양양 가평리 유적, 명주 안인리 유적, 중원 지동·하천리 유적 등이 있다. 이 유적들에서는 중부 지역에서 특징적으로 나타남. 여(呂)자형 집터와 철(凸)자형 집터가 발견되었고, 유물로는 경질민무늬토기, 두드림무늬토기(打捺文土器), 회색 토기 등의 토기류와 다수의 철기류가 출토되었다. 화성 기안리 유적에서는 대규모 철기 생산 시설이 발견되었는데 여기에서는 단야로(鍛冶爐)와 더불어 숯가마, 송풍관, 송풍구, 쇠찌꺼기(鐵滓), 쇳조각(鐵片) 등이 있었다. 그리고 중부 지역의 여러 유적에서 낙랑계 토기가 출토되고 있어 낙랑과의 교류가 활발하였음을 알 수 있다.

➴ 중부 지역 철기 시대의 대표적 무덤으로는 움무덤, 독무덤, 돌무지무덤(積石墓) 등이 있다. 움무덤은 가락동 유적의 제1호 무덤에서 처음 알려졌다. 그리고 천안 청당동 유적에서는 다수의 도랑(周溝)이 있는 움무덤, 즉 도랑움무덤(周溝土壙墓)이 조사되었다.

➴ 유물은 연질 짧은 목항아리(軟質短頸壺)와 깊은 바리 모양토기(深鉢形 土器), 청동제 말모양 띠고리(馬形帶鉤) 11점과 다량의 유리 구슬이 출토되었다. 이후 여러 지역에서 도랑움무덤이 조사되었다. 그리고 독무덤은 가락동 제2호분과 같이 움무덤과 합장(合葬)으로 발견되거나, 단독묘일 경우에도 돌무지무덤과 같은 다른 묘제에 종속되어 나타나는 경우가 대부분이다. 또 돌

무지무덤은 양평 문호리 유적, 춘천 중도 유적, 제원 양평리·도화리 유적 등 한강 상·중류에서 서기 2~3세기경에 해당되는 무기단식 돌무지무덤이 발견되었다. 그리고 4세기 이후에는 백제식 토기의 등장과 함께 기단식 돌무지무덤 등의 고분이 등장하였다.

➡ 남부 지역의 철기 문화는 대체로 세 시기로 구분할 수 있다.

① 1기는 세형 동검이 사용되면서 일부 주조 철기류가 나타나는 단계로 서기전 3~2세기경에 해당한다.

이 시기에 해당되는 유적으로는 전라북도 익산과 완주 지역에서 다수의 널무덤이 확인되었다.

② 2기는 철기가 본격적으로 등장하는 단계로 서기전 1세기 초반에서 서기 2세기 전반까지로 비정된다.

대표적인 유적으로는 광주 신창동 유적, 해남 군곡리 조개더미, 사천 늑도 조개더미, 김해 봉황대 조개더미 등이 있고, 창원 다호리 유적, 경주 조양동 유적 등지에서 널무덤이 확인되었다.

집터의 형태는 서남부 지역에서 네모 모양, 동남부 지역에서 원형 혹은 타원형을 띠고 있다. 출토된 철기로는 쇠낫, 쇠도끼 등 농공구와 쇠창, 쇠화살촉, 철검 등의 무기류가 있다. 조개더미에서 주로 보이는 경질민무늬토기는 청동기 시대의 민무늬토기와 같은 계통이지만 경도가 높아지고 기형이 다양한 토기를 말한다.

또 동남부 지역에서 주로 나타나는 와질토기는 소성도(燒成度)가 낮아서 흡수성이 있고 기와와 비슷한 회백색 혹은 회색을 띠는 연질의 토기인데, 물레로 빚었기 때문에 토기의 벽이 얇고 표면이 고르며 기종도 다양하다.

③ 3기는 철기 문화가 발달하는 단계로 서기 2세기 중엽에서 3세기 후반까지로 설정할 수 있다.

집터는 대부분 네모 모양 혹은 타원형 구덩식(竪穴式) 집터다. 서남부 지역에서 다수의 도랑움무덤이 확인되었고, 동남부 지역에서 김해 양동리 유적, 울산 하대 유적에서 볼 수 있듯이 덧널무덤이 새로이 등장하였다. 덧널무덤에서는 장검, 고리자루큰칼(環頭大刀), 쇠화살촉 등 철제 무기류의 부장이 증가하였다.

또 서남부 지역에서는 연질의 두드림무늬토기가 등장하고, 동남부 지역에서는 와질토기가 지속된다. 두드림무늬토기는 노천요(露天窯)에서 구워낸 민무늬토기와는 전혀 다른 것으로 일부는 물레로 성형해 등요(登窯)에서 구워낸 것인데, 기벽을 강화하기 위해 박자(拍子)로 기벽을 때린 두드림무늬가 있는 토기를 말한다.

➜ 서기 3세기 말 이후에는 서남부 지역인 영산강 유역을 중심으로 대형 독무덤이라는 독특한 형태의 고분이 등장한다. 한편 동남부 지역의 경주와 김해를 중심으로 고식도질토기, 북방계 말갖춤(馬具)과 무기류가 출현한다. 이와 더불어 입지의 우월성, 독립부장곽(獨立副葬槨)의 존재, 무기의 개인 집중화, 순장(殉葬)의 조건을 갖춘 고분, 즉 덧널무덤에 이어 돌무지덧널무덤(積石木槨墳), 구덩식돌덧널무덤(竪穴式石槨墳) 등이 출현하게 된다.

✪ 철기 시대 의의 및 평가

➜ 철기 시대에 대한 연구는 최근 유적 발굴·조사의 급격한 증가로 인하여 크게 진전되고 있다. 특히 철기 시대 초기의 양상이 어느 정도 밝혀지고 있고, 고대국가가 형성된 시기의 양상도 드러나고 있다. 철기 시대의 역사적인 배경을 살펴보면, 북부 지역에서는 후기 고조선과 위만조선에 뒤이어 부여, 고구려, 낙랑, 옥저(沃沮), 예(濊) 등이 등장하였던 시기이고, 중·남부 지역에서는 삼한에 이어 백제, 신라 및 가야 등 고대국가가 형성된 시기다.

➜ 우리나라의 철기 문화는 중국 대륙으로부터 유입되었고, 한반도 북쪽에서 남쪽으로 전파되었지만, 토착적인 청동기 문화와 융합되어 새롭게 생성, 발전되어 나갔던 역사적 특수성이 있다.

➜ 그런데 이 시기의 시대 구분 용어에 대한 논란이 많다. 우선 철기 시대의 문제점으로는 역사성의 부재를 들고 있다.

➜ 반면 초기 철기 시대와 원삼국 시대의 경우, 철기 시대 초기(서기전 300~100년)를 하나의 시대로 설정하기에는 부족한 면이 있고, 원삼국 시대도 역사학계에서는 거의 받아들이지 않고 있다.

➔ 그리고 삼한 시대의 경우, 역시 한반도 남부 지역에 한정되는 용어라는 문제점을 안고 있다. 이러한 문제점으로 인하여 앞으로 이 시기의 시대 구분 용어를 통합하기 위한 논의가 필요하다.

(출처: 《한국민족문화대백과》)

07.

삼국 시대가 지닌 의의

삼국 시대가 의미하는 것은 우리의 뿌리가 중국 대륙의 동북방 전체에서 차츰 아래로 내려와 한반도와 그 북쪽 정도로 정해지게 된다는 것이다.

이는 축소 지향 차원에서 보기보다는 오히려 동질성 강화 차원에서 보아야 할 것이다. 즉, 한반도와 그 북방으로 우리의 뿌리가 바뀌면서 씨족국가, 부족국가의 측면에서 차츰 국가다운 모습으로 바뀌는 것이라고 보아야 할 것이다. 그러니 지역의 넓이에만 주목하기보다 오히려 공동체다운 결속과 지속성에서 그 변화 추이를 진단해야 할 것이다.

석기 시대, 청동기 시대, 철기 시대는 문명의 한 특징, 생활의 한 단면에서 바라보면 더욱 이해하기 쉬울 것이다. 즉, '돌을 연장으로 썼느냐, 청동기를 연장으로 썼느냐, 철을 연장으로 썼느냐?'는 식으로 단순하게 바라봐도 될 것이다. 물론, 돌과 청동기, 청동기와 철 등이 혼합적으로 사용되었겠지만, 돌보다는 청동기, 청동기보다는 철이 그 발단 단계 차원에서 더욱 높기에 일단 전체적인 흐름에 초점을 맞추게 되었을 것이다.

쉽게 보면, 청동기를 알면 돌을 버리게 될 것이고, 철을 알면 청동기를 버리거나 줄이게 될 것이 당연하므로, 단순하게 전체 흐름을 석기, 청동기, 철기 식으로 크게 나눠 보게 된 것이다. 그리고 그 각각의 시대 구분은 무덤, 생활 터전 등에서 나온 유물, 유적을 보고 판단하지만, 상식적으로 아주 간단할 것이다. 즉, '예전에는 문명이 덜 발달되었기에 돌을 주로 사용했을 것이고 그 후 문명이 발달하고 공동체가 커지면서 자연스레 생활을 위한 도구나 연장 못지 않게 전쟁을 위한 무기 개발이 중요했기에, 돌보다 나은 청동기, 청동기보다 나은 철을 알게 되고 찾게 되면서 차츰 더 나은 단계로, 더 좋은 재료, 더 좋은 물질 쪽으로 옮겨가게 되었을 것'으로 보는 것이 너무 당연할 것이다.

그렇다면 문명의 재료나 물질 차원에서 나누는 석기 시대, 청동기 시대, 철기 시대를 적용하면 삼국 시대는 어떤 식으로 묘사되고 이해될 수 있는가?

앞으로 어떤 획기적인 유물, 유적이 나타나 흐름을 바꾸게 될지는 몰라도 현재까지는 〈삼국 시대 초기 = 청동기와 철기 병용 시대, 삼국 시대 중기 이후 = 전형적인 철기 시대〉 식으로 정리하고 있다.

문명의 기반이 된 물질적 재료로 보아도 삼국 시대는 대단히 중요하다. 중국 대륙의 철기 문명 등장에 맞춰 우리의 뿌리인 부여는 물론이고 삼국 시대 출발점에서도 철기 문명이 등장하고 있다. 그런 점에서 아시아 동북방 전체가 차츰 철기 문명 시대로 진입하면서 씨족, 부족 단위의 국가 형태에서 자연스레 국가다운 모습으로 공동체 자체가 바뀌어가게 된 것이다.

삼국 시대를 우리의 뿌리로 이해할 때 특이한 명칭들을 듣게 되는데, 바로 '① 삼한 시대, ② 원삼국 시대, ③ 성읍국가 시대'라는 것이다. 그렇다면 왜 굳이 그런 색다른 명칭들을 붙이며 삼국 시대 이전, 삼국 시대 초기 등을 따로 나누게 되는가? 삼국 시대를 하나로 묶어놓을 수 없는, 무슨 특별한 이유라도 있다는 것인가?

우선, 각각의 명칭이 왜 등장하고 대체 어떤 특징을 지닌 시대를 의미하는지부터 살펴보기로 하자. 시대 구분 하나를 놓고 여러 말이 있고 서로 다른 주장들, 관점들, 가정들이 있는 것부터가 어쩌면 학문의 세분화, 정밀화나 역사의 과학화, 실증화 등에 한 발 더 다가가려는 노력일 수도 있을 것이다.

우리의 삼국 시대와 직·간접적으로 연관된 시대 구분들과 연관된 명칭들

✪ 원삼국 시대[原三國 時代(Proto-Three Kingdoms Period)]

➔ 우리나라 고고학 편년상 초기 철기 시대와 삼국 시대 사이의 시기.

➔ 별칭: ① 삼한 시대, ② 철기 시대 2기, ③ 부족국가 시대, ④ 성읍국가 시대, ⑤ 삼국 시대 초기, ⑥ 삼국 시대 전기

✪ 원삼국 시대(Proto-Three Kingdoms Period)란?

➔ 초기 철기 시대 이후~삼국 시대 이전의 시대로서 서기전 100년경부터 서기 300년경까지의 약 400년간의 기간.

➔ 이 시대는 서기전 100년경 한반도 북부 및 중국 동북 지방 일원에서 고대 국가 고구려가 성립되고 한반도 서북부에 낙랑군이 설치되며, 남부에서 도구용 청동기가 소멸하고 철기가 본격 생산되는 가운데 각 지역에 삼한 소국들이 성립되는 시기임.

➔ 이 시기에 나타나는 문화적 특징으로는 청동기의 실용성 소멸, 철기 생산의 보급 및 확대, 김해 토기의 출현, 농경(벼농사)의 발전, 고인돌(支石墓)의 소멸, 돌덧널무덤(石槨墓)의 발달 등을 들 수 있다.

➔ 대략 4세기경에 삼국이 고대국가로 발전함으로써 원삼국 시대는 종결되고 삼국 시대로 진입.

✪ 원삼국 시대, 연원 및 변천

➔ 종래 고고학계에서는 서기를 전후한 때부터 고총(高塚)이 발생하는 서기 300년경까지의 본격적인 철기 시대를 김해 시대(철기 시대 2기)라고 불러왔다.

➔ 반면 문헌사학계에서는 《삼국사기》에 의거, 이미 삼국 시대인 이 시기를 삼한 시대, 부족국가 시대, 성읍국가 시대, 삼국 시대 전기 등으로 명명.

➔ 이러한 용어상의 불편과 불합리를 줄이고 두 학계 모두 쓸 수 있도록 하려는 취지에서 고고학자 김원용이 '원삼국 시대'의 사용을 제안.

➔ 이 용어의 명칭은 삼국 시대의 원초기(原初期) 또는 원사(原史) 단계의 삼국 시대라는 의미를 갖고 있다.

➔ 최근에는 그 기점을 대개 서기전 100년경으로 올려 잡는 경향이 있으며, '삼국 시대 전기'라는 용어와 병행하여 사용.

✪ 원삼국 시대, 내용

➔ 원삼국 시대 동안 고구려는 처음에는 환인(졸본) 지역, 나중에는 집안(국내성) 지역을 도읍으로 삼아 발전해나갔다.

한국사 이야기

➲ 고구려는 평지성과 산성을 짝으로 한 도성 체계를 유지하였다.

➲ 졸본 시대에는 평지성인 하고성자(下古城子) 또는 나합성(喇哈城), 산성인 오녀산성(五女山城)을, 국내성 시대에는 평지성인 국내성, 산성인 산성자산성(山城子山城)을 각각 도성으로 하였다. 돌무지무덤(積石塚)을 고유 묘제로 하였으며, 이는 땅 위로 일정 높이까지 강돌 또는 산돌을 쌓고 돌덧널(石槨) 형태의 매장부를 설치한 다음 그 주위와 위에 다시 돌을 쌓아 만들었다. 외형은 기본적으로 위가 잘린 사각뿔 모양(方臺形)이지만 처음에는 분구 하단에 기단이 없는 평면 원형 또는 타원형 무기단식으로 시작해서 곧 큰 돌로 한 단의 기단만 쌓은 평면 사각형 기단식으로, 다시 기단 위 분구 외면을 층단 형식으로 쌓은 계단식으로 발전하였다.

➲ 낙랑은 토축 성곽을 가진 것이 특징인데 군치(郡治) 또는 현치(縣治)와 관련된 낙랑토성(평양), 소라리토성(함경남도 금야) 등이 모두 강을 끼거나 해안선 가까운 곳의 평지에 입지했다. 무덤은 널무덤(木棺墓), 덧널무덤(木槨墓), 벽돌방무덤(塼室墓)의 순으로 발달하였다.

➲ 유물로는 극(戟), 모(鉾), 검(劍), 칼(刀), 촉(鏃) 등의 철제 무기와 도끼, 낫, 쇠삽날 같은 철제 농구가 있다.

➲ 청동기는 세형 동검 문화를 계승한 유물과 중국 청동기 문화 계통으로 나누어 지는데, 후자 중에는 노기(弩機), 과(戈), 모, 검, 촉 등의 무기와 복(鍑)이나 정(鼎) 같은 용기, 거울, 동전 등이 있다.

➲ 토기로는 원통 모양·고배 모양·사발 모양·대야 모양·시루 모양·부뚜막 모양·화분 모양 토기, 이배(耳杯), 정, 항아리가 있다. 칠기로는 이배, 합(盒), 반(盤), 안(案), 명(皿), 염(奩), 협(篋), 편호(偏壺), 향로 등이 있다. 또 공문서를 봉한 점토에 도장을 찍은 봉니(封泥)가 있다. 와당은 고사리문, 운기(雲氣)문, 각종 문자로 장식한 것이 있으며, 벽돌은 고분과 각종 건축물의 축조에 사용하였는데 문양으로는 기하학문과 마름모꼴 문양이 많다.

➲ 한반도 중부와 서남부는 마한과 예(濊)계 집단의 영역으로 경기도 남부 이남에서는 무덤 둘레에 도랑(周溝)을 두른 주구움무덤(周溝土壙墓)이 많이 조성되었다.

○ 반면 충청도와 호남 서해안 지역에서는 무덤 둘레에 도랑을 두르되 매장부는 쌓은 봉분 속에 만든 주구묘(周溝墓)가 주를 이룬다. 중부 지역, 특히 임진강과 한강 중·상류 유역에서는 돌무지분구묘(積石墳丘墓)가 많은데 이는 강가 자연 모래 언덕 윗부분을 다듬어 그 위에 강돌 층을 얇게 쌓고 중심부는 돌을 더 두껍게 쌓아 덧널(槨)을 만든 구조다.

○ 집자리를 보면, 중부 지역은 평면 장방형 및 육각형이나 튀어나온 출입 시설이 붙어 철(凸)자 또는 여(呂)자처럼 생긴 것이 특징이며 중서부·서남부 지역은 출입 시설이 없는 원형 또는 방형, 장방형이 특징이다.

○ 유물 가운데 토기는 중도식 무문토기라고도 불리는 경질무문토기(硬質無文土器)와 타날문토기(打捺文土器)로 크게 구분된다. 전자는 재래 무늬 없는 토기 전통에 새로운 고화도 소성 기술이 더해진 것이고 후자는 철기 기술과 더불어 들어온 외래 제법의 토기다. 철기는 쇠삽날, 낫, 손칼, 끌, 도끼, 괭이 등 농공구와 촉, 모, 대도, 극, 찰갑 등 무기, 복·항아리 등 용기, 띠고리, 낚싯바늘, 못, 재갈 등으로 구분된다.

○ 장신구로는 옥을 사용하였는데, 유리, 천하석, 마노, 연옥, 수정, 호박 등의 재료로 만들었다. 외래 유물로는 낙랑토기, 철경동촉(鐵莖銅鏃), 청동 거울, 동전, 금박 유리, 동탁, 청동환이 있다.

○ 동남부 지역은 진한과 변한의 영역인데, 원삼국 시대 직전부터 무리를 이루고 축조된 널무덤은 이 지역 곳곳에 진·변한 소국이 성립되었음을 가리키는 지표가 된다. 널무덤은 길이 2m 내외의 구덩이를 파고 나무널을 안치한 것으로 나무널 통나무를 파낸 것과 판재로 맞춘 것이 있다. 이러한 널무덤은 2세기 중엽경에 덧널무덤로 바뀌는데 구덩이 길이가 3~10m로 클 뿐만 아니라 철기와 토기의 부장이 두드러진다. 집자리는 초기에는 대부분이 평면에 원형이며 규모가 작다가 후기에는 방형으로 바뀌고 아주 큰 주거지도 나타난다.

○ 이 지역 토기를 대표하는 회색 와질토기의 기종을 보면 널무덤 단계에서는 타날문 원저단경호, 주머니 모양 단지, 쇠뿔손잡이 항아리, 보시기가 있다. 이후 덧널무덤 단계에서는 대각이 붙고 아가리가 넓거나 곧은 항아리, 화로

모양 토기, 고배가 있으며 오리 모양 토기가 낙동강 동쪽에서 출토된다.

➥ 진한·변한 지역의 철제 농공구로는 주조 괭이와 판상철부가 있으며, 후자는 철 소재이기도 하다. 한편 무기는 널무덤 단계에서는 철검·철촉이 대부분이며 덧널무덤 단계에서는 고리자루 큰칼이 나타나고 철촉과 철모의 수량이 급증한다.

➥ 고사리 장식이 가미된 철모·재갈·유자이기(有刺利器) 등이 나온다. 장신구에는 역시 옥이 사용되는데, 널무덤에서는 주로 유리 구슬이, 덧널무덤에서는 그 외에 수정, 유리, 마노 다면옥, 곱은옥(曲玉) 금박 유리가 나온다. 또한 다양한 칠기를 사용했음을 알 수 있다. 외래 유물은 주로 청동기로서 전한(前漢) 및 후한(後漢)의 거울, 북방계 동물 모양 장식품, 단추·솥 이외에 왜(倭)계 광형 동모(廣形銅矛), 야요이(彌生)토기가 있다.

✪ 원삼국 시대, 의의와 평가

➥ 우리나라의 원삼국 시대는 ① 선사 시대(문자로 기록되기 이전의 시대)로부터 진정한 의미의 ② 역사 시대(문자로 역사를 기록한 시대)로 넘어가는 과도적 시기로서의 위상을 지니고 있다.

➥ 이 시기를 ① 고고학계에서는 철기 시대 2기, ② 역사학계에서는 삼한 시대 혹은 삼국 시대 전기로 인식하는 가운데, 한반도 서북부 지역과 중부 지역 그리고 남부 지역 등 지역마다 무덤 양식이나 출토되는 유물에 상이한 문화적 양상을 보이고 있다.

➥ 때문에 원삼국 시대의 고고학적 발굴 성과에 힘입어 문헌사학에서 해결할 수 없었던 초기 국가 형성 및 발전 단계를 유추할 수 있으므로 고고학, 역사학 모두 이 시기를 중요하게 다뤄야 할 것이다. 그것은 우리 민족의 원형이 원삼국 시대에 서서히 형성되기 시작한다고 믿어지기 때문이다.

(출처: 《한국민족문화대백과》)

한반도를 터전으로 통일국가를 이룬 나라는 고려와 조선이다.

통일신라 시대는 북쪽의 발해와 함께 남과 북으로 나뉜 상태였기에 엄밀한 의미의 통일국가 시대는 아니라는 것. 그렇다면, 우리는 중세로 여겨지는 고려 시대부터 비로소 한반도 중심의 통일국가 시대를 출범시킨 셈이다.

그리고 조선 시대는 고려 시대를 마치 승계한 것처럼 해서 시작되었기에(조선왕조를 연 태조 이성계는 처음에는 스스로 고려의 충신, 고려왕국의 승계자 같은 어정쩡한 위치에 있었다.) 고려 시대의 통일 기반을 고스란히 이어받은 셈이다. 그렇게 놓고 보면, 삼국 시대의 전반기, 중반기가 무수한 소국(小國)을 포함하는 시대였음을 쉽게 추정할 수 있을 것이다.

산과 강이 많은 땅이기에 그 산과 강을 경계로 자연스럽게 여러 소국, 여러 공동체 단위로 나뉘어 공존했을 수도 있다. 여느 국가의 태동 때와 엇비슷하게, 여느 역사의 출범기와 엇비슷하게 – 무수한 부족 국가 형태, 무수한 도시 국가 형태, 무수한 촌락 공동체 형태를 끼고 시작하고, 그리고 한동안 대국과 소국 형태로 공존했을 것이라는 것이다. 그런 식으로 생각하면 우리의 '① 삼한 시대, ② 원삼국 시대, ③ 성읍국가 시대' 같은 형태도 충분히 이해할 수 있을 것이다. 세분되었던 것이 큰 덩어리로 뭉치고 합쳐져서 몇 개의 큰 공동체로 분립하게 되는 것은 모든 역사의 공통점이고 한편으로는 지극히 자연스러운 현상이기도 할 것이다.

세계사나 대륙 같은 곳의 역사는 굴곡이 너무 심한 편이지만 우리는 지정학적인 고리에 의해 주로 한반도 중심으로 역사가 전개되었기에, 우리 역사의 시대 구분이 의외로 간편하고 용이할 수도 있다. 단일 민족이라는 긍지 속에서 오래 살아왔기에 동질성은 그 어느 곳보다도 뛰어난 편이다.

무수한 외침과 내외의 격변에도 불구하고 대체로 외형적 동질성과 통일성은 물론이고 내부적으로도 거의 이견이 없을 정도로 거대한 공통 분모 위에서 생존하고 번영해 왔기에 우리 역사에 대한 인식 또한 의외로 공통적이고 상식적일 수도 있는 것이다. 좌우 이념 논쟁만 걷어내고 사대주의 등에 대한 논란만 잠재우면 대체로 통일된 시대 구분의식을 갖게 되고 그 하나하나에 대한 이해 또한 의외로 유사하고 통일적이라는 말이다. 단군을 시조로 한 역사, 배달겨레를 근간으로 한 역사, 한자 문화권이지만 고유한 문화 영역을 고수해온 역사, 반도라는 불리한 지정학적 환경에서도 동질성, 통일성, 단일성을 성공적으로, 기적적으로 잘 지켜온 역사. 그런 점에서 대부분이 찬동하고 합의할 것이다.

현재는 분단 국가이지만 그런 점에서는 통일을 위한 정신적·의식적·문화적·역사적 기반이 상상 외로 공고한 편이라고 볼 수도 있을 것이다. 즉, 언제 통일이 이뤄지든 그 오랜 역사적 통일성과 동질성을 재빨리 회복하고 손쉽게 부활시킬 수 있을 것이라는 뜻이다.

우리 역사의 시대 구분: 선사 시대부터 현대까지

⭐ 한국의 역사: 시대 구분

1) 선사 시대
➔ 구석기 시대, 신석기 시대, 청동기 시대

2) 고조선 시대
➔ 단군조선(기원전 194까지), 위만조선(기원전 194~기원전 108), 진국(辰國)
➔ 진[辰: 진국(辰國)]: 기원전 4세기경에서 기원전 2세기 무렵 청동기 및 초기 철기 문화를 바탕으로 한반도 중남부 지역에 부족 연맹체로 존재. 고조선과 공존. 삼한(마한, 변한, 진한)으로 정립[고조선의 준왕(準王)을 비롯하여 다수의 유이민(流移民)이 밀려와 마한, 진한, 변한을 형성].

3) 원(原)삼국 시대
➔ 부여(기원전 2세기~494), 옥저-동예, 삼한(마한, 진한, 변한)
➔ 원삼국 시대(초기 철기 시대와 삼국 시대 사이의 시기) 별칭: ① 삼한 시대, ② 철기 시대 2기, ③ 부족국가 시대, ④ 성읍국가 시대, ⑤ 삼국 시대 초기, ⑥ 삼국 시대 전기

4) 삼국 시대

➜ 고구려(기원전 37~668), 백제(기원전 18~660), 신라(기원전 57~676), 가
  야(42~562)

5) 남북국 시대

➜ 통일신라(676~892), 발해(698~926)

➜ 발해(渤海, 698~926): 고구려를 계승하여 대조영이 건국. 발해의 건국으로
  남쪽의 신라와 북쪽의 발해가 공존하는 남북국(南北國)의 형세 구축. 228년
  간 한반도 북부와 만주 및 연해주에 걸친 지역에서 존속. 수도는 성왕 이후
  로 상경 용천부. 926년 기병 부대를 이끌고 침략한 요 태조[遼 太祖, 872~
  926, 재위 907~926, 요나라의 초대 황제, 이름은 야율아보기(耶律阿保機)]
  의 침입을 받아 멸망.

6) 후삼국 시대

➜ 신라(892~935), 후백제(892~936), 태봉(후고구려: 901~918)

7) 통일왕조기

➜ 고려(918~1392)

➜ 조선(1392~1897), 대한제국(1897~1910)

8) 식민지 시대

➜ 일제강점기(1910~1945), 대한민국 임시정부(1919~1945)

9) 분단 한국

➜ 미 군정기(1945~1948)

➜ 1948년 이후의 남북: 대한민국과 조선민주주의인민공화국

위에서 보았듯이, 역사 공부에서 시대 구분은 기본이다.

봄, 여름, 가을, 겨울로 이어지는 순환, 건기에서 우기로 바뀌는 전환 자체도 일일이 기억하려면 나름대로 공식, 요령, 재주가 필요하다. 하물며 긴 역사를 하나로 꿴다는 일이 가당키나 하겠는가? 그래서 그 한 요령으로 시대를 나눠 모래를 벽돌로 바라보고 벽돌을 벽으로 바라보자는 것이다. 시대를 잘 나누고 잘 꿰면 누군가는 그 시대 구분 하나로도 집 전체, 마을 전체를 그려볼 수도 있을 것이다. 물론, 그 시대 구분을 통하여 낱개로 흩어지는 지식을 하나로 모으고 마구 뒤섞이기 쉬운 정보들을 일목요연하게 나누고 뭉쳐놓을 수 있다. 쉽게 말해서 시대 구분은 서로 다른 묶음으로 처리하고 서로 다른 울타리, 담장 안에 모아두는 식인 셈이다.

다시 삼국 시대 이야기로 돌아가 보자.

문자로 역사를 기록하기 이전인 선사 시대는 일단 접어두고 문자로 역사를 기록하던 역사 시대에 초점을 맞추기로 하자.

역사 연구: 선사 시대와 역사 시대의 구분

✪ 문자와 역사 사이: 연구 방법의 차이에 근거하여 선사 시대와 역사 시대(recorded history, record history, human history)로 나눠 놓고 본 우리 역사

➜ 선사 시대(prehistory): 문헌상으로는 알 수 없고, 고고학적인 방법, 가령 유물 등을 사용해 알아낼 수 있는 시대(구석기, 신석기, 청동기, 초기 철기).

➜ 역사 시대(history): 문자로 기록되어 문헌상으로 그 내용을 알 수 있는 역사

➜ 선사 시대와 역사 시대 사이의 과도기를 원사 시대(protohistory)로 설정하기도 한다.

✪ 역사 시대 이전의 초기 철기 시대(서기전 300년경~서기 300년경): 한국 고고학의 시각

> ➔ 철기가 사용되기 시작한 서기전 300년경부터 삼국이 정립된 서기 300년경
>   까지.
> ➔ 우리나라 고고학자들은 철기 시대를 두 시기로 구분함.
> ➔ ① 서기전 300년에서 서기 전후(혹은 서기전 100년)까지를 초기 철기 시대
>   (初期 鐵器 時代)로, ② 서기 전후(혹은 서기전 100년)부터 서기 300년까지
>   를 원삼국 시대(原三國 時代)로 구분.
>
> ✪ 일부 연구자들의 시각
> ➔ 위의 두 시기를 통합해서 삼한 시대(三韓 時代)로 지칭.

삼국 시대의 3대 축인 고구려, 백제, 신라의 역사로 들어가기 전에 우선 우리의 삼국 시대를 몇 마디로 다시 압축해 보자.

여느 역사처럼 시종, 흥망성쇠, 외우내환이 있을 것이다. 왕 중심 국가로 발전하기 위해, 왕 중심 국가를 굳건히 하기 위해 치러야 했을 희생, 바쳐야 했을 노력 등이 여느 역사와 대동소이할 것이다. 하지만 한반도라는 지정학적 위치로 인해서 당대의 다른 역사보다 더 불리했던 점도 있고 반대로 더 유리했던 측면도 있을 것이다.

그리고 맹금류의 둥지 안에서 벌어지는 일이나 뻐꾸기의 탁란(托卵, brood parasitism: 둥지를 짓거나 알을 품거나 새끼를 기르는 등의 행위를 다른 개체에게 맡기는 것) 습성으로 인해서 뻐꾸기 알을 품은 조그마한 새의 둥지 안에서처럼 먼저 강해진 쪽과 늦게 일어선 쪽 사이의 불리한 경쟁도 있었을 것이다. 그런 속에서 필요 이상으로 치러야 했던 소모적이고 희생적인 부분도 의외로 크고 자주 발생했을 것이다.

그 모든 상상력을 바탕으로 하여 우리의 삼국 시대를 다시 들여다보자.

✪ 삼국 시대

   1) 건국 시점으로 본 삼국 시대 국가들

   ➲ ① 신라(기원전 57~676) ② 고구려(기원전 37~668) ③ 백제(기원전 18~
      660)

   2) 삼국 시대의 일부였던 국가

   ➲ 가야(42~562)

✪ 삼국 시대 종말

   ➲ 중국과 접한 고구려를 중심으로 백제, 신라가 각축전(3백 년 이상의 전란기)
      을 벌이다가 신라가 중국의 당나라와 나당연합군을 형성하며 백제(660년)와
      고구려(668년)를 차례대로 멸망시킴.

   ➲ 그 후 당나라군을 패퇴(676년)시켜 신라 중심의 삼국 통일 시대가 개막(통일
      신라와 발해로 남북 형세가 고정됨).

위에서 보았듯이, 삼국 시대는 처음에는 ① 신라(기원전 57년부터), ② 고
구려(기원전 37년부터), ③ 백제(기원전 18년부터) 순으로 각각의 환경에 맞춰
독자 생존의 길을 걸었다. 하지만 고대국가로서의 모습이 갖춰지면서 영토 확
장을 통한 정복국가의 형태를 취하게 되었다.

그런 흐름 속에서 삼국 사이에 동맹 관계가 형성되어 때로는 고구려와 백제
가 연합하여 신라를 공격하고 때로는 백제와 신라가 연합하여 고구려를 공격
하는 식으로 – 한반도 내의 세력 확장과 패권(우위) 차지에 경쟁적으로, 사생
결단식으로 – 몰입하게 되었다. 그래서 삼국 시대의 전체적인 모습은 중국 대
륙의 춘추전국 시대를 방불케 할 정도로 치열한 각축전의 연속이고 사활을 건
극한 투쟁의 전형이었다.

08.

신라에 대하여

우선 국가로서의 태동이 가장 빨랐던 신라(혁거세거서간 1년: B.C. 57년)를 살펴보자. 한반도 남쪽에 자리한 여러 촌락 공동체, 부족 공동체, 소국가 등을 주변 환경으로 삼아서 출발했기에 아무래도 북방 이주민들이 지배 계층을 이룬 고구려(동명성왕 1년: B.C. 37년)나 백제[온조왕 1년: B.C. 18년(온조왕의 아버지는 고구려의 동명성왕이고, 고구려 2대 왕 유리명왕과 미추홀의 창업자 비류는 형)]보다 그 태동기가 앞섰을 것이다.

신라 이야기: 신라에 대한 대체적인 소개

★ 신라에 대해 가장 먼저 알아야 할 것들

서기전 57년(혁거세거서간 1)부터 935년(경순왕 9)까지 56대 992년간 존속한 고대 왕조.

➔ 별칭: 사로(斯盧), 사라(斯羅), 서나(徐那), 서나벌(徐那伐), 서야(徐耶), 서야벌(徐耶伐), 서라(徐羅), 서라벌(徐羅伐), 서벌(徐伐)

➔ 신라는 7세기 중엽에 백제·고구려를 평정(698년 발해의 건국과 더불어 한국 역사상 이른바 남북국 시대 개막).

➔ 신라의 역사는 크게 삼국 통일 이전과 이후로 구분.

➔ 《삼국사기》와 《삼국유사》의 시대 구분.

① 《삼국사기》에서는 상대(上代), 중대(中代), 하대(下代)로 구분.

② 《삼국유사》에서는 상고(上古), 중고(中古), 하고(下古)로 구분.

➔ 위의 구분은 왕통의 변화에 따른 시대 구분(불교의 공인 혹은 율령의 제정 같은 중요한 사건도 참작: 신라 역사의 발전 대세를 바탕으로 시대 구분할 때도 일치)

✪ 신라의 명칭 유래

➔ 국호 신라는 사로(斯盧), 사라(斯羅), 서나(徐那), 서나벌(徐那伐), 서야(徐耶), 서야벌(徐耶伐), 서라(徐羅), 서라벌(徐羅伐), 서벌(徐伐) 등으로 표기.

➔ ① 새로운 나라, ② 동방의 나라, ③ 성스러운 장소라는 의미.

➔ 503년(지증왕 4)에 한자의 아름다운 뜻을 가장 많이 가진 신라로 확정.

✪ 414년에 건립된 고구려 「광개토왕릉비문」에 이미 신라란 말 사용.

➔ 《삼국사기》 찬자: 신라의 '신(新)'은 '덕업일신(德業日新)'에서, '라(羅)'는 '망라사방(網羅四方)'에서 각기 취했다(후세의 유교적인 해석).

✪ 신라의 자연환경

➔ 신라의 모태(母胎)가 된 사로국은 백운산(울산광역시 두서면 내와리) 북쪽 계곡에서 발원하여 경주시를 남북으로 관통한 뒤 영일만을 통해 동해로 흘러 들어가는 형산강 지구대(地溝帶)에 전개된 경주평야를 무대로 형성.

➔ 경주는 형산강 지구대의 중심에 위치한 형산강평야의 핵심 지역임.

➔ 사로국의 국읍(國邑)에 해당하는 경주분지는 삼면을 에워싸고 있는 하천의 범람에 의해서 퇴적된 선상지임.

➔ 경주평야는 사면이 산으로 둘러싸여 중국의 경우처럼 수도 외곽에 별도의 나성을 쌓을 필요가 없을 만큼 천연적인 성곽을 구성.

➔ 사로국을 구성한 여섯 촌의 시조 전설: 시조들이 하늘에서 경주 주위의 표암봉·형산·이산(일명 개비산), 화산, 명활산, 금강산에 각기 하강.

➔ 경주의 성곽도시적 성격: 초창기 사로국의 발전과 자위(自衛)에 크게 기여함.

➔ 국가의 지배 체제가 아직 정비되지 않았던 진한 12국 시대에는 국가들 사이에 연맹과 전투가 끊임없이 되풀이되었음. 사로국이 이 같은 소용돌이 속에

서 끝까지 살아남아 주위의 소국들을 모두 병합할 수 있었던 비결의 하나는 바로 이 지리적인 이점(利点)이었음.

↪ 신라는 진한의 동료 국가들을 모두 병합한 뒤 소백산맥 동남부의 영남 지방을 거점으로 하여 삼국 항쟁의 대열에 동참.

↪ 1432년(세종 14)에 편찬된 《세종실록 지리지》의 도별(道別) 성씨 분포 상황을 보면 경상도 성씨는 다른 도에 비하여 토성(土姓)과 내성(來姓)·속성(續姓)의 성관(姓貫) 수효가 가장 많은 반면에 망성(亡姓)은 가장 적다.

이는 이 지방 호구의 다른 도(道)로의 유출이 가장 적은 대신에 반대로 다른 도로부터 토성의 유입은 가장 많았던 것에서 기인함. 이 같은 점을 염두에 두고 사로국 건국기의 사정을 추정할 수 있다.

↪ 고조선의 멸망을 역사적 계기로 하여 광범위하게 진행된 주민 이동의 물결 속에서 뒤에 진한과 변한을 형성하게 된 이주민들이 여러 단계에 걸쳐 소백산맥을 넘어 영남 지역에 중층적으로 잡거(雜居)하는 가운데 이 지방의 독특한 지리적 환경에 적응하면서 비교적 빠른 기간 내에 동질화 과정을 밟게 되고, 더욱이 시간이 흐름에 따라 강한 토착적 성격마저 띠게 되었을 것으로 추정.

↪ 신라는 3백 년 이상에 걸친 가혹한 삼국 항쟁기를 거쳐 7세기 중·후반 한반도 통일의 위업을 달성. 그 지배 영역은 대동강에서 원산만을 연결하는 선까지 크게 확대.

↪ 영토가 크게 확대되었음에도 불구하고 경주를 핵심부, 소백산맥 동남부를 본부로 생각하는 삼국 항쟁기의 편협한 지역 구분 의식에서 벗어나지 못하여 새로이 편입된 백제와 고구려의 옛 땅을 다스리는 데 있어서 큰 성공을 거두지 못했다.

↪ 경주를 수도로 하는 것을 고수하고, 더욱이 경주 6부 사람에 한하여 관직을 부여한 것은 그 뚜렷한 예증임. 신라 조정은 경주의 편재성(偏在性: 치우친 위치)을 보완할 목적으로 각지에 다섯 개의 소경(小京)을 두었으나, 김해에 설치한 금관경(金官京)을 제외하면 모두가 경주를 기준으로 해서 볼 때 소백산맥 바로 너머에 위치함. 이는 신라가 한반도에 군림하게 된 뒤에도 소백산맥을 경계로 하여 방어 태세에 돌입한 것임.

❸ 경주분지와 영남 지역이 제공한 지리적 이점은 신라의 성장 발전에 크게 기여했으나, 한편 그것은 동시에 신라 지배층의 폐쇄적인 영역의식을 낳게 되어 한반도를 대부분 통일한 뒤에는 오히려 새로운 발전을 제약 내지 저해하는 역기능으로 작용함.

✪ 신라의 형성 및 변천

건국과 초기의 발전

❸ 신라왕국의 제1기는 신라의 건국으로부터 연맹왕국(聯盟王國)을 완성하기까지의 시기임.

❸ 신라도 다른 초기 국가와 마찬가지로 최초 성읍국가(城邑國家)로 출발. 《삼국사기》「신라본기」에는 서기전 57년에 성읍국가로 출발한 것으로 기록되어 있음. 신라 역시 금속 문화의 세례를 받으면서 차차 부족장의 권한이 강화된 결과 성읍국가가 출현했을 것임.

❸ 경주 지역으로의 금속 문화의 유입은 서기전 1세기보다 몇백 년 더 빨랐을 것. 금속기의 사용은 국가 성립의 필요 조건의 하나임.

농업 생산력의 일정한 발전과 외부로부터의 강한 자극은 국가 수준의 정치체(政治體)를 성취할 핵심 기초임.

서기전 2세기 말의 고조선의 멸망과 이에 따른 주민 이동, 특히 남한 지역에 삼한사회가 성립되는 세력 재편성 과정에서 주요한 역할을 했을 것

❸ 성읍국가로서의 신라는 경주평야에 자리 잡고 있던 급량(及梁)·사량(沙梁)·본피(本彼)·모량[牟梁, 혹은 漸梁(점량)]·한기[漢岐, 혹은 漢祇(한지)]·습비(習比)의 여섯 씨족 후예들로 구성.

이들이 처음에는 평야 주위의 산이나 구릉 지대에서 취락 생활을 하다가 점차 평야 지대로 생활권을 옮기는 과정에서 국가 형성의 길이 열리게 되었을 것임.

❸ 전설에 따르면 최초의 지배자로 추대된 것이 급량 출신인 혁거세[赫居世, 일명 弗矩內(불구내)]였으며, 그는 사량 출신의 알영(閼英)과 혼인.

신라는 처음에 여섯 씨족 가운데 급량과 사량의 두 씨족을 중심으로 성립.

두 씨족은 후에 성씨제가 도입되었을 때 각기 박씨, 김씨로 정착.

➡ 신라의 지배층은 동해안 쪽으로부터 진출해온 탈해(脫解)가 영도하는 새로운 세력에 의해 제압당했다. 역사서에는 이를 석씨(昔氏)라 부른다.

탈해 집단은 부족적인 기반이 미약해 곧 종래의 지배층에 의해 교체.

➡ 2세기 후반에 탈해의 후손으로 자처하는 새로운 세력이 다시 경주로 진출해 신라의 주도권을 장악.

신라는 연합이나 군사적인 정복을 통해 진한(辰韓)의 여러 성읍국가를 망라해 더욱 확대된 국가를 형성하기 시작함.

➡ 신라에 복속된 국가들 중에는 수도 금성(金城)을 침입했던 국가들도 있었고, 그 토착 세력의 거수(渠帥)들 가운데는 중국 군현과 통하는 자들도 존재.

느슨한 연맹 형태는 3세기 말경까지 지속.

4세기 초에 평안남도와 황해도에 있던 낙랑군과 대방군이 고구려에 정복당하고, 고구려와 백제 양대 세력이 한반도 중부 지역에서 첨예하게 대립되는 상황이 전개되자, 낙동강 동쪽 사회도 자극을 받아 신라를 맹주(盟主)로 한 국가 통합 운동이 급속히 진전됨.

그 결과 4세기 중엽에는 연맹왕국을 완성.

(출처: 《한국민족문화대백과》)

위에서 보았듯이, 신라는 한반도 남쪽이라는 특수한 지리적 환경으로 인해서 수많은 촌락과 씨족이 어느 정도의 독립성, 고유성을 유지하는 흐름속에서 – 성읍국가(城邑國家)로 발돋움하고 연맹왕국(聯盟王國)으로 성장해 갔다. 그리고 그런 과정 속에서 3백여 년 동안 지속적으로 영토를 늘리고 체제를 공고히 한 덕분에 제17대 내물마립간(내물왕: 재위 356~402) 시대가 드디어 신라의 연맹왕국 완성기로 기록되게 된 것이다. 따라서 제17대 내물마립간의 업적과 그 시대의 활약상을 살피면 신라의 눈부신 성장 모습과 어엿한 국가로 발돋움한 성공적인 자취를 어느 정도 정확하게 파악할 수 있을 것이다.

✪ 내물마립간(奈勿麻立干: 17대, 재위 356~402)

➜ 일명 내물왕(奈勿王). 성은 김씨이고, 구도(仇道) 갈문왕의 자손. 아버지는
13대 미추 이사금의 동생인 각간 김말구(金末仇). 왕후는 미추 이사금의 딸.
내물마립간은 아내 쪽으로는 미추 이사금의 사위, 아버지 쪽으로는 미추이사
금의 조카.

➜ 내물마립간 시대에 신라는 낙동강 동쪽의 진한 지역 대부분을 정복하여 중
앙 집권국가로서의 면모를 갖추기 시작.

➜ 석(昔)씨 가문의 흘해 이사금에 이어 김씨인 내물마립간이 등극하여 이후 김
씨 마립간의 왕위 계승 체제가 확립(왕권의 안정화로 다른 집단들에 대한 통
제력이 강화되었음).

1) 백제와의 관계

➜ 백제가 사신을 보내와 동맹을 체결(366).

➜ 백제 근초고왕이 명마 두 필을 선물(368).

➜ 백제의 독산 성주가 3백 명의 주민과 함께 투항. 내물마립간은 이들을 진한
6부에 나누어 살게 허락(373). 백제 근초고왕이 항의했으나 내물마립간은
환송을 불허함.

2) 고구려와의 관계

➜ 고구려의 세력이 강성해지자 내물마립간은 이찬 대서지의 아들 실성을 고구
려에 볼모로 보냈다(392).

➜ 〈백제-가야-왜의 연합 공격〉에 내물마립간이 고구려 광개토왕에게 구원을
요청. 광개토왕이 5만 군사를 지원함으로써 가야와 왜군을 물리치는 데 성
공. 신라는 고구려의 보호를 받는 처지에 놓이게 되고, 고구려의 군대가 신라
영토에 머물게 되었다(399).

⊙ 주변국의 잇단 침공에 충격을 받은 내물마립간이 몸져눕자 고구려는 볼모로 와있던 실성을 돌려보내 즉위하게 하였다(401).

⊙ 신라는 고구려의 간섭 아래 놓여, 앞선 고구려의 문화와 고구려를 통한 중국 북조(北朝)의 문화를 도입.

3) 일본 즉 왜(倭)와의 관계

⊙ 내물마립간 시대에는 왜구가 해안을 자주 침입했다.

⊙ 왜가 크게 군사를 일으켜 쳐들어오자(364), 토함산 아래에 허수아비 수천 기를 세워 신라 군사로 위장하고 들녘에 용병을 매복. 왜구는 신라 복병의 공격으로 대패함.

⊙ 왜인이 다시 쳐들어와(393) 5일 동안 금성을 포위. 군사들은 내물마립간에게 나가 싸우기를 청하였지만, 내물마립간은 불허. 왜군의 식량이 떨어져 퇴각하자 2백 기병으로 퇴로를 막고 보병 1천으로 협공하여 승리를 거둠.

4) 중국의 진[前秦(전진)]과의 관계

⊙ 위두(衛頭)를 중국의 진[秦(전진)]: 351~394)에 보내 토산물을 바쳤다(381).

⊙ 진[秦(전진)]의 황제 부견(재위 357~385)이 "해동의 사정을 말하매 언어가 예전과 다르니 어찌 된 일인가?"라고 묻자 위두는 "이는 중국과 동일한 현상이라, 시대가 바뀌며 말과 이름이 변하니 오늘의 말이 어찌 옛 것과 같겠는가?"라고 대답함.

⊙ 신라 내물마립간 시대의 중국 진(秦)나라: 중국 5호 16국 시대 때 티베트계 저족(氏族)에 의해 건국된 나라. 국호는 진(秦)이지만 같은 이름의 나라들이 많기에 가장 먼저 건국된 이 나라를 전진(前秦)으로 분류.

✪ 내물마립간 말기인 400년, 신라는 위기에 봉착.

⊙ 고구려의 영향권 아래 놓인 신라는 정치적 인질까지 보내야 했다.

⊙ 고구려와의 경쟁에서 열세이던 백제는 신라와 경쟁 관계인 가야를 앞세우고 왜의 소국들까지 동원하여 신라를 대대적으로 공격. 신라는 가야와 왜의 연

합군에게 서라벌까지 함락될 지경에 이르렀다.

❧ 다급해진 내물마립간은 백제군과의 전쟁으로 평양에 진주해 있던 광개토왕에게 구원을 요청해 겨우 가야와 왜군을 물리쳤다.

❧ 고구려의 지원군으로 신라는 오랜 숙적 가야를 패퇴시키고 낙동강 하구에 이르는 지역을 정복했지만 한동안 고구려의 속국으로 전락함.

❧ 내물마립간은 신라가 위기에 처한 시기에 타계하여 첨성대 서남쪽에 안장되었다(402).

❧ 후에 내물마립간의 아들이 19대 눌지마립간(訥祇麻立干: 19대, 재위 417~458)으로 극적으로 즉위하게 된다.

❧ 《삼국사기》에 따르면 눌지마립간은 최초로 마립간의 칭호를 사용한 왕임. 「신라본기」에 나온 김대문의 말("마립간이란 방언으로 말뚝을 이른다. 말뚝은 함조를 말하는데 관위에 따라 배치했다. 즉, 임금의 말뚝을 위주로 신하의 말뚝들을 그 아래 벌였으니 왕호를 이렇게 붙인 것이다.")에서 마립간 칭호의 연유를 엿볼 수 있다.

내물마립간 재위 37년(392) 실성(實聖)을 고구려에 인질로 보냈는데, 실성이 이에 한을 품고 복호(卜好: 내물마립간의 아들, 눌지마립간의 동생)와 미사흔(未斯欣: 내물이사금의 3남, 눌지마립간의 동생, 박제상의 딸과 결혼)을 각각 고구려와 왜에 인질로 보냈다. 그 뒤 고구려 사람을 시켜 눌지를 죽이려 했으나 눌지가 되레 실성(실성마립간: 18대, 재위 402~417)을 시해하고 왕위에 오르게 되었다. 복호와 미사흔은 418년 삽라군(歃羅郡) 태수 박제상[朴堤上: 368~418, 《삼국유사》에는 김제상(金堤上)으로 기록되어 있음]을 시켜 귀국하게 했다. 이 일화는 《삼국유사》에 기록되어 있다.

(출처: 《위키백과》)

위에서 보았듯이, 신라는 군사적으로 고구려의 영향권 아래 놓여 있었다. 그리고 설상가상으로 백제와 가야(여러 소국의 연맹체), 그리고 그들 연합 세력인 왜국의 소국들에 의해 수시로 공격당하며 신라의 수도까지 위험에 처하게 되었다. 고구려의 수만 군사가 지원해야만 수도를 안전하게 지키고 왕권을 안정되게 유지할 수 있었던 셈이다. 그런 가운데에서도, 17대 내물마립간 시대에 주변 소국들을 제압한 뒤에 성읍국가의 면모와 연맹왕국의 모습을 갖출 수 있었다.

고구려의 간섭과 왜국의 위협은 19대 눌지마립간(17대 내물마립간의 아들) 시대에도 이어졌다. 왜구가 대대적으로 공격할 때는 신라의 금성(錦城: 나주의 신라 때 이름, 金城은 신라의 도읍지로서 서라벌의 다른 이름)마저 열흘 동안이나 포위될 지경이었다(444). 19대 눌지마립간은 백제 비유왕(毗有王: 20대, 재위 427~455)과 나제동맹(羅濟同盟: 신라-백제 사이의 정치·군사·외교 동맹)을 맺어 위기를 탈출하려 했다(433).

신라에 대한 종합적인 이해

✪ 마립간 시대의 신라(연맹왕국 시대, 17대 내물마립간 이후)
➜ 신라왕국의 제2기는 연맹왕국의 발전기(신라왕국의 제1기는 신라의 건국으로부터 연맹왕국을 완성하기까지의 시기)
➜ 중앙 집권적 귀족국가를 준비하던 태동기.

이 시대를 특징짓는 것은 왕호로서의 마립간(麻立干) 칭호임. 이전까지 사용해 온 거서간(居西干)·차차웅(次次雄)·이사금(尼師今) 등의 왕호는 계승자 정도의 의미를 지니고 있음.
➜ 내물왕(재위 356~401: 17대 내물마립간) 때부터 사용한 마립간 칭호는 마루·고처(高處)의 지배자(干) 혹은 최고의 지배자라는 의미
➜ 이 연맹왕국 시대는 왕호를 따서 '마립간 시대'라고도 설명.
➜ 마립간 시대에는 종래의 박·석·김 3성에 의한 교립 현상이 없어지고 김씨가 왕위를 독점 세습.
5세기 중에는 왕위의 부자상속제도가 확립되어 왕위 계승을 둘러싼 분쟁을 예방.

⊙ 왕권이 안정되었음을 뜻하는 것.

내물마립간 때에는 377년과 382년 두 차례에 중국 북조(北朝)의 전진(前秦)에 사신을 보냈는데, 이때 사신은 고구려 사신의 안내를 받는다.

⊙ 382년에 사신으로 간 위두(衛頭)는 전진의 왕 부견(苻堅)이 "경(卿)이 말한 해동(海東)의 사정이 예와 같지 않다니 무슨 뜻인가?"라고 질문하자, "중국 에서 시대가 달라지고 명호(名號)가 바뀌는 것과 같으니, 지금 어찌 같을 수 있으리오."라고 대답. 이는 당시 신라가 당당한 정복 국가로 비약하고 있었음 을 증언.

⊙ 당시 신라는 정치적·군사적인 면에서 고구려의 지원을 받았다.

⊙ 광개토왕의 능비문(陵碑文)에 따르면 신라왕의 요청으로 400년에 고구려의 보기(步騎) 5만 명이 신라의 국경 지대로 출동해 신라를 괴롭히던 백제군을 격파.

⊙ 고구려의 군사 원조는 신라의 왕위 계승에 개입하는 등 자주적인 발전을 제 약하는 요소로 작용.

427년(장수왕 15)에 고구려가 평양으로 수도를 옮기면서[고구려 제20대 장수 왕(재위 413~491)은 427년 국내성[國內城: 지금의 길림성 집안현(吉林省 集 安縣)]에서 평양성(平壤城: 지금의 평양 시가지 동북방 6~7㎞ 지점에 위치한 대성산성 일대)으로 천도 단행] 남하 정책을 적극 추진하자, 신라는 눌지마립간 (19대) 때부터 고구려의 압력에서 벗어나, 고구려의 남침에 대비하기 위해 433 년에는 백제와 동맹을 맺음.

⊙ 475년[자비마립간(20대) 18] 고구려가 백제의 수도 한성(漢城)을 무력으로 침공, 한강 하류 지역을 점령한 뒤에는 백제와 다시 결혼동맹을 맺어 종전의 나제동맹 체제를 한층 강화

⊙ 일선 지대에는 많은 산성을 쌓아 고구려의 남침에 대비. 대내적으로는 이 시 기에 중앙 집권 체제를 이룩하기 위해 여러 가지 조처를 단행.

종래의 족제적(族制的)인 6부를 약화시키기 위해 469년에는 왕경(王京)인 경주의 방리(坊里) 이름을 정했고, 487년[소지마립간(21대, 재위 479~500, 일명 소지(炤知)왕, 비처(毗處)마립간) 9]에는 사방에 우역(郵驛)을 설치하고 관도(官道)를 수리.

➔ 490년에는 수도 경주에 시사(市肆)를 열어 사방의 물자를 유통.

➔ 5세기를 통해 신라 조정이 꾸준히 왕권을 강화하고 있었음은 이 시기에 축조된 금관총이나 황남대총(皇南大塚) 등 수많은 고총고분(高塚古墳)에서 입증됨.

➔ 487년 혹은 지증왕(22대, 재위 500~514) 때에 설치된 김씨 왕실의 종묘로서의 신궁(神宮)은 정치적 변화를 상징하는 것.

신라의 비약적인 발전

➔ 제3기는 신라가 중앙 집권적인 귀족국가로서의 통치 체제를 갖추어 국왕과 여러 귀족과의 일정한 타협·조화 속에서 대내외적으로 크게 발전해가던 시기.

➔ 《삼국유사》에서 시대 구분을 하고 있는 중고가 이 시대에 해당. 이 시대는 법흥왕(재위 514~540) 때의 일련의 개혁과 함께 시작.

➔ 정치적·사회적 기반은 전왕인 지증왕 때에 마련.

➔ 502년에 농사를 장려하는 지증왕[22대, 재위 500~514, 지증마립간(智證麻立干)]의 명령을 공표하는 가운데 우경(牛耕)이 시작된 것은 농업 발전에 획기적인 계기가 됨.

➔ 중국의 발달한 정치제도를 받아들여 국가의 면목을 일신.

➔ 종래 구구하게 사용 표기되어오던 국호를 신라로 통일. 마립간 대신에 중국식 왕호를 사용.

➔ 505년 지방제도로서 주군(州郡)제도를 채택.

대외 관계에서도 521년 중국 남조의 양(梁)나라에 사신을 보냄.

➔ 382년 이래 140년간이나 단절되었던 중국과의 교섭을 재개.

- 법흥왕(23대, 재위 514~540) 때에는 지증왕(22대)의 개혁을 기반으로 율령을 반포하고, 중요 관부를 설치하며, 진골 귀족회의를 제도화하는 등 신라의 전반적인 국가 체제가 법제화·조직화된 시기.
- 520년[법흥왕(23대) 7]에 반포된 율령의 구체적인 내용은 알 수 없으나, 백관의 공복(公服), 17관등 등에 대한 규정이 포함되었을 것으로 추정.

근래 경상북도 포항시 중성리(북구 흥해읍)와 냉수리(신광면)에서는 각기 501년과 503년에 건립된 두 개의 비석이 발견되었다. 이로써 조정이 공론을 거쳐 교령(敎令)의 형식으로 6부 세력가의 현지 촌락 지배 혹은 재물의 소유권을 둘러싸고 발생한 민간의 분규를 평결하고 그 내용을 비석에 새긴 사실이 생생하게 드러났다.

- 울진군 죽변면 봉평리에서 발견된, 524년[법흥왕(23대) 11]에 건립된 거벌모라(居伐牟羅)비에는 이 지역에서 발생한 어떤 사태에 대한 문책으로 촌의 사인(使人)들과 도사(道使)들, 그리고 지역 주민들이 장(杖) 1백 대 혹은 60대의 처벌을 받은 사실이 새겨져 있다.
- 550년경에 세워진 충청북도 단양의 적성(赤城)비에는 호령(戶令) 및 전령(田令)이 시행되었음을 암시하는 내용이 새겨 있다. 이들 비문들을 통해 당시 율령의 수용에 대한 구체적인 증거를 확인할 수 있음.

율령 제정에 앞서 516~517년경[23대 법흥왕(재위 514~540) 초기]에는 군사 문제를 전담하는 병부를 설치.

- 531년[23대 법흥왕(재위 514~540) 말년]에는 진골 귀족회의의 주재자로 상대등제도를 채택.
- 상대등의 설치를 전후한 527년 내지 535년경에 불교를 공인(국가의 통일을 위한 사상적 기반을 마련).
- 536년에 '건원(建元)'이라는 독자적인 연호를 사용.
- 신라의 통치 체제가 확립되어 대외적으로 중국과 대등한 국가라고 자각하고 있었음을 보여주었다.

⬥ 왕의 칭호도 종래의 매금왕(寐錦王) 대신 대왕을 사용하기 시작.

⬥ 소속 부인 탁부(喙部) 출신이라는 구속에서 벗어나 6부 전체를 지배하는 초월적인 존재로 발돋움.

진흥왕(24대, 재위 540~576) 때는 대외 발전을 비약적으로 추진.

⬥ 법흥왕(23대) 때에 김해에 있던 본가야를 병합(532).

⬥ 낙동강 하류 지방에서부터 북상하면서 여러 가야국을 위협.

⬥ 진흥왕(24대)은 함안의 아라가야(阿羅加耶), 창녕의 비화가야(非火加耶)를 병합 후 562년(진흥왕 23)에는 이사부(異斯夫)로 하여금 고령의 대가야를 공략, 멸망시킴으로써 기름진 낙동강 유역을 모두 차지함.

⬥ 진흥왕(24대)의 정복사업으로 가장 주목되는 것은 한강 유역의 점령.

⬥ 550년에 신라는 백제와 고구려가 도살성[道薩城: 지금의 충청남도 천안(天安) 혹은 충청북도 괴산(槐山)]과 금현성(金峴城: 지금의 충청남도 전의(全義) 혹은 충청북도 진천(鎭川)]에서 공방전을 벌이는 틈을 타서 두 성을 점령함.

⬥ 551년 '개국(開國)'이라 개원(改元)하고, 친정(親征)하면서 백제 중흥의 영주(英主) 성왕과 공동 작전을 펴서 고구려가 점유하고 있던 한강 유역을 탈취.

⬥ 신라는 진흥왕(24대) 때 처음 한강 상류 지역인 죽령(竹嶺) 이북 고현[高峴: 지금의 철령(鐵嶺)] 이남의 10군을 점령. 2년 뒤인 553년에는 백제군이 점령하고 있던 한강 하류 지역의 6군을 기습 공격해 한강 유역 전부를 독차지.

⬥ 554년에는 신라의 약속 위반에 분격해 관산성[管山城: 지금의 충청북도 옥천(沃川)]으로 쳐들어온 백제 성왕을 죽이고, 그가 이끌던 3만 대군을 섬멸.

⬥ 신라는 한강 유역을 점령함으로써 이 지역의 인적·물적 자원을 얻을 수 있었으며, 나아가 서해를 거쳐 직접 중국과 통할 수 있는 문호를 확보할 수 있었다. 신라의 삼국 통일이 한편으로는 중국을 상대로 한 외교의 성공에 크게 힘입었던 것을 생각해볼 때, 한강 유역 점령은 통일사업의 밑거름이 되었다고 할 수 있음.

❯ 신라는 동해안을 따라 북상해 556년에는 안변에 비열홀주[比列忽州, 일명 비리성(碑利城)]를 설치.

❯ 진흥왕(24대) 때인 568년 이전의 어느 시기에 이미 함흥평야에까지 진출.

❯ 진흥왕의 정복사업은 창녕·북한산·황초령·마운령에 있는 네 개의 순수관경비(巡狩管境碑)와 단양에 있는 적성비가 입증.

❯ 진흥왕에 이어 즉위한 25대 진지왕[眞智王: 재위 576~579, 휘는 사륜(舍輪) 또는 금륜(金輪), 진흥왕의 차남]은 진흥왕의 장남인 동륜태자가 일찍 죽었기에 대신 즉위함.

✪ 삼국 통일과 중대의 황금 시대

삼국 통일전쟁의 수행

❯ 신라는 진흥왕(24대, 재위 540~576) 말년인 560년대에 역사상 최대의 판도로 확장.

❯ 이 시기부터 백 년 후 삼국 통일을 달성하는 660년대까지 국가적 위기에 봉착. 한 세기 동안 실지 회복을 노리는 고구려·백제로부터 지속적인 공격을 받아 수차례 국가적인 위기에 직면함.

❯ 진평왕[眞平王: 26대, 565~632, 재위 579~632] 대 후반기부터 강화되기 시작한 고구려, 백제의 침략은 선덕여왕[제27대, 재위 632~647, 진평왕의 장녀, 한국사 최초의 여왕, 유언에 의해 사촌인 진덕여왕이 왕위를 승계]의 즉위 후 한층 더 극심해짐.

❯ 642년(선덕여왕 11)에는 한강 방면의 거점인 당항성[黨項城: 지금의 경기도 화성시 남양(南陽)]이 양국 군대의 공격을 받아 함락 직전까지 갔으며, 낙동강 방면의 거점인 대야성[大耶城: 현재의 합천(陝川)]은 백제군에 함락되어 대야주 군주(軍主)이던 김품석(金品釋: 김춘추의 맏사위)이 전사. 신라의 서부 군 사령부는 합천에서 낙동강 동쪽의 경산 지방으로 후퇴.

국가적 위기에 처하자 난국을 타개하기 위한 방책으로 대당 외교(對唐 外交)를 강화

- 당 태종이 신라 사신에게 지적한 여왕 통치의 문제점과 그 대안으로 제시한 당나라의 황족에 의한 신라의 감국안(監國案)이 도리어 신라 정계를 분열시키는 발단이 되었음.
- 선덕여왕 측근 세력과 문벌 귀족 세력 간에 암투가 벌어지던 중 647년 정월 (27대 선덕여왕 마지막 해)에는 상대등 비담(毗曇) 일파의 반란. 반란은 김춘추(金春秋)와 김유신(金庾信)의 연합 세력이 진압.
- 내란 중인 647년 선덕여왕이 죽자 진덕여왕[28대, 재위 647~654, 선덕여왕의 사촌]을 옹립하고 정치·군사상의 실권을 장악.
- 7년 뒤에 진덕여왕(28대)이 죽자, 김유신의 군사력을 배경으로 김춘추가 즉위(29대 태종무열왕).
- 이로써 제3기는 종말을 고하고, 신라 역사상 새로운 시대가 전개.

태종무열왕(진골 김춘추)이 즉위하자 백제와 고구려는 신라에 대한 공세를 한층 더 강화. 태종무열왕은 고구려, 백제의 군사적 압박에 굴하지 않고 종래의 수세에서 벗어나 일약 공세로 전환.

- 종전의 국가 보위전쟁을 삼국 통일전쟁으로 대전환.
- 대당 친선 외교는 당이 고구려와 백제로 하여금 신라를 공격하지 말도록 거중(居中) 조정을 청원하는 단계에서 한 걸음 더 나아가 백제와 고구려를 치기 위한 양국 간의 군사 동맹 체결로 발전.
- 무열왕은 660년 당군과 연합해 백제를 멸망시킴[백제 제31대 의자왕(義慈王 재위 641~660)의 항복].

661년 무열왕이 죽자 삼국 통일의 대업은 그의 아들 문무왕[30대, 재위 661~681, 이름은 김법민, 태종무열왕의 원자, 어머니는 소판(蘇判) 김서현(金舒玄)의 작은딸이자, 김유신(金庾信)의 누이인 문명왕후(文明王后)]에게 승계.

- 문무왕은 663년 백제 부흥운동군을 완전히 진압하고, 668년에는 당군과 함께 고구려 수도 평양성 함락[제28대 보장왕(寶臧王: 재위 642~668)의 항복].
- 당군은 백제 고지(故地)와 고구려 땅에 주둔하면서 영토적 야심을 노골화함.

고구려 멸망 직후 평양성에 안동도호부를 두어 한반도 전체를 노림.

➔ 당의 야욕을 간파한 문무왕(제30대, 재위 661~681)은 당과의 일전을 각오함.

➔ 신라 군대는 옛 백제 땅으로 진출해 장악함.

➔ 고구려의 부흥운동군을 몰래 지원. 신라와 당 양국 간의 긴장과 반목은 전쟁을 야기함.

➔ 신라는 671년 이래 당군을 상대로 사투를 벌인 끝에 676년(30대 문무왕 15년)에 최후의 승리를 거둠.

➔ 당군은 압록강 너머 만주 지방으로 후퇴.

➔ 신라는 삼국 통일의 위업을 달성.

통일신라의 황금 시대

➔ 제4기는 왕통상으로 보면 태종무열왕의 자손들이 왕위를 계승해간 시대이며, 권력 구조상으로는 왕권이 크게 강화된 전제왕권 시대.

➔ 문화상으로는 신라 문화의 극성기.

➔ 《삼국사기》의 시대 구분인 중대가 이 시대임. 《삼국유사》는 이때부터를 하고(下古)로 간주.

➔ 신라가 이 시기에 전제왕권을 구축한 배경(전제왕권 확립에 기여한 요인들)

➔ 태종무열왕(29대 김춘추)과 아들 문무왕(30대, 김법민)이 삼국 통일을 성취함으로써 왕실의 권위가 크게 고양되었음.

삼국 통일을 전후한 시기에 단행된 중앙 귀족의 도태·숙청 및 지방 세력과의 연계를 강화.

➔ 집사부(執事部) 중심의 일반 행정체계와 유교적 정치 이념의 도입과 강행. 관료제의 발달 등

➔ 위의 요인들 중 집사부 중심의 정치 운영이 전제왕권의 안전판 구실을 함.

➔ 본래 집사부는 651년(진덕여왕 5)에 김춘추 일파가 당나라의 정치제도를 모방해 종래의 품주(稟主)를 개편, 설치한 국왕 직속의 최고 관부임.

➔ 집사부는 종래의 품주가 지닌 가신적(家臣的)인 성격을 표면화해 왕정의 기

밀을 맡게 됨. 그 장관인 중시(中侍)는 국왕의 집사장 역할 수행. 이른바 중대 왕권은 집사부를 통해 전제화.

➔ 제3기가 불교식 왕명 시대(王名 時代)인 반면, 제4기인 이때에는 중국식 묘호(廟號)를 쓰기 시작하였음.

중대의 전제왕권은 신문왕(31대, 재위 681~692, 문무왕의 차남) 때에 구축.

➔ 상대등으로 대표되는 귀족 세력을 철저하게 탄압.

➔ 통일에 따른 중앙·지방의 여러 행정·군사 조직을 완성.

➔ 중국 제도를 모방해 6전 조직(六典 組織)을 갖추거나, 제일급 중앙 행정기구의 관직제도를 다섯 단계로 정비함.

➔ 지방에 9주(州)를 비롯해 5소경(小京)을 설치.

➔ 수도와 지방에 각각 9서당(誓幢)과 10정(停) 등의 군사 조직을 배치.

➔ 성덕왕(33대, 재위 702~737, 신문왕의 차남: 친형인 효소왕 사후에 추대됨) 때에는 전제왕권 하의 극성기를 구가.

➔ 경덕왕(35대, 재위 742~765, 성덕왕의 3남: 동모형인 효성왕을 승계) 때에는 진골 귀족들이 반발.

➔ 689년에 폐지된 진골 귀족들의 녹읍이 68년 만인 757년에 부활(귀족들이 전제왕권의 지배에서 벗어나려고 한 새로운 움직임).

➔ 경덕왕(35대, 재위 742~765, 33대 성덕왕의 3남: 34대 효성왕의 동모제)은 757년 전국의 모든 지명을, 759년에는 모든 관청·관직의 이름을 중국식으로 고치며 대응.

➔ 겉으로는 한화 정책(漢化 政策)을 표방하면서 국왕의 권력 집중을 위한 정치 개혁에 열을 올렸으나 성과는 지지부진.

혜공왕(36대, 재위 765~780: 경덕왕의 장남) 대는 전제왕권의 몰락기임.

➔ 친왕파와 반왕파 사이에 여섯 차례에 걸친 반란과 친위 쿠데타가 발발.

➔ 768년에 일어난 대공(大恭)의 반란은 전국의 96각간(角干)이 연루된 대란(3년 동안 지속임).

- 774년에는 반왕파의 중심 인물인 김양상(金良相)이 상대등이 되어 실권을 장악.
- 780년에 혜공왕이 김양상, 김경신(金敬信) 등에 의해 시해되며, 태종무열왕 계열은 끊어지고《삼국사기》에서 시대 구분하고 있는 3대의 마지막 시대인 하대가 개막.

✪ 쇠퇴와 멸망

신라의 쇠퇴

- 제5기는 왕통상으로 원성왕(元聖王: 제38대, 재위 785~798, 이름은 김경신, 내물왕의 12세손) 계통
- 원성왕 자신은 내물왕의 12세손임을 표방(부활내물왕 계통)
- 진골 귀족들이 왕실에 연합하는 형세를 띠면서도 각기 독자적인 사병 세력을 거느려 귀족 연립(貴族 聯立) 혹은 분열의 시대였음.
- 전국적으로는 지방의 호족 세력이 크게 대두하고 있던 시대. 9세기 말에 전개되는 호족의 대동란은 이 시기에 배양된 것임.
- 신라 쇠퇴기의 개창자인 김양상(金良相)은 혜공왕(36대, 재위 765~780, 경덕왕의 장남)을 죽인 뒤 선덕왕(宣德王: 제37대, 재위 780~785, 이름은 김양상, 내물마립간의 10대손)으로 즉위.
- 변혁기의 정치적·사회적 모순 속에서 선덕왕(37대)이 재위 5년 만에 죽자, 김주원(金周元)과 왕위 쟁탈전에서 승리한 상대등 김경신(金敬信)이 원성왕으로 즉위.
- 원성왕은 788년 국학(國學) 출신자에 대한 관리 등용 제도인 독서삼품과(讀書三品科)를 제정하는 등 정치 개혁에 착수.
- 왕실 직계 가족 중심으로 권력 구조를 개편함으로써 귀족들의 불만을 초래.
- 애장왕[哀莊王: 제40대, 재위 800~809(12~21세), 이름은 김청명(金淸明), 김중희(金重熙), 재위 기간에는 숙부 김언승(金彦昇)이 섭정] 때는 왕의 숙부인 김언승(金彦昇)이 섭정이 되어 율령의 개정과 오묘제도(五廟制度)의 확립으로 권력 구조의 강화를 시도.

◆ 숙부 김언승이 조카인 애장왕을 시해하고 헌덕왕(憲德王 : 제41대, 재위 809
  ~826, 원성왕의 장남인 김인겸의 차남, 소성왕의 동생)으로 즉위.

◆ 왕실 가족 중심의 정치 체제에서 소외된 진골 귀족들의 불만이 커져 822년
  (헌덕왕 14)에는 김주원의 아들인 김헌창(金憲昌)이 웅천주(熊川州)에서 반
  란을 일으킴.

◆ 반란은 단시간 내에 진압.

◆ 호족의 지방 할거적인 경향이 노골화됨.

흥덕왕[興德王 : 제42대, 재위 826~836, 아버지는 원성왕의 태자 김인겸(金仁
謙)] 때에는 진골 귀족의 사회생활 전반을 규제하는 일대 개혁 정치를 단행

◆ 실효성은 미미.

◆ 흥덕왕 사후 근친 왕족 사이의 왕위 계승전쟁으로 3년 동안 2명의 국왕이 희생.

◆ 진골 귀족들이 중앙에서 정쟁(政爭)에 휩쓸려 있는 동안 지방의 호족 세력들
  은 차츰 성장해 장차 왕실을 압도할 만한 역량을 구축

◆ 청해진(淸海鎭)을 근거로 한 장보고(張保皐)와 같은 해상 세력가는 그 대표
  사례임.

◆ 그 뒤 경문왕(景文王 : 제48대, 재위 861~875, 제43대 희강왕의 손자)과 헌
  강왕(憲康王 : 제49대, 재위 875~886, 경문왕의 아들) 때에는 왕권을 회복
  하기 위한 노력을 지속함.

◆ 정강왕(定康王 : 제50대, 재위 886~887, 경문왕의 차남, 헌강왕의 동생)의
  뒤를 이어 진성여왕(眞聖女王 : 제51대, 재위 887~897, 경문왕과 문의왕후
  김씨의 딸이자 헌강왕과 정강왕의 여동생)이 즉위했을 때에는 사태가 더욱
  악화되어 국가 재정은 파탄에 직면함.

◆ 889년(진성여왕 3)에 조정이 재정적인 위기를 타개하기 위해 지방의 주군에
  조세를 독촉한 것이 농민들의 반란을 유발함.

◆ 조정이 끝내 수습하지 못해 장기간의 내란기에 진입.

신라의 멸망

➔ 제6기는 왕통상으로 제5기의 계승, 연장.

➔ 신라가 50년 가까운 내란 끝에 마침내 멸망하게 되는 쇠망기.

➔ 이 시기에 신덕왕[神德王 : 제53대, 재위 912~917, 이름은 박경휘(朴景暉) 또는 박경휘(朴景徽)], 경명왕[景明王 : 제54대, 재위 917~924, 이름은 박승영(朴昇英), 신덕왕의 장남, 경애왕의 형], 경애왕[景哀王 : 제 55대, 재위 924~927, 이름은 박위응(朴魏膺), 신덕왕의 차남, 형인 경명왕을 승계] 이렇게 박씨 왕들이 3대에 걸쳐서 15년간(53대~55대, 912~927) 재위했으나, 그들은 김씨 왕통과 혼인 관계로 얽혀 있었다.

➔ 이 시기의 특징은 군웅들이 전국 도처에 할거해 신라 조정이 지방을 전혀 통제할 수 없었다는 점임.

➔ 왕경 자체부터 무방비 상태

➔ 51대 진성여왕 말기인 896년에는 적고적(赤袴賊)이 왕경의 서쪽인 모량리(牟梁里)까지 진출할 정도였음.

➔ 927년에는 후백제의 왕 견훤(甄萱)이 군대를 이끌고 경주로 쳐들어가 박씨 왕인 경애왕을 죽이고 김씨 왕통 출신의 경순왕[敬順王 : 제56대, 재위 927~935, 이름은 김부(金傅 : 스승, 후견인 부), 문성왕의 6세손, 978(고려 건국 60주기) 타계]을 옹립.

➔ 이 시대의 주역은 전국 각지에 자립하고 있던 군웅들이며, 그 가운데서도 백제와 고구려의 국가 부흥을 부르짖으며 궐기한 견훤(甄萱, 867~936, 재위 892~935, 신라 말기의 장군이자 후백제의 시조)과 궁예[弓裔 : 재위 901~918, 신라의 왕가 서족(庶族) 출신, 태봉(후고구려, 마진)의 군주, 신라 헌안왕 또는 경문왕과 후궁 사이에서 태어난 유복자].

신라는 견훤과 궁예가 대결하는 동안 여맥(餘脈)을 유지.

➔ 918년에 궁예를 쓰러뜨리고 즉위한 고려 태조 왕건[王建 : 877~943, 고려의 태조, 재위 918~943, 궁예의 부하로 활약, 918년 추대에 의해 왕위에 올라 송도에 도읍을 정하고 고려를 건국, 분열된 후삼국을 통일, 불교를 국교

화, 북진 정책으로 서북면 개척]이 정책상 신라와의 친선 정책을 꾀하게 됨에 따라 수명을 다소간 연장.

➔ 고려가 후백제에 비해 우월한 위치에 놓이게 되자 경순왕은 935년 11월 고려에 항복.

(출처: 《한국민족문화대백과》)

기승전결(起承轉結)처럼 서론, 본론, 결론처럼 국가 공동체를 비롯한 모든 집단 공동체, 정치 공동체 또한 시작과 번영과 오르막길, 내리막길 등이 순서대로 이어지게 마련이다. 신라는 당연히 시작을 거쳐 안정과 번영을 누린 뒤에 삼국 통일이라는 대단한 일을 해냈다. 그리고 당나라의 집요한 점령 욕망을 무력으로 꺾어 한반도 밖으로 내쫓은 뒤에 통일 국가의 면모를 유지했다. 그런 뒤에 흔히 하는 말 그대로 내우외환이 겹치고 왕과 귀족들의 무능과 탐욕으로 국가의 기반 자체가 허물어져 결국 멸망의 길로 들어서게 되었다.

그런 전체적인 조망과 관점을 가지고 신라를 바라보면 어느 왕에서 어느 왕까지가 제대로 산 시대였고 반대로 어느 왕과 어느 왕 때에 내리막길을 걷게 되었는지를 어느 정도 파악할 수 있을 것이다. 물론, 자주 듣던 이름들이 신라의 중요 고비를 장식하고 있다. 왕과 귀족 중심의 신분제 사회 속에서도 재능 하나, 역량 하나, 배짱 하나로 자신의 입지와 국가의 위상을 동시에 끌어올린 사례도 의외로 많다.

위에서 보았듯이, 신라의 긴 역사는 대강 여섯 시대, 여섯 기간으로 나눠놓고 살필 수 있다. 그 각각의 기간을 최대한 간략하게 압축하면 다음과 같을 것이다.

신라 역사를 여섯 기간으로 나눌 경우

1. 제1기: 신라의 건국으로부터 연맹왕국을 완성하기까지의 시기
2. 제2기[17대 내물마립간 이후의 다섯 마립간 시대(17대~21대, 내물, 실성, 눌

지, 자비, 소지)]: 연맹왕국의 발전기. 중앙 집권적 귀족국가를 준비하던 태동기

3. 제3기(22대 지증왕~28대 진덕여왕): 중앙 집권적인 귀족국가로서의 통치 체제를 갖추어 국왕과 여러 귀족 간의 일정한 타협 속에서 대내외적으로 크게 발전해가던 시기(22대 지증왕의 개혁, 23대 법흥왕의 법제화·조직화, 24대 진흥왕 때 최대 영토 확장)

4. 제4기(황금기, 삼국 통일 추진 및 완수, 29대 태종무열왕 이후): 왕통상으로는 태종무열왕(제29대, 재위 654~661, 이름은 김춘추, 25대 진지왕의 손자, 26대 진평왕의 외손)의 자손들이 왕위를 계승한 시대. 권력 구조상으로는 왕권이 크게 강화된 전제왕권 시대. 문화상으로는 신라 문화의 극성기.

5. 제5기(분열과 쇠퇴): 왕통상으로 원성왕(元聖王: 제38대, 재위 785~798, 이름은 김경신, 내물왕의 12세손) 계통(원성왕은 내물왕의 12세손임을 표방, 부활내물왕 계통). 귀족들의 사병 양성과 지방 호족들의 발호 등으로 왕권 약화, 중앙 집권적 특성 쇠퇴, 내란 되풀이.

6. 제6기(멸망기): 왕통상으로 제5기의 계승, 연장. 50년 가까운 내란 끝에 멸망하게 되는 쇠망기. 53대 신덕왕, 54대 경명왕, 55대 경애왕 등 15년간(912~927) 박씨 왕조. 군웅들의 발호로 수도마저 무방비 상태(51대 진성여왕 말기부터)였음. 927년 후백제의 왕 견훤(甄萱)이 경주 점령한 채 박씨 왕인 55대 경애왕을 죽이고 김씨 왕통 출신의 경순왕[敬順王: 제56대, 재위 927~935, 이름은 김부(金傅), 스승, 후견인 부), 문성왕의 6세손, 978(고려 건국 60주년) 타계]을 옹립.

역사란 참 묘하다. 같은 왕인데도 시대에 따라 그 역할과 업적이 제 각각일 수 있다. 한 나라의 역사를 길게 놓고 보아도 그 숱한 왕들 중에서 특별히 더 기억에 남는 왕이 있고 같은 기록 속에서라도 더 소중하게 다뤄지는 왕이 있다. 그리고 왕이 타계한 후 붙여주는 시호를 보면 그 왕의 시대를 어느 정도 엿볼 수 있고 그 왕이 남긴 자취를 웬만큼 살필 수 있다.

신라의 경우에도 예외일 수 없을 것이다. 제22대 지증왕은 개혁의 왕, 제23대 법흥왕은 율령의 왕, 제24대 진흥왕은 정복의 왕. 지진에 해당할 정도의 큰

변화를 유도한 지증왕. 법제도를 융성하게 하여 나라의 기틀을 공고히 다지고 당대 정신적 지주 구실을 했던 불교의 공인화로 국가 통치의 이념적 통일을 기한 법흥왕.

고구려와 백제의 틈바구니에서 가장 큰 영토로 늘려놓았던 진흥왕. 시호의 뜻과 그 왕의 업적이나 자취가 대단히 흡사한 편이다.

어쨌거나, 신라는 17대부터 21대까지 지속된 마립간 왕호 시대를 거치며 국가로서의 면모를 다진 후에 마침내 22대 지증왕, 23대 법흥왕, 24대 진흥왕을 거치며 삼국 시대의 강국으로 부상할 수 있었다.

시대적으로는 17대 내물마립간 시대(재위 356~402)에서부터 23대 진흥왕 시대(재위 540~576). 즉, 4세기 중엽부터 6세기 중엽까지, 바로 그 2백여 년 동안에 신라는 삼국 사이의 그 치열하고 위태로운 각축전 속에서도 드디어 어엿한 강국으로 성장, 발전한 것이다. 그래서 신라의 역사를 살필 때면 으레 23대 법흥왕과 아울러 24대 진흥왕의 자취를 꼼꼼하게 살피게 된다. 그 두 왕의 시대를 들여다보면 신라가 얼마나 눈부시게 성장, 발전했는가를 어느 정도 엿볼 수 있을 것이다.

신라를 어엿한 고대 국가로 세워낸 23대 법흥왕의 업적 요약

✪ 23대 법흥왕과 율령 정비 및 반포
- ➜ 일명 법공(法空), 법운(法雲), 법흥(法興), 모즉지매금왕
- ➜ 재위 514~540
- ➜ 성은 김씨(金氏), 이름은 원종(原宗). 22대 지증왕의 원자. 어머니는 연제부인(延帝夫人) 박씨(朴氏). 왕비는 보도부인(保刀夫人) 박씨.
- ➜ 부왕 지증왕 때의 일련의 개혁 정치를 계승해 중앙 집권적인 고대국가로서의 통치 체제를 완비.
- ➜ 517년(법흥왕 4) 첫 중앙 관부로서 병부(兵部)를 설치하여 왕이 병권을 장악. 517년에 설치된 병부는, 19대 눌지왕(눌지마립간) 이후에 등장해 왕의 직속

하에 있으면서 군사권을 장악했던 장군과 같은 직책을 중앙 관부로 흡수해 재편성한 것.

◆ 520년 율령을 반포하고 백관 공복을 제정(17관등과 골품제도 등에 관한 규정이 포함되었을 것으로 추측).

◆ 율령 제정의 역사적 의의: 율령에 의해 신라에 통합된 이질적 요소들이 파악됨으로써 통치가 보다 쉽게 이루어질 수 있었으며, 법에 의한 이질적 요소의 강제적 해소로 상대적으로 왕을 정점으로 국가 권력의 강화.

◆ 국가 권력, 즉 왕권의 강화를 단적으로 나타낸 제도가 법흥왕 대에 설치된 상대등. 상대등은 수상과 같은 존재로서 531년에 이찬(伊飡) 철부(哲夫)가 최초로 상대등에 임명.
상대등은 신라의 최고 관직으로서 대등으로 구성되는 귀족회의의 주재자임.
상대등이 설치된 배경은, 왕권이 점차 강화되어 왕이 귀족회의 주재자로서의 성격을 탈피하게 되자 왕 밑에서 귀족들을 장악할 새로운 관직이 필요해졌기 때문임.

법흥왕은 대내적으로 체제를 정비해 왕권을 강화하는 한편, 대외적으로는 영역 확장을 적극적으로 추진.

◆ 522년 백제의 적극적인 진출에 반발한 대가야가 법흥왕에게 사신을 보내 결혼을 요청했는데, 왕은 이 제의를 받아들여 이찬 비조부(比助夫)의 누이동생을 혼인시켜 동맹을 맺었다.

◆ 법흥왕은 적극적인 남진 정책을 추진해 524년 남쪽의 국경 지방을 순수(巡狩)하고 영토를 개척. 이때 본가야(김해)의 왕이 와서 법흥왕과 회견.

◆ 본가야(김해)는 532년 금관국주(金官國主) 김구해(金仇亥)가 세 아들과 함께 신라에 항복해 옴으로써 정식으로 합병됨. 본가야(김해)의 투항은 신라로 하여금 낙동강과 남해안의 교통상의 요지인 김해를 발판으로 가야의 여러 나라를 정복할 수 있는 계기가 되었다.

◆ 대아찬 이등(伊登)을 사벌주군주(沙伐州軍主)로 임명해 서북 방면의 점령지를 관리함.

왕권 강화와 영역 확장 등에 힘입어 국력이 신장된 신라는 536년(법흥왕 23)에 독자적 연호인 건원(建元)을 사용.

🔹 법흥왕 이후 신라 중고(中古) 왕실의 거의 모든 왕은 자기의 독자적인 연호를 사용.

🔹 중국의 주변 국가가 중국 연호를 사용하지 않고 자기 연호를 사용했다는 것은 중국과 대등한 입장에서의 국가임을 자각한 자주의식의 표현임.

🔹 521년 종래의 외교 노선에서 탈피해 위진남북조 시대(魏晉南北朝 時代)의 북조 대신에 남조인 양(梁)에 사신을 파견. 신라에 사신으로 온 남조 양(梁)나라의 승려 원표(元表)가 불교를 신라 왕실에 전해 준 것이 불교 수용의 직접적인 계기가 됨.

🔹 불교가 신라에 처음 들어온 시기는 5세기 초 눌지왕(19대 눌지마립간) 때이거나 그보다 조금 이른 시기일 것(고구려를 통해 불교 전래).

🔹 신라 불교 개척자는 인도 승려 아도(阿道). 그는 고구려에서 넘어온 후 일선군(一善郡) 모례(毛禮)의 집에 숨어 민간의 전도에 진력.

🔹 민간에 전파된 불교는 신라 귀족으로부터 동두이복(童頭異服)·의론기궤(議論奇詭)의 사교로 비난받았으나, 신라와 중국의 외교적 교섭이 열리며 신라 왕실에까지 전파.

🔹 법흥왕(23대)은 불교를 크게 일으키려 했으나 귀족들의 반대로 고민하던 중 527년 측근 이차돈(異次頓)의 순교를 계기로 국가적으로 공인.

🔹 법흥왕에 의해 국가 종교로 수용된 불교는 왕권을 중심으로 한 중앙 집권적 고대 국가 형성에서 이념적 기초를 제공.

🔹 법흥왕은 말년에 승려가 되어 법공[法空, 또는 法雲(법운)]이라는 법호까지 얻었는데 재위 27년 만에 타계하자 시호를 법흥(法興)이라 하고 애공사(哀公寺)에 안장.

(출처: 《한국민족문화대백과》)

신라는 22대 지증왕의 개혁 정치를 기반으로 23대 법흥왕, 24대 진흥왕으로 이어지는 비약적 발전기를 맞았다. 지증왕을 지증마립간(智證麻立干)으로도 부르듯이 신라는 지증왕을 시초로 마립간 왕호에서 중국식의 시호 위주로 바뀌었다. 다시 말해서, 22대 지증왕은 앞의 마립간 시대와 뒤의 융성기를 잇는 다리 역할이 되었던 셈이다. 그렇다면, 지증(智證)이라는 시호는 어떤 이유로 정했을까? 지혜를 가리키는 지(智), 증거를 가리키는 증(證).

도대체 어디에 개혁정치의 화두가 숨겨져 있고 혁신의 분위기가 감춰져 있다는 말인가? 땅 지(地)가 들어갔더라면 차라리 지진 정도의 변화를 짐작할 수도 있을 텐데, 기대와 달리 슬기, 지혜를 가리키는 지(智)가 들어갔다.

이름을 지대로(智大路)·지도로(智度路)·지철로(智哲老) 등으로 썼기에 지혜 지(智)를 시호에도 넣게 된 듯하다. 하지만, 뒤의 증거 증(證)은 뭔가 구체적이고 손에 잡힐 듯한 결과물, 성과물을 엿보게 한다. 그런 실천성, 과감성, 구체성이라면 분명히 혁신성, 개혁성과도 맞닿아 있었을 것이다.

[지증왕[437(눌지마립간 21)~514(지증왕 15)]은 그 재위 기간[500~514(63세~77세)]에서 보듯이 그 먼 옛날에 비하면 상상 외로 늦게 왕이 되고 그리고 기적적으로 장수했다. 19대 눌지마립간의 증손으로 재종형(육촌형)인 21대 소지마립간이 후계자 없이 타계하자 63세의 늦은 나이에 왕위를 이었다.

502년(지증왕 3) 순장(殉葬)을 금지하는 법령을 만들고, 주군(州郡)에 명해 농업을 권장하였다. 우경(牛耕)을 시행하도록 하는 일련의 개혁 조치를 단행하여 농업 생산력 증대로 이어지게 하였다. 순장 금지와 소를 이용한 농사 장려로 농업 생산이 크게 늘어나도록 한 것이다.

503년 사라(斯羅)·사로(斯盧)·신라(新羅) 등으로 불리던 국명을 신라로 확정하고, 왕호를 신라 방언인 마립간에서 중국식인 왕으로 고쳤다. 국명인 신라는 "왕의 덕업이 나날이 새로워지고, 사방의 영역을 두루 망라한다(新者德業日新 羅者綱羅四方之義)."는 뜻에서 택하였다.

국명과 왕호를 중국식으로 고치는 한화 정책(漢化 政策)을 펴서 고대국가로서의 체제를 정비하고 중국의 발달된 문물을 적극적으로 받아들였다.

505년 주(州)·군(郡)·현(縣)을 정하여 주군제도(州郡制度)에 바탕을 둔 지방제도를 갖췄다. 고구려·백제·가야 등과의 전쟁에서 얻은 점령지의 통치를 위한 당연한 수순이었다. 실직주(悉直州: 지금의 강원도 삼척)를 설치하고, 이사부(異斯夫)를 신라 최초의 군주(軍主)로 임명하여 군정적(軍政的)인 성격과 더불어 중앙과 지방을 연결하는 중간 기구로서 기능하도록 하였다.

군사적으로는 동북 방면에 파리성(波里城)·미실성(彌實城)·진덕성(珍德城)·골화성(骨火城) 등 12개의 성을 축조하고, 512년 이사부로 우산국(于山國: 지금의 울릉도)을 복속시켰다. 남쪽 방면으로는 아시촌(阿尸村: 지금의 경상남도 함안 유역)에 소경(小京)을 설치하여 신라의 직할 영토로 편입할 사전 정비 작업을 하였다.

상복법(喪服法) 제정, 수도 경주의 동시(東市) 설치, 선박의 이익 권장 같은 일련의 의례와 민생에 관한 시책을 실시하였다.}

참으로 신통한 일이다. 지증왕(智證王)이 본래 자신의 이름에 늘 지혜 지(智)를 앞세웠기에 시호마저도 지혜 지(智)를 앞세운 뒤 그 뒤에 증거 증(證)을 덧붙였다.

솔로몬 왕이 '가장 원하는 것은 바로 지혜일 뿐'이라고 보았던 점과 너무 흡사하다. 하기야, 지혜만 출중하다면 혜안은 물론이고 투시력, 통찰력, 직관력, 예지력, 예견력, 예언력, 포용력, 수용력 등과 더불어 문제 해결 능력, 미래 개척 능력, 현실 타개 능력 같은 것들도 덩달아 뒤따라올 것이다. 그렇게되면 그 시대는 자연스레 꽃이 피고 그 백성은 필연코 더욱 나은 나날들을 보내게 될 것이다.

그 먼 옛날에 60대 중반의 나이로 임금이 되었다.

평균수명, 기대수명을 훌쩍 뛰어넘은 나이에 왕이 된 것이다. 하필이면, 서기 500년에 왕좌에서의 첫 해를 맞았다. 제22대라는 그 22라는 숫자도 은근히 여러 가지를 엿보게 한다. 둘둘 하면서 박자를 맞춰가고 보조를 맞춰가는 무슨 신호 같고 구령 같고 암호 같다. 서기 500년에 신라의 제22대 왕으로 즉위하여 당시로서는 실로 기적적이라 할 정도의 장수를 하며 15년 가까이 신라를 위해, 신라인을 위해 헌신했다.

✪ 24대 진흥왕[534(법흥왕 21)~576(진지왕 1), 재위 540~576(6~42세, 36년
간 재위)]

➜ 일명 진흥(眞興), 법운, 삼맥종(三麥宗), 심맥부(深麥夫)

➜ 성은 김씨(金氏). 이름은 삼맥종(三麥宗) 또는 심맥부(深麥夫). 22대 지증왕
의 손자로, 23대 법흥왕의 아우 입종갈문왕(立宗葛文王)의 아들. 어머니는
법흥왕의 딸 김씨. 왕비는 사도부인(思道夫人) 박씨.

➜ 6세 즉위(왕태후 김씨가 섭정). 신라의 대외적 발전을 비약적으로 추진한 왕.

즉위 12년인 551년(진흥왕 12) 개국(開國)이라고 연호를 고치고, 친정(親政)을
시작하며 적극적인 대외 정복사업을 전개.

➜ 550년 백제와 고구려가 도살성(道薩城: 지금의 충청남도 천안 또는 증평)과
금현성(金峴城: 지금의 세종시 전의면)에서 공방전을 벌이고 있는 틈을 타
이듬해 병부령(兵部令)으로 임명된 이사부(異斯夫)로 하여금 두 성을 공격하
여 점령토록 함.

➜ 확보된 한강 하류 유역의 전초기지를 기반으로 551년 백제의 성왕과 연합해
고구려가 점유하고 있던 한강 유역을 공격(백제는 고구려로부터 한강 하류
유역을 탈환).

진흥왕은 거칠부(居柒夫), 8명의 장군[구진(仇珍)·비태(比台)·탐지(耽知)·비서
(非西)·노부(奴夫)·서력부(西力夫)·비차부(比次夫)·미진부(未珍夫)]에게 명하
여 한강 상류 유역인 죽령(竹嶺) 이북 고현(高峴: 지금의 철령) 이남의 10개 군
을 고구려로부터 탈취.

➜ 553년 백제가 고구려로부터 탈환한 한강 하류 유역의 전략적인 필요성을 절
감하고, 동맹 관계에 있던 백제를 기습 공격해 점령(이로써 신라는 한강 유역
을 전부 차지).

➡ 한강 하류 지역의 통치를 위해 신주(新州)를 설치하고, 아찬(阿湌) 김무력(金武力)을 초대 군주(軍主)로 임명.

➡ 신라가 백제로부터 한강 하류 유역을 탈취한 사건은 백제와 맺은 결혼동맹을 파기하는 것을 의미. 백제의 성왕은 554년 대가야와 연합해 신라를 공격하다가 관산성(管山城: 지금의 충청북도 옥천)전투에서 신주 군주 김무력에게 붙잡혀 죽음.

➡ 한강 유역 점령으로 인적·물적 자원의 획득 외에도 황해를 통한 중국과의 교통로를 확보. 564년 이래 거의 매년 중국 남조의 진(陳)과 북조의 북제(北齊) 두 나라에 사신을 파견해 외교관계를 지속.

23대 법흥왕의 가야에 대한 정복사업을 계승해 낙동강 유역을 정복.

➡ 555년 비사벌(比斯伐: 지금의 경상남도 창녕)에 완산주(完山州)를 설치하여 아라가야(阿羅加耶: 지금의 경상남도 함안)와 비화가야(非火加耶: 지금의 경상남도 창녕) 지방에 대한 지배력을 강화. 백제와 연합했던 대가야는 신라의 관산성전투 승리로 신라에 복속된 처지로 전환.

➡ 562년 백제의 신라 공격을 틈타 대가야가 신라에 저항하자 이사부를 시켜 무력으로 정복(대가야 멸망). 신라는 가야의 여러 나라를 완전히 정복(낙동강 유역 전부를 차지).

➡ 565년 대야주(大耶州: 지금의 경상남도 합천)를 설치하여 가야 지역 통치의 본거지로 삼고 백제 방어의 전초기지로 활용.

동북 방면으로 북상해 556년 비열홀주(比烈忽州: 지금의 함경남도 안변)를 설치하고 사찬(沙湌) 성종(成宗)을 군주로 임명. 568년경 함흥평야까지 진출.

➡ 고구려·백제·가야에 대한 활발한 정복사업을 펼친 결과 신라 역사상 최대의 영토를 차지. 창녕, 북한산, 황초령(黃草嶺), 마운령(磨雲嶺) 등에 있는 4개의 순수관경비(巡狩管境碑)와 단양의 적성비(赤城碑)가 입증.

➡ 4개의 순수비 중 경상남도 창녕군에 있는 창녕비는 561년, 함경남도 함흥에 있는 황초령비와 이원군에 있는 마운령비는 568년 각기 건립. 북한산에 세

운 북한산비는 건립 연대가 불분명함. 진흥왕의 순수관경비는 새로 신라 영역 내로 편입된 지역 주민들의 민심을 수습하고, 확장된 영역을 확인하기 위해 세워진 기념비.

진흥왕은 정복 활동 이외에 대내적인 정치에도 진력.

➔ 545년 이사부의 건의를 받아들여 거칠부로 하여금 《국사(國史)》를 편찬.《국사》 편찬에 관계한 이사부와 거칠부는 모두 내물왕계(奈勿王系)의 후예임. 《국사》 편찬으로 중고 왕실(中古 王室) 왕통(王統)의 정통성을 천명하고, 유교적인 정치 이념에 입각해 왕의 위엄을 과시.

23대 법흥왕 대에 공인된 불교를 적극적으로 보호.

➔ 544년 흥륜사(興輪寺)를 완성. 출가해 봉불(奉佛)하는 것을 허락.

➔ 549년 중국 남조의 양(梁)나라에 유학한 승려 각덕(覺德)이 불사리(佛舍利)를 가지고 귀국하자, 백관(百官)을 앞세워 흥륜사 앞에서 영접.

➔ 553년 월성(月城) 동쪽에 왕궁을 짓다가 황룡이 나타나자 왕궁을 고쳐서 불사(佛寺)로 삼고 566년 황룡사(皇龍寺)를 완공. 황룡사는 신라 최대의 사찰로서 574년 신라 최대의 불상인 장륙상(丈六像)을 주조하여 안치. 황룡사가 완공되던 해에는 지원사(祇園寺)와 실제사(實際寺)도 준공. 신라 왕실의 보호로 불교는 경주를 중심으로 발전[도성불교적(都城佛敎的) 성격 강화].

➔ 565년 승려 명관(明觀)이 불경 1,700여 권을 중국 남조의 진(陳)나라에서, 576년 안홍법사(安弘法師)가 《능가승만경(愣伽勝鬘經)》 및 불사리를 수(隋)나라에서 각각 가져옴으로써 교리적인 발전의 기틀을 마련.

➔ 572년 7일 동안 팔관연회(八關筵會)를 외사(外寺)에서 열어 정복전쟁 기간에 전사한 장병의 영혼을 위로[신라 불교가 국가의 현실적 필요에 부응할 수 있는 호국 불교(護國 佛敎)임을 나타낸 의식].

➔ 진흥왕은 불교에 매료되어 만년에는 머리를 깎고 승의(僧衣)를 입고 법호를 법운(法雲)이라 했다. 왕비 사도부인(思道夫人) 박씨도 비구니가 되어 영흥사(永興寺)에 거처하다가 614년(진평왕 36)에 타계.

진흥왕 대에 화랑도(花郎徒) 창설.

➡ 진흥왕은 576년 종래의 여성 중심 원화(源花)를 폐지하고 남성 중심 화랑도로 개편.

➡ 기록상으로는 576년 화랑도가 창설된 듯하나, 실제로는 진흥왕 초기에 화랑도가 존재[562년 대가야 정벌에 큰 전공을 세운 사다함(斯多含)은 대표적 화랑].

진흥왕은 대내외적으로 많은 업적을 남긴 신라 중흥의 군주.

➡ 그는 대내적으로는 국가의식과 대외적으로는 자주의식의 상징적 표현이던 독자적 연호를 3개나 사용. 551년의 개국(開國), 568년의 대창(大昌), 572년의 홍제(鴻濟).

➡ 재위 37년만인 576년 43세로 타계하여 애공사(哀公寺) 북봉(北峯)에 안장.

(출처:《한국민족문화대백과》)

'모두가 확인할 정도로 지혜가 해와 달처럼 드러난 22대 지증왕(智證王)', '나라와 백성의 근간이 되고 대로가 될 법제도를 본격적으로 정리하고 정착시킨 23대 법흥왕(法興王)', '지증왕, 법흥왕이 마련한 터전을 더 다지고 더 넓혀 나라와 백성을 가장 자랑스럽고 뿌듯하고 눈부시게 만든 24대 진흥왕(眞興王)'.

진흥왕의 참 진(眞)이 참 묘하다. '이어받은 그대로 잘 이끌고 더 채워서 보다 낫게 한다.'는 뜻이다. 변칙, 실패, 자가당착, 섣부른 변화 대신에 앞선 시대의 업적을 근간으로 삼아서 그 위에 더 쌓고 그 위에 더 보탰다는 말이다.

24대 진흥왕이 정복왕으로 자리매김 되며 신라를 가장 큰 영토로 만들어 낸 왕의 시호에 가장 적절한 셈이다. 묘하게도 진흥왕은 어린 나이에 즉위하여 비록 40대 초반에 타계했지만, 36년 동안이나 왕위를 지켰다. 그리고 24대 진흥왕은 서기 555년에 21세를 맞으며 정복왕으로서의 입지를 가다듬었다.

09

09.
통일신라에 대하여

신라를 알기 위해서는 당연히 통일신라의 등장을 알아야 한다. 위에서 보았듯이, 신라는 200여 년 동안 국력을 키우며 삼국 통일의 토대를 마련했다. 하나, 삼국 시대의 특징 중 하나인 삼국 각축전 양상이 심해지고 그에 따라서 고구려와 백제의 동시적이고 연합적인 신라 공격으로 인해 신라는 중국의 당나라를 끌어들이지 않으면 국가 자체를 지탱하기 어려운 지경에 이르렀다.

고구려와의 연합이 불가능한 속에서 백제마저 신라를 위협하게 되자 신라는 점점 설 자리를 잃어가게 되었다.

그런 점에서 당나라를 끌어들여 우선은 신라 자체를 이어가고 다음으로는 당나라의 힘을 빌려 백제, 고구려를 정복하는 일에 운명을 걸지 않을 수 없었다. 삼국 통일이 유일한 탈출구이고 해결책이라는 것은 전략이고 명분이었겠지만, 기적적인 지도력과 군사력이 뒷받침되지 않으면 통일은 꿈꾸기조차도 어려웠을 것이다.

신라의 전략대로 당나라가 동맹군을 형성하게 되고 실질적으로 나당연합군 형태로 우선은 백제를 정복하고 뒤이어 고구려를 정복할 수 있게 되었다. 하나, 신라의 우려 그대로, 신라 전략가들의 예상 그대로 당나라는 백제와 고구려는 물론이고 신라까지도 속국으로 삼고자 했다. 그래서 신라는 백제와 고구려를 약화시키고 종식시키는 선에서 일단 통일전쟁을 끝내고 뒤이어 당나라 세력을 축출하는 전략에 매달리지 않을 수 없었다. 그리고 그런 전략 위에서 백제부흥운동과 고구려부흥운동은 의외로 유리한 환경을 만들게 되었다.

이열치열(以熱治熱) 식으로 적의 적을 끌어들이는 형태로 양쪽의 부흥운동과 부흥군을 앞세워 당나라 축출에 힘을 합칠 수 있었다. 그 결과로 비록 양쪽의 부흥운동과 부흥군의 사생결단식 혈투는 보상을 받지 못한 채 끝나고 말았지만, 신라의 전략가들은 마침내 삼국 통일을 완수할 수 있게 되었다. 기적적인 외교력과 기적적인 지도력, 그리고 군사적 전략과 군사적 연대가 합쳐지고 당나라 내부의 사정으로 인해서 6년여의 후속 전쟁(백제, 고구려 정복 후 당나라 동맹군을 한반도 밖으로 몰아내는 일)을 승리로 마칠 수 있었다.

신라의 삼국 통일 정리

✪ 신라의 삼국 통일

→ 시기: 676년 11월

→ 7세기 중엽 신라가 백제·고구려를 멸하고 통일 정부를 수립한 일.

삼국 간 항쟁기

→ 성읍국가에서 고대국가로 발전하면서 삼국은 공히 통일 정부 수립을 지향.

→ 통일을 지향하는 흐름속에서 삼국은 서로 동맹을 맺기도 하고 정복전을 치르기도 하며 통일을 향해 경쟁적으로 활약. 고구려는 19대 광개토왕(재위 391~413)과 20대 장수왕(재위 413~491) 때에(391~491) 가장 강력한 국가로 등장하고 백제는 13대 근초고왕(재위 346~375), 14대 근구수왕(近 仇首王: 재위 375~384) 때(346~384)에 가장 공세적인 대외 정책을 펴서 (369년 마한 병합으로 삼국의 힘의 균형 확립) 신라를 압박함. 신라는 이에 따라 자구책을 모색.

→ 신라는 22대 지증왕, 23대 법흥왕, 24대 진흥왕으로 이어지며(500~576) 삼국 통일의 기반을 확립할 정도로(가야 통합, 고구려의 한강 중부 지역 정복) 융성기를 기록.

→ ① 백제, ② 고구려, ③ 신라가 시대 차이를 두고 차례로 강성한 고대국가로 성장. 중국 대륙의 당[唐: 618~907, 수나라 멸망 뒤 한족과 선비족의 혼혈인 이연(唐 高祖 李淵: 566 ~ 635) 건국]나라 등장이 새로운 변수로 등장.

삼국 통일과 당(唐)나라의 등장

➔ 대당 강경파인 연개소문(淵蓋蘇文)이 영류왕을 제거한 뒤 실권을 장악(642).

➔ 천리장성 축조 등으로 당나라를 자극하자 고구려는 10만 당군(순리로써 역리를 토벌한다며 연개소문의 정변을 비난)의 수륙 양면의 침공으로 위기에 봉착(644. 11, 보장왕 3).

➔ 요하 하류의 안시성은 성주 양만춘(楊萬春)과 군민(軍民) 10여 만이 합세하여 2개월간의 공방전 끝에 당군을 격퇴.

➔ 신라는 백제 의자왕의 대야성(大耶城: 지금의 경상남도 합천) 침공으로 위기에 직면.

➔ 27대 선덕여왕과 실권자 김춘추는 고구려와 동맹을 맺어 백제를 견제하려 노력. 하나, 고구려는 대당 항쟁으로 백제와의 우호적 관계를 중시. 신라는 고립무원(孤立無援)에 직면.

➔ 6세기 후반 수도를 웅진(熊津: 지금의 公州)에서 사비(泗沘: 지금의 扶餘)로 옮긴 백제는 고구려와의 화친을 무기로 무왕 대에 한강 하류 지역을 공략하여 신라의 대당 외교를 봉쇄. 의자왕 2년 신라 서부 지역의 40여 성을 탈취하고 신라 남부의 요충인 대야성(합천)을 점령하여 신라를 벼랑 끝으로 내몰았다.

➔ 신라는 대당 외교로 위기 탈출을 모색. 당나라는 신라와의 동맹을 배경으로 고구려를 침공(644. 11, 보장왕 3).

➔ 신라는 당군의 지원으로 백제, 고구려 정복에 성공.

나당연합군과 백제부흥운동

➔ 귀족들과 왕 및 왕족 사이의 갈등으로 백제가 위기에 직면했는데도 의자왕의 실정은 도를 넘어서게 되고 국가의 존립마저 어렵게 되었다. 660년(의자왕 20) 소정방(蘇定方)의 당군 13만과 대장군 김유신(金庾信)과 장군 품일(品日)·흠춘(欽春) 등의 신라군 5만이 백제를 공격. 나당연합군은 7월 10일을 수도 사비성 공격일로 정하고 사비성 남방에서 합세할 참이었다. 백제는 장군 계백(階伯)의 5천여 결사대로 황산평야에서 결사항전.

- 의자왕은 태자와 함께 사비성을 버리고 웅진성(熊津城)으로 피난. 왕자 태(泰)가 왕이 되어 항전. 성이 함락되며 의자왕은 항복. 백제는 건국한 지 678년(31대) 만에 멸망.

- 이후 4년여 동안 백제부흥군의 항전이 지속.

- 당나라는 백제를 당나라 영토로 편입시킨 뒤 전국에 5도독부(都督府)를 설치. 지방 세력가들을 앞세운 뒤 유인원(劉仁願)과 왕문도(王文度)의 군대를 사비성과 웅진성에 남겨 두어 감독. 하나, 백제부흥군의 공격으로 당의 의도는 무산되고 새로운 전쟁에 돌입.

- 백제부흥군은 왕족 복신(福信)과 중 도침(道琛)의 주류성(周留城: 지금의 충청남도 한산), 흑치상지(黑齒常之)의 임존성(任存城: 지금의 충청남도 대흥)을 근거로 삼았다.

- 200여 성이 호응하자 복신과 도침은 일본에 있던 왕자 풍(豊)을 귀국시켜 왕으로 추대하고, 사비성과 웅진성에 주둔한 당군을 공격. 부흥군은 고구려와 왜군의 지원을 받았다. 백제부흥군은 전국을 수복하고 나당연합군은 사비성과 웅진성만 점령한 채 4년간 전투를 계속.

- 하나, 복심이 도침을 죽이고 전권을 장악한 후, 복신은 풍에게 죽었다. 당나라가 응원군으로 부흥군의 본거지인 주류성을 공격하자 풍은 일본으로 망명. 임존성의 흑치상지도 항복.

나당연합군과 고구려 멸망

- 661년(보장왕 20) 8월 김유신이 이끄는 신라군과 소정방이 이끄는 당군은 남북으로 고구려를 협공. 신라군은 백제부흥군의 공격으로 당군만이 평양성으로 진격. 당군은 단독으로 평양성을 포위하여 7개월 동안 공격하다 후퇴.

- 666년 정권을 잡고 있던 대막리지(大莫離支) 연개소문이 죽고 장남 남생(男生)이 대막리지가 되자 남건(男建)·남산(男産) 두 아우는 형과 권력 다툼을 시작. 남생이 당나라로 망명하자 연개소문의 아우 연정토(淵淨土)마저도 12성 763호를 거느리고 신라에 투항.

- 668년 6월 김인문(金仁問)의 신라군과 이세적(李世勣)의 당군이 고구려를

남북으로 공격. 신라 문무왕(30대, 김법민)은 한성주(漢城州)에서 신라군을 독려.

➔ 고구려는 포위 1개월 만인 9월 21일 평양성을 내주고 보장왕이 항복. 고구려는 건국한 지 705년(28대) 만에 멸망(멸망 당시의 고구려는 총 69만 7,000호).

➔ 고구려가 멸망하자 지방의 성읍들은 고구려부흥운동을 시작. 대형(大兄) 검모잠(劍牟岑)은 궁모성(窮牟城)을 근거로 세력을 규합하여 왕자 안승(安勝)을 추대하고 당군과 싸우며 신라에 응원을 요청. 안승의 부흥군은 당군의 세력에 눌려 1년 만에 4,000여 호를 거느리고 신라에 투항. 신라는 안승을 금마저(金馬渚)에 정착하게 하고 고구려왕에 책봉.

➔ 안승이 남하한 뒤에도 고구려 유민들은 사방에서 당군을 공격. 고구려부흥군은 실패했지만 평양에 있던 당나라의 안동도호부(安東都護府)를 신성[新城: 撫順 方面(무순 방면)]으로 이동시켜, 신라의 당나라 세력 축출에 도움을 주었다.

신라의 삼국 통일전쟁과 삼국 통일 완수

➔ 당나라는 나당연합군으로 백제, 고구려 멸망시킨 후 두 나라를 당나라로 편입시켜 영구적인 속국으로 만들고자 획책.

➔ 신라는 당나라를 몰아내고 실질적인 통일을 이뤄야 할 새로운 과제를 떠안게 되었다.

➔ 소정방이 회군하자 당 고종이 "어찌하여 신라는 정벌하지 않고 돌아왔는가?"라고 물은 것에서, 당군은 출정하기 전에 신라 점령 계획도 세웠던 것을 알 수 있다. 신라는 당나라의 음모를 간파하고 대비책을 세웠기에 당나라는 신라 정복을 단념하고 정복의 발길을 고구려로 돌린 것임.

➔ 당나라는 백제부흥군을 토벌한 후 의자왕의 아들 부여융(扶餘隆)을 웅진 도독으로 삼아 백제를 간접 통치함.

➔ 신라는 고구려 멸망 후부터 당군 축출 작전을 전개. 신라는 고구려부흥군을 지원하여 고구려 지역에서 당군을 몰아내는 동시에, 백제 지역의 각 성읍을

차례로 점령.

- 660년 백제왕조 멸망 당시, 당군과 신라군은 웅진과 사비를 점령한 정도이고 백제 전역은 여전히 각 성주들이 독립적으로 통솔하는 상태였음.

- 670년(문무왕 10) 3월 설오유(薛烏儒)는 고구려 유민인 태대형 고연무(高延武)와 함께 압록강을 건너가 당군을 토벌.

- 671년 4월 석성[石城: 林川(임천)]에서 당군을 공격, 5,300명을 참살.

- 671년 7월 나당동맹군을 조직할 때 "대동강 이남의 땅은 신라에게 주겠다."라고 한 당 태종의 말을 앞세워, '한반도 지역은 신라가 점령하겠다.'는 뜻을 전달.

- 672년 1월 신라군은 가림성[加林城: 지금의 충청남도 부여군 임천(林川)]의 당군을 격파. 동년 7월 고간(高侃) 이근행이 이끄는 1만 3,000 병력을 평양 근교에서 격파했다.

- 675년 9월 바다를 통해 침입하는 설인귀의 군사를 천성(泉城)에서 격파. 매초성(買肖城)을 공격하여 이근행의 20만 대군을 격파(매초성전투에서 신라는 당군을 궤멸).

- 676년(문무왕 15) 11월 기벌포[伎伐浦: 충남 장항(長項)]에서 설인귀가 이끄는 지원군의 상륙을 저지하고 격파. 신라는 6년간[670~676(30대 문무왕 10~16)]에 걸친 당군과의 전쟁을 승리로 끝내고 한반도를 통일.

신라의 삼국 통일 이후

- 삼국민은 같은 민족이지만 고대국가를 형성한 뒤 오랫동안 분리, 대립하면서 문화적으로나 언어상으로 이질적으로 발전.

- 삼국민의 이질적 요인들은 통일 이후 신라에 계승되고 융합되어 통일된 민족 문화를 형성. 통일의 중심인 신라의 문화가 비교적 후진 상태이었기에 고구려·백제의 문화가 순조롭게 계승·정착.

- 신라는 과거 가야를 통합했을 때처럼 통일 후의 문화적 동질화에 진력. 우륵(于勒)의 가야금을 수용할 때 신하들이 "가야금은 망국의 음악이므로 배워서는 안 된다."라고 하면서 크게 반대했지만, 진흥왕(24대)은 "가야 왕이 방탕

하여 자멸한 것이지, 음악이 무슨 죄가 있겠느냐?"고 응수하며 장려함.

➊ 통일 후 고구려 왕산악(王山岳)이 만든 거문고(絃樂)가 신라에 전해지고, 백제의 불상 양식이나 석탑 양식이 신라에 계승, 발전된 것도 신라의 문화 수용 정책 덕분임. 통일신라의 불교 고승(高僧)들이 모두 고구려계인 것은 사상계·학계에서 백제와 고구려 유민들이 활약하고 있었음을 반증.

발해[渤海: 698~926(고구려 멸망 후 30년 지나 건국되어 228년간 존속되며 통일신라와 남북국 시대 유지), 고구려를 계승하여 대조영(大祚榮)이 건국, 713년 당나라가 건국자인 대조영을 발해군왕으로 책봉(말갈 칭호에서 상), 건국 초기에는 진국(振國, 震國)이라 칭하기도 하고 일본과 사절을 교환할 때에는 고구려의 계승을 강조하며 '고려'로 칭하기도 함.]

➊ 당나라는 대조영의 아버지 걸걸중상(乞乞仲象)을 진국공(震國公)에, 걸사비우는 허국공(許國公)에 봉하여 무마를 시도. 거란 출신의 이해고(李楷固)를 앞세워 발해를 탄압.

➊ 영주[營州: 지금의 요령성 朝陽(조양)]에서 2천여 리 거리의 동모산(東牟山)에서 건국. 말갈족의 터전인 지린성 돈화(敦化)의 성산자산성(城山子山城)이 건국의 요람임.

➊ 고왕(高王) 대조영(719 타계)은 당나라와 대립하고 있던 동돌궐(東突厥)에 사신을 파견. 당나라와 불편한 관계인 신라에도 사신을 파견(신라는 대조영을 제5등 대아찬에 임명). 707년경 당 중종은 장행급을 파견하여 대조영을 위무[대조영은 아들 대문예(大門藝)를 장안으로 보내 숙위(宿衛)하게 했다.]. 713년 당 현종은 최흔을 파견하여 대조영을 발해군왕, 홀한주도독(忽汗州都督)으로 책봉[대조영의 아들 대무예(大武藝)를 계루군왕(桂婁郡王)으로 책봉]. 당나라는 762년 발해군왕에서 발해국왕으로 승격하여 책봉.

➊ 2대 무왕(재위 719~737), 3대 문왕[재위 737~793] 때에 크게 발전. 무왕 이후 연호를 사용하고 문왕은 스스로 황제라 칭했다. 771년 일본에 보낸 국서에서 문왕은 천손(天孫)임을 자처, 양국의 관계를 구생 관계[舅甥 關係(장인과 사위 관계)]로 설정.

- 3대 문왕 사후 25년간 6명(4~9대)의 왕이 교체(대혼란기).
- 10대 선왕[宣王: 재위 818~830, 고왕 대조영의 아우 대야발(大野勃: 우쩍 일어날 발)의 4세손] 즉위로 침체기를 벗어나 중흥을 실현(사방 경계를 확정하여 5경, 15부, 62주 완비).
- 11대 왕 대이진[大彝震(떳떳할 이(彝), 벼락 진(震): 재위 831~857] 즉위 후 관제를 개편하여 좌우신책군(左右神策軍), 120사(司)를 완비. 당나라는 발해를 해동성국(海東盛國)이라 칭송함.
- 872년 발해 유학생인 오소도가 당나라 빈공과(賓貢科)에서 신라 유학생을 제치고 수석을 차지. 897년 발해 왕자가 신라 사신보다 윗자리에 앉기를 요구한 쟁장사건(爭長事件)이 발생.
- 발해의 마지막 왕인 대인선[大諲譔(공경할 인(諲), 가르칠 선(譔)), 재위 907~926] 시대: 신라는 후삼국으로 분열.
- 중국은 당나라 멸망 후 5대 10국이 발호. 중국 북방은 거란족 발흥으로 발해마저 위기에 직면. 발해는 거란의 침략으로 926년 정월에 멸망. "마음이 갈라진 것을 틈타서 싸우지 않고 이겼다."는 기록은 발해의 내분을 입증.
- 발해는 백제나 신라의 문화를 수용·융합하지 못했기에 발해 왕조가 멸망한 후 그 영역이 영구히 삼국민의 역사 무대, 생활권에서 실종됨.

(출처:《한국민족문화대백과》)

10

10.
삼국 통일을 완수한 신라에 대한 심층적 이해

통일신라와 발해. 이 두 나라는 한반도를 중심으로 한 독자적인 국가체제 아래서 백성들을 이끌고 보살피고 다독였다. 지정학적인 요인으로 인해 발해는 당연히 해당 지역의 사람들인 말갈족, 거란족, 돌궐족은 물론이고 중국 대륙의 한족과도 직·간접적으로 연관될 수밖에 없었다. 이에 따라 발해는 그 운명을 다하자마자 한반도 중심의 사람들에게 멀어지고 잊히게 되었다. 거란에 멸망당하고 말갈족이 여진족으로 뭉치면서 그 희미한 자취마저 송두리째 파묻히게 되었다.

{말갈(靺鞨)은 6~7세기경 중국의 지린성, 헤이룽장성과 한반도의 함경도, 러시아의 연해주, 하바롭스크 지방에 거주한 퉁구스계 민족임.

중국 주대(周代)의 역사서에 나오는 숙신(肅愼) 또는 식신(息愼), 한대(漢代)의 읍루(挹婁), 위진남북조 시대(魏晉南北朝 時代)의 물길(勿吉)은 말갈과 같은 계통의 종족에 대한 다른 이름으로 추정.

말갈이라는 종족명은 중국 수·당 시대(隋唐 時代)의 문헌에 나오는 호칭임. 대인(大人)으로 불리는 우두머리가 부족 내의 일들을 주관. 남만주 및 한반도 중북부 일대에 살던 예맥계(濊貊係) 민족이 세운 고조선·부여·고구려 등의 영향을 받았다.

중국의 수·당 시대에는 수십 개의 부족 가운데 7개의 부족이 말갈사회를 주도. 고구려가 강성해지면서 흑수부(黑水部)를 제외한 6부[백돌(伯咄), 불열(拂涅), 호실(號室), 안거골(安車骨), 속말(粟末), 백산(白山)]는 고구려로부터 직접적인 영향을 받았다.

대조영(大祚榮)이 고구려의 유민들을 이끌고 고구려의 재건을 본격화하자 말갈족은 발해 건국의 주요 세력 중 하나가 되었다. 발해가 멸망한 이후에는 흑수부를 포함한 모든 말갈족이 거란의 지배를 받았다. 말갈족의 후신이 금(金)을 세우고 만주와 북중국을 통합한 여진(女眞), 고려와 송의 영향을 받으며 농경화의 길을 걸은 숙여진(熟女眞)과 수렵 위주의 전통 방식을 지킨 생여진(生女眞) 등이 있었다. 금(金)을 세운 중심 세력은 생여진이었다. 생여진은 중국 최후의 왕조인 청(淸)을 세운 만주족의 원류다.

발해가 거란족이 세운 요(遼)나라에 멸망한 후 여진(女眞)이라 불렸는데, 1115년 여진의 아골타가 부족을 통합하여 금(金)나라를 세우고 요(遼)나라를 정복. 청(靑) 태조 누르하치는 1586년 여진의 3개 부족을 통합하고 종족의 이름을 만주족(滿州族)으로 고쳤다.

《삼국사기》에는 1세기 무렵부터 말갈(靺鞨)이 신라, 백제와 교전한 기록이 있다. 다산(茶山) 정약용(丁若鏞)은 백제, 신라와 교전한 말갈은 예족[濊族(동예족)]에 해당한다고 보았다.}

① 진골, 성골 및 6두품과 골품제도, ② 화백(和白)제도(신라 씨족 공동회의제에서 발전한 만장일치제 회의 제도: 진골 이상의 귀족과 중신들이 국왕 선거 등 국가의 중대사를 의논·결정), 관등제도(官等制度: 17등급의 관등제(官等制): 골품제에 따라 관등의 상한선 규정)와 정치제도, ③ 주군(州郡)제도와 지방행정제도, ④ 9서당(誓幢)·10정(停)제도 및 화랑제도와 군사제도, ⑤ 노역제도와 조세 및 경제제도 등은 신라의 제도들을 살필 때 단골로 언급되는 내용들이고 항목들이다.

신분에 따라 올라갈 수 있는 관등의 상한선을 규정한 신라의 골품제도

✪ 관등은 관직에 나아갈 수 있는 기준으로 17등급의 관등제로 정착.

➡ 제1관등인 이벌찬에서 제5관등인 대아찬까지는 진골만 가능. 다른 신분층은 제5관등인 대아찬 이상의 관등 불가능.

➡ 6두품은 제6관등인 아찬까지만 가능.

➔ 5두품은 제10관등인 대나마까지만 가능.

➔ 4두품은 제12관등인 대사까지만 가능.

✪ 골품에 따라 차지할 수 있는 관등에 상한선을 둠에 따라 자신들의 신분적 한계를 벗어나기가 힘든 하급 신분층의 불만이 점증.

➔ 골품제에서는 관직에 취임할 수 있는 해당 관등을 일원적으로 규정하지 않고 몇 개의 관등을 복수로 지정.

우리나라의 역사 자료에는 화백(和白)에 대한 기록이 명확하지 않다. 중국의 《신당서(新唐書)》「동이전」 신라조에 기록이 있다.

{"국가가 일이 있으면 반드시 여러 사람과 의논해 결정한다. 이를 화백이라 했다. 한 사람이라도 이의가 있으면 그만두었다."라고 기록.

이로써 화백회의는 만장일치로 의결하는 것을 원칙으로 했다고 추정됨[경순왕(56대, 재위 927~935)의 고려에 대한 항복 결정은 만장일치의 예외].

화백회의에는 20명의 진골 출신자만이 참석[서로를 대등(大等)으로 호칭, 내부 의결로 의장격인 상대등(上大等)을 선출].

화백은 귀족의 단결을 강화하고 국왕과 귀족 간의 권력 조절 기능을 담당[예: 귀족들과 모친 사도(思道)태후[614 졸, 김유신(金庾信, 595~673)의 외조모, 출가 후 법명은 묘법(妙法)] 박씨가 일으킨 정변을 일으키자 "정치가 어지럽고 음란하다."라는 이유로 진지왕(眞智王: 25대, 재위 576~579)을 폐위(579. 7)시킴. 진지왕은 진흥왕의 차남. 26대 진평왕(眞平王)은 진흥왕의 장남인 동륜(銅輪)태자의 아들]. 하지만 화백이란 말의 본래 의미는 불확실함.

신라 고유의 이두식 표기로 추정하기도 하지만, 여러 사람이 '화합하여 아뢴다.'는 뜻에서 나온 한자어로 보기도 한다. 학자에 따라 남당(南堂)회의로 보기도 한다.}

신라의 의사결정 합의체인 화백제도(화백회의)(학자에 따라서는 남당회의와 동일시)는 신라가 연맹체 국가로 지속되었음을 암시하기도 하고 국왕의 중심적인 역할 이외에 귀족들의 협력과 참여가 의외로 중요했다는 뜻이기도 하다. 그리고 국가 운영의 사령탑인 남당이 백제, 신라에 공히 존재했다는 것은 두 나라가 중앙 집권적인 고대국가로 성장했다는 뜻일 것이다.

신라의 경우에는 분권적이고 연맹적인 요소가 오래 남아서 국왕 중심의 회의체 장소인 남당과 귀족 대표인 상대등 중심의 회의체 장소인 정사당으로 나누어져 있었다.

{남당[南堂: 신라의 남당은 일명 도당(都堂)으로 불림]은 3세기 중엽 신라와 백제의 정청(政廳) 역할을 수행. 마을의 원시적인 집회소에서 기원. 여러 소국이 연맹체를 구성해 연맹왕국(聯盟王國)을 이룬 단계에 부족 집회소적인 성격에서 탈피해 중앙 정청의 성격을 띤 것으로 변화.

《삼국사기(三國史記)》에 따르면, 신라에서는 249년[첨해왕 3(첨해이사금, 沾解泥師今: 12대, 재위 247~261, 조분이사금의 친동생, 재위 원년에 사벌국이 반란을 일으키자 석로를 파견해 평정하고 사벌국을 폐지해 사벌주를 설치)]에 궁궐 남쪽에 남당을 지어 251년부터 이곳에서 정사를 집행.

백제에서는 261년(고이왕 28)에 왕이 이곳에 정좌해 정사에 대한 이야기를 경청. 남당에는 왕궐(王橛)과 신궐(臣橛)이라 하여 임금과 신하들의 좌석을 구별하는 좌석표인 궐표(橛標)가 있어 군신의 석차를 구별. 왕의 자리는 주석(主席)으로서 제일 높은 곳에 위치하고, 그 밑에 신하들이 관계(官階)·지위의 순서에 따라 정렬. 신라의 왕호이던 마립간의 마립은 마루[大廳(대청)]로 궐(橛)의 뜻을 가지고 있으며, 마립간은 그 우두머리(干·可汗)를 뜻함.

초기의 남당은 정사 논의, 행정 사무 처리 및 집행, 연회 등 의식을 거행하는 원시 집회 기관의 성격을 지니고 있었음. 국가생활이 복잡해지고 정무가 번잡해짐에 따라 실무·행정 부문이 다른 기관으로 분리해나가자, 오로지 군신회의·회견·의식을 행하는 기관으로 변모. 신라의 경우, 실무 행정 부문이 품주(稟主)로 이관되자, 남당은 화백회의(和白會議)와 같은 성격으로 변화.

신라에는 남당과 별도로 정사당(政事堂)이 존재.

남당(南堂)은 국왕이 신료들과 더불어 국사를 의논한 곳이고, 정사당(政事堂)은 국왕이 아닌 귀족들의 대표자로서 상대등(上大等)이 여타 신료들과 국사를 의논한 곳(남당의 실무, 행정 기능이 정사당으로 이관)임. 남당의 건물 형태는 동서 방향의 남청(南廳)과 북청(北廳) 건물이 대칭으로 존재하고, 가운데 넓은 마당이 있으며, 마당의 동쪽이나 서쪽에 국왕이 정좌(定座)할 전각(殿閣)과 사람들이 드나들 대문(大門)이 있는 구조임.

신라 통일기에 등장하는 평의전(平議殿)은 남당의 전통을 계승. 남당의 유풍은 고려 시대의 도병마사(都兵馬使), 도평의사사(都評議使司)와 조선 시대의 비변사(備邊司) 같은 합좌 기관으로 변형·발전.

(출처: 《한국민족문화대백과》)

〈합의체에는 알 수 없는 구조가 있을 수 있다. 다수결로 하든 만장일치로 하든 합의체에는 음모와 잔혹성이 개입될 수 있다. 책임이 분담되고 의사결정이 조각 이불 만들기 식, 조각 그림 맞추기 식으로 인식되기에 수단, 방법을 가리지 않는 식이 되기 십상일 수 있다. 합의제라는 것, 합의체라는 것이 의외로 관용적이고 상상 외로 무지몽매한 셈이다. 즉, 여럿이 정했으니 옳을 것으로 무조건 믿어주기 십상이다. 개개인은 윤리적 기준, 양심에 따른 판단 등이 앞설 수 있지만, 합의제 아래에서는, 합의체 속에서는 그런 원초적이고 가장 단순한 틀마저도 송두리째 무시되고 외면될 수 있다.〉

그래서 신라의 합의제인 회백회의, 화백제도를 '그렇게 운영할 수밖에 없는' 이유를 역사적 흐름, 구조적 요인에서 찾는 일은 대단히 합리적일 수도 있다. 즉, 부족연맹 시대의 잔재가 그대로 이어졌기에 왕을 중심으로 한 중앙 집권적 고대국가가 되어서도 조상을 찾는 목소리, 상속 지분을 바라는 분위기가 의외로 강했다는 뜻일 것이다. 그리고 불행하게도 신라는 그 원시적 잔재, 태생적 자취를 그대로 이어간 탓에 왕과 귀족사회 사이에 늘 갈등과 반목이 있을 수밖에 없었을 것이다.

신라가 피를 흘려 통일을 이루고도 그 전성기를 얼마 누리지 못한 채 중앙 집권적 요소와 지방 분권적 요소 사이에서 점점 더 꼬이고 엉킨 것만 보아도 신라의 태생적인 약점이 어떻게 망국의 요인으로 작동했는지를 손쉽게 가늠할 수 있다. 태생적인 분권적 요소가 화백회의, 남당회의 같은 합의제로 적당히 오므려졌지만, 통일 후에 밖으로부터의 위협이 자연스레 소멸하거나 감소하자, 필연적으로 모든 분권적 동력이 원심력으로 작동하여 결국 왕권과 귀족 사이, 왕권과 지방 호족 사이, 왕권과 지방 군벌 사이에 심각한 틈이 벌어지게 된 것이다.

〈우리가 삼국 통일을 얘기할 때마다 단골로 떠올리는 인물들이 있다. 삼척동자라도 금방 알아챌 정도로 귀에 익은 이름이다. 첫째는 김춘추이고 둘째는 김유신일 것이다. 참으로 신기한 일이다. 6백 년 이상 온갖 전란, 풍상, 부침을 거듭하면서도 기적적으로 다져진 백제, 고구려를 없애고 신라가 한반도를 통일한 것이다. 그리고 온갖 장식, 위선, 가식, 전통, 의식, 제도가 견고하고 말 그대로 철통 같았을 텐데도 두 사람의 협업, 두 사람의 타고난 기질, 두 사람의 오랜 우정과 이런저런 연결고리가 마침내 삼국 통일의 위업을 이뤄낸 것이다. 21세기 IT 시대, 스마트 시대, 모바일 시대, 개개인의 전자기기 시대에도 감히 생각하기 힘들었을 일들이 그 먼 옛날에 두 사람 사이에서 버젓이 싹이 트고 꽃이 피고 열매 맺고 잘 익은 씨앗으로 이어진 것이다. 실로, 역사라 하여 간단히 지나칠 수도 있겠지만, 생각할수록 신기하고 놀랍기만 하다. 그리고 그런 비밀 속에서 미래의 희망을 새롭게 피우고 더 다져갈 수도 있을 것이다. 우리 각자의 유전인자 어딘가에 둘의 놀라운 유전 형질이 조금씩이라도 고루 나눠져 있을 수 있다. 그리고 잘 살려내면 21세기 초입에서 분단을 해결하고 진정한 통일로 나아갈 수도 있을 것이다.〉

맞는 말이다. 역사란 그래서 중요하고 그래서 배워야 하는 것이다. 삼국 통일의 비밀 속에서 21세기 한반도의 운명을 새로 개척하고 새로 전개하고 새로 창조할 수수께끼 같은 마력이 생길 수도 있는 것이다. 하늘은 스스로 돕는 자를 돕는다는 말 그대로 우리의 운명은 우리 스스로 해결해야 할 것이다. 그래야만 천지신명의 기적과 은총도 슬며시 우리 쪽으로 기울어주고 우리를 위해 활짝 열리게 될 것이다. 맞는 말이다.

역사는 그래서 살아 있는 생물이고 – 휴화산, 활화산 사이를 쉼 없이 넘나드는 끓는 용암인 것이다.

✪ 태종무열왕(무열왕) 김춘추

➔ 603(진평왕 25)~661(문무왕 1). 신라 제29대 왕[재위 654~661(51~58
세)].

➔ 진지왕(25대)의 손자로 이찬(伊飡) 용춘[龍春 또는 龍樹(용수)]의 아들. 어머
니는 천명부인(天明夫人)으로 진평왕의 딸. 비는 문명부인(文明夫人)으로,
각찬[角飡, 角干(각간)] 김서현(金舒玄)의 딸, 즉 김유신(金庾信)의 누이동생
문희(文姬).

진덕여왕(28대) 시대 관등은 이찬. 진덕여왕이 승하하자 신하들이 처음에는 왕
위 계승자로서 상대등 알천(閼川)을 천거.

➔ 상대등 알천이 자신의 고령과 덕행의 부족함을 들어 사양하고 김춘추를 천
거. 김춘추가 추대를 받아 신라 중대 왕실(中代 王室)의 첫 번째 왕으로 즉위.

➔ 김춘추의 등극 배경에는 왕위에서 폐위된 진지왕계와 신라에 항복해 새로이
진골 귀족에 편입된 금관가야계 간의 정치적·군사적 결합이 있었다. 진지왕
계인 김용춘·김춘추는 김유신계의 군사적 능력이 필요했고 금관군주 김구
해계(金仇亥系)인 김서현·김유신은 김춘추계의 정치적 위상이 필요했음.

➔ 642년(선덕여왕 11) 신라의 서방 요충지인 대야성(大耶城: 지금의 경상남
도 합천)이 백제에게 함락되고 김춘추의 사위인 김품석(金品釋) 부부의 죽음
은 김춘추가 대외적인 외교 활동을 전개하는 직접적인 동기임. 대야성에서
의 원한을 갚기 위해 고구려에 원병을 요청(진흥왕 때에 신라가 고구려로부
터 공취한 한강 상류 유역의 영토 반환 문제로 인해 거부당함, 김춘추는 고
구려에 억류당했다가 탈출).

➔ 김춘추는 647년 구귀족 세력인 상대등 비담(毗曇)의 반란을 진압(구귀족집
단의 대표자인 비담이 선덕여왕을 옹립하고 있는 신귀족집단을 제거하기 위
해 일으킨 것임, 김춘추·김유신계의 신귀족 세력이 30여 명을 숙청, 정변의

와중에 선덕여왕이 타계하자, 신귀족은 구귀족과 제휴하여 진덕여왕을 즉위시키고, 구귀족 세력의 대표인 알천을 상대등에 임명, 이후 김춘추를 중심으로 외교 활동을 전개하여 활로를 모색).

➜ 김춘추는 고구려와의 동맹 관계 수립에 실패하자, 당나라와의 관계를 강화하기 위해 648년(진덕여왕 2) 당나라에 가서 적극적인 친당 외교를 추진. 당태종은 백제 공격을 위한 군사 지원을 약속.

➜ 김춘추에 의한 친당 정책은 650년(진덕여왕 4) 신라가 중고 시대에 두루 사용하던 자주적인 연호를 버리고 당나라 연호인 영휘(永徽)를 신라의 연호로 채택한 일로 입증되었음.

➜ 김춘추는 귀국 후 왕권 강화를 위한 일련의 내정 개혁을 주도. 649년 중조의관제(中朝衣冠制)의 채택, 651년 왕에 대한 정조하례제(正朝賀禮制)의 실시, 품주(稟主)의 집사부(執事部)로의 개편 등 한화 정책(漢化 政策)을 추진. 김춘추가 주도한 내정 개혁의 방향은 당나라를 후원 세력으로 하여 왕권 강화를 실제적으로 구현하는 것.

친당 외교와 내정 개혁을 통해 신장된 신귀족 세력의 힘을 기반으로 김춘추는 진덕여왕 타계 후 화백회의에서 섭정으로 추대. 구귀족 세력의 대표인 상대등 알천을 배제하여 즉위에 성공.

➜ 김춘추는 할아버지인 진지왕(25대, 진흥왕 차남)이 폐위된 것을 거울 삼아 화백회의에 의한 추대 형식을 선택. 구귀족으로부터 신귀족으로의 권력 이양과 왕위 계승의 합법성 내지 정당성을 유지.

➜ 무열왕은 즉위 후 아버지 김용춘을 문흥대왕(文興大王)으로, 어머니 천명부인을 문정태후(文貞太后)로 추증.

➜ 이방부격(理方府格) 60여 조를 개정하여 율령 정치(律令 政治)를 강화.

➜ 655년(태종무열왕 2) 원자(元子)인 법민(法敏)을 태자에 책봉. 아들 문왕(文王)을 이찬으로, 노차(老且 또는 老旦)를 해찬(海湌)으로, 인태(仁泰)를 각찬(角湌)으로, 지경(智鏡)과 개원(愷元)을 이찬으로 승급시켜 권력 기반을 강화.

➜ 656년 당나라에서 귀국한 김인문(金仁問)을 군주(軍主)에, 658년 당나라로

부터 귀국한 문왕을 집사부 중시(中侍)에 임명하여 직계 친족에 의한 지배 체제를 구축.

➡ 즉위에 기여한 김유신을 660년 상대등으로 임명(태종무열왕이 즉위하기 전인 중고 시대의 상대등은 귀족회의의 대표자로서 왕권을 견제하는 존재이거나 왕위 계승 경쟁자로서의 자격자).

친당 외교를 통해 당나라를 후원 세력으로 삼고 내정에서는 측근 세력의 정치적 포석을 통해 왕권을 안정시킨 다음, 고구려·백제에 대한 전쟁을 수행.

➡ 655년 고구려가 백제·말갈(靺鞨)과 연합해 신라 북경 지방의 33성을 공취하자 신라는 당나라에 구원병을 요청. 당나라의 정명진(程名振)과 소정방(蘇定方)의 군대가 고구려를 공격.

➡ 659년 백제가 신라의 변경 지방을 자주 침범하므로 당나라의 군사를 청해 660년부터 본격적인 백제 정벌을 추진. 3월 소정방을 비롯한 수·륙(水陸)군 13만 명이 백제를 공격하여, 5월 태종 무열왕은 태자 법민과 유신·진주(眞珠)·천존(天存) 등과 친히 정병(精兵) 5만 명을 이끌고 당군의 백제 공격을 응원. 7월 김유신이 황산벌(黃山之原)전투에서 계백(階伯)이 이끄는 5,000명의 백제군을 격파하고 당군과 연합해 백제의 수도인 사비성(泗沘城)을 함락. 웅진성(熊津城)으로 피난 했던 의자왕과 왕자 부여융(扶餘隆)의 항복으로 백제는 멸망(신라의 숙원이던 백제 병합을 실현하여 한반도 통일의 계기를 맞이함).

➡ 사비성이 함락된 후, 9월 당나라는 유인원(劉仁願)이 이끄는 1만 명과 김인태(金仁泰)가 이끄는 7,000명의 군대를 주둔시킴. 10월 백제 지역의 이례성[尒禮城: 지금의 충청남도 논산(論山)] 등 20여 성이 항복. 11월 백제에서 돌아온 왕은 백제 정벌에서 전사한 자들과 전공을 세운 자들을 포상. 백제의 관료들에게 신라의 관등을 주어 관직에 보임.

신라가 백제를 정벌하는 동안 고구려는 660년 신라의 칠중성[七重城: 지금의 경기도 파주시 적성(積城)면]을 공격. 661년 고구려 장군 뇌음신(惱音信)이 말갈군과 연합해 술천성[述川城: 지금의 경기도 여주(驪州)]과 북한산성을 공격.

➡ 성주인 대사(大舍) 동타천(冬陀川)이 방어하자 대나마(大奈麻)로 관등이 승격. 압독주[押督州: 지금의 경상북도 경산(慶山)]를 대야[大耶: 지금의 경상남도 합천(陜川)]로 다시 옮기고 아찬(阿飡) 종정(宗貞)을 도독에 임명.

➡ 시호는 무열(武烈), 묘호(廟號)는 태종(太宗).

⭐ 김유신[金庾信: 595(진평왕 17)~673(문무왕 13), 일명 흥무대왕]

➡ 신라의 삼국 통일에 중심적인 역할을 담당한 장군·대신(大臣). 증조부는 532년(법흥왕 19) 신라에 투항한 금관가야의 구해왕. 할아버지는 무력(武力), 아버지는 서현(舒玄). 어머니는 만명부인(萬明夫人). 어머니의 증조부는 지증왕(22대), 할아버지는 진흥왕(24대)의 아버지인 입종갈문왕(立宗葛文王), 아버지는 숙흘종(肅訖宗). 숙흘종(김유신의 외조부)은 만명(김유신의 모친)을 감금하면서까지 서현(김유신의 부친)과의 혼인을 반대. 《삼국사기》는 서현(김유신 부친)과 만명(김유신 모친)이 야합(野合)했다고 기록.

➡ 숙흘종(김유신의 외조부)이 만명을 감금한 곳에 갑자기 벼락이 떨어져 만명이 탈출하여 서현과 다시 만나게 되었다는 설화도 전승.

➡ 김유신은 누이(문명왕후: 문무왕 김법민과 김인문의 생모)가 김춘추(金春秋: 태종무열왕)와 사통하여 임신하자 누이를 화형(火刑)시키려고 했다. 그 사실을 안 선덕여왕이 나서서 극적으로 혼인을 성사시켰음.

➡ 김유신의 아내 지소부인(智炤夫人)은 태종무열왕의 셋째 딸. 지소부인과의 사이에서 다섯 아들[삼광(三光), 원술(元述), 원정(元貞), 장이(長耳), 원망(元望)]과 네 딸을 두었다. 서자로서 군승(軍勝)이 있었다. 손자로는 윤중(允中)·윤문(允文)이 있었고, 현손으로는 그의 행록(行錄) 10권을 지었다는 장청(長淸)이 있었다. 아우로는 삼국 통일 전쟁기에 장군으로 활약한 흠순(欽純)이 있다. 윤중의 서손(庶孫) 암(巖)은 둔갑술과 병법에 능했음.

➡ 15세에 화랑이 되어 용화향도(龍華香徒)라 불리던 자신의 낭도(郎徒)를 이끌었다.

➡ 629년 34세 때에 고구려 낭비성(娘臂城)을 공격. 중당당주(中幢幢主)로 출

전하여 단신으로 적진에 돌입한 후 신라군의 사기를 북돋워 크게 승리함.

➔ 642년 김춘추가 고구려의 동맹을 도모하러 떠날 때 김유신은 압량주(押梁州 : 지금의 경상북도 경산)의 군주였음.

➔ 644년 소판(蘇判)이 된 후, 그 해 9월 상장군 겸 백제 원정군의 최고 지휘관이 되어 가혜성(加兮城), 성열성(省熱城), 동화성(同火城) 등 7개 성을 점령. 이듬 해 정월 원정에서 돌아오자마자 백제가 매리포성(買利浦城)에 침입하였다는 급보를 받고, 가족도 만나지 않은 채 다시 출전하여 승리. 그 해 3월 귀환하기 전에 또 백제의 침입으로 출전.

➔ 당시 전열을 정비하여 즉시 떠나게 되자, 문 밖에 나와 기다리는 가족들을 돌아보지도 않고 50보쯤 지나쳐 말을 멈춘 뒤, 집에서 물을 가져오게 하여 마시고는 "우리 집 물에 아직도 예전 같은 맛이 있다."라고 말하고 출발. 이에 군사들이 모두 이르기를, "대장군도 이러하거늘 우리들이 어찌 가족과 떨어짐을 한스럽게 여기겠는가?" 하고는 분발하여 나아가니, 백제군이 그 기세만 보고도 퇴각함.

➔ 647년 귀족 내부의 반란을 진압. 반란 세력의 우두머리는 당시 귀족회의의 장인 상대등 비담(毗曇). "여왕은 정치를 잘 할 수 없다."라고 주장하며 명활성(明活城)을 거점으로 월성(月城)의 왕족 세력을 공격. 반란군과 대치한 지 8일 만에 선덕여왕이 죽는가 하면, 흉조라고 믿어지던 유성(流星)이 월성 쪽에 추락하여 관군의 사기는 위축됨. 김유신은 새로 등극한 진덕여왕과 귀족들을 진정시키며, 종교적인 제전과 계략으로 관군의 사기를 북돋워 반란군과의 결전에서 승리. 반란이 진압된 뒤 상대등이 된 알천(閼川)은 신라의 전통적 귀족임. 《삼국사기》에는 비담의 반란 후 진덕여왕 대에 치러진 세 차례의 대규모 전투가 기록되어 있음[그 전투들에서 최고 지휘관은 김유신, 진덕여왕 1년(647)과 2년에 벌어진 전투에서 압량주 군주로서 전투를 지휘, 진덕여왕 3년 백제의 대대적인 침입을 막기 위하여 중앙군으로 편성된 군단을 지휘, 백제의 지휘관급 100명과 군졸 8,900여 명을 죽이거나 사로잡고 전투용 말 1만 필을 노획, 대장군 김유신의 지휘 아래 진춘(陳春), 죽지(竹旨), 천존(天存) 등이 활약].

- 654년 신라 군대 통수부의 중심적 위치에 서서 새 왕의 추대에 중요한 역할을 수행(진덕여왕이 죽자 당시 귀족회의에서는 상대등이던 알천을 왕으로 추대. 그러나 다음 왕에 즉위한 이는 김춘추, 곧 태종무열왕).
- 태종무열왕과는 젊어서부터 친분(누이동생이 태종무열왕의 비)이 있었음. 642년에 목숨을 건 맹세(김춘추가 고구려로 향할 때)를 함.
- 《삼국유사》에는 중요 국사를 결정하던 4영지회의(四靈地會議)의 구성원으로 알천, 임종(林宗), 술종(述宗), 호림(虎林), 염장(廉長), 유신이 열거되어 있음. 수석의 위치는 상대등 알천이 차지하였으나, 4영지회의의 구성원들은 김유신의 위엄에 복종.
- 태종무열왕의 즉위 후 김유신의 정치적 위상도 상승. 태종무열왕의 즉위 다음 해 그의 관등이 대각간(大角干)으로도 등장. 그 해 10월 태종무열왕의 셋째 딸인 지소와 혼인.
- 660년 정월 귀족회의의 수뇌인 상대등이 되어, 삼국 통일 전쟁 과정에서 신라를 이끄는 중추적 역할을 수행함. 그 해 그는 신라군을 이끌고 당나라 군대와 함께 백제를 정복.
- 태종무열왕에 이어 문무왕(30대, 김법민)이 즉위한 뒤에도 김유신의 정치적 위상은 지속적으로 유지됨. 661년(문무왕 1) 6월 고구려 원정에서 고구려 평양성을 공격하다가 군량이 떨어져 곤경에 처한 당나라 군대를 지원하기 위해 고구려 중심부까지 왕복하는 결사적인 수송 작전을 전개(당나라 군대가 퇴각하자 이듬 해 정월 고구려군의 추격을 물리치고 귀환).
- 663년 백제부흥군과 그들을 지원하는 왜(倭)의 연합 세력을 격파. 664년 백제 유민이 사비성에서 봉기하자 은밀한 계책을 일러 주어 평정. 신라와 당나라 연합군이 고구려를 멸망시킨 668년 신라군의 총사령관 격인 대총관(大摠管)으로 활약[왕경(王京)에 남아 원정을 떠난 문무왕을 대신하여 신라 국내 통치를 담당].

문무왕과 생구 관계(甥舅 關係: 장인-사위 관계). 고구려 원정군의 수뇌인 김인문(문무왕의 동생)과 김흠순(김유신의 동생)도 생질과 아우 사이.

- 고구려를 평정한 직후 다시 한 등급을 높인 '태대서발한(太大舒發翰)'에 제수되고, 여러 가지 특전을 받았다.

- 672년 석문(石門) 벌판의 전투에서 신라군이 당나라에 참패했을 때 문무왕이 그에게 조언을 구했다고 하는 기록이 있음.

- 당나라는 665년 그를 봉상정경 평양군 개국공 식읍 2,000호(奉常正卿 平壤郡 開國公 食邑 二千戶)로 봉하는 등 계속 회유함.

- 연속되는 출정 중에 가족들이 기다리는 집 앞을 돌아보지도 않고 지나친 일이나 혹독한 추위 속의 행군에 군사들이 지치자 어깨를 드러낸 채 앞장섰다는 일화, 그리고 아들인 원술이 당나라군과의 전투에서 패배하고 도망쳐 오자 왕에게 참수형에 처할 것을 건의하고 끝까지 용서하지 않은 일 등은 김유신의 남다른 단면들임.

- 사후 흥덕왕(《삼국유사》에는 경명왕으로 기록되어 있음)은 그를 흥무대왕(興武大王)으로 추봉.

✪ 삼국 통일을 위한 외교전과 김인문

- 김인문(金仁問)의 별칭은 '자'인 인수(仁壽). 629(진평왕 51)~694(효소왕 3). 신라 삼국 통일기의 장군이자 외교관.

- 무열왕의 둘째 아들로, 문무왕의 친동생. 유가서(儒家書)를 많이 읽었고, 장자·노자·부도(浮屠: 불교)의 책도 섭렵. 예서를 잘 썼고 무예 및 향악(鄕樂)에도 능했다.

- 김춘추(金春秋)와 김유신(金庾信)을 도와 백제·고구려 정벌에 나섰고, 여생을 당나라에서 보내며 양국 간 정치적 분규의 해결과 중재에 기여.

- 그가 태어난 7세기 전반기는 신라가 안으로는 진평왕(26대)이 정치제도를 정비하고 있었지만, 밖으로는 신라의 팽창에 대항하여 백제와 고구려가 결속하면서 양국이 신라를 적극적으로 공격하고 있었다.

- 김춘추는 김유신 계열과 결속하여 신흥 세력을 이끌면서 선덕여왕과 진덕여왕을 세워 구귀족의 반발을 무마. 642년(선덕여왕 11) 백제의 대야성(大耶城: 지금의 합천) 함락은 김춘추·김유신 가문의 결속을 촉진시키는 계기가 되었음.

◈ 김춘추는 고구려 원병에 실패하고 또 일본 방문에서도 아무런 결실을 거두지 못하자, 적극적인 친당 정책을 선택. 648년(진덕여왕 2) 아들 김문왕(金文王)을 대동하고 당나라에 들어가 군사 원조의 약속을 얻어낸 뒤 김문왕으로 하여금 숙위(宿衛)로 당나라에 머물게 하였다.

◈ 651년 김인문은 동생 김문왕과 교대하여 숙위로 파견되어 당나라 조정에 머물면서 양국 간의 현안을 중개하는 임무를 담당[23세에 당나라에 가서 좌령군위장군(左領軍衛將軍)이라는 관작을 받은 후 5년간 머물면서 백제 정벌에 따른 구체적 문제를 협의].

◈ 656년(무열왕 3)에 귀국하여 아버지 태종무열왕의 즉위에 따른 일들을 주도함. 당나라 숙위는 다시 김문왕으로 교대되고, 귀국과 동시에 압독주(押督州)의 군주(軍主)가 되어 장산성(獐山城)의 축조를 감독함.

◈ 658년 다시 당나라에 가서 660년 백제 정벌의 당나라 측 부사령관인 신구도행군 부대총관(神丘道行軍 副大摠管)으로서 사령관인 소정방(蘇定方)을 도와 수군과 육군 13만으로 구성된 백제 정벌군을 지휘. 당군의 선봉을 이끌고 덕물도(德勿島: 지금의 덕적도)에 도착. 기벌포(伎伐浦: 지금의 충청남도 장항)에서 백제군을 무찌른 뒤, 7월 김유신 군대와 연합하여 백제를 정벌. 소정방이 의자왕, 태자 융(隆) 및 고관 93인과 1만 2,000여 명의 포로를 데리고 당나라로 돌아가자, 김인문도 사찬(沙湌) 유돈(儒敦), 대나마(大奈麻) 중지(中知) 등과 함께 숙위를 계속함.

◈ 661년(문무왕 1) 6월 귀국하여 고구려 정벌의 시기와 방법 등을 통고. 7월 고구려 정벌을 위한 임시군을 편성, 진주(眞珠), 흠돌(欽突)과 대당장군(大幢將軍)으로 활약. 8월 김유신의 진두 지휘 아래 고구려를 정벌. 추격하는 고구려군을 격파하여 1만여 수급을 얻는 대전과로, 김유신과 김인문은 본피궁(本彼宮: 신라 시대의 관서)의 재화, 전장(田庄), 노복(奴僕) 등을 논공행상으로 반씩 나누어 받았다.

◈ 662년 7월 제4차 입당. 664년 백제의 왕자 융과 함께 귀국하여 백제 구귀족을 회유 및 포섭. 웅진 도독(熊津 都督)으로 임명된 융과 웅진에서 만나 천존(天存)·유인원(劉仁願)과 함께 화친의 맹약을 맺어 백제부흥운동을 저지.

→ 664년 7월 군관(軍官) 품일(品日)과 함께 일선(一善)과 한산(漢山)의 군대와 웅진성의 병마를 이끌고 고구려 정벌. 첫 전과는 돌사성(突沙城)의 함락임.

→ 665년 숙위하던 김문왕이 죽자, 제5차로 당나라에 가서 이듬 해 당나라 고종(高宗)을 따라 태산에서 봉선하고, 우요위 대장군이 되었다.

→ 666년 삼광(三光)·한림(漢林)과 숙위를 교대하고 귀국하여 이적(李勣)의 고구려 정벌을 위해 신라 측이 협조할 사항을 전달.

→ 668년 6월 당나라 고종의 칙지를 가지고 당항진에 도착한 유인궤(劉仁軌)와 삼광을 맞아들여 최종적인 고구려 정벌 전략을 수립. 흠순, 천존 등과 함께 대당총관(大幢摠管)이 되어 김유신을 도와 북진을 시작. 김유신이 풍병(風病)으로 출정하지 못하자 신라군 사령관으로서 이적의 당군과 함께 9월에 평양성을 함락. 이적의 당군이 고구려의 왕과 왕자 복남(福男)·덕남(德男) 및 대신 등 20여만 명과 함께 귀환할 때, 대아찬(大阿湌) 조주(助州)와 함께 다시 당나라에 갔다. 대각간(大角干)의 버슬을 받고, 계속 숙위로 당나라에 머물면서 양국 간 분쟁을 조정.

→ 당나라의 영토적 야욕을 간파한 신라는 백제·고구려 잔민을 앞세워 당군을 공격하는 등 대대적인 배당운동(排唐運動)을 전개[양국 간의 대립은 671년의 설인귀(薛仁貴)의 항의 서한과 왕의 답서에 기록되어 있음.].

→ 674년 신라가 고구려의 반란민을 받아들이고 백제의 고토를 잠식하면서 노골적인 대당 항쟁을 계속하자, 당나라는 왕의 관작을 삭탈하고 김인문을 신라왕으로 세우고 유인궤를 계림도대총관(鷄林道大摠管)으로, 이필(李弼)과 이근행(李謹行)을 부관으로 임명하여 공격. 왕(30대 문무왕)이 형식상 사죄 사절을 보내자 김인문도 중도에 돌아가 임해군(臨海君)으로 봉해졌다. 여생을 당나라에서 보내며 양국 간의 정치적 분쟁을 조정.

→ 679년에 진군대장군 행우무위위 대장군(鎭軍大將軍 行右武威衛 大將軍), 690년(신문왕 10)에 보국대장군 상주국 임해군 개국공 좌우림군 장군(輔國大將軍 上柱國 臨海郡 開國公 左羽林軍 將軍)으로 각각 봉해짐.

→ 694년(효소왕 3) 4월 당나라 수도에서 타계(65세).

→ 당나라는 여황제 시대를 맞이함. 측천무후(則天武后: 624~705, 재위 690~

705)는 당나라 고종[628~683, 재위 649~683(나당군사동맹은 당 태종 말엽인 648년에 결성, 28대 진덕여왕의 재위 기간은 647~654)] 이치의 황후(3년 연상)이며 무주(武周)를 건국하였음. 중국 역사상 최초이자 유일무이한 여황제.

➜ 당나라에서는 사례시 대의서령(司禮寺 大醫署令) 육원경(陸元景)으로 하여금 그의 유해를 신라까지 호송토록 함.

➜ 효소왕(32대)에 의해 태대각간으로 추증. 무덤은 경상북도 경주시 서악동에 있다.

✪ 문무왕(30대, 재위 661~681)

➜ 성은 김씨(金氏), 이름은 법민(法敏). 태종무열왕의 원자. 어머니는 소판(蘇判) 김서현(金舒玄)의 작은딸이자, 김유신(金庾信)의 누이인 문명왕후(文明王后). 비(妃)는 자의왕후(慈儀王后)로 파진찬(波珍飡) 선품(善品)의 딸.

➜ 진덕여왕 때 고구려와 백제의 압력에 대항하기 위해 당(唐)나라에까지 가서 외교 활동을 펼침. 부왕 태종무열왕 때 파진찬으로 병부령(兵部令)을 지냄(얼마 뒤 태자로 책봉).

➜ 660년(태종무열왕 7) 태종무열왕과 당나라의 소정방(蘇定方)이 연합해 백제를 정벌할 때 종군. 661년 태종무열왕이 삼국을 미처 통일하지 못하고 죽자 즉위하여 삼국 통일의 과업을 완수. 문무왕이 재위한 21년 동안은 거의 백제부흥군, 고구려 그리고 당나라와의 전쟁의 연속.

➜ 문무왕은 즉위하던 해인 661년 옹산성(甕山城: 지금의 대전광역시 대덕구)과 우술성(雨述城)에 웅거하던 백제 잔적(殘賊)을 정복하고 그곳에 웅현성(熊峴城)을 축조.

➜ 663년(문무왕 3) 백제의 거열성[居列城: 지금의 경상남도 거창(居昌)], 거물성(居勿城), 사평성(沙平城), 덕안성(德安城)의 백제 잔적을 정벌.

➜ 백제의 옛 장군인 복신(福信)과 승려인 도침(道琛)이 일본에 있던 왕자 부여풍(扶餘豊)을 왕으로 추대하고 주류성[周留城: 지금의 충청남도 한산(韓山), 또는 부안(扶安)]에 근거를 두고 웅진성(熊津城)을 공격하자, 문무왕은 김유

신 등 28명의 장군과 함께 당나라에서 파견되어 온 손인사(孫仁師)의 증원병과 연합해 백제부흥군의 본거지인 주류성을 비롯해 여러 성을 함락. 지수신(遲受信)이 항거하던 임존성[任存城: 지금의 충청남도 대흥(大興)]마저 정복하여 백제부흥운동을 종식시킴. 665년 백제 왕자로 당나라의 지원을 받던 웅진 도독(熊津 都督) 부여융(扶餘隆)과 화맹(和盟)을 맺음.

➲ 당나라와 연합해 고구려를 정벌. 즉위 해에 당나라가 소정방으로 고구려를 침공하게 하는 한편, 김유신을 비롯한 김인문(金仁問)·진주(眞珠) 등의 장군을 이끌고 당군의 고구려 공격에 호응. 대동강을 통해 고구려의 평양성(平壤城)을 공격하던 소정방의 당군이 연개소문(淵蓋蘇文)의 항전으로 고전하자, 662년 김유신을 비롯한 9명의 장군의 지휘 아래 당군에게 군량까지 보급했으나 소정방은 퇴각.

➲ 문무왕은 666년 다시 고구려를 정벌하고자 한림(漢林)과 삼광(三光)을 당나라에 보내 군사를 청해 667년 이세적이 이끄는 당군과 연합해 평양성을 겨냥한 뒤, 668년부터 본격적으로 고구려를 공격. 당군이 신성[新城: 지금의 무순(撫順)], 부여성(扶餘城) 등 여러 성을 차례로 공격해 쳐부수고 압록강을 건너 평양성을 포위, 공격하자 문무왕도 6월 김유신, 김인문, 김흠순(金欽純) 등이 이끄는 신라군을 당나라 진영에 파견해 당군과 함께 평양성을 공격. 9월에 보장왕(寶臧王)이 항복.

➲ 당나라는 고구려를 멸망시킨 뒤, 점령지의 원활한 지배를 위해 평양의 안동도호부(安東都護府)를 중심으로 9도독부, 42주, 100현을 두고 통치. 그러나 고구려 유민(遺民)의 항쟁으로 지지부진. 수림성(水臨城) 사람으로서 대형(大兄)인 검모잠(劍牟岑)은 보장왕의 서자인 안승(安勝)을 왕으로 세우고 고구려부흥운동을 전개. 670년 안승은 검모잠을 죽인 다음 4,000호를 이끌고 신라로 망명. 문무왕은 그를 금마저[金馬渚: 지금의 익산(益山)]에 머무르게 하고, 고구려왕[高句麗王: 뒤의 보덕왕(報德王)]에 봉하였다.

➲ 신라는 백제와 고구려의 옛 땅에 대한 지배권을 차지하기 위해 당나라와 새로운 전쟁을 치르지 않을 수 없었다. 문무왕이 옛 백제 땅인 금마저에 안승을 맞아들인 것도, 고구려부흥운동과 연결해 당나라 및 당나라와 결탁한 웅

진 도독 부여융의 백제군에 대항하려는 의도임.

↪ 문무왕은 670년 품일(品日), 문충(文忠) 등으로 하여금 신라군을 이끌고 63개 성을 공격하도록 함. 그곳의 인민을 신라의 영토로 옮기고, 천존(天存) 등은 7개 성을, 군관(軍官) 등은 12개 성을 함락.

↪ 671년 죽지(竹旨) 등이 가림성[加林城: 지금의 충청남도 부여군 임천(林川)]을 거쳐 석성[石城: 지금의 임천(林川) 동쪽]전투에서 당군 3,500명을 죽였다. 당나라의 행군총관(行軍摠管) 설인귀(薛仁貴)가 신라를 나무라는 글을 보내오자, 문무왕은 신라의 행동이 정당함을 주장하는 글을 보냈다. 사비성[泗沘城: 지금의 충청남도 부여(扶餘)]을 함락하고 소부리주(所夫里州)를 설치, 아찬(阿飡) 진왕(眞王)을 도독에 임명, 옛 백제 땅에 대한 지배권을 장악. 같은 해 바다에서는 당나라의 운송선 70여 척을 공격.

↪ 고구려의 옛 땅에서도 신라와 당나라가 전투. 신라가 백제의 고지를 완전 점령한 뒤에 침략해 온 당군과의 전투가 가장 치열.

↪ 672년 이후 당나라는 백제와 고구려를 멸망시킬 때와 마찬가지로 대군을 동원해 침략해 옴으로써 신라는 한강에서부터 대동강에 이르는 각지에서 당군과 여러 차례 충돌함.

↪ 당나라는 674년 유인궤(劉仁軌)를 계림도대총관(鷄林道大摠管)으로 삼아 침략해 옴과 동시에, 문무왕의 동생 김인문을 일방적으로 신라왕(新羅王)에 봉해 문무왕을 모욕함.

↪ 신라의 당나라에 대한 항쟁은 675년 절정에 이름. 그 해에 설인귀는 당나라에 숙위하고 있던 풍훈(風訓)을 안내자로 삼아 침공했으나 신라 장군 문훈(文訓)이 격파(1,400명을 죽이고 병선 40척, 전마 1,000필을 탈취). 이근행(李謹行)이 20만 명의 대군을 이끌고 침략하자 신라군이 매초성[買肖城: 지금의 양주(楊州)]에서 격파(매초성의 승리는 북쪽 육로를 통한 당군의 침략을 저지하는 효과를 거두었음).

↪ 676년 해로로 계속 남하하던 설인귀의 군대를 사찬(沙飡) 시득(施得)이 기벌포(伎伐浦)에서 격파(신라는 서해의 해상권을 장악).

↪ 당나라는 676년 안동도호부를 평양에서 요동성[遼東城: 지금의 요양(遼陽)]

으로 이동. 신라는 대동강에서 원산만에 이르는 이남의 영토에서 지배권을 장악(한반도 통일).

➔ 문무왕이 재위한 21년 동안 8명의 인물[잡찬(迊飡) 문왕(文王), 문훈, 진복(眞福), 지경(智鏡), 예원(禮元), 천광(天光), 춘장(春長), 천존]이 행정 책임자로서 집사부 중시(中侍)를 지냄. 문무왕은 문왕·지경·예원 등 형제들을 중시에 임명함으로써 왕권의 안정을 도모(통일전쟁 수행).

➔ 671년, 672년 병부(兵部)·창부(倉部)·예부(禮部)·사정부(司正府) 같은 중앙 관부의 말단 행정 담당자인 사(史)의 인원을 늘림. 지방 통치를 위해서는 673년 진흥왕 대에 이미 소경(小京)을 설치한 중원(中原)에 성을 축조했으며, 통일 후인 678년 북원소경(北原小京)을, 680년에 금관소경(金官小京)을 두어 왕경(王京)의 편재에서 오는 불편함을 극복하고, 신문왕 대에 완성되는 5소경제(小京制)의 기틀을 마련함.

➔ 삼국 통일 후 신라 군사 조직의 근간은 신라민과 피정복민으로 구성된 중앙의 9서당(誓幢)과 지방의 9주에 설치된 10정(停). 9서당은 대체로 신문왕(31대) 대에 완성되는 것이지만, 9서당 중에서 백금서당(白衿誓幢)은 문무왕이 백제 지역을 온전히 점령한 다음 해인 672년 백제민으로 조직. 같은 해에 장창당(長槍幢)을 두었는데 이것은 693년(효소왕 2)에 비금서당(緋衿誓幢)이 되었다. 이로써 9서당 편제의 기초를 확립. 672년 기병을 위주로 하는 지방군제의 하나인 5주서(州誓)를 설치.

➔ 675년 백사(百司)와 주군(州郡)의 동인(銅印)을 제작, 반포. 시호는 문무(文武)이며, 장지는 경상북도 경주시 감포(甘浦) 앞바다의 해중 왕릉(海中 王陵)인 대왕암(大王巖).

✪ 선덕여왕과 진덕여왕: 삼국 통일의 토대를 마련
선덕여왕(善德女王): 제27대 국왕(재위: 632~647)

➔ 일명 덕만(德曼), 덕만공주(德曼公主), 선덕왕(善德王), 선덕여대왕(善德女大王). 성은 김씨(金氏), 이름은 덕만(德曼). 26대 진평왕(眞平王)의 장녀. 어머니는 마야부인(摩耶夫人)(석가모니의 생모 이름에서 유래, 진평왕이 결정).

진평왕이 아들이 없이 죽자 화백회의(和白會議)에서 그녀를 왕위에 추대하고, '성조황고(聖祖皇姑)'란 호를 올렸다. 즉, 선덕여왕(善德女王)이 즉위할 수 있었던 것은 '성골(聖骨)'이라는 특수한 왕족 의식이 배경이 되었기 때문임.

◆ 즉위하던 해인 632년 대신 을제(乙祭)에게 국정을 총괄하게 하고, 전국에 관원을 파견해 백성들을 진휼(賑恤).

◆ 633년 주(州)·군(郡)의 조세를 1년간 면제해 주는 등 일련의 시책으로 민심을 수습. 634년 분황사(芬皇寺), 635년 영묘사(靈廟寺)를 세웠다.

◆ 634년 인평(仁平)이라는 독자적인 연호를 사용, 중고(中古) 왕실의 자주성을 견지함. 즉위 이후 거의 매년 당나라에 조공 사신을 파견. 고구려와 백제의 신라에 대한 공격이 빈번해짐에 따라 당나라와 연합함으로써 국가를 보존하려는 자구책의 일환.

◆ 642년부터 본격적으로 고구려와 백제가 침공. 642년 백제 의자왕의 침공으로 서쪽 변경에 있는 40여 성을 빼앗기고, 신라의 한강 방면 거점인 당항성(黨項城: 지금의 화성시 남양읍)도 고구려·백제가 침공. 백제 장군 윤충(允忠)의 침공으로 낙동강 방면의 거점인 대야성[大耶城: 지금의 경상남도 합천(陜川)]이 함락됨.

◆ 고구려, 백제의 침공으로 국가적 위기에 직면한 선덕여왕은 김유신(金庾信)을 압량주[押梁州: 지금의 경상북도 경산(慶山)] 군주(軍主)로 임명해 백제의 공격을 방어하고, 643년 당나라에 사신을 파견해 구원을 요청.

◆ 당나라에서 유학하던 자장(慈藏)에게 귀국을 요청. 자장은 귀국 후 선덕여왕과 왕실의 적극적인 후원으로 정치권에 개입하여 활발한 정치적 활동을 수행. 자장은 불교 사상을 왕권 강화책으로 활용하여 선덕여왕의 권위와 통치력에 대한 새로운 위상을 정립. 그 권위의 상징물로 호국 중심 사찰인 황룡사(皇龍寺)에 선덕여왕 14년(645) 황룡사 9층 목탑(皇龍寺 九層 木塔)을 건립. 이 목탑은 높이 80m의 거대한 불탑임. 자장은 신라가 과거세부터 불교와 인연이 깊은 '유연불국토(有緣佛國土)'라고 하였으며, 강원도 오대산을 문수보살(文殊菩薩)의 상주처로 설정해 신라 불국토 사상(佛國土 思想)과 호국 사상을 일치시켜 불력과 통합된 정치력으로 신라 왕실의 위기를 극복.

- 신라의 구원 요청을 받은 당 태종(太宗)은 신라 사신에게 "여왕이 통치하기 때문에 권위가 없어 고구려·백제 양국의 침범을 받게 되었다."라는 문제점을 지적하고, 고구려에 대해서는 644년 사신을 파견해 외교적으로 견제했으나 연개소문(淵蓋蘇文)이 거부.

- 당 태종이 지적한 여왕 통치의 문제점은 신라 정계에 파문을 일으켜 647년 1월 상대등(上大等) 비담(毗曇)과 염종(廉宗) 등 진골(眞骨) 귀족들이 여왕이 정치를 잘못한다는 것을 구실로 반란을 일으킴.

- 김춘추(金春秋)와 김유신이 진골 귀족들의 반란을 진압. 선덕여왕은 진골 귀족이 일으킨 내란의 와중에 재위 16년 만에 타계. 시호(諡號)를 선덕이라 하고, 낭산(狼山)에 안장.

⭐ 진덕여왕(眞德女王): 제28대 국왕(재위 647~654)

- 이름은 승만[勝曼, 끌 만(曼)][선덕여왕의 이름은 덕만(德曼)], 승만(勝曼)공주, 김승만(金勝曼), 진덕왕(眞德王)

- 신라시대 3인의 여왕[27대 선덕, 28대 진덕, 51대 진성(재위 887~897, 경문왕과 문의왕후 김씨의 딸: 헌강왕과 정강왕의 여동생)] 중 한 사람으로서 선덕여왕(善德女王)의 유언에 의해 즉위했다. 진평왕(眞平王)의 친동생[同母弟]인 국반갈문왕(國飯葛文王)의 딸. 어머니는 월명부인(月明夫人) 박씨(朴氏).

- 즉위하던 해(647)에 선덕여왕 말년에 반란을 일으켰던 비담(毗曇)을 비롯한 30인을 붙잡아 처형하고, 알천(閼川)을 상대등(上大等)에 임명.

- 사신을 파견해 당나라와의 외교 관계를 지속(당나라의 힘을 빌려 고구려와 백제를 견제하기 위한 정책).

- 고구려와 백제는 진덕여왕이 즉위하면서부터 계속적으로 신라를 침공. 신라는 압독주[押督州: 지금의 경상북도 경산(慶山)] 군주(軍主)이던 김유신(金庾信)을 중심으로 백제의 공격을 방어.

- 648년(진덕여왕 2) 김춘추(金春秋)를 당나라에 파견. 군사적 지원을 요청하는 청병 외교(請兵 外交)와 당나라와의 외교 관계를 공고히 하는 숙위 외교(宿衛 外交)를 전개.

- 김춘추가 당나라에서 외교 활동을 벌인 결과, 신라는 신라 문제에 대해 소극적이던 당나라 태종(太宗)으로부터 군사적 지원을 약속받는 데 성공.
- 김춘추 일파의 주도 아래 당나라의 정치제도와 문화를 모방한 대규모 정치 개혁을 단행[한화 정책(漢化 政策)]. 649년 의관을 중국식으로 하는 중조의 관제(中朝衣冠制)를 실시. 650년 진덕여왕 즉위 직후부터 사용해 오던 독자적 연호인 태화(太和)를 버리고 당나라 고종(高宗)의 연호이던 영휘(永徽)를 사용하기 시작. 중국의 관제(官制)와 연호(年號)의 사용은 김춘추의 건의에 따라 이루어진 것으로 당나라의 선진 문물을 수용한다는 측면이 있음.
- 651년 백관(百官)이 왕에 대해 행하는 정조하례제(正朝賀禮制)를 실시. 종래의 품주(稟主)를 개편(稟主)하여 국왕 직속의 최고 관부로서 집사부(執事部)를 설치하고, 품주의 본래 기능은 신설된 창부(倉部)로 이관. 파진찬(波珍飡) 죽지(竹旨)를 승진시켜 집사부의 수장인 중시(中侍)에 임명한 후 기밀 사무를 일임(상대등으로 대표되는 귀족 세력을 배제하고 김춘추를 포함한 여왕 지지 세력의 정치적 기반을 확고히 하려는 정치 개혁).
- 시위부(侍衛府)를 개편.
- 진덕여왕은 왕권 안정을 위해 집사부를 설치, 율령 체제를 운영하는 좌이방부(左理方府)의 신설, 각 행정 관부의 체계화 등 개혁을 통해 왕권 중심의 중앙 집권적 귀족관료 체제를 지향.
- 진덕여왕은 654년 즉위한 지 8년 만에 타계.

1982년 중국 시안 근교에 있는, 당나라 태종(太宗: 재위 626~649)의 무덤인 소릉(昭陵) 주변에서 14국군장 석상(十四國君長 石像) 중 하나인 진덕여왕 석상으로 추정되는 석상의 하반신 일부가 출토.

- 14국군장 석상은 태종 연간에 국가와의 침탈 전쟁, 영토 확장, 외교 관계에서 이룩해 놓은 업적을 찬양하기 위해 돌궐(突厥)·토번(吐蕃)·구자(龜玆)·고창(高昌)·신라 등 14개국의 수장들의 형상을 담은 석상을 만들어 소릉 아래에 세운 것임. 석상 좌대에 '신라낙랑군왕 김진덕(新羅樂浪郡王 金眞德)'이라는 명문이 새겨져 있음. '낙랑군왕'은 진평왕 47년(武德 7년, 624)에 당나라

로부터 받은 관함으로 선덕여왕·진덕여왕 때에도 이 관함을 계속 승계함.

→ 2002년 섬서성고고연구소와 소릉박물관(昭陵博物館) 발굴·조사팀은 석상이 발견된 부근에서 '신라…군(新羅…郡)', '덕(德)' 등의 명문이 새겨진 진덕여왕 석상 좌대(座臺) 잔편(殘片)을 발견함. 이에 따라 1982년에 발굴된 석상은 진덕여왕 석상의 하반신 일부로 추정됨. 14국의 군주들 가운데 여성은 진덕여왕이 유일함. 남성 군주 석상의 복식 형태는 전반적으로 단출하고 투박한 느낌을 주는 반면에 진덕여왕 석상의 복식 형태는 전반적으로 화려하고 아름다운 느낌을 줌.

(출처: 《한국민족문화대백과》)

고구려와 백제가 경쟁적으로, 혹은 연합하여 신라를 협공하자 신라는 국가 존망의 위기로 인식하여 당나라의 힘을 빌려 보고자 했다.

그 결과로 당나라의 위정자들은 신라를 고리로 한반도 지배를 염두에 두게 되고 결국 신라의 지원군 요청을 수락했다. 그렇게 해서 먼저 백제가 망하자 고구려는 더 이상 버티지 못한 채 망국의 길을 걷게 되었다. 백제가 입술이라면 고구려는 치아였던 셈. 순망치한(脣亡齒寒)의 고사성어가 그대로 적중한 꼴이다. 그리고 당연히 신라의 우려 그대로 당나라는 한반도 영구 지배를 획책하려고 백제 땅과 고구려 땅에 식민 통치 기구를 설치했다.

하지만 지극히 당연하게 백제와 고구려는 각각의 부흥운동과 부흥운동을 위한 무력 투쟁에 나서게 되었다. 그 결과 처음에는 나당연합군이 두 번째 동맹군을 구성하여 각각의 부흥군에 대항할 수밖에 없었다. 그리고 각각의 부흥군이 스스로 약화되거나 신라에 항복함으로써 신라는 당나라군의 축출에 본격적으로 나서게 되었고 당나라는 신라를 꺾은 후 한반도를 직접 지배하려는 계획을 세운 후 이를 가시화하였다. 그렇게 해서 통일외교와 통일전쟁에 몸 바쳤던 태종무열왕(김춘추)은 역사의 뒤안길로 사라지고 그 자리를 문무왕과 김유신 등이 떠맡아 당나라 군대를 한반도에서 영구히 몰아내고 마침내 삼국 통일의 위업을 완수하게 되었다. 하지만 고대 국가 시대의 통일은 중세, 근대와 많이 달랐을 것이다. 즉, 통일이라는 말 그대로 모든 것을 통합하고 동질화, 단일화하는 식이 아니라 당대의 여러 특성상 정치적·군사적 위협 요인을 없앴다는 차원에서 통일이라고 부를 수 있을 것이다.

백제의 고유성, 고구려의 고유성은 지정학적 구조나 두 국가의 오랜 역사에 비추어 의외로 견고하고 뿌리가 매우 깊었을 것이다. 신라인의 생활상은 곧바로 한반도를 터전으로 삼은 당대인들 전체의 생활상이었을 것이다.

그러나 통일 이전의 신라인과 통일 이후의 신라인은 180도로 달랐을 것이다. 신라와 신라인은 중심이고 나머지 통합된 지역과 지역민들은 겨우 변방, 변방민으로 남겨졌을까? 아니면, 통일신라의 유능한 통합력으로 과거의 백제, 과거의 고구려가 성공적으로 신라라는 테두리 안, 통일신라라는 새로운 국가 안으로 녹아들고 외형적·내면적으로 순탄하게 혼합되었을까?

쉽지는 않았을 것이다. 6백 년 이상 된 나라들인데 어떻게 한순간에 없던 것이 되고 그래서 순식간에 동화되고 융화될 수 있었겠는가? 더욱이 당시는 교통, 통신, 지휘, 통제가 그렇게 간단하지는 않았을 것이다. 그리고 한반도의 모든 공동체는 물론이고 당시는 대체로 소규모 공동체가 기반이었기에 비록 백제, 고구려는 없어졌어도 원래의 씨족 단위, 부족 단위 등이 확대된 좀 더 큰 범위의 세력은 얼마든지 존립할 수 있었을 것이다.

그래서 신라가 비록 통일을 이뤄내기는 했지만, 신라 스스로도 연맹체 국가 형태를 벗어날 수 없었다. 중앙의 왕권과 왕 주위의 세력가들, 지방의 호족들이 서로 힘을 늘리고 보태며 중앙의 왕권을 위협하고 약화시켰던 것이다.

그런 결과가 통일신라를 약화시키고 급기야는 '통일이 부담이 되고 재앙이 되는 희한한 지경에 처하게 되었을 것'이다.

호랑이 등에 올라탄 통일이고 사나운 짐승을 잠시 휘어잡은 통일이라면 결코 통일답게 굴러갈 수도 없고 그리고 그 통일 자체마저도 제대로 지키기 힘들 것이다. 한 마디로, 통일신라가 바로 그런 형태였다.

애써 통일은 이뤄냈지만, 그 통일의 열매가 고루 퍼지지 못하고 그리고 오래 가지도 못했다. 백제권, 고구려권이 들썩거리고 급기야 신라 내부에서마저도 원심력이 구심력을 짓눌렀다. 통합을 가로막는 분열 현상, 중앙 집권을 무력화하는 지방 분권화, 지방의 세력화가 그 속도를 높여가고 그 정도를 심화시켜 갔던 것이다.

〈역사는 정반합의 복사판이다. 하나가 흥하면 반드시 그에 맞먹는 새로운 것이 등장하여 잠시 양립하고 공존하다가 급기야 제3의 새로운 현상, 새로운 세력이 출현하여 그 둘을 없앤 후 새 길을 닦게 되는 것이다. 정반합 논리, 정반합 이치의 핵심은 그 어떤 것도 원하는 만큼 오래 갈 수 없고 애쓴 만큼 오래 버틸 수 없다는 것이다. 삼국 통일의 위업 그 자체는 결코 낮게 평가할 수 없지만, 그 후의 현상, 그 후의 역사 전개는 그 통일과 전혀 무관한 또 다른 현상이고 앞엣것들과 전혀 다른 새로운 길일 수밖에 없다는 것이다. 쉽게 말해, 하나가 현실이 되면 다른 것은 역사가 되고 과거가 된다. 그리고 그 현실 또한 어느 정도 지속하면 자동적으로 다른 것에 파묻히고 가려져서 음지 속으로 들어가고 무덤 속으로 사라지게 된다. 현실과 역사, 역사와 현실이 맞물리고 서로 교대하며 또 다른 현실을 만들어내고 그리고 그 현실의 끝에서 미래가 가냘픈 꽃봉오리처럼 슬며시 열리는 것이다. 그래서 개인의 생로병사(生老病死)와 공동체의 영고성쇠(榮枯盛衰)는 너무도 닮아 있다.〉

어쨌거나, 신라인들의 생활상을 엿보려면 먼저 신라의 온갖 제도가 어떻게 태어나고 굴러가고 사라졌는가를 꼼꼼하게 살펴야 한다. 정확한 자료는 없더라도, 그리고 각 제도가 가진 장·단점이 불분명하더라도 일단 그런 이름만이라도 알려지고 전해진 것이 천만다행이다. 이름만 들어도 요즘의 제도에 맞춰 정치, 사회, 경제, 문화… 이런 식으로 나눌 수 있기 때문이다. 그리고 모든 공동체가 엇비슷하듯이 신라 공동체의 공통점과 차별점 등을 오늘날의 것들과 견줘가며 함께 사색하고 상상하고 추정할 수 있는 것이다.

신라의 대표적 제도들

1. 골품제도

골품제도는 6~7세기경 신라 조정에 의해 법제화된 이래 삼국 통일을 거쳐 멸망

될 때까지 3백여 년간 신라의 정치와 사회를 규제하는 대본(大本)이었음. 이 제도는 왕경 6부민을 대상으로 개인의 혈통의 존비에 따라 정치적인 출세, 혼인, 가옥의 크기, 의복의 빛깔, 우마차(牛馬車)의 장식 등 여러 가지 특권과 제약을 가한 신분제도임. 세습적인 성격, 제도 자체의 엄격성은 인도의 카스트제도와 흡사.

✪ 골품제도: 형성과 계통

- ➥ 골품제도는 신라에 복속된 성읍국가 혹은 연맹왕국의 지배층을 왕경에 옮겨 6부제로 편성한 뒤 중앙 집권적인 지배 체제를 정비하는 과정에서 신분 등급을 매기면서 제정.

- ➥ 원시씨족제도 내지 족장층의 사회적 기반으로, 등급 구분의 원리는 혈연적·씨족적인 유대를 토대로 하였다.

- ➥ 골품제도로 왕족을 대상으로 한 골제(骨制)와 왕경 내의 일반 귀족을 대상으로 한 두품제(頭品制)를 하나의 체계로 통합.

- ➥ 골품제도는 두 개[성골(聖骨)과 진골(眞骨)]의 골과 육두품에서 일두품에 이르는 여섯 개의 두품을 합쳐 8개의 신분으로 분류.

- ➥ 최종적인 완성 시기는 7세기 중엽.

✪ 골품제도: 성골과 진골

- ➥ 성골은 김씨 왕족 중 왕이 될 수 있는 최적의 신분임.

- ➥ 선덕여왕(27대)을 이은 진덕여왕(28대)(태종무열왕 김춘추가 왕위를 승계)을 끝으로 성골은 소멸됨.

- ➥ 진골도 성골과 같은 왕족. 처음에는 왕이 될 자격이 없었으나 성골이 소멸되자 김춘추(29대 태종무열왕) 때부터 왕위에 올랐다. 김춘추(29대 태종무열왕) 이후 신라가 멸망할 때까지 모든 왕은 진골임. 같은 왕족이면서도 양자가 구별된 이유는 명확하지 않음.

- ➥ 김씨 왕족 이외에 전(前) 왕족이자 중고 시대의 왕비족으로도 생각되는 박씨족이나 혹은 신라에 의해 병합된 비교적 큰 국가의 왕족들에게도 진골 품계를 부여.

- 본 가야의 왕족이나 고구려의 왕족 출신인 보덕국왕(報德國王) 안승(安勝)은 모두 김씨 성을 받고 진골에 준하는 대우를 받았다.
- 이들은 '신김씨(新金氏)'라 하여 본래의 신라 왕족과는 구별되었지만, 진골 대우를 받음으로써 김씨 왕족과도 통혼함.

⭐ 두품제
- 진골 아래의 여섯 개의 신분은 뒤에는 크게 상하 두 계급으로 구별.
- 6두품, 5두품, 4두품은 하급 귀족으로서 관료가 될 수 있었으나, 3두품, 2두품, 1두품은 그렇지 못하여 일반 평민과 같았다.
- 관료가 될 수 있는 계급이라도 그 특권은 제 각각임.
- 진골 다음 신분인 6두품은 일명 '득난(得難)'으로 불릴 만큼(신라의 문필가 최치원이 자신과 집안의 내력을 말하며 스스로 득난이라고 정의) 얻기 힘들었음. 본래의 신라국을 형성한 여섯 씨족장 가문의 후예 또는 신라에 복속되어 왕경 6부에 편입된 여러 성읍국가의 지배층 후손들이었을 것임.
  이들은 영(令)을 장관직으로 하는 중앙의 제1급 행정 관부의 장관이나 혹은 6정·9서당 등 주요 군대의 지휘관인 장군이 될 수 없었다.
  관리나 군인이 되는 길을 포기하고 유학자 혹은 승려가 되는 길을 택하기도 하였다. 원효(元曉), 최치원(崔致遠) 등이 6두품 출신임.
- 5두품과 4두품은 6두품에 비해 낮은 관직을 얻었다.
- 3두품, 2두품, 1두품은 점차 세분된 의미를 상실. 9세기경 평인(平人), 백성이라 통칭.

⭐ 골품제도의 변천
- 골품제도는 본래 8등급으로 구분.
- 성골이 소멸하고 평민의 등급 구분이 없어지며 '진골·6두품·5두품·4두품·백성'의 5등급으로 정리.
- 834년(흥덕왕 9)에 제정된 거기(車騎)·기용(器用)·옥사(屋舍)에 대한 사용 제한 규정에서 보면, 4두품은 백성과 같은 규제를 받았음을 알 수 있다.

- 인도의 카스트제도처럼 골품제도도 최고 신분인 성골·진골은 엄격히 지켜졌으나, 4두품 이하의 하층 신분은 오랜 기간에 걸쳐 계급의 이동이 있었을 것임.

- 평민이라고 하더라도 일단 골품제도에 편입된 사람들은 왕경에 사는 사람만으로 제한. 왕경 사람들은 지방 사람들 위에 군림하는 지배자적인 위치에 있었음. 골품제도는 이를 합법화하기 위한 왕경 지배자 공동체의 배타적인 신분제도임.

- 지방민은 노예나 부곡민(部曲民) 등 천인 계층과 골품제도 밖의 탈락 계층이었을 것임.

✪ 골품제도와 정치적 규제

- 골품에 따라 정치적·사회적으로 누릴 수 있는 특권에 차등을 둠. 가장 중요한 규정이 정치적 진출에 대한 것임.

- 골품제도는 신분에 따라 일정한 관직에 나갈 수 있는 자격을 규정한 관등의 상한선을 설정하여 정치적 진출을 제한. 신라의 관등제도는 골품제도에 앞서 법흥왕(23대) 때에 완성됨.

- 왕경인을 위한 경위제도(京位制度)와 지방민을 위한 외위제도(外位制度)의 이원적인 체계로 구성.

- 삼국 통일을 전후한 시기에 외위제도를 폐지하고 경위제도로 일원화. 진골은 최고 관등인 이벌찬(伊伐飡)까지 오를 수 있었으나 6두품은 제6관등인 아찬(阿飡)까지, 5두품은 제10관등인 대나마(大奈麻)까지, 4두품은 제12관등인 대사(大舍)까지로 승진의 한계를 정하였다.

- 집사부의 장관직인 중시나 중앙의 제1급 행정 관부의 장관직인 영은 제5관등인 대아찬 이상의 관등을 가진 자만이 취임할 수 있었으므로, 장관직은 진골 귀족의 독점물이었음.

- 6두품은 차관직에 오르는 것이 고작. 5두품과 4두품은 각기 제3등 관직인 대사와 그 이하 관직인 사지(舍知), 사(史)에 한정되었을 것임.

- 이러한 원칙은 주요 군부대·지방 관직에도 적용.

✪ 골품제도와 사회적 규제

➲ 골품제도는 정치적 규제에 그치지 않고, 사회적 규제 또한 엄격하였음.

➲ 원칙적으로 같은 신분 내에서만 결혼이 가능(최고 신분에 속하는 사람들은 배우자를 구하기 어려웠을 것). 진덕여왕(28대)이 혼인하지 않은 이유가 왕실 안에서 성골 신분의 남성을 구할 수 없었기 때문이라는 추측도 가능함.

➲ 같은 진골이라도 김씨 왕족은 뒤에 왕경으로 이주해온, 신라에 의해 병합된 조그만 나라의 왕족 후예와의 혼인을 꺼려했음.

➲ 거처할 수 있는 가옥의 크기에까지 적용. 834년의 규정에 따르면 진골의 경우라도 방의 길이와 너비가 24척(尺)을 넘지 못하며, 6두품, 5두품, 4두품은 각기 21척, 18척, 15척을 넘지 못하도록 하였다.

➲ 옷 빛깔에서는 제5관등인 대아찬 이상, 제9관등인 급벌찬(級伐飡) 이상, 제11관등인 나마(奈麻) 이상, 제17관등인 조위(造位) 이상이 각기 자색(紫色), 비색(緋色), 청색(靑色), 황색(黃色)의 복장을 하도록 규제. 이는 진골, 6두품, 5두품, 4두품 신분에 각기 상응함.

➲ 우차의 자재 및 장식, 일상생활 용기들이 골품에 따라 각기 다르게 규정

➲ 골품제사회에서 주도권을 행사하고 있던 것은 최고의 특권을 누리고 있는 진골.

2. 신라의 정치제도

· 신라의 정치제도는 삼국 통일 직후인 신문왕[31대, 재위 681~692, 문무왕의 장남] 때에 최종적으로 완성.

· 마립간 시대(17대 내물마립간~21대 소지마립간)까지 거슬러 올라갈 수 있다. 마립간 시대의 정치 운영 방식과 관제는 뒷날의 화백제도(和白制度) 및 관등제도에 영향을 미침.

· 관등제도는 6세기 초 법흥왕(23대) 때에 크게 정비됨. 관등의 원류는 연맹왕국시대에 이미 관직으로서 기능. 제1·2관등인 이벌찬과 이척찬[伊尺飡, 일명 伊飡(이찬)]은 법흥왕 때 상대등직이 신설될 때까지는 수상에 해당하는 관직

이었음. 제4관등 파진찬(波珍飡)은 해관(海官)이나 수군(水軍) 지휘관의 직명이었을 것임.

· 관등의 관직적 성격은 6세기 이래 집권 체제가 정비되면서 점차 사라졌으나, 완전하게 정지되지 않은 채 관직의 제도화를 저해하는 요인으로 작용. 법흥왕 이후 관등과 관직이 분리된 뒤에도 대사·사지 등 관등 명칭은 집사부 등 주요 관부의 제3·4등 관직 명칭으로 병용.

✪ 정치제도와 중앙행정제도

➜ 중앙의 통치 조직을 보면 법흥왕[23대, 재위 514~540, 22대 지증왕의 원자] 때부터 정비되었음.

➜ 법흥왕(23대) 초기인 516~517년경 중앙의 제1급 행정관부로서는 처음으로 병부(兵部) 설치.

➜ 531년 귀족회의 의장으로서의 상대등제도를 채택.

➜ 진흥왕[眞興王: 24대, 526~576, 재위 540~576, 지증왕의 손자로, 법흥왕의 아우 입종갈문왕(立宗葛文王)의 아들, 어머니는 법흥왕의 딸 김씨, 왕비는 박씨] 때인 544년 관리의 규찰을 맡은 사정부(司正府)를 설치.

➜ 565년에는 국가의 재정을 맡은 품주를 설치.

➜ 신라의 행정 기구 발달에 획기적인 시기는 진평왕[眞平王: 26대, 재위 579~632, 진흥왕의 장손, 숙부인 진흥왕의 차남 25대 진지왕(眞智王: 재위 576~579) 승계] 때임.

➜ 581년 인사행정을 담당하는 위화부(位和府), 583년 선박과 항해를 담당하는 선부(船府)를 신설.

➜ 584년 공부(貢賦)를 맡은 조부(調府)가 품주(재정 담당 기구)로부터 분리·독립. 승여(乘輿)·의위(儀衛)를 담당하는 승부(乘府)를 설치.

➜ 586년 의례와 교육을 담당하는 예부(禮部) 등을 창설.

➜ 580년대의 관제 조직상의 특징은 새로운 관부가 창설된 것, 각 관청 간의 분업 체제가 확립된 것, 소속 직원의 조직화 경향이 있었다는 것 등임.

➜ 진덕여왕[28대, 재위 647~654, 진평왕의 친동생인 국반갈문왕(國飯葛文

王)의 딸, 선덕여왕의 사촌] 때에는 김춘추 일파가 당나라의 정치제도를 모방한 대규모 정치 개혁을 단행.

651년 종래의 품주(재정 담당 기구)를 개편, 국왕 직속의 최고 관부로서 집사부를 설치하고, 품주의 본래 기능은 신설된 창부(倉部)로 이관. 입법과 형정(刑政)을 담당하는 이방부(理方府) 설치.

667년(문무왕 7) 또 하나의 이방부를 설치하여 종래의 것은 좌이방부, 신설된 것은 우이방부로 개편. 예부와 사신 접대를 담당하는 영객부(領客府)의 지위를 상향.

개혁 작업은 김춘추가 태종무열왕[604~661, 제29대(재위 654~ 661)]으로 즉위한 뒤에도 계속 추진. 삼국 통일 직후인 686년(31대 신문왕 6) 토목·영선(營繕)을 담당하는 예작부(例作府) 설치를 끝으로 일단 완성.

➲ 제1급 행정관부의 관원 조직 확충. 관원 조직이 영·경(卿), 병부는 大監·대사·사의 4단계이던 것을 685년 대사와 사의 중간에 사지를 신설, 5단계 조직으로 완성. 개편, 완성된 행정 기구들은 신라가 멸망할 때까지 계속 유지.

➲ 759년[35대 경덕왕(33대 성덕왕의 3남)] 18) 모든 관부와 관직의 명칭을 중국식으로 고친 일은 있었으나 귀족들의 반발로 17년 만인 776년[36대 혜공왕(35대 경덕왕의 아들) 12]에 본래대로 환원.

➲ 통일 이후 행정 기구 자체에는 큰 변동이 없었으나, 기능이나 지위는 약간 변화.

➲ 9세기 들어 종전의 내성(內省) 일국(一局)에 불과하던 어룡성(御龍省)이 승격, 독립해 일종의 섭정부(攝政府)로 등장(801). 국왕의 문필(文筆) 비서 기관인 세택(洗宅)이 중사성(中事省)으로 승격해 집사성(執事省: 執事部가 개칭됨) 장관인 시중(侍中: 中侍가 개칭됨)을 견제하는 형태로 변화.

➲ 48대 경문왕(재위 861~875)·49대 헌강왕(재위 875~886) 때에는 문한(文翰) 기구의 비중이 커져 서서원(瑞書院), 숭문대(崇文臺) 등에 학사(學士)·직학사(直學士) 직제를 설치.

✪ 정치제도와 화백제도

- ➔ 신라의 정치에서 가장 주목할 현상은 합좌제도(合坐制度)의 운영임.

- ➔ 회의체를 화백이라 했는데, 기원은 연맹왕국 시대의 정사당(政事堂) 혹은 남당(南堂)임. 화백제도가 뚜렷한 형태를 띠기 시작하는 것은 23대 법흥왕(재위 514~540) 때 의장인 상대등직이 설치된 이후의 일.

- ➔ 진골 귀족 출신의 대신이라 할 수 있는 대등[大等, 혹은 大衆等(대중등)]으로서 구성되는 화백회의에서는 왕위의 계승과 폐위, 다른 나라에 대한 선전포고, 그 밖에 불교의 공인과 같은 국가의 중대사들을 결정. 회의에서 만장일치에 의해 의결하는 것이 원칙.

- ➔ 중대한 국사를 의논할 때에는 왕경 사위(四圍)의 청송산(靑松山, 동쪽)·오지산(亐知山, 남쪽)·피전(皮田, 서쪽)·소금강산(小金剛山, 북쪽) 등 영지(靈地)를 택했다.

- ➔ 합좌제도의 존재는 당시의 정치 형태가 귀족연합적인 성격인 점에서 연유.

- ➔ 귀족회의의 주재자로서의 상대등은 진골 중에서도 이척찬(1품)과 같은 높은 관등의 인물이 임명되어 귀족 세력과 왕권 사이에서 권력을 조절하는 역할을 수행.

- ➔ 상대등은 국왕의 교체와 거취를 같이 함으로써 국왕과의 관계에서 권력과 권위를 서로 보완하는 존재. 귀족의 통솔자, 대변자, 대표자라는 독특한 지위. 상대등은 정당한 왕위 계승자가 없을 경우 왕위를 계승할 제일 후보자.

- ➔ 집사부의 설치를 계기로 국가의 정무를 분담하는 새로운 관부가 만들어지자 어느 관청에도 소속되지 않는 상대등의 존재 의의는 감소. 통일기에 들어와 왕권이 강화되자 상대등으로 상징되던 화백의 권위는 약화.

- ➔ 합좌제적인 정치 운영의 전통은 변형된 형태로 잔존.

- ➔ 집사부와 사정부·예작부·선부 등 몇몇 관부를 제외한 주요 관청의 장관직인 영이 대개 2명 이상의 복수로 되어 있음(합좌제적 요인).

- ➔ 장관직이 겸직의 형태로 소수의 진골 귀족에 의해 독점되었던 통일기 신라의 정치가 기본적으로 합의에 의해 운영되었음을 암시.

✪ 정치제도와 지방행정제도

⤷ 지방의 통치 조직은 점령 지역의 확보책으로서 설치.

⤷ 지방의 촌(村)에 도사(道使) 파견. 22대 지증왕[智證王: 437~514, 재위 500~514, 17대 내물왕의 증손, 21대 소지왕의 6촌, 23대 법흥왕의 부친] 때 정비.

⤷ 505년 지방제도로서 주군(州郡)제도를 실시. 군정적(軍政的) 성격을 띠어 군사상의 필요에 따라 때때로 중심을 이동.

⤷ 큰 성에 설치한 주(州)의 장관은 군주(軍主), 중간 정도의 성에 설치한 군의 장관은 당주(幢主). 군주는 총관(摠管)·도독(都督)으로, 당주는 태수(太守)로 각각 변경.

⤷ 몇 개의 촌을 장악한 작은 규모의 성은, 통일기에 들어와 현(縣)으로 개편.

⤷ 장관 명칭은 현의 크기에 따라 현령 혹은 소수(小守)로 명명.

⤷ 6세기 전반기 신라의 사정을 기록한 중국 정사인 《양서(梁書)》「신라전」에는 왕경 안에 여섯 개의 탁평(啄評), 지방에 52개의 읍륵(邑勒)이 존재한다고 기록되어 있음. 이 읍륵을 군으로 보아도 좋을 것임.

⤷ 주군제도는 한꺼번에 전국적으로 실시된 것은 아니었다. 505년 실직주[悉直州: 지금의 강원도 삼척(三陟)] 1개 설치. 525년 사벌주[沙伐州: 지금의 경상북도 상주(尙州)], 550년대에 신주[新州: 지금의 경기도 광주(廣州)]·비사벌주[比斯伐州: 일명 하주(下州)라고도 하며 지금의 경상남도 창녕(昌寧)], 비열홀주[지금의 함경남도 안변(安邊)] 등을 차례로 설치.

⤷ 주군제도와 별도로 왕경을 모방해 특수행정 구역으로서 소경을 설치. 소경은 514년 아시촌[阿尸村: 그 위치는 안강, 함안, 의성(安康, 咸安, 義城) 등임]에, 557년 국원[國原: 지금의 충청북도 충주(忠州)]에, 639년 하슬라[何瑟羅: 지금의 강원도 강릉(江陵)]에 각각 설치.

⤷ 소경에는 왕경 6부의 진골을 비롯한 주민들이 집단으로 이주. 주군이 군정적 거점인 반면, 소경은 정치적·문화적 중심지 성격. 소경은 주군을 견제, 감시하는 듯한 기능도 수행.

⤷ 장관은 사신[仕臣: 일명 사대등(仕大等)]이라 하여 중앙에서 파견.

➔ 삼국 통일 이전의 소경제도를 통일 이후에 정비.

✪ 통일에 따른 지방제도의 개편

➔ 지방 통치 조직은 삼국 통일에 따른 영토의 확대로 크게 개편.

➔ 685년 9주·5소경제도로 완성. 9주는 중국의 옛 우왕(禹王) 때의 제도를 모방한 것임.

➔ 신라·백제·고구려의 옛 땅에 각기 3개의 주를 설치. 주 밑에는 전국에 117~120개의 군과 293~305개의 현을 설치.

➔ 5소경은 국토의 동서남북 방향에 맞추어 정비. 이는 왕경이 동남쪽 한끝에 너무 치우쳐 있는 결함을 보완하려는 뜻임.

➔ 통일기의 지방 통치 조직의 변화. 주군제도는 종전의 군정적 성격이 현저하게 줄어들어 행정적 성격을 강화. 군현에 파견되는 외관(外官)으로는 문관 출신을 적극 등용함.

➔ 신라가 약 1세기 동안 치열한 전쟁 끝에 삼국 통일을 달성함으로써 비로소 안정되었음을 말해주는 것임.

➔ 주·군·현과 소경 밑에는 촌(村)·향(鄕)·부곡(部曲)이라는 더욱 작은 행정 구역을 설치. 촌은 양인이 사는 몇 개의 자연촌이 합쳐져서 이루어진 행정 촌. 지방의 토착 세력가를 촌주(村主)로 임명해 현령을 도와 촌락 행정을 맡게 하였다.

➔ 향·부곡은 촌과는 구별된 듯하다.

3. 신라의 군사제도

· 신라는 처음에 왕경 6부의 소속원을 군인으로 징발. 6부병을 편성, 왕경을 수비.

· 6세기 들어 중앙 집권적인 귀족국가로 발전. 국왕은 전국적인 군대의 총사령관으로서 강력한 군사 지휘권을 장악. 국왕은 직접 군대를 이끌고 전투에 참전. 귀족 출신의 무장을 대신 전장에 파견한 사례도 있음.

· 국왕 지휘에 따라 부대를 편성했을 가능성이 있음. 독립된 단위 부대를 군기

(軍旗)의 뜻을 가진 당(幢)이라고 불렀고 그 지휘관을 당주(幢主)라고 한 것에
서 추정.

✪ 6정(停)의 설치와 군사제도

➜ 신라의 군사제도는 삼국 간의 항쟁이 격화된 24대 진흥왕(眞興王: 526~
576, 재위 540~576) 때부터 본격 정비.

➜ 544년 왕경 6부민을 단위로 편성했던 부대를 통합해 대당(大幢)을 편성한
다음 왕경 주위의 6개 주둔 지역에 분산 배치. 이는 중고 시대 군사력의 기
본이 되는 6정(停)의 효시임.

➜ 24대 진흥왕 전성기인 550년대 영토의 비약적인 확장과 더불어 크게 변화.
점령지에 주를 설치하고, 주마다 군단을 설치.

➜ 그 결과 종전의 대당(大幢) 이외에 상주정[上州停:《삼국사기》에는 뒤에 귀당
(貴幢)으로 개편되었다고 했으나, 실은 귀당은 한동안 상주정과 병존했던 별
개의 군단으로 생각됨], 신주정[新州停: 한산정(漢山停)의 전신임], 비열홀정
[比列忽停: 우수정(牛首停)의 전신임], 실직정[悉直停: 하서정(河西停)의 전
신임], 하주정[下州停: 완산정(完山停)의 전신임]의 6정(停: 머물 정)을 편성.

➜ 6정 군단은 주치(州治)에 배치되어 주의 이동과 함께 소재지 이동. 대당(大
幢)을 제외한 5개의 정(停)은 모두 지방민을 징발해 편성된 부대로 추정. 6
정(停) 외에 비중이 큰 군단으로 법당(法幢)이 있었다.
창설 연대를 알 수 없으나 6세기 전반경으로 추정. 지방의 성과 촌을 단위로
설치된 듯하다.

➜ 궁성을 수비하는 군사 조직으로 624년(26대 진평왕 46) 시위부(侍衛府)를
조직. 삼국 통일 이전에는 이 같은 핵심 부대 외에 국왕 혹은 귀족 무장이 개
인적으로 군대를 가려 모아서 편성한 소모병(召募兵)이 있었다.

➜ 544년에 설치된 것으로 짐작되는 삼천당(三千幢)은 국왕에 의해 왕경인 가
운데서 모집하여 편성한 부대로 삼국 통일 후 군제 재편성 과정에서 10정
(停) 군단의 모태가 되었음.

➜ 소모병(召募兵)은 583년에 서당(誓幢)이, 625년에 낭당이 설치되어 점차 증

가. 이들 부대의 병사들은 군인이 되는 것을 명예로운 권리로 생각해 전투에 임할 때에는 목숨을 돌보지 않고 용전.

✪ 화랑제도와 군사제도

➔ 6정(停) 군단의 보충을 위해 군사 조직에 화랑도(花郎徒) 같은 청소년단체를 포함. 화랑도의 원류는 성읍국가 시대의 촌락 공동체 내부에서 발생한 청소년 조직으로 추정.

➔ 진흥왕(24대) 대에 대규모의 군단이 편성될 때 반관반민의 성격을 띠는 조직으로 개편.

➔ 화랑도는 단순한 군사 조직 이상의 성격을 지니고 있었음.

➔ 화랑집단은 원광 법사의 세속오계(世俗五戒)에서 볼 수 있는 충(忠)과 신(信) 등 사회윤리 덕목을 바탕으로 일정 기간 수련. 삼국 통일을 이룩하게 되는 7세기 중엽까지의 1세기 동안 국난기에 필요한 시대 정신을 이끌며 무사도의 현양(顯揚)에 기여.

➔ 화랑 출신인 사다함(斯多含), 김유신, 김흠운(金欽運), 관창(官昌) 등의 무용담은 신라 무사도의 귀감이 되었음.

➔ 통일신라 시대 초기의 역사가인 김대문(金大問)은 《화랑세기(花郎世記)》에서 화랑도를 "현명한 재상과 충성된 신하가 여기서 솟아나오고, 훌륭한 장수와 용감한 병사가 이로 말미암아 생겨났다."라고 평했다.

✪ 9서당(誓幢)·10정(停)제도와 군사제도

➔ 삼국 통일 후 신라의 군사제도에 큰 변화가 있었음. 중앙군인 9서당(誓幢), 지방 주둔군인 10정(停), 기타 많은 부대를 편성.

➔ 주요 개편은 문무왕(30대)·신문왕[神文王: 31대(재위 681~692), 문무왕의 차남] 때에 실현.

➔ 9서당(誓幢)은 신라 사람 이외에 백제와 고구려의 피정복민을 포함해 구성된 군단. 신라민으로는 종전의 서당(誓幢)과 낭당을 각각 개편해 두 개의 군단 편성. 672년 조직한 장창당(長槍幢)을 693년(효소왕 2) 비금서당(緋衿誓

幢)으로 개칭.

- 9서당(誓幢)에 포함하여 도합 3개의 군단을 조직. 백제민으로 전후 2개 군단 조직. 고구려민으로 3개 군단 조직. 말갈민으로 1개 군단을 조직.
- 고구려민으로 구성된 3개 군단 중에는 신라의 보호국으로 금마저(현재의 전라북도 익산)에 세워졌던 보덕국의 성민(城民)으로 구성된 군단 2개도 포함됨.
- 결국 9서당은 피정복민으로 조직된 군단의 수가 전체의 3분의 2를 차지. 9서당(誓幢)은 신라 통일기의 최대 군단이자 가장 중요한 군사력이었음.
- 10정(停)은 9주(州)에 각각 하나씩 정(停)을 둔다는 원칙 아래 고루 배치.
- 한주(漢州)는 국경 지대에 위치. 국경 지대는 지역 자체가 넓었기 때문에 2개의 정(停)을 배치.
- 10정(停)은 국방 및 지방의 치안 확보에 중요한 군사 조직임.
- 9주(州) 가운데 다섯 주(州)에 배치된 군대로 5주서(州誓)가 있었다. 이는 기병집단이었던 것으로 추정.
- 국경 지대에는 3개의 변수당(邊守幢) 등 여러 군사 조직을 배치.

삼국 통일과 신라의 군사제도

- 도시국가들의 통합전쟁이 시작된 시기는 대략 기원전 1세기경임. 전쟁은 점점 치열해져 5~7세기는 처절한 전쟁의 세기가 되었음.
- 무려 800년 만에 전쟁이 종료됨. 마침내 평화가 찾아왔고, 신라는 한반도의 3분의 2를 지배하는 진정한 영역 국가로 변신.
- 통일은 신라에 두 가지 시대적 과제를 던졌다. 이제 한 국민이 된 고구려·백제 유민을 포괄하는 보편적 틀을 갖춰야 했다. 이를 위해서는 전쟁기에 임시변통으로 만들고 운영한 체제를 일신해서 체계적이고 일관적인 구조로 개편해야 했다.
- 통일전쟁기까지의 신라 국가제도를 살펴보면, 국가의 규모가 작은 탓인지 당장 필요한 기관만 설치하거나 임시변통으로 급조한 기구가 많았다는 것을 알 수 있다.

➜ 초기 신라의 주력 부대는 서라벌 6부에 바탕을 둔 6부병임. 영토가 늘어나고 왕권도 확장되면서 군도 확장됐는데, 명칭은 오히려 6부병에서 2부병이라는 더 협소한 명칭으로 바뀌었다.

➜ 원래는 6부족의 연합군이라는 6부병에서 국가의 군대를 상징하는 새로운 명칭으로 바뀌어야 정상인데, 6부 중 국왕을 배출하는 최상위 2부족의 군대라는 명칭으로 바뀐 것이다.

✪ 통일전쟁이 격렬해지자 이런저런 명칭들을 지닌 군단들이 막 생겨났다.

➜ 544년(진흥왕 5) 2부병을 대당(大幢)으로 개편해서 국가의 군대다운 명칭을 갖추었다. 귀당이란 부대도 생겼는데, 귀당이 나중에 상주정이 되었다.

➜ 같은 해에 전국에서 3,000명의 자원자를 모아 편성한 3,000당이란 특수군단을 창설했다. 나중에는 사천당이 생겼고, 전쟁이 더 격렬해지자 낭당(幢), 급당(急幢)이 생겼다. '급(急)'자가 설마 '전쟁이 위급해서 창설한 부대'라는 뜻은 아닐 거라고 생각되지만 – '급'자는 군사 용어로는 빠르고 날래다는 의미로 주로 사용한다. – 전체 과정으로 보면 꼭 그런 인상을 준다.

➜ 군단의 작명 기준에서 겨우 '당(幢: 깃발)' 자의 일관성만 달성했을 뿐 병력·지휘 체제·구성 방식·군대의 수준도 들쑥날쑥했다. 어떨 때는 운제당·경여갑당과 같이 특수 병과의 단위 부대에도 당이란 명칭을 붙였다.

✪ 영토가 늘어나면서 한 지방을 방어하는 혹은 지방민을 주력으로 하는 지방 주재 군단도 창설됐다.

➜ 이런 부대는 정(停: 머물 정)이라고 불렀다. 이 '정'도 처음에는 상주정(上州停: 지금의 상주), 하주정(下州停: 지금의 합천)으로 시작해서 지금의 서울을 의미하는 한산정(漢山停), 우수정(牛首停: 지금의 춘천), 하서정(河西停: 지금의 강릉) 등 지역 명칭이 붙기 시작.

➜ 하지만 이 부대들이 주둔한 지역들을 살펴보면, 행정 구역적인 균일성보다는 영토 확장 과정에서의 지배 거점, 전쟁 과정에서의 격전지가 더 중시되고 있음을 알 수 있다. 그러나 이런 구조는 당시에는 타당했다. "전략이란 항상

임기응변적이다."라는 말처럼 전쟁이 격렬한 시기에 획일적인 기준을 강제한다는 것이 더 불합리하다.

➔ 신라의 삼국 통일이 수나라, 당나라의 고구려 침공 덕을 톡톡히 보기는 했지만, 신라도 군사적으로 최선을 다했다. 그때그때 필요한 군단을 창설하면서 김유신으로 상징되는 가야 유민과 사량벌국(상주), 압독국(경산)과 같은 정복지의 주민, 하위 신분이나 신흥 세력을 내전이나 쿠데타 없이 잘 포용해서 전력의 극대화를 이뤘다. 그러나 이것이 아무리 효율적인 체제였다고 해도 통일 후의 안정기까지 이런 체제를 고수할 수는 없었다.

✪ 10정(停)과 9서당(誓幢)

➔ 통일 후 신라의 군제는 10정과 9서당, 5주서 체제로 정비됐다. 이 개혁에서는 신문왕이 큰 역할을 했다.

➔ 6정은 영토 확장에 따라 10정으로 확대됐고 삼천당이 정으로 흡수됐다. 전국 9주에 1정씩 두고, 중요한 한산주에는 2정을 배치했다.

➔ 10정의 병력은 알 수 없는데, 정마다 삼천당주가 6명씩 있었던 것으로 봐서는 1만 8,000에 본부 병력 등을 포함해서 2만 정도였을 가능성이 있다. 이렇게 하면 10정의 병력만 10만이 되는데, 상주 병력으로는 너무 많다. 이는 동원해서 완편했을 때의 병력이고 실제 복무하는 병력은 훨씬 적었을 것으로 추정된다.

➔ 9서당은 왕경에 주둔하거나 중앙 정부에서 직할하는 군단이었다고 생각된다. 통일전쟁기에 창설했던 주력 군단들을 녹금·자금·백금·비금·황금·흑금·벽금·적금·청금서당의 9서당(誓幢)으로 통일했다. 서당은 녹금서당이 되고, 낭당은 자금서당, 장창당은 비금서당이 됐다.

➔ '금(衿: 옷깃)'은 부대 표식인데, 신라군의 상징적 표식은 반달이었다. 그리고 부대마다 달의 색깔을 다르게 했다. 적금·백금 등 9서당의 명칭은 여기서 기원했다. 오늘날 달이 신라의 문화적 아이콘처럼 됐는데, 이는 역사적 뿌리가 있는 셈이다. 참고로 고구려군과 백제군의 표식에 대한 기록은 없다. 고구려가 해씨의 후손이라는 부여에서 나왔고, 해를 등지고 날아오르는 삼족

오를 중시한 것을 보면 해 즉 둥근 원이 아니었을까?

➔ 한편 녹금서당과 청금서당은 백제인으로 편성한 군단이었고, 황금서당은 고구려인, 흑금서당은 말갈인 부대였다.

✪ 5주서는 5개 도시(한산주·청주·완산주·우수주·하서주)에 둔 지방 군단이다.

➔ 이 도시들이 각 주에서도 제일 중요한 정치·군사의 거점 도시였다. 10정은 전면전을 대비한 군대이고, 5주서는 통치와 치안을 담당하기 위해 도청 소재지급에 배치한 상설 군대였다고 생각된다. 들쑥날쑥하던 병력과 지휘 편제, 장교와 병력도 통일.

➔ 장교들의 명칭으로 보면, 10정과 9서당에는 2명의 장군을 두고, 그 휘하에 기병과 보병 장교, 기술 병과와 운제, 충차와 같은 특수 장비를 운영하는 특수 병과를 배치했다. 보병은 장창병과 일반 보병으로 분류됐다.

➔ 장교 비율로 보면, 기병과 보병의 비율이 3대 2 정도로 기병의 비중이 높다. 이것은 우리나라 전통적 군대의 특징을 잘 보여준다. 우리 사회에는 고구려는 만주 평원에 위치했기 때문에 기병이 중심이고, 산이 많은 한반도에 있었던 신라와 백제는 보병이 중심이 됐을 것이라는 견해가 지배적이었는데 이는 잘못된 것이다.

➔ 역사적으로 우리나라는 기병과 활이 장기였고, 이는 삼국 모두 예외가 없다. 이 같은 기·보병의 비율은 조선 시대까지도 변함없이 유지됐다.

✪ 통일신라 시대 군사제도의 특징은 한 마디로 체제의 통일성과 균형이었다.

➔ 이는 우리 역사상 최초의 성과였으며, 국가 체제의 안정과 효율적 유지에 크게 기여했다. 통일신라는 정치적·군사적으로 100년 이상 안정된 평화를 누렸는데, 이는 우리 역사에서 가장 오래 지속된 평화기였다. 여기에는 국제 정세의 도움도 있었지만, 신라가 통일 왕국에 걸맞게 발 빠른 체제를 구축한 덕이라고 할 수 있다.

➔ 그러나 이런 체제가 지닌 위험성도 간과해서는 안 된다. 체제적으로 매우 짜임새 가 있고 통일된 구조는 행정 편의주의에 물들 가능성이 다분하고, 그것

은 군의 전투력을 급속히 약화시킨다.

➡ 또한 신라는 외형적으로는 말갈인까지 포함하는 통일왕국에 걸맞은 보편성과 개방성을 이뤘지만, 내부의 인적 구조는 그렇지 못했다. 이는 신라 하대의 혼란과 신라의 급속한 몰락을 초래하는 원인이 됐다.

(출처: 국방일보 2011. 9. 29. 임용한 한국 역사고전연구소 소장)

4. 신라의 경제제도

· 기록이 충분하지 못해 자세한 내용이 없음.

· 농업, 수공업, 상업이 발전. 삼국 통일 뒤에는 대외 무역이 크게 발달함.

✪ 토지제도와 경제제도

➡ 농업은 여러 산업 가운데 가장 큰 비중을 차지함.

➡ 농업 생산의 토대가 된 토지는 경제적 부의 원천임. 토지에 대한 관심은 성읍국가가 성립되기 전부터 싹텄음.

➡ 국가 성립 이후에는 토지 소유권을 둘러싸고 분쟁이 급증.

➡ 6세기 이래 중앙 집권적인 귀족국가의 성장에 따라서 '전국의 모든 국토는 왕토(王土)요, 모든 국민은 왕신(王臣)'이라고 하는, 중국 고대의 왕토 사상이 전해져서 모든 토지와 국민이 국왕에게 예속됨.

➡ 국왕이 모든 토지를 독점한 것은 아니었다. 관직과 군직을 독점한 귀족들은 국가에 대한 공로를 인정받아 식읍(食邑)·사전(賜田) 등의 명목으로 많은 토지를 받았다. 전쟁의 장기화에 따라 귀족들이 사적으로 소유하는 토지의 면적은 증가.

➡ 고급 관료들은 녹읍을 받았다. 수급자가 토지를 통해 일정한 양의 조세를 받을 뿐 아니라, 그 지역에 거주하는 주민들을 노역에 동원할 수 있는 특권도 묵인된 듯함.

➡ 삼국 통일 후 토지제도가 크게 변화됨. 687년 관료들에게 관료전을 지급. 689년 녹읍을 폐지한 후, 대신 세조(歲租)를 지급. 관료전은 조의 수취만을

허락한 것으로 추정. 관직에서 물러나면 국가에 반납해야 하는 성질의 토지였을 것임.

➲ 삼국 통일 후 토지 개혁은 귀족들의 토지 지배에 부수된 일반 농민에 대한 지배를 제한하려는 획기적인 조처임. 귀족들의 반발이 너무 컸고, 이를 억누를 만한 국가 권력이 쇠퇴해 757년에는 녹읍을 부활시킴(이때 관료전과 세조는 폐지).

➲ 귀족 관료들은 부활된 녹읍 이외에도 광대한 사유지를 소유해 국가 권력이 퇴조를 보이기 시작한 하대에는 독자적인 사병을 거느릴 만큼 재산을 축적.

➲ 전제왕권의 전성기였던 722년(성덕왕 21)에는 농민에게 정전(丁田)을 지급. 이는 정(丁)을 기준으로 하여 지급한 토지였을 것임. 연구자들 일부는 이를 당나라의 균전제(均田制)에 입각한 토지 지급으로 추정하거나 농민들이 본래부터 자영하고 있던 농토의 소유를 국가에서 인정해 준 조치로 추정.

➲ 고리대자본의 성행으로 몰락하고 있던 농민층을 구제하기 위한 일시적인 대책. 농민을 전통적인 촌락 공동체적 결집 체제에서 분리시키지 못한 당시의 상황을 감안하면 과연 소기의 성과를 거두었는지는 의문시됨.

➲ 일본 나라(奈良) 도다이지(東大寺) 쇼소인(正倉院)에 소장되어 있는 통일신라 시대의 서원경[西原京: 지금의 충청북도 청주(淸州) 지방] 지방 촌락 장적(帳籍)에 따르면, 촌에는 관모전답(官謨田畓), 내시령답(內視令畓), 마전(麻田) 등이 할당되어 촌민들에 의해 경작. 촌주는 촌주위답(村主位畓), 촌민은 연수유답(烟受有畓)을 받았다. 연수유답을 정전일 것으로 보는 견해가 유력(농민들의 자영 농토였을 것)함.

⭐ 조세제도와 경제제도

➲ 조세제도 또한 토지제도와 마찬가지로 일부만 전해지고 있음. 신라도 고구려·백제와 같이 자영 농민에게 조세·공부와 역역(力役)을 부과.

➲ 6세기 중엽에 품주[稟主: 일명 조주(租主)]가 설치되어 농민으로부터 조세를 받아 국가 재정을 관할. 6세기경에는 이미 부세(賦稅) 행정 체계를 확립.

➲ 근래 성산산성(지금의 경상남도 함안군 가야읍)에서 출토된 이 시기의 목간

(木簡)을 보면 신라가 아라가야를 병합한 뒤 백제의 침공에 대비하여 지금의 경상북도 김천에 설치한 감문주[甘文州, 일명 상주(上州)] 관할의 안동·영주·성주 등 여러 성·촌에서 거둔 비(비)·맥(麥)·소금·철 등을 이곳으로 운송함.

➔ 651년 품주가 집사부로 확대 개편되었을 때 창부는 이에서 분리·독립.

➔ 584년에 설치되어 공부를 담당하던 조부의 실무 관료 조직이 이때 확립.

➔ 7세기 중엽에는 조세와 공부를 담당하는 관청 조직이 완성 단계에 들어섬. 쇼소인 소장 「신라장적」에서 보듯이, 통일기에는 촌락의 뽕나무(桑)·잣나무(栢子木)·호두나무(楸子木) 등에까지 과세.

➔ 신라는 고구려·백제와 마찬가지로 토지에 대한 지배 이상으로 농민의 노동력에 대한 지배에 주목. 신라의 역역제(力役制)에 주목하는 이유. 신라에서는 대체로 15세 이상의 남자를 일정한 기간의 방수(防戍)나 축성(築城)·축제(築堤)와 같은 역역에 동원.

➔ 영천의 청제비(菁堤碑)나 경주 남산의 신성비(新城碑) 비문을 통해 구체적인 일면을 확인.

➔ 청제비에 의하면, 536년에 영천의 청제를 수리할 때에 7천 명에 달하는 이른바 장작인(將作人)이 차출되었는데, 이들은 25명을 한 조로 하여 모두 280개의 작업 분단으로 편성되어 공사 책임자인 장상(將上)의 지휘 아래 사역 노동에 동원.

➔ 신성비의 비문에 따르면, 591년에 남산성을 개축해 새로이 성을 쌓을 때 전국적인 규모의 촌락민이 차출되어 2백여 개의 작업 분단으로 편성된 후 촌의 세력가의 책임 아래 사역 노동에 동원됨.

➔ 농민의 노동력에 대한 관심은 삼국 통일 이후에도 변하지 않았다. 「신라장적」에서 볼 수 있듯이, 촌의 인구를 성별·연령별(6등급)로 파악하고 있는 것이라든지, 촌락별로 동원할 수 있는 정수(丁數)를 쉽게 파악하기 위해 호(戶)를 인위적으로 편성한 위에 계연(計烟)을 산출하고 있는 것 등이 그 단적인 증거.

(출처: 《한국민족문화대백과》)

신라의 대당 외교 성공과 나당연합군 형성, 그리고 백제 정복과 고구려 정복 등은 모두 여성이 왕이 되면 통치를 할 수 없을 것이라는 생각을 가졌던 당 태종(재위 626~649) 사후에 정반대의 패러다임을 지녔던 당 고종(재위 649~683, 황후인 측천무후와의 공동 통치를 선언할 정도로 여성의 역량을 시대 초월적으로 높이 평가) 시대에 와서야 가능했다. 당 태종은 선덕여왕(27대, 재위 632~647) 시대를 두고 '여성이 어떻게 왕 노릇을 하느냐?'는 식으로 생각했고 '그래서 신라가 백제, 고구려에 협공을 당하며 위기에 직면한 것'이라는 식으로 한반도 정치 지형을 읽었다.

　당 태종(唐 太宗: 李世民, 재위 599~649)이 타계하여 정관(貞觀)의 치(治) 시대가 막을 내리자, 신라는 선덕여왕의 유언대로 사촌인 진덕여왕(재위 647~654)을 28대 왕으로 세우게 되었다. 당 태종의 생각과 정반대로 간 셈이다. 여성 존대, 남녀 동등 쪽에 기울어 있던 당 고종(재위 649~683) 덕분에 신라는 선덕여왕의 유언대로 다시 한 번 여왕을 세울 수 있었고, 그리고 마침내 신라의 염원이던 나당연합군을 구성하게 되었다.

　역사에는 개개인의 숙명, 팔자처럼 참으로 기기묘묘한 구석이 많다.

　황후 측천무후를 공동 통치의 또 다른 축으로 삼을 정도로 당 고종은 당대의 시각에서 보면 지나칠 정도로 여성을 존대하고 남녀를 동등하게 대했다.

　하여튼, 당 고종의 그런 생각 덕분에 당나라는 측천무후라는 중국 역사 최초이자 유일한 여황제 시대를 낳았고, 신라는 선덕여왕과 김춘추(후일의 29대 태종무열왕)의 구국의 결단, 중장기 통일전략 그대로 흘러가게 되었다. 시야를 더 좁혀 보면, 결국 김춘추의 염원대로 된 셈이다. 나당연합군을 구성해야만이 백제와 고구려의 협공에서 신라를 구할 수 있고, 한 걸음 더 나아가 삼국 통일의 위업까지 달성할 수 있다는 김춘추의 생각이 선덕여왕과 진덕여왕 시대를 넘어서 마침내 자신의 시대(29대 태종무열왕, 재위 654~661)와 아들(장남 김법민, 문무왕, 재위 661~681)의 시대를 이어가며 보란 듯이 현실화·가시화된 것이다.

　백제 멸망은 660년, 고구려 멸망은 668년, 삼국 통일은 676년. 모두가 당나라 3대 황제 고종(재위 649~683) 때에 완성되었다.

이를 어찌 우연이라고 하겠는가? 한 시대를 좌우하는 것이 바로 당대인들의 염원이기도 하지만, 전면에 등장하는 요인, 변수, 추진력은 역시 당대의 최고 지도자의 생각 여하에 대부분 달려 있는 셈이다.

　{당나라는 백제 멸망 후 백제 지역에 5도독부(五都督部)를 두었다.

　663년(문무왕 3) 신라를 계림대도독부(鷄林大都督府)로 삼고 문무왕(文武王)을 계림주 대도독으로 임명했다. 고구려 멸망 후 고구려 지역에 9도독부(九都督府)를, 평양에 안동도호부(安東都護府)를 두어 한반도 전체를 지배하려 했다. 신라는 고구려 유민, 백제 유민과 연합하여 당나라와 정면으로 대결. 신라는 고구려 검모잠(劍牟岑), 안승(安勝: 고구려 왕족) 등의 부흥군을 원조하여 당나라 축출에 나섰다. 신라는 백제의 옛 땅에 군대를 보내 당군을 각처에서 격파. 신라는 671년(문무왕 11) 백제 사비성을 함락하여 백제의 옛 땅에 대한 지배권을 완전히 장악함. 674년(문무왕 14), 당나라는 문무왕의 동생인 김인문(金仁問)을 신라의 왕으로 임명하고 신라와의 전면전에 나섰다.

　{675년(문무왕 15) 신라는 당나라 이근행(李謹行: 682 졸: 말갈 출신), 고간(高侃) 등의 20만 대군을 매소성(買肖城: 경기도 연천군 청산면 대전리 대전리산성)에서 격파하여 나당전쟁(羅唐戰爭: 670~676, 신라와 당나라 사이에 벌어진 전쟁)의 주도권을 장악. 676년(문무왕 16) 11월 신라는 금강 하구의 기벌포(伎伐浦: 충청남도 서천군 장항읍) 앞바다에서 설인귀(薛仁貴: 613~683), 부여융(扶餘隆: 615~682, 의자왕의 아들, 당나라의 백제부흥군 진압에 협력) 등이 이끄는 당나라 수군을 섬멸. 당나라는 676년 평양에 있던 안동도호부를 요동성[만주 요양(遼陽) 지역]으로, 웅진 도독부를 건안성[建安城: 만주 개평(蓋平) 지역]으로 이동, 대동강 북쪽으로 완전 철수. 신라는 마침내 삼국 통일을 완성하고, 대동강부터 원산만(元山灣)까지를 경계로 그 이남의 한반도 지역에 대한 지배권을 확립. 북쪽의 발해(渤海: 698~926), 남쪽의 통일신라(676~935)로 한반도 중심의 남북국 시대가 개막되어 고려(918~1392) 건국과 고려에 의한 한반도 전체 통일 때까지 명맥을 유지.}

　문무왕 이후의 왕들은 김춘추(29대 무열왕), 김유신, 김법민(30대 문무왕: 태종 무열왕의 장남) 등이 이뤄낸 삼국 통일의 성과물을 과연 어느 정도로 잘 이어가고 향유하고 그리고 발전, 향상시켜 나갔을까?

　{문무왕의 장남 소명태자(昭明太子: 665 졸)가 문무왕 초기에 일찍 죽은 탓에 차
남이 즉위하여 31대 신문왕[神文王: 재위 681~692, 이름은 김정명(金政明), 자
는 일소(日怊)]이 되었다. 첫 왕비는 김흠돌의 난이 진압된 후 폐위되고, 일길찬
김흠운(金欽運)의 딸(신목왕후)을 새 왕비로 맞았다. 신문왕은 진골 왕통의 세 번
째 왕임. 모계로는 진흥왕의 후손으로, 신문왕의 외조부 김선품은 진흥왕의 손자
임. 즉위 직후, 당나라는 신문왕으로 하여금 아버지 문무왕의 관직과 작위인 '개부
의동삼사·상주국·낙랑군왕·신라왕'을 계승하게 하였다.}

　즉위 한 달 만에, 첫 왕비의 아버지 소판 김흠돌과 파진찬 김흥원(金興元)
등의 왕족과 문무왕 시대의 상대등인 이찬 김군관(金軍官) 등이 반란을 일으
켰지만 제거되었다. 반란 진압 2개월 후 왕궁의 경호를 위해 장군 6명을 배치
할 정도로 통일 후의 신라 왕실은 의외로 불안정한 상태를 보였다.

　683년 10월, 고구려의 유민을 봉한 괴뢰 정권인 보덕국의 안승에게, 소판(관
직) 등급과 함께 신라 왕가와 같은 김씨 성을 하사하여 고구려 왕가와 신라 왕가
와의 결합을 도모. 고구려 왕족인 안승은 왕도인 금성(경상북도 경주시)에 살게
했다. 684년 11월, 보덕국이 지배하는 금마저(전라북도 익산시)에서 안승의 일
족인 대문이 반란을 일으킨 후, 신문왕은 보덕국을 없애고 통치 기반을 다졌다.

　{687년 4월, 아버지 문무왕, 조부 무열왕, 증조부 문흥갈문왕(文興葛文王: 김용
춘), 고조부 진지왕(25대, 진흥왕의 아들), 태조대왕(太祖大王: 김씨 왕조의 시조
인 13대 미추이사금) 등의 5묘의 제도를 정비, 유교 이념에 의한 내정의 안정을
도모. 687년 5월, 수조권만 행사할 수 있는 녹봉으로서의 문무 관료전을 최초로
지급. 689년 1월, 노동력의 징발이 가능한 녹읍을 폐지.}

　국학의 설립, 중앙 관청의 정비, 지방 통치 제도의 확립 등을 완수하여 12
년 재위 동안 삼국 통일의 여진, 여파를 제도적으로 잘 수습했다.}

　32대 효소왕[孝昭王: 687~702, 재위 692~702(5~15세), 모후 신목왕후가
섭정)과 33대 성덕왕(聖德王: 691~737, 재위 702~737(11~46세)]은 형제 사
이로 31대 신문왕의 아들들이다.

　{694년(재위 3), 문무왕의 동생인 대각간(태대각간으로 추증) 김인문(金仁門)이

당나라에서 65세의 나이로 타계(당나라에서 죽은 후 경주에 안장).

695년(재위 4), 서시전(西市典)과 남시전(南市典)을 설치, 각각 서시(西市)와 남시(南市)를 관장.

698년(재위 7) 3월, 일본 사신을 숭례전에서 접견.

699년(재위 8) 2월, 당에 조공.

700년(재위 9) 5월, 이찬 경영(慶永)의 모반을 진압[중시 김순원(金順元)이 연루되어 파직].}

33대 성덕왕[재위 702~737(11~46세)] 때에는 발해로 인해 안팎으로 어려움을 겪어야 했다.

발해(渤海)와 당 사이의 대립이 심화되고, 발해의 무왕(武王)이 수군을 일으켜 당의 등주(登州)를 공격하면서 당은 신라를 끌어들여 발해를 견제하고자 했다.

733년(성덕왕 32) 당 현종은 신라에서 파견되어, 당에서 좌령군위원외장군(左領軍衛員外將軍)의 관직을 받아 숙위하고 있던 김충신을 통해 신라와 군사적인 연락을 계속하는 한편, 태복원외경(太僕員外卿)으로서 당나라에 머무르던 김사란(金思蘭)을 신라에 귀국시켜 발해를 협공하고자 했다.

성덕왕은 4명의 장군[각간 사공(思恭)과 이찬 정종(貞宗), 윤충(允忠), 사인(思仁)]으로 군사를 일으켜 발해의 남쪽을 치려하였다. 하지만, 계획이 실행되기도 전에 발해를 치러 갔던 당나라 군대가 폭설을 만나 절반이 동사하자 당나라는 발해 공격을 포기하였고, 신라도 출병하지 않게 되었다.

발해와 일본은 이 시기부터 신라의 군사적 경계 대상이 되었다.

발해의 팽창에 맞서 신라는 721년(성덕왕 20) 7월 하슬라(何瑟羅) 지역의 정부[丁夫: 정역(丁役)의 일과 잡역(雜役)의 일을 하는 장정(壯丁)] 2천 명을 뽑아 북쪽 국경에 장성(長城)을 쌓았다.

734년(성덕왕 33) 당은 성덕왕에게 영해군 대사(寧海軍 大使)의 관작과 함께 정절(旌節)을 주어 발해를 견제하도록 하였다.

735년 하정사 공무를 마치고 귀국하는 김의충(金義忠)에게 '당은 패강(浿江) 이남에 대한 신라의 영유권을 완전히 승인한다.'는 공식 입장을 전했다.

당은 신라를 내세워 부흥하는 발해를 막아 보고자 한 것이다.}

5년 동안 재위한 34대 효성왕은 그 자취가 미미했다.

{34대 효성왕(孝成王: 재위 737~742, 33대 성덕왕의 차남, 경덕왕의 친형) 때
인 738년 4월, 당나라는 노자의 《도덕경》을 선물.

740년 8월, 후궁(後宮)의 아버지인 파진찬 영종(永宗)의 반란을 진압(효성왕이 후
궁을 총애하자 왕비 족당이 후궁을 모살하였고, 이에 불만을 품은 영종이 반란을
일으킴).}

35대 경덕왕(23년간 재위)은 혼란기의 여파를 잘 수습하고 황금기를 기록했다.

{35대 경덕왕(景德王: 재위 742~765, 34대 효성왕의 친동생)

경덕왕 때는 신라가 극성기에 달한 때로 제반 제도·관직을 당 제도로 개편
하고, 전국의 행정 체제 및 행정 단위의 명칭을 개혁하며 행정 구역을 9주 5소
경으로 정비함. 경덕왕은 불교 중흥을 위해 황룡사(皇龍寺)의 종을 주조하고,
굴불사(堀佛寺)를 비롯하여 영흥사(永興寺), 원연사(元延寺), 불국사(佛國寺)
등의 절을 세웠다. 부왕인 성덕왕의 명복을 빌기 위해 봉덕사 종(성덕대왕 신
종, 국보 99호)을 주조하게 하였는데 아들인 혜공왕이 완성. 경덕왕은 당나라
와 활발히 교역하는 등 산업 발전에 힘써 신라의 전성 시대를 맞이했다. 경덕
왕 10년(751년) 불국사를 완공. 757년 3월, 녹읍을 다시 지급. 국학을 태학으
로, 집사부의 중시를 시중으로 고쳤다.}

{36대 혜공왕[惠恭王: 758~780, 재위 765~780(7~22세), 경덕왕의 아들]}

혜공왕 때 신라에서는 많은 반란이 일어났고 왕 또한 22세 때 시해당했다.

{768년 일길찬 대공과 아찬 대렴이 반란을 일으킴.

770년 대아찬 김융이 반란을 일으킴.

775년 김은거와 이찬 염상과 정문이 반란을 일으킴.

혜공왕 때 상대등 김양상, 이찬 김경신 등의 대신들의 주도로 경덕왕 때의 관제
개혁을 모두 취소.}

《삼국사기》에는 780년 김지정의 난이 일어나 혜공왕이 그 과정에서 처형당
한 것으로 나오는데, 시해한 인물은 기록되어 있지 않다. 《삼국유사》에는 혜공
왕이 김양상, 김경신 등에 의하여 처형된 것으로 나온다.

{혜공왕(36대)을 끝으로 무열왕계(武烈王係)의 직계 왕통은 단절.}

혜공왕(36대)의 치세를 끝으로 신라 중대(中代)는 막을 내리고, 왕위(王位) 쟁탈전과 호족의 난립으로 혼란스러운 신라 하대(下代)가 시작된다.

김지정의 난을 진압한 김양상(사다함의 증손으로 내물왕의 10세손)이 무열 왕계를 왕으로 세우지 않고 스스로 즉위하여 선덕왕이 되었다.

{37대 선덕왕[宣德王(김양상): 재위 780~785, 17대 내물마립간의 10대손, 미
사흔의 9대손, 증조부는 신라의 풍월주로 이름을 날린 사다함, 어머니는 성덕왕의
딸인 사소부인(四炤夫人), 혜공왕은 외사촌임.]

경덕왕 23년(764년)에 아찬(阿湌), 혜공왕 10년(774년)에 상대등이 되었다. 선덕
왕 1년(780년) 혜공왕과 그 일족이 김지정에게 피살되자 김경신과 함께 군사를
일으켜 김지정을 살해《삼국유사》에는 혜공왕은 김양상과 김경신에게 살해되었
다고 기록).}

성덕왕의 외손이자 사다함의 증손인 선덕왕(김양상)은 신라 하대(下代)의
첫 번째 왕이 되자, 김경신(38대 원성왕)을 상대등으로 삼았다. 선덕왕의 자취
는 원성왕 김경신(내물왕 11대손)에 의해 말살되었다. 후계 없이 타계한 탓에
내물왕의 11대손 김경신과 무열왕(김춘추)의 8대손 김주원 사이에 왕위 계승
을 놓고 갈등이 빚어졌다.}

{38대 원성왕[元聖王: 재위 785~798, 《삼국사기》에는 선덕왕과 같은 내물왕
의 10세손으로 되어 있음.]

원성왕은 혜공왕(36대) 때 선대 경덕왕의 관제 개혁을 원상 복귀시키는 일에 참여.}

선덕왕 1년(780년) 이찬(伊湌)으로 상대등(上大等) 김양상과 함께 김지정
의 난을 평정하고 상대등에 올랐다.

{선덕왕이 타계한 후 대신들의 추대로 즉위하여 당과 통교.

원성왕 4년(788년)에 독서삼품과를 설치.

벽골제(碧骨堤)를 증축하여 농사를 장려.}

원성왕은 경덕왕과 성덕왕(김양상의 외조부), 개성왕(추존, 김양상의 아버
지)의 사당을 허물고 자신의 부친, 조부, 증조부의 사당을 세웠다.

내물왕, 무열왕, 문무왕 및 조부인 흥평대왕(추존)과 부친인 명덕대왕(추

존)을 국가 5묘로 지정하여, 자신의 조부와 아버지를 무열왕, 문무왕과 동등하게 만들었다.

원성왕(김경신)은 자신의 고조부인 법선을 현성대왕, 증조부인 의관을 신영대왕, 할아버지 위문을 흥평대왕, 아버지 효양을 명덕대왕, 어머니를 소문태후로 추봉하였다.

{신라 하대는 원성왕 시대가 기점임.}

원성왕은 무열왕계 경덕왕과 자신의 동료였던 김양상(선덕왕)의 아버지인 개성왕, 외조부인 성덕왕의 사당을 허물었다.

원성왕은 불국사[경덕왕 10년(751)에 완공]를 중수하여 자신의 부친과 조부를 모셨다.

신라는 어렵게 통일을 이루고도 그 전성기는 아주 짧았다. 무엇 때문일까? 무능한 왕들이 연이어 등극했기 때문일까? 아니면 신라의 태생적 약점이자 특징인 부족국가 형태로 인한 세력가들의 발호와 연맹체국가에서 자연스럽게 발생하는 귀족들의 권력욕, 권력 다툼이었단 말인가? 아니면, 당나라의 부침과 발해의 위협 등으로 인해 내정에 충실할 수 없었고 그래서 통일의 자원, 통일의 축복, 통일의 기적을 제대로 현실 속으로 녹이지 못하고 그래서 결실을 거두는 데 실패했기 때문인가?

잦은 반란 등으로 왕권이 제 역할을 할 수 없었던 까닭도 한몫을 했을 것이다. 그리고 어느 왕조, 어느 시대에서나 보듯이 왕들의 단명, 왕들의 비운, 소년 왕의 탄생과 요절 등이 통일신라의 가장 중요한 시기를 지배했다고 해도 과언이 아닐 것이다.

{30대 문무왕의 삼국 통일 완성과 당나라 축출 완료, 31대 신문왕의 11년간 재위, 32대 효소왕[孝昭王: 687~702, 재위 692~702(5~15세), 모후인 신목왕후가 섭정]의 단명, 33대 성덕왕[聖德王: 691~737, 재위 702~737(11~46세)]의 발해로 인한 당나라와의 갈등, 34대 효성왕의 5년 재위, 35대 경덕왕의 통일 결실기(제도 정비, 불교 중흥), 36대 혜공왕의 잦은 반란 진압과 부왕 경덕왕 때의 개혁 정치 중단(귀족들 압력으로 원상 복구) 및 22세 때의 비운(시해)……}

결국, 통일신라는 35대 경덕왕[景德王: 재위 742~765, 34대 효성왕의 친동생, 33대 성덕왕(재위 702~737, 11~46세)의 아들] 시대에 잠깐 전성기를 맞이한 후 곧바로 36대 혜공왕[재위 765~780(7~22세)]의 비참한 말로로 이어졌다. 그리고 김춘추가 29대 무열왕이 되며 개막한 진골 왕통 시대는 통일 후 약 100년이 되는 36대 혜공왕[재위 765~780(7~22세)] 시대를 끝으로 상대등(화백회의 의장) 출신 왕들인 37대 선덕왕(김양상), 38대 원성왕(김경신)으로 이어지는 17대 내물마립간(내물왕) 계통으로 왕통이 바뀌면서 신라의 하대(下代) 역사로 직행했다. 요약하면, 통일신라는 33대 성덕왕, 34대 효성왕, 35대 경덕왕으로 이어지는 부자지간, 형제지간 왕들의 치세 기간(702~765)을 끝으로 신라의 태생적인 구조인 귀족들의 권력 다툼과 호족들의 군벌화, 재벌화로 흐르고 말았다.

그리고 그 결과는 통일신라의 대혼란기, 후삼국 시대의 한반도판 전국 시대(戰國 時代)화, 고려 왕조의 등장으로 급박하게 이어졌다.

〈신라인들은 어떻게 살았을까?〉

우리는 그 하나의 물음에 대해 어느 정도로 대답할 수 있을까?

'경주에는 기와집이 많았고 그리고 연기가 나지 않는 숯을 주로 사용해서 식생활을 했기에 의외로 참 깨끗했을 것이다.' 흔히 듣는 이야기일 것이다. 정말 맞는 말일까? 경주 밖의 먼 곳에서 숯을 구해 왔다면 경주 자체는 민둥산을 면할 수 있었을 것이다. 하나, 편리하기는 하나 엄청난 수의 사람들이 숯 만드는 일을 해야 했을 것이다. 열대, 아열대 기후도 아닌 한반도에서 무슨 수로 그 긴 겨울을 숯만으로 버티고 매일 먹는 끼니를 숯만으로 이어갈 수 있었을까?

하지만 일면 이해되는 부분도 있다. 숯 공장과 기와 공장이 대표적이었다면 둘은 어느 정도 연관성이 있는 편이다. 둘 다 아궁이를 지녔을 것이라는 사실. 그렇다면 신라의 문화생활은 바로 특별한 식생활과 난방생활, 그리고 기와를 지붕에 사용한 반영구적인 주거생활 등으로 특징지어진다는 말인가?

고구려, 백제, 신라가 공히 한자 문화권이기에 당연히 중국의 앞선 문화와 문명을 쉽게 받아들였을 것이다. 그렇다면 신라인들의 생활상은 바로 당대의 중국인들의 생활상과 많은 부분에서 공유되고 넓은 의미에서 하나의 광역 문화권, 광역 생활권으로 묶여 있었을 수도 있다.

✪ 이두(吏讀, 吏頭)

　➔ 한자의 음과 훈(訓 : 새김)을 빌려 우리 말을 표기하던 차자표기법(借字表記法)의 하나.

　➔ 《제왕운기(帝王韻記)》에서는 '이서(吏書)', 《대명률직해(大明律直解)》에서는 '이도(吏道)', 〈훈민정음〉의 정인지(鄭麟趾) 서문과 《세종실록》에서는 '이두' 라 불렀다.

　➔ 문헌에 따라 '이도(吏刀, 《선조실록》)', '이두(吏頭, 儒胥必知)', '이토(吏吐, 儒胥必知)', '이찰(吏札, 東國輿地勝覽)', '이문(吏文, 典律通補)' 등의 명칭으로 불렀다.

　➔ 가장 널리 쓰인 것이 '이두(吏讀)'(글자만 다를 뿐 吏道·吏刀·吏頭·吏吐와 같은 말임).

　➔ '이(吏)'는 '서리(胥吏)'의 吏와 같은 뜻. '讀·道·刀·頭·吐'는 국어의 어떤 말을 글자만 달리해서 표기한 것이라는 사실만 분명할 뿐이고, 그 어원은 명확하지 않음.

✪ 구결(口訣)의 토(吐)와 같은 어원으로 '구두(句讀)'의 두(讀)가 변한 것으로 추측. 이두는 서리들이 쓰는 이두문(吏讀文)의 토라는 뜻이 된다.

　➔ 조사와 어미를 나타내는 토가 중심이 되지만, 그 밖에도 체언, 용언, 부사들도 있으므로 이두문에 쓰이는 우리 말의 보조어인 셈[이두 = 이두문에 쓰이는 국어의 보조어(협의의 이두 개념)].

　➔ 조선 초기부터 차자 표기 일체를 이두로 보았다[이두와 구결(토)을 제하고는 차자표기를 가리키는 명칭이 세분되어 있지 않았기 때문].

　➔ 20세기 초의 학자들은 향가(鄕歌)를 표기한 표기법도 이두라고 하여, 향가를 '이두문학'이라고 불렀다.

　➔ 《균여전(均如傳)》에서 향가와 같은 완전한 우리 말의 문장을 향찰(鄕札)이라

불렀기에 향찰과 이두를 구별하여 사용(향찰과 이두는 문체·용도·표기법에 차이가 있다.).

➔ 이두가 쓰인 글에는 한문의 개조가 있지만, 광의의 이두로 보기도 하는 구결은 한문을 그대로 두고 한문의 독해에 도움을 주기 위하여 토만 단 것.

➔ 이두 계통의 명칭으로 가장 오래 된 것은 《제왕운기》 중의 이서(吏書).

➔ 신라 시대의 차자 표기 일체를 향찰이라 하고, 이두는 고려 시대 이후에야 성립된 것으로 보는 견해도 있다.

➔ 이두 문체는 삼국 시대에 발달하기 시작하여 19세기 말까지 계승(향찰은 통일신라 시대에 발달)

✪ 이두문은 한문의 문법과 국어의 문법이 혼합된 문체로서 때로는 한문 문법이 더 강하게 나타나기도 하고, 때로는 국어 문법이 강하게 나타나기도 하여 그 정도가 일정하지 않다. 이두 문체의 이러한 특성은 기원적으로 문서체(文書體)에서 발달하였기 때문.

✪ 이두는 신라의 설총(薛聰)이 만든 것이라는 기록이 일찍부터 있어 왔다.

➔ 이 견해는 《제왕운기》 이래 《대명률직해》 등 여러 서적에서 확인.

➔ 《제왕운기》 보다 앞서는 시기의 기록에서는 설총이 이두를 지었다는 사실을 직접적으로 말하지 않았다(이두라는 차자 표기법을 한 개인이 창작하였다고 보기는 어려울 것임).

➔ 설총은 아마도 당대까지 발달되어 온 차자 표기법을 정리하여 경서를 우리 말로 주해하고 새겼을 것임. 아마도 《구역인왕경(舊譯仁王經)》의 구결과 같이 한문에 토를 달아 우리 말로 새기는 석독구결(釋讀口訣)의 형태였을 것이다.

➔ 자료들을 보면, 이두문에서 진정한 의미의 토의 사용은 설총 이후의 자료에서 발견.

✪ 이두를 정리한 문헌으로 잘 알려진 것은 이의봉(李義鳳)의 《고금석림(古今釋林)》에 실린 나려이두(羅麗吏讀), 구윤명(具允明)의 《전율통보》, 이규경(李圭景)

의 《오주연문장전산고》의 어록변증설(語錄辯證說), 저자를 알 수 없는 《이문(吏文)》·《이문대사(吏文大師)》·《이문잡례(吏文襍例)》 등.

이들은 17세기에서 19세기에 걸쳐 이루어진 것인데, 이두에 한글로 독음을 달아놓아 이두의 독법을 알게 한다.

✪ 이두를 기능별로 분류하고 추정된 독법과 간단한 뜻풀이를 덧붙여 일부만 소개한다.

  (1) 명사

     進賜/나ᅀᅳ리 : 나으리

     件記/볼긔 : 물건의 이름을 열거한 목록

     告目/고목 : 상사람이 양반에게 올리는 글

     衿記/깃긔 : 분배 재산의 목록. 조세액(租稅額)을 써놓은 장부

     根脚/근각 : 신분 조사서(사람의 출생지, 생년월일과 부모의 이름을 써놓은 것)

     題音/뎨김 : 소장이나 청원서에 내리는 관청의 판결문이나 지령문

     流音/흘림 : 조세를 징수할 때 서리가 대장에서 베껴낸 초안

     卜數/짐수 : 백성들이 부담한 수량

     召史/조싀 : 양민의 안해

     役只/격기 : 손님 치르기

  (2) 대명사

     吾/나 : 1인칭

     汝/너 : 2인칭

     矣身/의몸 : 제 자신(自身)

     他矣/남의, 져의 : 남의, 저 사람의

  (3) 조사

     주격 : 亦/이, 是/이, 敎是/이시(존칭)

     속격 : 矣/의(유정물 체언), 叱/ㅅ(무정물 체언)

     대격 : 乙/을

     처격 : 良中/아히, 中/희

여격 : 亦中/여희

조격 : 以/(으)로

공동격 : 果/과, 와

특수조사 : 隱/은, 式/식, 乃/이나, 乙用良/을쓰아, 佳叱/갓(뿐), 沙/사 ᄉ
(야), 乙良/란(랑은), 耳亦/ㅇ녀(뿐인가)

(4) 동사

望良/브라ㅡ, 使內/브리ㅡ, 進叱/낫드러, 當爲/당ᄒ여, 依良/싸라, 除良/더
러, 知遣/알고, 退是 · 退伊/믈리(연기하여), 無去乙/업거늘, 別爲/별ᄒ(특별
한)

(5) 어미

관형형 : 爲在/ᄒ견(한), 爲乎/ᄒ온(한), 爲臥乎/ᄒ누온(하는)

부사형 : 爲良/ᄒ야, 餘良/남아, 爲遺/ᄒ고

연결 : 爲乎矣/ᄒ오듸(하되), 爲昆/ᄒ곤, 爲去沙/ᄒ거ᄉ(ᄒ고야), 敎矣/이
샤듸(하시되), 爲白乎味/ᄒ ᅀᆞᆲ온맛(하온 뜻), 爲白如乎/ᄒ ᅀᆞᆲ다온(하
였사옵거니와), 爲白良結/ᄒ ᅀᆞᆲ아져(하옵고자), 爲白良你/ᄒ ᅀᆞᆲ아금
(하와), 爲有如可/ᄒ잇다가(하였다가), 爲只爲/ᄒ기암(하기 위하여),
爲去等/ᄒ거든, 爲去乃/ᄒ거나

종결 : 爲齊/ᄒ제, 爲如/ᄒ다, 是亦在/이여견(이었음), 爲白乎乙去/ᄒᅀ올가

(6) 부사

强亦/구틔여, 無亦/업스여(없이), 茂火/더브러, 粗也/아야라(겨우), 適音/마
촘(마침)

✪ 표기한 글자들을 차자 체계(借字 體系)에서 보면 다음과 같다.

① 음독자(音讀字) : 告目/고목, 根脚/근각, 衿記/깃긔, 卜數/짐수

② 훈독자(訓讀字) : 進賜/나ᅀ리, 流音/흘림, 所/바, 事/일, 矣身/의몸, 望良/
브라

③ 음가자(音假字) : 題音/뎨김, 召史/조싀, 役只/격기, 矣身/의몸, 亦/이, 乙/
(으)ㄹ, 果/과, 段/단

④ 훈가자(訓假字) : 是/이, 良中/아히, 以/(으)로, 爲如/ㅎ다, 爲去等/ㅎ거든,
  茂火/더브러

➡ 독자는 한자를 원래의 의미를 살려 음이나 새김을 차용한 것, 가자는 한자
  원래의 의미를 버리고 음이나 새김의 발음만 빌려 표음문자로 사용한 것임.

✪ 이두 또는 이두문의 초기 형태는 삼국 시대의 자료에서 발견.

  ➡ 고구려의 자료로는 4종의 고구려 성벽 석각명(高句麗 城壁 石刻銘)이 있다.
    병술명(丙戌銘)의 석각 하나와 기축명(己丑銘)의 석각 둘, 그리고 연기(年記)
    가 없는 석각 하나가 알려져 있다. 기록 연대에 대해 김정희(金正喜)는 장수
    왕 대(長壽王 代)로 추정(병술명석각은 446년, 기축명 석각은 449년).

  ➡ 병술명 석각: "丙戌 十二月 中 漢城下 後部 小兄 文達節 自此西北行涉之
    [병술 12월 중에 한성(평양)의 후부 소형 문달이 지휘하였다. 여기서부터 서
    북쪽으로 걸쳤다(걸쳐 축성하였다.)]." 이 문체는 자연스러운 한문도 못 되고
    우리 말의 문체도 아니다. 곧, 한문 문체에 우리 말의 요소가 가미된 속한문
    (俗漢文) 또는 변체한문(變體漢文)으로 불리는 이두문체의 초기 형태. 이 가
    운데 '中'자는 정확한 날짜를 표시하지 않고 어느 기간을 나타내는 것(한문에
    서는 없는 편이 자연스러운 것임). 후대의 이두에서는 '긔, 희'로 읽혀 처격조
    사의 표기로 쓰인 것(국어적인 표현법이 '中'의 용법에 작용한 것으로 해석).
    '節'도 후대의 이두에서 '디위'로 읽히고 '때에'의 뜻으로 쓰인 것. '之'자도 한
    문의 용법으로는 부자연스럽고 국어의 설명형 종결어미 '-다'의 영향을 받아
    쓰인 것(후대에 이두로 발달)임.

  ➡ 최근에 발견된 중원고구려비(中原高句麗碑, 5세기 말로 추정). 여기에도 이
    두적인 표현들이 있다. 백제에도 이 계통의 문체가 존재하였을 가능성은 있
    지만 아직 확인되지 않았음.

  ➡ 신라의 삼국 시대 자료: 서봉총 은합우명(瑞鳳塚 銀合杅銘, 451?), 울주 서
    석(蔚州 書石)의 원명(原銘, 5세기 말~6세기 초)과 추명(追銘, 6세기 초~중
    엽?), 단양 신라적성비명(丹陽 新羅赤城碑銘, 6세기 중엽), 임신 서기석명
    (壬申 誓記石銘, 552 또는 612), 무술오작 비명(戊戌塢作 碑銘, 578?), 남

산신성 비명(南山新城 碑銘, 591？) 등. 이들의 문체는 국어적인 요소를 다분히 지니고 있다. '임신서기석'은 한자를 국어의 어순으로 배열. 그래서 서기체(誓記體)라는 명칭으로 불리기도 하였다. 그러나 '并'·'之'와 같은 후대의 이두자가 쓰이고 있어서 이 역시 초기적인 이두 문체의 하나에 불과함. 무술오작비명과 남산신성비명도 임신서기석의 문체와 같이 국어의 어순으로 표기된 것임. 무술오작비명에서는 之, 者, 在, 了, 作, 事 등이 후대의 이두적인 용법으로 쓰였다. 남산신성비는 현재까지 9개의 비가 발견되었는데 그 첫 머리의 명문은 모두 동일한 문장으로 쓰인 것임. 그 내용은 "辛亥年 二月 廿六日 南山新城作節 如法以 作後三年崩破者 罪敎事爲 聞敎令誓事之[신해년 2월 26일 남산신성을 지을 때에 만약 법으로 지은 뒤 삼 년 안에 붕파하면 죄를 주실 일로 삼아 (국왕이) 들으시게 하여 맹세하는 일이다]." 여기서 후대의 이두자에 해당하는 것을 다수 확인. 作·節·者·以·敎·事·爲·令·之 등이 그것임. 이 시대의 이두문들은 속한문의 성격을 벗어나지 못하였으며, 그 문체는 모두 문예문이 아닌 실용문으로 쓰였다.

➔ 통일신라 시대에 들어와서도 삼국 시대와 같은 속한문의 성격을 보여주는 초기적인 이두문이 있다. 감산사 미륵보살조상명(甘山寺 彌勒菩薩造像銘, 719), 상원사종명(上院寺鐘銘, 725), 인양사 비문(仁陽寺 碑文, 810), 중초사 당간석주명(中初寺 幢竿石柱銘, 827) 등이 그것이다. 한자의 어순을 우리 말 어순으로 배열하고 이두에 해당되는 글자들도 사용.

➔ 통일신라시대의 이두문은 토(吐)가 발달한 것이 특징임. 이 시대에 분명한 토를 보여주는 이두문 자료로는 감산사 아미타여래조상명(甘山寺 阿彌陀如來造像銘, 720), 무진사 종명(无盡寺 鐘銘, 745), 신라 화엄경사경 조성기(新羅 華嚴經寫經 造成記, 755), 신라장적(新羅帳籍, 755？), 갈항사 석탑명(葛項寺石塔銘, 758), 영태 2년 명석조비로자나불조상명(永泰 二年 銘石造毘盧遮那佛造像銘, 766), 영천 청제비정원명(永川 菁堤碑貞元銘, 798), 신라 선림원종명(新羅 禪林院鐘銘, 804), 신라 연지사 종명(新羅 蓮池寺 鐘銘, 833), 규흥사 종명(窺興寺 鐘銘, 856) 등이 있다. 신라 화엄경사경 조성기의 본문은 347자나 되는 긴 글이 자연스러운 국어 문장으로 해석되는 구성을

보여주고 있다. 일례로 "經成內 法者 楮根中 香水 散亽 生長 令只彌"는 "경을 이루는 법은 닥나무 뿌리에 향수를 뿌려서 생장시키며"로 읽히는데, 이는 자연스러운 국어의 어순일 뿐 아니라, '經'·'法'·'香水'·'生長'과 같은 한자어를 제외하면 모두 우리의 고유어로 읽히는 것임. 이들 한자어도 차용어이므로 결국은 완전히 국어 문장을 표기한 것이 된다. 이 조성기에 쓰인 토는 다음과 같다.

조사 : 者/(으)ㄴ, 以/로, 中/희, 那/나, 亽/곰.

어미 : 之/—다, 在之/겨다, 內之/—다, 在如/겨다, 內如/—다, (爲)哉/(ㅎ)재, (爲)彌/(ㅎ)며, 內彌/—며, (爲)內/(ㅎ)ㄴ, (爲)內彌/(ㅎ)며, (爲)內賜/(ㅎ)ㅅ, 賜乎/ㅅ온, (爲)者/(ㅎ며)ㄴ, (爲)以/ㅎ으로, (令)只/—기, (令)只者/—긴.

기타 : 爲/ㅎ, 令/시기(ㅎ기?), 等/돌.

➡ 이를 표기한 차자들을 문자 체계별로 보자.

음가자 : 賜/ㅅ, 乎/온, 那/나, 只/기, 弥/며, 哉/지.

훈독자 : 爲/ㅎ, 令/시기(ㅎ기?), 在/겨, 等/돌ㅎ, 者/(으)ㄴ, 以/로, 中/긔, 之/—다.

훈가자 : 如/다, 亽/곰.

　➡ 이들의 계통을 보면 음가자 '那/나, 只/기, 弥/며'는 삼국시대부터 고유 명사 표기에 사용되어 온 것이고, 훈독자 '爲/ㅎ, 令/시기(ㅎ기?), 在/겨, 以/로, 中/긔, 之/—다'는 삼국시대의 초기적인 이두문에서 문법적 기능을 나타내는 말의 표기에 쓰인 것.

✪ 고려 시대에 들어와서는 영암서원 종명(靈巖西院 鐘銘, 963), 고달사 원종 대사 탑비음명(高達寺 元宗 大師 塔碑陰銘, 977) 등이 속한문의 문체를 보여준다. 이두문의 표기는 조선 시대의 이두문과 거의 차이가 없을 만큼 발달.

　➡ 고려 시대 최초의 이두 자료는 명봉사 자적 선사 능운탑비음명(鳴鳳寺 慈寂 禪師 凌雲塔碑陰銘, 941)이다. 이는 비의 음명이지만 당시 도평성(都評省)에서 내린 첩문(帖文)을 새긴 행정 문서임. 이 이두문에서는 신라시대의 자

료로서는 확인되지 않던 새로운 이두와 토, 그리고 새로운 차자를 발견할 수 있다. 특히 대격조사 '乙/을'의 표기가 처음 나타나는 것이 주목된다. 설명형 종결어미 '之/―다'는 이 첩문 이후 얼마 지나지 않아 사라진다.

➡ 이 밖에 고려 시대의 이두 자료로는 태평 2년 명마애약사좌상명(太平 二年 銘磨崖藥師坐像銘, 977), 정도사 조탑 형지기(淨兜寺 造塔 形止記, 1031), 통도사 국장생석표명(通度寺 國長生石標銘, 1085), 지원 18년 노비 문서(至元 十八年 奴婢 文書, 1281), 지정 14년 노비 문서(至正 十四年 奴婢 文書, 1354), 지정 17년 백암사 첩문(至正 十七年 白巖寺 貼文, 1357), 홍무 11년 백암사 첩문(洪武 十一年 白巖寺 貼文, 1378), 홍무 19년 남종통기의 노비 문서(洪武 十九年 南宗通紀 奴婢 文書, 1386), 이성계 호적(李成桂 戶籍, 1391) 등 60여 종이 남아 있음. 이 가운데서 '정도사 조탑 형지기'는 연대가 이른 11세기의 기록이면서도 장문(長文)의 내용을 담고 있어서 이두의 다양한 모습을 볼 수 있다. 이 시대에 이미 이두의 표기법이 완성되어 조선 말기까지 그 이상의 발전은 없었다는 것을 알 수 있다.

✪ 조선 시대의 이두문은 비교적 많은 자료가 남아 있어서 자료가 부족한 고려시대나 더 나아가서는 신라 시대에 이두문이 사용된 범위를 짐작할 수 있다.

➡ 문체상으로는 한문의 영향을 받아, 심한 것은 한문에다가 구결의 토를 단 것과 같은 이두문이 많이 나타나고 있다.

➡ 조선 초기의 이두문으로 주목되는 것은 《대명률직해》(1395)와 《양잠경험촬요(養蠶經驗撮要)》(1415)임. 이두문으로 백성들의 실생활에 필요한 한문을 쉽게 이해할 수 있도록 하기 위하여 번역한 것으로 훈민정음 창제 이후의 언해(諺解)와 관련되어 있다.

➡ 훈민정음 창제 이후에도 〈우마양저 염역병 치료방(牛馬羊猪 染疫病 治療方)〉(1541)은 한문을 이두문과 한글로 번역(이두와 한글을 쓰는 사회 계층이 달랐음을 말하는 것).

➡ 조선시대에 이두문은 주로 문서로서 사용. 〈개국원종공신 녹권(開國原從功臣 錄券)〉(1395), 〈좌명공신 녹권(佐命功臣 錄券)〉(1401), 〈병조 조사첩(兵

曹 朝謝帖))(1409)은 왕이 신하에게 내리는 문서를 이두문으로 기록한 것. 신하나 백성이 왕에게 올리는 문서인 상언류(上言類)·정사류(呈辭類)·장계류(狀啓類)가 이두문으로 쓰였다.

➜ 관(官)과 관 사이에 주고받는 첩정문(牒呈文)·관문(關文)·단자(單子), 형조의 문서인 추안(推案)이나 근각(根脚), 민간에서 관에 올리는 원정류(原情類)·소지류(所志類), 이에 대한 관의 회답인 제사(題辭), 백성들 상호 간에 주고받는 문권류(文券類)인 명문(明文), 성급문(成給文), 화해문기(和解文記), 유서(遺書) 등과 고목류(告目類), 절목류(節目類), 단자류(單子類)가 이두문으로 쓰였다.

✪ 훈민정음의 창제는 국어를 표기하기에 불완전한 이두를 정음으로 대체하고자 한 것

➜ 훈민정음이 창제된 후 이과(吏科)의 인재를 뽑을 때 정음을 시험으로 보게 하기도 하고, 세종 자신이 대간들의 죄를 의금부와 승정원에 알리면서 정음으로 써서 보낸 일도 있었다. 실록 기록들을 보면 이두로 기록되어 오던 영역이 정음으로 대체된 경우가 있었음을 알 수 있다.

➜ 이두로 기록되어 오던 영역이 한문으로 대체된 것이 있다. 세조 때에는 동반(東班)·서반(西班) 5품 이하의 고신첩(告身牒)이 이두로 쓰여 왔는데, 한문인 이문(吏文)으로 대체되었다는 기록이 있다.

➜ ① 종래 이두로 쓰여 오던 영역이 ② 정음과 한문에 의하여 축소된 것임.

➜ 훈민정음이 창제되면서 ① 한문 ② 이두 ③ 정음이 공존(① 선비들은 한문, ② 중인/(中人)들은 이두, ③ 부녀자나 서민들은 정음으로 결부시키는 관념을 생성).

➜ 임진왜란 때 국왕이 다음과 같이 하교한 기록이 있다. "왕이 백성들에게 교서를 내릴 때, 선비들은 한문인 원문 그대로 보내어 알리게 하고, 그 밖의 사람들은 이해하지 못할 것이니 이두를 넣어 방문을 만들어 붙이고, 이것을 또 정음으로 번역하여 촌민(村民)들도 모두 알도록 할 것".

➜ 이두가 사회 계층과 결부됨으로써 《유서필지》에서는 서리들이 사용하는 문

체를 '이서지체(吏胥之體)'라는 문체의 이름으로 불렸다.

➔ 훈민정음 창제 이후 이두는 존재 가치를 상실. 훈민정음이 창제되기 전부터
써 내려오던 관습으로 인하여 유지되다가 사회적으로 서리 계층(胥吏 階層)
이 형성되면서 그들의 문체로 굳어져 19세기 말 국한문 혼용체(國漢文 混用
體)로 대체될 때까지 사용되어 왔음.

(출처: 《한국민족문화대백과》)

삼국 시대를 말하면서 이두를 빼놓을 수 없을 것이다.

중국의 한자, 한문을 사용하면서도 우리 방식의 발음이나 말투나 어순과
달랐기에 자연히 가장 중요한 어순과 토씨 등을 우리 방식으로 표현했던 것이
다. 그 하나가 이두라는 넓은 범주의 표현 방식, 표현 도구이고 다른 하나가
훈민정음 창제 이후의 한글(혹은 훈민정음, 정음)이라는 표현 방식, 표현 도구
일 것이다. 어쨌거나, 이두는 국가체제를 유지하는 일에 필수적이었을 것이
다. 소통이 중요한 일이라면 당연히 우리 방식의 소통 도구, 소통 형식이 필수
였을 것이다.

이두는 한자, 한문과 우리 방식의 언어, 우리 방식의 표현, 우리 방식의 발
음 등에 맞춘 새로운 도구이고 색다른 방식이었을 것이다. 훈민정음 창제 이전
의 표현 도구로 한자와 이두가 쌍벽을 이루고 있었다는 사실만 보아도 이두의
중요성, 이두와 우리와의 필연적인 연결고리를 확인할 수 있다. 이러한데도,
한자, 한문의 부속 장치, 보완적 도구이었기에 한글이 만들어져 뿌리를 내리
면서 자연스레 이두는 사생아가 되고 필요악이 되고 말았다. 그래서 삼국시대
이후 조선시대 말엽까지도 우리 방식의 표현이고 도구이던 이두가 송두리째
사라졌기에 이제는 그 정확한 구조나 공식마저도 제대로 알 수 없게 되었다.
하기야, 죽은 언어를 누가 굳이 챙기고 지키려 하겠는가?

승리와 통일(676년 당나라 완전 축출로 실질적 통일 완수)의 역사인 신라
(935년 멸망)의 역사마저도 패배와 분열의 역사로 끝난 백제(660년 멸망), 고
구려(668년 멸망)처럼 몽땅 사라진 마당인데, 죽은 언어인 이두를 지킬 이유,

지킬 필요가 과연 어디에 있었겠는가?

〈국가와 개인은 여러 모로 유사할 것이다. 현대 과학의 발견은 놀랍다. 단백질은 입맛을 돋워 우리 몸으로 하여금 '계속 먹어라.'는 명령만 내린다. 그 결과 고속도로를 과속하는 자동차처럼 멈출 새 없이, 늦출 새 없이 계속해서 달려야 한다. 단백질이 간에서 IGF-1(세포 생성 단백질)이라는 단백질을 필요 이상으로 생성하기에 우리 몸은 세포를 수리, 보수하는 대신에 계속해서 새로운 세포를 만들 수밖에 없게 된다. 하지만 되돌릴 방법은 스스로 지닌 셈. 태생적으로 되돌이표가 있는 셈이다.

즉, 영양가는 지키되 칼로리를 낮추는 크로니족이 되면 우리 몸은 저절로 건강한 쪽으로 되돌아가게 된다. 브라질 아마존 유역의 원주민들 사이에는 성장이 멈추는 희한한 증상이 있는데, 다행인지는 모르겠으나 그 병에 걸려 일단 왜소해지면 당뇨, 암 같은 병으로부터 거의 자유롭게 된다고 한다. 브라질의 '소인(小人) 축구단'(왜소증 환자들로 구성된 축구팀)인 '북의 거인들(The Giants of the North)'은 현재 큰 인기를 누리는 중이다(한국일보 2008. 4. 9. 기사). 실험실에서 유전인자 변형으로 조그마한 쥐를 만들어내면 보통의 쥐보다 수명이 4할 정도(사람으로 치면 30~40년 더 장수하여 120세 정도에 이르는 식) 는다고 한다(BBC. Knowledge, YTN Science 2015. 6 방영).

작기에 조금만 먹을 것이다. 그래서 자연히 큰 덩치의 왕성한 식욕보다 한참 낮을 것이고 그에 따라서 몸의 여러 수치, 현상, 증상이 다르게 될 것이다. 국가도 동일할 것이다. 절제가 위에서 아래까지 이어지고 극기, 금욕이 고루 퍼지면 아무래도 건강한 국가가 되고 오래 지속하는 국가가 될 것이다. 개개인이 환경으로부터 여러 위협을 당하듯이 국가 또한 주변 환경의 영향과 주변 국가들의 간섭, 침해, 공격을 받게 될 것이다. 그러니 개개인이 면역력을 유지하거나 높이듯이 국가 또한 당연히 저항력, 방어력, 지속력, 생명력을 지키고 키워야 할 것이다. 삼국 시대를 그렇게 놓고 보아도 알 수 있고 동서고금의 숱한 국가들은 물론이고 우리의 고려, 조선, 일제강점기, 미군정 후의 정부 수립 시기를 보아도 속속들이 알 수 있다. 개인이 스스로 자멸과 자구책 동원을 통해 나뉘듯이, 국가 또한 늘 내리막길과 오르막길 사이에 놓여 있게 마련인 것이다.〉

〈역사에는 '만일(if…)'이 없다고 하지만 삼국 시대의 종말과 그 후의 전개에 대해서는 얼마든지 가정법을 사용해 볼 수 있을 것이다. 백제와 고구려가 신라를 망국으로 치닫게 하는 대신에 만일 한강을 경계로 삼국이 분할 형태를 이루며 나제동맹이 새로운 형태로 이어졌더라면 어땠을까? 백제의 부흥운동, 고구려의 부흥운동과 그 유민이 세운 한 세대 뒤의 발해 등을 볼 때 삼국은 공히 영웅호걸들의 천하이고 유능한 이들의 세상이었다. 삼국이 모두 중국 및 일본 등지와 외교를 했기에 대외적 감각과 협상력 그리고 국제적 조정력 등을 갖추었을 것이다.

{백제의 성충(成忠: 656 졸), 흥수(興首), 계백[階伯(섬돌 계, 맏이 백): 660(의자왕 20) 졸, 일명 堦伯(계백), 階升(계승)], 고구려의 연개소문[淵蓋蘇文: 601~666, 일명 개금(蓋金, 盖金), 《일본서기》에는 이리가수미(伊梨柯須彌), 조부 자유(子遊), 부친 태조(太祚)가 모두 막리지(莫離支) 지위에 올랐다고 천남생 묘지(泉男生 墓誌)에 기록], 신라의 김춘추[金春秋: 604~661, 29대 무열왕(재위 654~661)], 김유신(金庾信: 595~673).}

위의 인물들이 한 자리에 모여 삼국 사이의 새로운 통합 모델을 만들었더라면 과연 어땠을까? 지금 생각해도 그들 모두 합리적이고 애국적이기에 원하는 경계선만 잘 조정하면 얼마든지 의견의 일치를 보았을 것이다. 그랬더라면 당나라를 끌어들이는 굴욕과 그로 인한 백제부흥운동, 고구려부흥운동 등으로 인한 내전 형태의 희생적 소모전, 당나라의 한반도 지배욕으로 인한 신라와 당나라 사이의 6년여에 걸친 나당전쟁 같은 대전란의 시기는 피할 수 있었고 그리고 한반도 중심의 강국으로 발돋움하여 오늘날과 전혀 다른 동북아 판도를 창조해 냈을 수도 있었을 것이다. 신라를 구해 보고자 했던 김춘추는 고구려에서 퇴짜를 맞았다. 백제는 망국의 그림자를 보지 못한 채 줄기차게 신라만을 괴롭혔다.

결국, 신라의 애국자들은 동북아의 초강대국이자 세계적 강대국인 당나라를 끌어들임으로써 성공 가능성이 기껏해야 반의 반도 안 되는 모험을 해야 했고 사즉생(死卽生)의 군사적 동맹을 맺어야 했다.

그 결과 백제부흥운동, 고구려부흥운동, 당나라의 백제와 고구려에 대한 지배욕 등이 한꺼번에 분출되거나 일어났다. 이에 따라 한반도는 적어도 백제가 멸망하는 660년부터 당나라가 한반도에서 물러나는 676년까지 자그마치 16년여 동안 전쟁의 소용돌이를 겪어야 했다.〉

〈만일 당 태종 같은 결단성 있는 황제가 당나라를 이끌었다면, 과연 나당전쟁이 신라의 승리로 끝날 수 있었을까? 그리고 6년여간의 전쟁 끝에 당나라 군대가 한반도에서 만주로 이동할 수 있었을까?

역사를 두고 운명을 찾고 우연을 찾으면 안 되겠지만 오늘날에 생각해 봐도 참 묘한 시기였다. 병약한 탓인지 품성이 미적지근한 탓인지, 당 태종의 후계자인 고종은 황후 무씨를 공동 통치자로 공표할 정도로 여성의 역량을 높이 보았다. 황후 무씨가 독특한 여인이었을 수도 있지만, 중국도 명분을 강조하는 통치 방식이라서 '여성은 국정에 간여할 수 없다.'는 식의 생각이 의외로 투철했다. 하지만 고종은 달랐다. '여성이라고 해서 국정에서 소외시키지는 않겠다.'는 식으로 생각했던 듯하다.

그러했기에 황후 무씨가 고종 생시에는 공동 통치자로 활약했고 고종의 타계 후에는 두 아들[당 예종(재위 684~690, 복위 710~712, 3남인 당 현종 이융기의 27세 생일에 양위, 716년에 54세로 졸) 이단(李旦), 당 중종(재위 684. 1.3.~2.26., 복위 705~710) 이현(李顯)]의 연이은 황제 노릇에도 불구하고 여전히 막강한 영향력을 거의 독점하고 있었다. 그 결과 그 먼 시대에 남성 전유물이고 특권층 전유물이던 통치행위를 독식한 것은 물론이고 당(唐)나라를 아예 대주(大周)로 바꿔 놓은 후 중국 역사상 유일한 여황제로서 말년을 장식했다.

바로 무주(武周)의 무측천[則天武后(측천무후): 624~705, 재위 690~705, 당나라 고종(이치)의 황후, 무주(武周)를 건국, 중국 역사상 최초이자 유일무이한 여황제, 중국에서는 무측천(武則天)이라 불림] 여황제였다. 한자 문화권이고 공자 문화권인데도 우리는 아직도 중국을 수박 겉핥기 정도, 눈 감고 코끼리 만지기 정도로 알고 있는 편이다. 우리가 중국에 대해 아주 잘 알고 있다고 하고 중국의 신화를 제법 잘 알고 있다고 해도 의외의 것에서 무지, 무식, 까막눈이 드러날 수 있다.

예를 들면, 중국 불의 신인 축융[祝融(빌 축, 화합할 융)]에 대한 것이다.

현대 중국에서조차도 '재운을 불러들인다.'며 3년 정도 공을 들이며 축융을 모신 신전, 사찰, 사원을 드나든다. 그 정도로 중요한 신인데도, 그 정도로 중요한 신화세계인데도 우리는 이제야 관광 가이드, 관광 관련 정보와 소식 등 간접적으로 알게 되었을 뿐이다.

〈삼국 시대를 두루 관통한 글자와 언어가 바로 이두이거나 이두 종류라면 왜 그토록 기록이 귀한가? 백성들 속에도 창작인, 지식인, 저술가가 수다했을 것이고 더욱이나 삼국 사이에 전쟁이 끊이지 않던 때인데, 그 수백여 년 동안 어째서 백성이 남긴 기록, 촌민이 남긴 일기, 당대의 글쟁이가 남긴 일상에 대한 글이 없다는 것인가? 그 당대에도 만화도 있고 소설도 있고 시와 수필도 있고 그리고 가계부, 치부책, 부기장 같은 것들, 약속과 꿔준 것을 적은 기록 들이 얼마든지 있었을 것이 아닌가? 동서고금을 두루 살피면 지능이 있는 인간 공동체이기에 비슷하기 마련이고 재주꾼, 천재, 돌출이 있기 마련이기에 그에 따라서 특이하지만 시대를 관통하는 공통 분모에 속한 일들이 얼마든지 생길 수 있고 벌어질 수 있고 그래서 후세에까지 길이길이 남겨질 수 있는 것이다. 기껏 무덤 속에서 뒤진 것이나 왕들의 순행에 의해 생긴 비석 정도 등에서 간간히 글자의 자취, 언어의 흔적을 엿볼 뿐이다.〉

〈서기 203년 북아프리카 카르타고에서 순교한 페르페투아의 순교 이야기는 바로 그녀가 직접 남긴 점토판 기록에서 드러나고 알려졌다. 로마 황제 셉티무스 세베루스의 치하인 서기 203년 북아프리카 카르타고에서 두 젊은 여성이 기독교인이라는 죄목으로 체포되어 감옥에 갇히게 되었다. 페르페투아(Perpetua)라는 스물여섯 살의 여성과 그녀를 돕는 펠리키타스(Felicitas)라는 여성이 함께 투옥되었다. 페르페투아는 아직 젖을 떼지 못한 어린 아기의 엄마였다. 감옥에서 심문을 받고 있을 때 페르페투아의 아버지가 찾아와서 딸에게 기독교의 신앙을 버리고 집으로 돌아갈 것을 간곡하게 권고했다.

페르페투아는 아버지에게 꽃병을 가리키면서 저것이 무엇이냐고 물었다.

아버지가 '꽃병'이라고 대답하자, 그녀는 아버지에게 "꽃병을 꽃병이라고 부를 수밖에 없는 것처럼, 기독교인인 나를 기독교인이라고 부를 수밖에 없다.”고 말하면서 기독교의 신앙을 버릴 수 없다고 했다. 다음 날 아버지는 다시 찾아와서 아직 젖을 떼지 못한 갓난아기를 생각해서라도 신앙을 버릴 것을 간곡하게 울면서 호소했다. 그러나 페르페투아의 신앙을 움직일 수는 없었다. 페르페투아는 아버지에게 자신이 당하는 고통은 고통이 아니라 천국을 위한 기쁨일 뿐이라고 말했다. 페르페투아는 기도 속에서, 꿈 속에서 환상을 보고 감사하면서 그녀의 신앙을 지켜나갔다. 드디어 페르페투아를 처형하는 날이 왔다. 미친 듯이 날뛰는 황소가 그녀의 옆구리를 들이박아 많은 피를 흘렸지만 그녀는 죽지 않았다. 페르페투아는 피를 흘리는 다른 여인들을 돌보아 주려고까지 했다. 다시 표범을 풀어 물어뜯게 했다. 하지만 표범의 공격에도 살아남게 되어 결국 검투사들의 칼에 찔리게 되었다.

갈비뼈를 심하게 찔려 몸을 움직이기도 힘들어진 그녀는 젊은 검투사에게 목을 쳐달라고 부탁했다. 그녀의 침착함에 놀라 칼은 든 손마저 부들부들 떨던 젊은 검투사에게 목을 내밀어 최후를 마쳤다. 페르페투아의 순교는 한 사람의 순교로 허무하게 그친 것이 아니었다. 그녀가 순교의 피를 흘린 카르타고에서 기독교 역사상 가장 위대한 신앙의 스승인 터툴리안과 어거스틴이 탄생했다. 그리고 터툴리안은 다음과 같은 위대한 명언을 남겼다.

“순교자의 피는 교회의 씨앗이 된다.”

우리는 그녀가 직접 남긴 점토판 기록 덕분에 그녀에 대한 슬프고도 거룩한 이야기와 그녀가 살던 시대의 처절한 순교의 현장을 생생하게 엿볼 수 있다. 기록은 그처럼 소중한 것이다.〉

〈역사를 ‘사건의 기록’이라고 본다면 당대를 사는 모든 사람은 당대를 위한 기록자가 되고 전달자가 되어야 마땅할 것이다. 그렇지 않으면 역사는 늘 ‘소수 지배자들의 자취’에 그치게 될 것이다. 왕들의 역사, 잘난 소수의 역사, 비용을 들여 정리한 자들의 일방적 전달이 바로 역사라면 그 역사는 사실 누더기이고 짜깁기이고 그리고 흉물스러운 군더더기, 가증스러운 과장과 위선 덩어리일 것이다.〉

〈역사란 그리 어려운 것이 아니다. 소금의 역사를 되밟으면 수십 억 년 전의 지구 모습까지도 엿볼 수 있다. 그 많은 동물들이 소금을 찾아가던 길이 현재의 도로의 원형이고 조상이고 밑그림이다. 향신료의 자취를 되밟으면 고대의 무역과 중세, 현대의 무역로를 엿볼 수 있다.

종이의 역사, 화약의 역사, 활자의 역사, 문자의 역사, 종교의 역사 등을 되밟으면 인류사 전체, 지구 역사 전체를 거의 망라할 수 있고 거의 탐험할 수 있고 거의 판독할 수 있을 것이다. 우리의 경우에는 인류사처럼 돌로 이뤄진 것들, 무덤에 남아 있는 것들, 궁궐에 남겨진 것들, 종교 시설물에 남아 있는 것들이 고작이다. 도로가 가르치고 가리키는 정도의 편린에 불과할 것이다.

바다와 강과 산과 들이 품고 있는 이야기의 눈곱 정도, 코딱지 정도, 귀지 정도일 것이다.〉

〈우리가 아는 최대의 전쟁, 최대의 사건은 제2차 세계대전이다. 6년여 동안 이어진 전쟁이지만 그 끝은 새로운 시작을 알렸다. 국민을 다 죽이더라도 물러설 수 없다는 일본에 두 차례의 원자폭탄(1945년 8월 6일 히로시마에 우라늄 폭탄인 Little boy, 1945년 8월 9일 나가사키에 플루토늄 폭탄인 Fat Man)을 투하하여 각각 1분도 안 되는 순간적인 폭발력으로 도시 전체를 불바다로 만들고 대부분의 주민을 죽음으로 내몰았다. 재래식 무기의 시대가 끝나고 원자탄 시대가 도래한 것이다.

인류 역사가 전쟁을 통해서, 천문학적인 살상을 통해서 새로운 시대로 진입하고 새로운 단계로 도약한 셈이다. 누가 역사를 두고 '도전과 응전의 두 바퀴로 굴러가는 수레'라고 했던가? 역사는 우리의 삼국 시대를 보아도 그렇고 고려의 멸망, 조선의 멸망을 보아도 전쟁이나 그에 준하는 폭력, 무력이 시대 전환의 동력이고 역사 전개의 주인공이었다는 것을 알 수 있다.

미국은 1945년 2월의 이오지마전투, 1945년 4월의 오키나와전투를 통해서 일본이 자살극 형태의 희한한 전략으로 맞선다는 것을 확인하고 일본 본토를 정복하려면 최소한 미군 170만 명 이상이 희생되어야 한다는 계산을 하게 되었다. 하지만 그런 계산의 대안, 그런 추정의 해답은 바로 새로운 무기, 즉 원자 폭탄이었던 것이다. 초기 단계의 원자 관련 기술로 폭탄을 만들기까지는 가히 천문학적인 비용과 인력과 시설과 보안이 필수적이었을 것이다. 나치 독일은 원자 기술로 전기를 만들었지만, 막대한 자원을 투입한 미국은 세계전쟁을

끝내고 새로운 시대를 열어갈 신무기를 만들게 되었다.〉

신라가 삼국을 통일할 수 있었던 요인을 당대의 신무기 개발로 볼 수는 없을까?

꼭 당나라 군대를 끌어들여 숫자로 앞서고 무력 면에서 능가한 것이 유일한 해답이고 결론이었을까? 당시의 전쟁 기술, 당대의 전쟁 전략, 당대의 동원체계 및 수송 체계에 대한 자료는 과연 어디에 있다는 말인가? 전쟁 소설식으로 그저 공격, 방어의 되풀이, 기만과 음모의 반복이 전부였다는 말인가? 그저 김춘추의 외교력, 김유신의 임전무퇴 정신에만 삼국 통일의 공로를 돌리는 것이 과연 맞는 것인가? 흔히 말하는 나당동맹과 나당연합군 쪽에 모든 공로를 돌릴 수가 있는가? 신라인 전체의 통일 의지 같은 것이 가장 효과적인 동력이 되지 않았을까?

역사는 의문점을 열거라는 것이고 그 하나하나를 풀어가는 노력이고 과정일 것이다. 유물 중시, 유적 제일주의만 가지고 어떻게 그 길고 복잡하고 현란하고 기적적인 긴 역사, 긴 시대, 긴 호흡을 다 풀어내고 다 대답한다는 것인가?

〈삼국 시대가 아무리 고대라고 해도 있을 것은 다 있었다.

관청의 종류가 그것을 증명한다. 옷 종류만 해도 요즘 생활을 뺨칠 정도로 다양하고 다채로웠다. 그렇게 놓고 보면 최소한 상류층, 지배층만은 중국의 최상품에 버금가는 것을 사용했을 것이다. 특산품일 경우에는 오히려 백제, 고구려, 신라가 앞섰을 수도 있다. 삼국이 각축전을 벌이면서도 시대에 따라 연합하거나 동맹을 맺었기에 서로의 문물을 교류하고 당대 최고의 것들을 나누는 식의 유통, 거래는 늘 있었을 것이다. 전해지는 것이 고작 왕릉의 유물이고 백성의 주거지 유적 정도라서 제대로 알 수는 없지만 중국의 문물이 당대 최고 수준이었다는 것을 안다면 삼국 시대의 문화, 문명, 유행, 대세도 어느 정도 짐작할 수 있을 것이다.〉

신분사회였기에 귀족층, 자산가들, 세력가들, 해외 문물을 쉽게 자주 접하는 소수 정도는 충분히 중국의 최상위층 의식주에 접근했을 수도 있다. 기계나 기술, 재료나 솜씨는 좀 달랐어도 있을 것은 다 있는 국가 공동체라고 보는 것이 옳을 것이다. 그러니 '유물, 유적으로 입증되어야만 사실로 받아들일 수 있다.'고 할 수도 없고 서로 다른 기록물들이 같은 말을 전해야만 믿을 수 있다고 할 수도 없을 것이다. 그 많은 전쟁 이야기도 사라지고 그 많은 전상자의 이야기도 없어졌는데 요즘의 우리나 엇비슷했을 의식주 정도를 어떻게 '증거를 대라. 증명하면 믿겠다.'고 말할 수 있는가? 우리가 갖추고 사는 의식주 정도, 우리가 바라는 일의 종류들이 — 각자의 솜씨에 따라서, 집안 내력에 따라서, 신분과 승계에 따라서, 그리고 무엇보다도 국가 공동체의 필요와 강요에 따라서 얼마든지 존재하고 번성했을 수 있는 것이다. 고대라는 말을 원시, 야만으로 보면 안 된다는 말이다. 고대, 중세, 근대, 현대로 나누는 것은 그저 지금을 기점으로 과거를 나누는 정도이고 지난 시대를 돌아보는 가늠자 정도에 불과하다는 말이다. 문물, 의식주, 문명, 문화, 국가 공동체와 사회 공동체의 일상 모습, 가족 공동체와 씨족 및 부족 공동체의 모습은 지금의 우리와 그렇게 많이 다르지 않을 것이다.

지금도 흙을 빚어 그릇을 만들고 금속을 녹여 도구를 만든다. 지금도 화염, 화력을 만들어 생활의 편리, 편익을 도모한다. 재료와 도구, 에너지원과 활용 기술만 있으면 문명시대를 이뤄내게 된다. 인간 공동체는 인간 지능에 기댄다. 삼국 시대의 인간 지능이나 현재 우리의 지능이나 분명히 대동소이할 것이다. 필요하면 만들고 꾸미고 지어냈을 것이다.

피 흘리는 전쟁, 공동체 운명이 엇갈리는 전쟁이 수없이 일어났는데 어떻게 원시, 야만의 모습으로 버티고 이기고 그리고 살아남았겠는가?

신라인의 생활상은 그런 시각에서 돌아보아야 한다.

단순히 역사라는 점에 초점을 맞추기보다 현재의 우리와 거의 같았을 것이라는 가정과 믿음 위에서 상상하고 사색해야 할 것이다. 발견할 수는 없지만 그려볼 수는 있다. 그 많은 판타지물, 공상물을 보라. 인류의 문명, 문화는 결국 개개인이 바라는 대로, 꿈꾸는 대로 채워지고 메워지며 그 한 방향으로 계속해서 나아가는 것이다.

전쟁 중에는 살상을 위한 도구, 섬멸을 위한 도구로 이용되다가도 일단 전쟁이 끝나면 원래의 대도, 대세로 되돌아와 문명, 문화의 전진을 위한 디딤돌이 되고 도약대가 되는 것이다.

한국사 이야기

✪ 수공업의 발달

➔ 수공업은 처음 부족장을 비롯한 지배층에 의해 부민(부민)과 노비를 집단으로 사역하는 방식으로 운영되다가 국가 지배 체제가 확립됨에 따라 농민들이 그들에게 부과된 마포·견·사마(絲麻) 등을 생산하기 위해 가내 수공업의 형태를 띠고 발달함.

삼국 통일 뒤 관청과 왕실 및 귀족들에게 필요한 물품과 외국과의 교역품을 전문적으로 생산하는 관영 수공업의 생산 부문이 더욱 발달함.

➔ 관영 수공업은 왕궁 내에 설치되었음직한 작업장에서 전문 공장(工匠)과 노비들에 의해 추진.

관영 공장을 통솔하는 행정 부서가 내성(內省) 산하에 많이 설치된 것을 보면 물품의 종류가 다양했으며, 수량 또한 적지 않았을 것으로 추측함.

《삼국사기》「직관지(職官志)」에서는 고급 견직물을 생산하는 조하방(朝霞房)·금전(錦典)·기전(綺典), 특수 모직물과 가발을 생산하는 모전(毛典), 직물의 염색을 담당하는 염궁(染宮), 각종 철물을 주조하는 철유전(鐵鍮典), 각종 칠기를 생산하는 칠전(漆典), 가죽의 제조를 담당하는 피전(皮典), 각종 식탁 가구를 제작하는 궤개전(机槪典), 각종 도기와 제기·와전(瓦塼)을 제작하는 와기전(瓦器典), 각종 장식물을 제작하는 물장전(物藏典), 금·은·옥·세공품을 제작하는 남하소궁(南下所宮), 각종 행사에 사용되는 천막을 제작하는 급장전(給帳典) 등 매우 다양한 관청들을 볼 수 있음.

여기서 제작되는 물품 중 조하주(朝霞紬), 조하금(朝霞錦), 가발, 해표피(海豹皮), 금대은(金帶銀), 주옥(珠玉) 등은 신라의 특산품으로 당나라에 수출.

✪ 상업의 발달

➔ 삼한 시대에 사회적 분업이 진행되어 상인층이 등장했을 것으로 추정.

물자가 교환되는 시장은 아직 출현하지 않은 듯함.

- 490년에 왕경에 시장을 열어 사방의 물품을 유통하게 한 것으로 보아 신라에 공영 시장(公營 市場)이 출현했음을 알 수 있다.

  이는 지방에서 바친 물자 중 쓰고 남은 잉여분을 처리할 목적으로 설치되었을 것임.

  509년에는 왕경에 동시(東市)가 설치되었고, 시장을 감독하는 관청으로 동시전(東市典)을 두었다.

- 삼국 통일 후에는 왕경의 인구가 급격히 증가하고, 상품 생산이 크게 늘어남에 따라 695년에 서시(西市), 남시(南市)를 더 두었으며, 감독 관청도 설치함.

  이와 같은 경시(京市) 이외에도 지방의 성읍 중심지나 혹은 교통의 요지에는 향시가 생겨나서 수요자와 공급자가 모여 주로 물물 교환의 형태로 각자의 욕망을 충족함.

대외 무역의 발달

- 수공업 및 상업의 발달과 귀족 사회의 번영은 대외 무역을 크게 촉진.

  신라의 대외 무역은 조공이나 예물 교환 형식으로 행해지는 공무역과 사절단의 수행원과 상인들이 사사로이 행하는 사무역으로 분리.

- 교역 대상 국가는 당나라와 일본 등이었다.

  신라 말기에는 아랍 상인들까지 신라에 와서 교역.

  일본 쇼소인에 전해지고 있는 「매신라물해(買新羅物解)」는 752년 일본 조정이 신라 사신을 따라온 상인들로부터 매입한 물품을 적은 것인데, 당시 신라는 7척의 배에 700여 명에 달하는 대규모의 사절단을 일본에 파견.

- 삼국 통일 이전의 소규모의 대외 무역이 통일기에 들어와서는 문물 교류의 확대와 더불어 점차 활발해지기 시작.

  조선술과 항해술의 발달로 해상 교통이 발달.

- 9세기에 들어오면 중앙 정치 무대로의 진출이 막힌 지방 세력이 해외로 눈을 돌리게 되었고, 마침 당나라의 지방 통제력이 약해진 데 힘입어 민간의 사무역이 크게 발달하여 차츰 공무역을 압도.

  828년 완도에 청해진을 설치한 장보고는 한국 서남 해안에 출몰하는 해적을 퇴치한 뒤 중국·일본과의 사무역에 종사해 단기간 내에 거대한 해상 왕국을 건설.

➔ 장보고는 견당 매물사(遣唐 買物使)의 인솔 하에 교관선(交關船)을 당나라에 파견했으며, 일본에는 회역사(廻易使)라는 이름의 무역사절단을 파견해 신라·당나라·일본 사이의 삼각(三角) 무역을 주도.

당시 신라인의 내왕이 빈번한 산둥반도나 장쑤 성(江蘇省) 같은 곳에는 반자치적인 신라인의 집단 거류지가 생겼다. 이를 신라방(新羅坊)이라 불렀고, 신라소(新羅所)라는 행정 기관까지 설치되었다.

이들은 항해의 안전을 기원하는 사원을 세우기도 했는데, 장보고가 산둥성 원덩현(文登縣) 적산촌(赤山村)에 세운 법화원(法花院)이 가장 유명함.

➔ 일본과의 교역이 번성해지자, 일본은 812년에 지쿠젠[筑前: 지금의 큐슈 후쿠오카 현(九州 福岡縣) 북서쪽]에 신라어학생(新羅語學生)이라는 통역생을 두었으며, 그 밖에 대마도(對馬島)에 신라역어(新羅譯語)를 설치.

신라의 문화

1. 학문

신라의 문화의 특징은 고유한 전통 문화의 바탕 위에 고구려 및 백제의 선진 문화를 가미했다는 점이다.

6세기 이후 중앙 집권적인 귀족국가를 건설한 신라의 지배층은 중국 문화를 받아들였지만, 외래 문화를 있는 그대로 모방하는 대신, 자신들의 생활 관습에 적합한 것으로 만들어갔다.

✪ 이두의 사용

➔ 고조선이 멸망되기 전에 진국(辰國)에서 중국의 한(漢)나라에 국서를 보내려 했다는 역사 기록을 보면 남한 지방에서 한자가 사용된 시기는 한(漢)이 낙랑군을 설치하기 이전까지 거슬러 올라간다.

신라에서는 5세기의 고분에서 명문 자료가 출토되고 있으며, 6세기에 들어오면 많은 비석이 만들어졌다.

➔ 신라인들은 문어(文語)로는 외국 문자인 한자 및 한문을 쓰면서 구어(口語)로는 이와 그 구조를 전혀 달리하는 우리 말을 쓰는 데서 생기는 여러 가지 불편을 없애기 위해 일찍부터 차자 표기법(借字 表記法)이 발전함.

이 표기법은 고구려와 백제에서 전해진 것이지만, 신라인은 이를 더욱 발전시켜 이두(吏讀)를 성립시켰고, 7세기 후반에 설총(薛聰)이 체계적으로 정리함.

통일신라 시대 토(吐)를 넣은 이두문의 문법 형태를 잘 보여주는 것이 755년(경덕왕 14)에 완성된 〈신라 화엄경 사경 조성기(新羅 華嚴經 寫經 造成記)〉임.

이 표기법은 일본으로 전해져 그들의 음절문자인 가나(假名)의 성립에 영향을 미쳤다. 한문이 사용됨에 따라 자연 한문학이 발달하게 되었는데, 진흥왕 순수비 비문은 현재 남아 있는 삼국 통일 이전 신라의 한문 수준을 대표함.

✪ 국사의 편찬

➔ 한자의 사용과 더불어 행해진 국가적인 편찬사업 가운데 대표적인 것은 545년[24대 진흥왕(재위 540~576) 6] 《국사(國史)》의 편찬.

당시 대신이던 이사부가 상주해 국왕의 재가를 얻은 뒤에, 왕명을 받은 거칠부(居柒夫) 등에 의해 추진.

유교적인 정치 사상에 입각해 왕자(王者)의 위엄을 과시하려는 의도에서 편찬된 것임.

➔ 삼국 통일 이후에도 관찬 사서를 편찬했을 법한데, 현재로서는 확실히 알 수 없다.

8세기 초 성덕왕[聖德王: 691~737, 신라의 제33대 왕(재위 702~737), 31대 신문왕의 차남, 32대 효소왕의 친동생] 때에 진골 출신의 정치가, 역사가인 김대문이 《계림잡전(鷄林雜傳)》, 《화랑세기》, 《고승전(高僧傳)》,

《한산기(漢山記)》,《악본(樂本)》 등을 저술.

김대문의 《고승전》 외에도 여러 고승의 전기가 나왔고, 김장청(金長淸)에 의해 《김유신행록》과 같은 화랑 출신의 대표적 위인에 대한 전기를 저술.

이들 저술은 현재 남아 있지 않아 내용을 확실히 알 수 없지만, 고려 때에 《삼국사기》와 《삼국유사》를 편찬할 때 남아 있어 참고했던 것으로 추정.

➲ 신라 말기에 당나라에서 유학하고 돌아온 최치원이 《제왕연대력(帝王年代曆)》 등의 역사서를 편찬. 이 역시 현재 그 일부만 전한다.

✪ 유교의 발달

➲ 신라 시대에는 귀족사회의 질서를 유지하는 사회 도덕으로 유교를 중요시하였음.

삼국 통일 이전에는 유교 교육을 담당하는 학교가 정비되지 않았으나, 교육적 기능을 지닌 화랑도가 도덕적 교육에 큰 역할을 담당.

➲ 화랑도가 가장 귀중하게 여겼던 유교 덕목은 신(信)과 충(忠)이었는데, 원광(圓光)의 세속오계(世俗五戒)나 임신서기석(壬申誓記石)에서 확인.

당시 국가가 앞장서서 유교 도덕을 널리 국민에게 권장했던 것과 관계가 있는데, 진흥왕 순수비 가운데 황초령비와 마운령비에 충신정성(忠信精誠)해 나라를 위해 절개를 다하는 인물을 표창하겠다고 선언한 것은 그 단적인 예임. 한편 이들 비문에서는 유교의 왕도정치(王道政治) 이념이 강하게 드러나 있다.

➲ 통일기에 들어오면 유교는 도덕 정치의 이념으로서 중요한 역할을 담당.

이 같은 이념을 교육하는 기관으로 국학을 설립.

본래 국학은 통일 직전인 651년에 설치를 위한 준비에 착수하여 사무직인 대사(大舍)를 두었으나, 682년에 예부 소속으로 정식 설치되어 3과(科)로 나누어 박사와 조교의 지도 아래 유교 경전을 교육.

➲ 국학에 입학하는 학생은 15~30세로서 대사 이하의 관등을 가진 관료이거나, 무위(無位)인 자로 한정되었으며, 수학 연한은 9년(24~39세에 수료).

국학생들이 졸업할 때 학력을 시험해 3등급을 매긴 후 관직에 나아가게 하는 제도가 788년(원성왕 4)에 생겼는데, 이것이 독서삼품과임.

➔ 국학의 입학생은 주로 육두품

그들은 유교를 도덕정치의 이념으로 주장.

설총이 지은 《풍왕서(諷王書)》(일명 화왕계(花王戒)라고도 함)나 혹은 강수(强首)의 입장이 그것을 입증.

골품제 아래에서 관계 진출에 제약을 받고 있던 육두품들의 입장을 대변하는 것.

➔ 신라 말기에 이르면 당나라에서 유학하고 돌아온 육두품 출신 지식인들에 의해 골품제도를 비판하고 나아가 이를 개혁하려는 움직임이 싹트기 시작.

최치원이 894년 진성여왕에게 건의한 10여 조의 시무책 중에는 이 같은 주장이 포함되어 있었을 것으로 추정.

최치원의 건의는 받아들여지지 않았으나, 육두품 지식인들의 정치 이념은 고려왕조에 큰 영향을 끼쳤다.

2. 신라의 종교

신라 시대의 종교를 보면 재래의 샤머니즘 외에 불교·도교 그리고 풍수지리설이 전래되어 크게 발달.

⊛ 불교의 발달

➔ 불교는 5세기 초, 눌지마립간 때에 고구려를 통해 전해져 처음 북쪽 변경 지방에 파급.

전도자들은 당국의 박해를 받아 별다른 성과를 거두지 못했다.

소지마립간 때에 아도(阿道, 일명 墨胡子)가 일선(一善: 지금의 경상북도 선산) 지방에 숨어 지내면서 전도에 힘썼으나 역시 박해를 받아 실패로 끝났다.

❯ 521년 중국 남조인 양(梁)나라에 사신을 파견해 두 나라 사이에 외교관계가 수립되면서 양나라 무제가 보낸 승려 원표(元表)에 의해 불교가 신라 왕실에 정식으로 전해졌다.

❯ 흥륜사(興輪寺)를 지어 불교를 크게 일으키려던 법흥왕의 노력은 귀족 세력의 강력한 반대에 부딪혀 실패로 끝났다.

527년[23대 법흥왕(재위 514~540) 14] 법흥왕의 총신인 이차돈(異次頓)이 창사(創寺) 준비에 대한 모든 책임을 지고 순교. 이를 계기로 국왕과 귀족 세력 간에 일정한 타협을 보게 되어 늦어도 535년경에는 공인됨.

❯ 불교는 중앙 집권적 지배 체제를 유지하는 정신적인 지주로서 매우 적합했을 뿐 아니라, 귀족들의 특권을 옹호해주는 이론적 근거도 갖추었기 때문에 공인 후 국왕과 귀족 세력 쌍방의 조화 위에서 국가 불교로서 크게 발전.

질병을 고친다든지 자식을 구한다든지 하는 개인의 현세 이익을 기원하는 경우도 많았으나, 전반적으로 국가의 발전을 비는 호국 신앙으로서 정착.

❯ 호국 경전인 《인왕경(仁王經)》과 《법화경(法華經)》이 존중되었으며, 호국의 도량(道場)을 마련한다는 취지에서 왕궁 가까운 곳에 황룡사 같은 큰 사찰 건축. 사찰에서는 백좌강회(百座講會)와 함께 팔관회 같은 호국적인 행사를 거행.

❯ 선덕여왕 때 군사적 위기가 한껏 고조되었을 때, 중국에서 공부하다 돌아와 황룡사의 사주(寺主)로서 대국통(大國統)이 되어 불교를 주관한 자장(慈藏)은 신라 왕실이 석가와 같은 찰제리종(刹帝利種, 크샤트리야)이라고 주장.

이로써 불법(佛法)과 왕법(王法)을 일치시키는 데 기여함. 호국을 위한 전쟁이 동시에 호법(護法)을 위한 싸움이라고 정당화·합리화.

❯ 승려들에게 있어서 호국과 호법이 일치했기 때문에 그들은 전쟁을 적극 옹호하기까지 하였다.

중국 유학에서 돌아온 원광은 진평왕(26대)의 명령으로 608년 '걸사표(乞師表)'를 쓰고 임전무퇴(臨戰無退) 등 전장에서의 용감성을 강조하는 세속오계를 제정.

➔ 삼국 통일을 전후한 시기에 윤리적·실천적 의미의 현세 구복적인 성격에서 점차로 종교적·신앙적인 의미의 내세적인 불교로 바뀌어갔다.

정토 신앙(淨土 信仰)이 등장하기 시작한 것은 그 뚜렷한 증거임.

➔ 정토 신앙은 통일 직전 왕경의 하급 귀족이나 평민들 중에서 사회적으로 몰락해 지방으로 낙향한 사람들 사이에 싹트기 시작

원효(元曉)는 극락(極樂) 왕생에는 '나무아미타불(南無阿彌陀佛)'의 여섯 자를 극진한 마음으로 부르면 족하다고 설교. 이로써 교리상의 발전은 물론, 신앙 면에서도 위로는 국왕과 귀족을 비롯해 아래로는 일반 민중에 이르기까지 급속히 확산.

➔ 통일기에는 불교의 교리에 대한 이해가 깊어졌다.

통일 전 국가 불교가 융성했을 때의 승려들은 현실 참여를 강요당하게 되어 교리 연구에 전념할 수 없었다.

각덕(覺德)이 양(梁: 들보 양)나라에 다녀온 549년 이래 많은 승려가 서학(西學)을 하고 돌아와서 교학불교(教學佛教)의 전개에 큰 자극을 주었다.

6세기 후반에 진(陳: 늘어놓을 진)나라에서 유학하고 돌아온 원광이 진평왕 때 운문산 가슬사(嘉瑟寺)에서 대승경전(大乘經典)을 가르침으로써 그 뒤 교학불교의 발전에 기여.

➔ 통일기에는 불교에 대한 허다한 저술이 나타났다.

원효의 《금강삼매경론(金剛三昧經論)》·《대승기신론소(大乘起信論疏)》·《십문화쟁론(十門和諍論)》·《판비량론(判比量論)》등

원측(圓測), 의상(義湘), 도증(道證), 승장(勝莊), 경흥(憬興), 의적(義寂), 태현(太賢) 등이 많은 저서를 남겼다.

이들의 저술은 내용이 풍부하고 이해 수준이 높아서 중국 및 일본에 교리상으로 적지 않은 영향을 미치게 되었다.

➔ 교리에 대한 연구는 한편으로 교리의 대립을 가져와 여러 교파가 분립되었다.

종래에는 흔히 5교(教)라 하여 열반종(涅槃宗), 계율종(戒律宗), 법성종(法

性宗), 화엄종(華嚴宗), 법상종(法相宗)을 꼽아왔으나 최근에 이 5교의 존재를 부인하는 견해가 유력함.

통일기 불교계에 큰 영향을 끼친 것이 의상의 화엄사상과 원효의 화쟁 사상(和諍 思想)이었다.

➲ 신라 말기에는 개인주의적 성격을 지니는 선종(禪宗)이 크게 유행함.

선종은 불립문자(不立文字)를 주장하고 복잡한 교리를 떠나서 심성을 도야하는 데 치중함.

소의경전(所依經典)에 의존하는 교종과는 대립적인 입장임.

➲ 선종이 처음 신라에 들어온 것은 선덕여왕[27대(재위 632~647)]때라고 하는데, 처음에는 그다지 이해를 얻지 못하다가 헌덕왕[41대(재위 809~826)] 때 도의(道義)가 가지산파(迦智山派)를 개창함에 따라 점차 확산됨.

그 결과 9산(山) 선문(禪門)이 성립됨.

지방 호족들의 후원을 받아 크게 발달함.

선종은 진골 귀족의 지배 체제에 반발하고 있던 지방 호족들에게 자립의 사상적 근거를 제공함으로써 종국적으로는 신라의 멸망을 재촉.

✪ 도교의 발달

➲ 도가 사상(道家思想)도 일찍부터 발달.

도가 사상은 장생불사(長生不死)의 신선 사상의 형태를 띠고 발달.

산악 신앙은 이와 밀접함.

➲ 경주 서악(西嶽)의 선도산 성모전설(仙桃山 聖母傳說)은 선도와 인연이 깊은 서왕모(西王母)의 전설을 연상하게 한다.

진평왕[26대(재위 579~632)] 때 지상의 범골(凡骨)들과는 다른 장생불사의 신선이 되기 위해 중국으로 유학을 떠난 대세(大世)의 이야기라든지, 김유신이 중악(中嶽) 석굴에서 신술(神術)을 닦은 것 등에서 보듯이 선풍(仙風)이 성행하던 신라사회에 신선방술(神仙方術)을 곁들인 도교 문화가 쉽게 수용되었을 것임.

➔ 674년(문무왕 14)에 만들어진 경주 안압지의 세 섬은 삼신산(三神山)을
나타낸 것임.

문무왕[30대(재위 661~681), 김법민, 태종무열왕 김춘추의 장남]의 동
생인 김인문(金仁問)은 유교와 더불어 노자(老子)·장자(莊子)의 설(說)을
섭렵함.

➔ 도가 사상은 장생불사의 신선 사상으로 관심을 끌었으나, 현실로부터 도
피해 자연 속에 묻히려는 은둔 사상도 발달함.

8세기 초 감산사(甘山寺)를 지은 김지성(金志誠)이나 당나라의 수도 장안
종남산(終南山)에서 도사로서 일생을 마친 당 진사과 출신의 김가기(金可
紀) 같은 인물이 대표적.

➔ 신라 말기에 지방 세력의 등장과 동시에 유행되기 시작한 사상에 풍수지
리설이 있다.

이는 인문지리학의 지식에 예언적인 참위설(讖緯說)이 가미된 것임.

이를 크게 선양한 것은 9세기 후반에 활동한 승려 도선(道詵: 많을 선).

승려 도선은 지형이나 지세는 국가나 개인의 길흉과 밀접한 관계를 가지
며, 명당을 골라서 근거지를 삼거나 혹은 주택과 무덤을 지어야 국가나
개인이 행복을 누릴 수 있다고 주장. 승려 도선은 직접 전국을 돌아다니
며 산수의 쇠왕과 순역(順逆)을 점쳤다.

풍수지리설은 호족들 사이에서 크게 신봉되었으며, 고려시대에 들어와 유
행하였음.

3. 신라의 문학

신라 시대의 문학은 원시 심성(心性)의 가장 보편적인 정령관(精靈觀)을 바탕으
로 한 종교적인 가무·제의에서 발생.

크게 설화 문학과 시가 문학으로 분리.

✪ 설화 문학과 시가 문학

➔ 설화 문학에 속하는 것으로는 석씨 출신의 왕자 우로(于老)나 왜국에 볼 모로 가 있던 내물왕(내물마립간: 17대, 재위 356~402)의 아들을 구출한 박제상(朴堤上: 영해 박씨의 시조,《삼국유사》에는 김제상으로 기록되어 있음) 등에 얽혀 있는 단편 사화(史話)들이 있음.

이들 이야기의 주인공은 모두가 역사적 실존 인물이고, 내용도 적국(敵國)인 왜에 대한 투쟁이 중심을 이루고 있어 일종의 영웅 서사시임.

➔ 시가 문학은 민요·향가 등 다양한 편임.

민요풍을 띠는 시가로는 「서동요(薯童謠)」와 「풍요(風謠)」가 있다.

서동요는 백제 무왕(武王, 혹은 東城王)이 신라 선화공주(善花公主)와의 혼인을 성사시키기 위해 공주가 몰래 자신과 밀회를 즐긴다는 내용의 동요를 지어 신라 왕경 안의 민중에게 모략적으로 유포했다는 설화를 배경으로 하고 있다.

아마도 민중이 어떤 왕족의 떠들썩한 연애 사건을 풍자해 지어낸 노래인 듯하다.

「풍요」는 경주 영묘사 내의 조상(造像) 공사와 관련된 일종의 노동요로서 후대에까지 민중 사이에 불렸다.

✪ 향가의 발달

➔ 시가문학은 불교의 영향을 받아 진평왕(26대, 27대 선덕여왕의 아버지) 때 향가로 발전.

통일기에는 많은 향가 작가가 나타났다.

소박한 노래 속에 부드러운 가락을 담고 있어 국문학상으로 높이 평가.

➔ 향가는 무격(巫覡)의 신가(神歌)에 대치되는 불교적인 노래임.

주원적(呪願的)인 의미가 강하다.

➔ 8~9세기경에는 많은 향가가 제작됨.

진성여왕 초기인 888년에는 여왕의 명령으로 상대등 위홍(魏弘)과 대구화상(大矩 和尙)이《삼대목(三代目)》이라는 향가집을 편찬.

《삼대목(三代目)》은 현재 전하지 않는다.

➔ 신라 향가의 경우《삼국유사》에 14수가 전해지고 있다.

그중 이름난 것이 승려 융천사(融天師)의 「혜성가(彗星歌)」, 재가승(在家僧) 광덕(廣德)의 「원왕생가(願往生歌)」, 낭도 득오(得烏)의 「모죽지랑가(慕竹旨郞歌)」, 승려 월명사(月明師)의 「제망매가(祭亡妹歌)」, 승려 충담사(忠談師)의 「찬기파랑가(讚耆婆郞歌)」, 처용(處容)의 「처용가」 등.

➔ 향가는 주로 승려나 화랑과 같은 지배층에 속하는 사람을 작가로 한 귀족 사회의 소산.

거기에는 또한 민중의 마음이 표현되어 있어 국민 상하 간에 널리 애창됨.

4. 신라의 예술

✪ 음악과 춤의 발달

➔ 시가와 밀접한 관계를 가지고 있는 음악은 종교적인 성격을 농후하게 지녔다.

신라의 음악은 가야금의 전래를 계기로 크게 발달.

본래 가야금은 대가야에서 만들어졌으나, 6세기 중엽에 악사 우륵(于勒)에 의해 신라에 전해져 마침내 대악[大樂, 일명 宮中樂(궁중악)]으로 채용.

➔ 우륵은 12곡을 지었다.

가야 지방에서 유행한 노래였을 것으로 추정.

이들 노래는 지방색이 강한 향토 음악이었다.

대중의 속악(俗樂)은 아니었다.

궁중이나 귀족들의 연회에 쓰일 정도로 세련된 음악.

➔ 우륵의 제자들 중에는 계고(階古) · 법지(法知) 등이 유명함.

가야금에는 하림(河臨) · 눈죽(嫩竹)의 2조(調)와 도합 180개나 되는 악곡이 있었다.

백결 선생(百結 先生)이 「방아타령(碓樂)」을 지었다(가야금 계통일 것으로 추정).

➔ 통일기에도 가야금이 악기 중의 중심적 위치를 차지함.

　가야금 외에도 많은 악기를 사용.

　그중 기본이 되는 악기는 가야금·거문고(玄琴)·향비파(鄕琵琶)의 3현(絃)

　과 대금(大笒)·중금(中笒)·소금(小笒)의 3죽(竹) 등임.

　여기에 박판(拍板)과 대고(大鼓) 첨가.

➔ 거문고는 본래 고구려의 악기.

　고구려가 망한 뒤 신라로 망명해온 일부 고구려 유민들에 의해 지리산에

　서 전존.

　옥보고(玉寶高)가 이것을 배워서 신조(新調) 30곡을 지었다.

　뒤에 귀금 선생(貴金 先生)이 이를 널리 보급함.

➔ 향비파는 서역의 악기.

　그것이 향악(鄕樂) 합주에 쓰이게 됨에 따라 향비파라 불리게 된 듯함.

　이른바 3죽은 향악기였는데, 당악(唐樂)의 합주에도 쓰인 것으로 추정.

➔ 곡조에 맞추어 추는 춤은 음악과 매우 밀접한 관계에 있다.

　신라 시대의 음악은 악기와 노래에 춤이 가미된 일종의 종합예술.

　농사의 풍작을 비는 축제 때에 징과 북 장단에 맞추어 요란스럽게 추는

　군무가 성행.

　가야금이 전래됨에 따라 그 가무는 한층 세련됨.

➔ 중국을 통해서 서역 계통의 가면 무용이 전해짐.

　금환(金丸)·월전(月顚)·대면(大面)·속독(束毒)·산예(狻猊) 등 이른바 신

　라 오기(五伎)가 성립. 산예는 사자춤.

　헌강왕[49대, 재위 875~886, 경문왕의 장남] 때에는 처용무와 상염무

　(霜髥舞)가 있었다.

✪ 미술의 발달

　신라 시대의 미술은 크게 건축·조각·공예·회화·서예의 다섯 분야로 나누

　어짐.

　건축에 속하는 것으로는 왕릉, 사찰, 탑파(塔婆) 등이 있음.

① 왕릉

➔ 삼국 통일 이전의 신라왕들은 생시의 지상의 주거생활을 그대로 지하의
무덤으로 옮긴다는 취지에서 고총(高塚)을 만들었다.

여기에는 현세의 생활 도구가 고스란히 부장되어 있어 왕릉은 건축뿐만
아니라 공예 혹은 회화를 살피는 데도 보고의 구실을 하고 있다.

➔ 통일 이전 신라의 왕릉은 왕경 내의 평지에 수혈식(竪穴式) 적석총을 만
들었다.

➔ 6세기 후반경에는 왕경의 주변 지역으로 흩어져서 산 밑이나 언덕 위에
만들어졌고, 무덤의 양식 또한 횡혈식(橫穴式) 석실분으로 변하였다.

➔ 통일 후에는 무덤의 봉토가 무너지는 것을 막기 위한 호석제도(護石制度)
가 크게 발전하였다.

➔ 무덤 둘레에 십이지신상을 비롯해 네 석사자, 방주석, 난간을 배치하며,
무덤 앞에 석상(石床)을 놓고, 거기서 조금 떨어진 곳에 양쪽으로 문무석
인(文武石人)과 석주를 배치하는 복잡한 형식을 완성.

② 사찰

➔ 왕경 안에 흥륜사(興輪寺), 황룡사(皇龍寺), 영흥사(永興寺), 분황사(芬皇
寺), 영묘사(靈廟寺), 사천왕사(四天王寺), 황복사(皇福寺), 망덕사(望德
寺), 봉덕사(奉德寺), 창림사(昌林寺) 등 많은 거찰을 조영

현재는 모두 남아 있지 않으며, 다만 그 유지를 살필 수 있을 뿐이다.

1970년대 황룡사터에 대한 발굴 조사 결과 통일 이전 사찰의 가람 배치
에 대해 새로운 사실들을 알게 되었다.

종래에는 황룡사가 백제의 영향을 받아 건립된 것으로 보아 가람 배치 역
시 백제 계통의 형식을 모방한 것으로 추정하였다.

발굴 결과 문, 탑, 금당, 강당이 남북으로 일직선상에 배치된 것과 강당에
서 회랑에 연결되는 것 등은 백제와 같으나, 금당만은 고구려 계통의 삼
금당식에 속하는 것.

➔ 신라의 경우에는 세 금당을 탑의 동서와 북쪽에 배치한 고구려와는 달리

이것을 동서로 나란히 배치하고 있다.

이밖에도 황룡사는 중문 남쪽에 남문을 또 하나 세웠으며, 사찰의 경계에는 담을 두르고 있는 것이 특징.

⮕ 통일기에 들어와서는 가람 배치의 양식이 무척 다양해져, 사천왕사, 망덕사, 감은사, 불국사 등은 금당 앞 양편에 두 개의 탑을 세워두는 이른바 쌍탑식 가람 배치를 하고 있다.

이는 질서 정연하게 배열된 중앙 지향적인 느낌을 주고 있어 마치 당시의 중앙 집권적 정치 체제를 상징하고 있는 듯이 보인다.

이와 같은 경향은 경덕왕[35대, 재위 742~765, 33대 성덕왕의 3남, 34대 효성왕의 동생] 때에 국가적 사업으로 이루어진 석굴암에서도 볼 수 있다.

③ 탑파

⮕ 탑파는 불교 건축에 있어 매우 중요한 위치를 차지함.

삼국 통일 이전에는 목탑이 많이 만들어졌고, 통일기에 들어와서는 석탑이 유행.

⮕ 선덕여왕(27대, 26대 진평왕의 딸) 때 백제 사람 아비지(阿非知)가 2백여 명의 공장(工匠)을 지휘해 건축한 황룡사 9층 목탑은 고려 때 몽고의 병란으로 불타 없어졌다.

옛 기록에 의하면, 목탑은 전체 높이가 80m쯤 되는 것이었다고 함. 실제로 탑의 기단에 배치된 거대한 심초석(心礎石)을 보더라도 그 규모를 짐작할 수가 있다.

현재 통일 이전 탑파의 모습은 분황사의 모전탑(模塼塔)에서 찾을 수 있다. 이는 석재를 전형(塼形)으로 잘라서 전축(塼築)의 수법으로 축조했으며, 탑의 구조 자체는 목조건물의 양식을 번안했다.

⮕ 통일기에 들어오면 대체로 기단부가 넓고 높아지며 탑신은 각층이 일정한 체감률을 가지고 조성된, 균형 잡힌 방형 3층탑이 만들어졌다.

대표적인 것으로는 경덕왕 때에 건립된 불국사 석가탑을 비롯해 감은사

터 3층 석탑, 고선사(高仙寺)터 3층 석탑, 원원사(遠願寺)터 3층 석탑, 갈
항사(葛項寺)터 3층 석탑 등이 있음.

⮑ 특수한 형태의 뛰어난 석탑으로는 석가탑(본래의 명칭은 무구정광탑)과
같은 해에 만들어진 불국사 다보탑과 역시 이와 비슷한 시기에 건립된 화
엄사(華嚴寺) 사자탑 등이 있음.

독자적인 형식의 것으로는 월성(月城) 정혜사(淨惠寺)터 13층 석탑 등이
있음.

✪ 조각으로서는 불상과 각종 석조물이 있다.

① 불상

⮑ 통일 이전의 불상으로 현재 남아 있는 것은 분황사탑에 조각된 8구의 인
왕상(仁王像), 남산 장창곡(長倉谷) 삼화령(三花嶺) 미륵존상, 단석산(斷
石山) 신선사[神仙寺, 속칭 上人巖(상인암)] 석굴의 마애상 등임.

모두 석불이다.

⮑ 《삼국유사》에 따르면 574년(진흥왕 35)경에 만들어진 황룡사의 금동장륙
삼존상(金銅丈六三尊像)은 신라 최대의 거불이며 동시에 걸작으로 이른
바 신라 3보(寶)의 하나로까지 손꼽혔다고 하지만, 현재는 전해지지 않고
있다.

⮑ 현재 남아 있는 국적을 분명히 알 수 없는 두 불상, 즉 탑형이 새겨진 높
은 보관을 쓴 금동미륵반가상(국보 78호)과 얕은 삼산관[三山冠: 일명 三
花冠(삼화관)]을 쓴 금동미륵반가상(국보 83호)을 신라의 것으로 보는 견
해가 유력.

⮑ 통일 이전에는 승려 양지(良志)가 조각가로서 영묘사의 장륙삼존불상(丈
六三尊佛像)을 비롯해 많은 불상과 와전(瓦塼)을 만들었다.

지금은 모두 전해지지 않는다.

⮑ 통일기의 불상도 대부분 전해지지 않으나, 김지성의 발원(發願)으로 조성
한 감산사의 아미타불상과 미륵보살상은 중국·인도 불상의 영향을 받아
신라의 독자성이 잘 나타나 있는 걸작임.

굴불사(堀佛寺) 사면석불을 거쳐 석굴암의 불상에 이르러 그 최고 수준에 도달함.

② 석등·석조·당간지주

➥ 통일기의 조각 작품으로는 불상 외에 석등·석조(石槽)·당간지주·비석·호석 등 다양한 것들이 있었음.

석등은 중흥산성(中興山城) 쌍사자석등과 법주사 쌍사자석등을 꼽을 만하다.

석조는 경주 보문동석조와 법주사 석연지(石蓮池)

당간지주로는 공주 갑사·망덕사터, 부석사터, 공주 반죽동(斑竹洞), 금산사(金山寺)의 것이 유명함.

비석으로는 태종무열왕릉비의 귀부(龜趺)와 이수(螭首), 김인문 묘비의 것으로 짐작되는 귀부가 남아 있다.

원조(圓彫) 혹은 부조(浮彫)된 호석으로는 성덕왕릉 및 원성왕릉으로 짐작되는 괘릉(掛陵), 그리고 김유신묘가 대표적임.

➥ 공예는 크게 금속 공예와 도기·토기로 나눌 수 있다.

통일 이전의 왕릉은 구조상 도굴의 위험이 적기 때문에 많은 공예품을 남겼다.

5세기를 중심으로 왕릉에서 나온 공예품들은 장신구, 이기(利器), 마구 및 토기로 나누어짐.

➥ 장신구 중에는 금관을 비롯해 금귀걸이·금띠·금가락지·금팔찌 등 순금 제품이 많다.

➥ 이기에는 유리 제품의 잔을 비롯해 금으로 만든 고배(高杯), 은잔, 숟가락, 금으로 만든 바리(鉢), 구리항아리, 구리솥 등이 있음.

➥ 마구에는 금동(金銅)으로 만든 발디딤(鐙子) 등.

➥ 통일기에 들어오면 불교의 융성 등 요인으로 공예 기술이 더욱 발달.

대표적인 것이 범종과 사리구(舍利具).

현재 남아 있는 오대산 상원사종과 성덕대왕 신종[聖德大王 神鐘, 속칭 奉德寺 鐘(봉덕사 종)]은 큰 규모에 기법이 너무도 완벽하여 한국 종의 특색을 유감없이 발휘함.

감은사터 석탑에서 발견된 사리구도 뛰어난 것임.

➲ 토기에 있어서도 모양이 다양해졌다.

유약을 바르고 있는 것도 하나의 특색임.

➲ 와당은 종래의 수막새와당 일변도에서 암막새와당·서까래기와·귀면와 (鬼面瓦) 등 종류가 훨씬 다양해졌다.

무늬도 연화문 일변도에서 보상화(寶相華), 인동(忍冬), 포도, 봉황, 앵무, 원앙 등 다채로워졌다.

➲ 황룡사「노송도(老松圖)」와 분황사「관음보살상」, 단속사(斷俗寺)「유마거 사상(維摩居士像)」을 그렸다고 하는 솔거(率居), 8세기 말경 당나라에서 활동한 김충의(金忠義), 신라 말기의 승려 출신인 정화(靖和)·홍계(弘繼) 등 화가의 이름이 전해지고 있다.

그들의 작품은 하나도 전해지지 않는다.

➲ 통일 이전 신라의 왕릉은 내부 구조상 현실(玄室)을 가지고 있지 않았으 므로 고구려나 백제처럼 벽화를 남길 수 없었다.

1973년 천마총(天馬塚)에서 마구의 다래(障泥)에 그려진 천마도와 관모 (冠帽)의 일부라고 생각되는 환형(環形)의 화면에 그려진 기마인물도(騎 馬人物圖)와 서조도(瑞鳥圖)가 발견되어 옛 신라의 그림이 패기에 찬 수 준 높은 것이었음을 보여준다.

➲ 경주에서 멀리 떨어진 영주 태장리(台庄里)의 한 석실묘에 연화도와 신장 도(神將圖)가 일부 남아 있다.

통일기에는 불교 회화 이외에도 당나라의 영향을 받아 산수화나 인물화 가 유행했을 것임.

현재 전해지는 것으로는 755년에 완성된 《화엄경》 사경(寫經)의 불보살 상도가 있는데, 석굴암 보살상들과 비슷한 이상적 사실주의 양식이다.

➲ 통일 이전의 서예는 현재 남아 있는 일부 금석문 자료를 통해 알 수 있듯 이 고졸(古拙)한 것이었다.

통일기에 들어와 중국으로부터 왕희지체(王羲之體)[왕희지(王羲之:

307～365, 중국 동진의 서예가, 행서·초서·해서의 세 가지 서체를 예술적으로 완성시켜 '서성'이라 불림, 산둥 성(山東省) 린이 현(臨沂縣)] 사람, 아버지 왕광(王曠)은 동진(東晉) 건국에 공을 세운 왕도(王導)의 사촌동생, 비서랑(秘書郎: 궁중의 전적을 관장하는 직책]을 시작으로 회계왕 우(會稽王友), 임천대수(臨川大守), 강주자사(江州刺史), 호군장군(護軍將軍) 등을 역임]가 전해지면서 수준이 높아졌다.

➔ 굴원(屈原: 기원전 340～기원전 278)은 중국 전국 시대 초나라의 시인·정치가. 성은 미(羋: 양이 울 미), 씨는 굴(屈), 이름은 평(平). 초나라의 왕족으로 태어나 초나라의 회왕 때에 좌도(보좌관)에 임명. 회왕(懷王)의 신임을 받았으나 참소를 입어 축출되자 「이소(離騷)」를 남김[떠들(썩할) 소(騷)]. 회왕은 진(秦)의 장의(張儀)에게 농락당해 사망. 굴원은 다시 경양왕(頃襄王) 때에도 멀리 쫓겨났으며, 초가 멸망하자 돌을 안고 멱라수(汨羅水)에 몸을 던져 자결.《초사(楚辭)》에 있는 작품들에는 임금과 나라를 사랑하는 마음과 세상에 대한 울분이나 자신의 불우함을 슬퍼하는 격정이 가득. 전통 시대의 중국에서는 충군애국의 대표적 인물로 간주.

➔ 신라 시대 최고의 명필은 8세기에 활약한 김생(金生)임.

  왕희지체를 따르면서도 틀에 얽매이지 않았다.

  그의 서법(書法)은 낭공대사비(朗空大師碑)와 서첩(書帖)인 전유암첩(田遊巖帖)을 통해서 알 수 있다.

➔ 왕희지체의 대가로는 영업(靈業)이 유명함.

  그가 쓴 신행 선사 비명(神行 禪師 碑銘)은 왕희지의 집자비로 오인될 정도였다.

  신라 말기에 들어오면 구양순체(歐陽詢體)가 유행해, 황룡사 9층 목탑 「찰주본기(刹柱本記)」 등을 쓴 요극일(姚克一)과 진감 선사 비문(眞鑒 禪師 碑文)을 쓴 최치원이 대표적인 명필이다.

✪ 과학 기술의 발달

  ➔ 신라 시대에는 과학 기술도 크게 발달함.

통일 이전부터 농업과 정치의 두 부문에 관련이 깊은 천문학이 발달함.

금속 야금(冶金) 및 세공 기술이 뛰어났다.

건축 부문에서는 역학(力學)과 수학의 원리를 응용.

➔ 중국 과학 기술의 영향이 매우 컸으나, 신라는 이를 단순히 모방하는 데 그치지 않고 끊임없이 개량, 변형함.

천문학 지식은 농업과 깊은 관계가 있을 뿐 아니라, 정치적인 성격도 강했으므로 일찍부터 국가의 큰 관심사였다.

선덕여왕(27대) 때 만든 경주 첨성대는 현존하는, 세계 최고(最古)의 천문대임.

➔ 일반 기술 분야에서 주목되는 것은 금·동의 세공 및 도금과 같은 금속 가공 기술.

마립간 시대 경주의 왕릉에서 출토된 금관은 높은 수준임.

토기의 제작 기술 역시 일찍부터 높은 수준에 도달함.

경주 왕릉에서 유리 제품 발견.

✪ 삼국 통일 후에는 과학 기술이 더욱 발전.

천문학에서는 718년에 누각전(漏刻典)을 설치해 누각박사로 하여금 시각을 측정.

36대 혜공왕(惠恭王: 758~780, 재위 765~780, 경덕왕의 아들) 때에는 김암(金巖) 같은 뛰어난 천문학자를 배출.

➔ 역학(曆學)도 발전해 674년에는 덕복(德福)이 당나라에서 역술을 배워와 새로운 역법을 만들어 썼다.

➔ 금속 제품의 주조 기술도 발달해 구리로 만든 불상이나 종을 주조할 때 기포가 매우 적은 우수한 것을 만들었다.

➔ 수학이 발달해 사원 건축이나 왕경의 도시 계획 등에 크게 응용함.

신라의 최고 학부인 국학에서는 수학 교육이 실시되었다.

717년에는 산박사(算博士)제도를 시행.

발달된 수학 지식은 불국사·석굴암 등 사원 건축에 응용(균형미 넘치는

건축물)

➲ 의학도 발달해 692년에는 의학 교육 기관인 의학(醫學)을 세우고 의학박사를 두어 중국의 의서들을 가르치게 하였다.

통일기의 신라 의학은 신라 고유의 의술에 한방의학(漢方醫學)을 가미함. 불교의 융성에 따른 인도 의학, 그리고 남방 및 서역(西域)의 의학도 받아들여 독자적인 발전을 이룩했다.

➲ 많은 서적의 보급과 함께 인쇄술·제지술도 발달.

근래 석가탑 안에서 발견된 8세기 중엽의 《무구정광대다라니경(無垢淨光大陀羅尼經)》은 목판으로 인쇄된 것임.

현재 남아 있는 것으로는 세계에서 가장 오래된 인쇄물.

닥나무[楮(저)]를 써서 만든 저지(楮紙)는 색이 희고 질겨서 중국인들이 찬탄함.

(출처: 《한국민족문화대백과》)

고구려는 중국과 너무 가까워 그 역사를 연구하다 보면 필연적으로 중국의 중화 사상과 맥이 닿는다. 이는 무슨 말인가?

〈고구려인 = 중국 고대인: 고구려 역사 = 중국 역사의 한 부분〉 식의 등식을 내세운 중국 쪽의 편향된 시각과 마주치게 된다는 말이다.

교집합, 합집합 식으로 공유된 지역, 공유된 역사가 존재하기에 필연적으로 그런 식의 견강부회(牽强附會), 침소봉대(針小棒大), 적반하장(賊反荷杖)이 속출하게 되고 현재의 우리마저도 그런 편향된 주장에 직·간접적으로 맥이 닿을 수밖에 없다는 것이다.

신라 역사는 당과도 이어지고 왜국과도 이이지기에 중국 고대사 속의 편향된 주장, 일본 고대사 속의 편향된 시각 등과 색다른 의미의 충돌, 갈등, 대립, 모순을 빚게 된다. 이는 무슨 말인가? 신라는 이래저래 당과 직결된 역사를 지녔기에 공유되는 부분이 너무 분명하다. 신라는 또한 바다 건너 왜국과도 교류하였기에 일본의 고대사 속에 이런저런 자취가 남겨지게 되었다. 그런 결과로 하나의 사실을 놓고 중국 쪽의 기록, 일본 쪽의 기록 등을 번갈아가며 살펴야 신라를 어느 정도 캐볼 수 있고 엿볼 수 있게 된 것이다.

거울 속 모습과 거울 밖 모습이 마구 혼재되고 혼동되는 셈이다.

신라 역사 연구의 발자취와 미래

신라: 연구사 개관 및 연구 현황

1. 근대 이전의 시기
   - ➜ 신라가 멸망한 뒤 그 왕조의 역사와 제도, 전장(典章), 문물에 대한 첫 번째 정리사업은 고려왕조 초기에 시도.

     편찬 시기와 편찬자를 잘 알 수 없는 《구삼국사》가 그것임.

     이 책은 현재 남아 있지 않다.
   - ➜ 오늘날 신라에 대한 가장 오래된 역사서는 《구삼국사》를 토대로 하여 여기에 중국 역대 정사(正史)의 우리나라 관련 자료를 크게 보충한 김부식의 《삼국사기》(1145)임.

     이 책은 유교의 도덕주의 사관에 입각해 종래의 고기(古記) 기록에 필삭(筆削)을 가한 것임.

     불충분한 대로 신라의 역사와 지리·제도·문물 전반을 일단 집성한, 신라사 연구의 기본 자료임.
   - ➜ 이보다 140년쯤 뒤에 나온 일연 선사의 《삼국유사》는 삼국 중 신라의 불교 신앙을 중심으로 한 문화사적 기술이 풍부해 이 방면의 연구에서 거의 독보적인 가치를 지니고 있음.
   - ➜ 《삼국사기》와 《삼국유사》에 인용되어 있는 각종 고기류와 사찰의 고문서, 금석문 자료를 보면 고려 시대까지만 해도 신라 시대의 자료가 적지 않게 전해지고 있었음을 알 수 있다.

     이들 자료 중 현재 남아 있는 것은 거의 없음.

- 조선 시대에 들어와 《동국사략》(일명 《삼국사략》)과 《삼국사절요》가 차례대로 편찬되었고, 그 일단의 집대성이라고 할 수 있는 《동국통감》 등의 관찬 역사서가 편찬되었다.

  주자학의 도덕적·교훈적·명분론적 윤리사관에 입각한 사료의 필삭과 사론(史論)이 행해졌을 뿐, 새로운 자료를 발굴해 앞선 역사서의 불비(不備)를 보완하려는 노력은 없다.

  이는 조선 시대 중기를 거쳐 후기까지 변함이 없었다.

- 실학의 시대라고 불리는 조선 후기에 이르면 옛 강역에 대한 관심이 크게 고조되어 고대의 역사지리에 대한 연구가 크게 진전된다.

  이에 신라의 북방 한계선이 논의되고, 진흥왕 순수비 가운데 함흥 북쪽의 황초령비[(일명 草坊院碑(초방원비)]와 단천 소재의 마운령비가 이 문제를 검토하는 데 유력한 실마리를 제공해 그 뒤의 신라사 연구에 큰 자극을 줌.

- 신경준이 《강계고》(1756)에서 이 점에 대해 언급한 뒤 김정희는 1816년과 1817년 두 차례에 걸쳐 북한산 비봉에 올라가 그때까지 무학 대사의 왕심비(枉尋碑) 혹은 몰자비(沒字碑)로 알려진 북한산비가 실은 진흥왕 순수비들 중의 하나임을 확인하고, 이를 황초령 비문과 대비하면서 《삼국사기》의 관련 기록을 토대로 하여 본격적으로 논한 것임.

  신라사 연구의 새로운 지평을 연 획기적 사건임.

- 현재 신라사 연구에서 금석문 자료가 차지하는 비중이 매우 큰 것임을 상기할 때, 김정희의 《진흥이비고》(眞興二碑攷, 阮堂先生全集 1)야말로 신라사 연구의 진정한 출발점이었다.

- 《삼국사기》 「신라본기」에 매우 평화적으로 이루어진 것처럼 기록된 소위 박·석·김(朴·昔·金) 3성에 의한 왕실의 교립(交立) 현상을 허목(許穆)이나 이종휘(李種徽)가 중국 삼대(三代)에도 없던 일이라고 예찬한 데 반해 정약용이 왕실 교체의 본질을 권력에 의한 혁명으로 간파한 것은 초기 신라사의 실상에 근접한 해석임.

2. 일제강점기

→ 실학의 시대가 끝난 뒤 신라사 연구는 백 년 이상 정체되었음.

20세기에 들어와 애국계몽운동이 전개되는 가운데 비로소 근대 역사학의 성립 기반이 마련되기 시작하여 한국 고대사 연구가 새로운 출발을 기약함.

하지만 신라에 대한 관심은 상대적으로 저조했으며 더욱이 부정적이기까지 했다.

→ 신채호로 대표되는 민족주의 계열의 역사가들은 삼국 중 고구려의 상무적(尚武的)·자주적 기상을 찬양한 나머지 외세를 끌어들여 삼국을 통일한 신라의 최고 지배층에 대해서는 사대주의자들이라 하여 매우 부정적임.

→ 일제강점기 신라사 연구에 종사한 이들은 실증사학자들이었다.

이들은 일본 학자들의 연구 활동에 맞서서 1934년에 진단학회(震檀學會)를 창립해 기관지를 발간하면서 활발한 연구 활동을 전개.

그중 신라의 역사와 문화에 대한 대표적인 성과를 보면, 이병도(李丙燾)는 「삼한 문제의 신고찰」(1934~1937)이란 장편 논문에서 신라 및 백제·가야의 국가 형성 기반을 전반적으로 새롭게 고찰.

김상기(金庠基)는 「고대의 무역 형태와 나말의 해상 발전에 대하여」(1934)에서 신라 통일기에 대외 무역이 진행되는 가운데 9세기 전반에 출현한 장보고의 해상 왕국인 청해진의 흥망사를 폭넓게 검토.

→ 불교사 연구에서는 김영수(金映遂)가 「오교 양종에 대하여」(1937) 및 「조계선종에 대하여」(1938)에서 당에서 성립된 불교의 여러 종파가 신라에 전래된 뒤 교종의 5교, 선종의 9산으로 전개·발전해 간 사실을 구체적으로 입증.

→ 최남선이 1929년 함남 이원군의 속칭 만덕산에서 조선 후기 이래 연구자들 사이에서 논의만 무성했을 뿐 어느 누구도 확인한 바 없었던 진흥왕 순수비 가운데 마운령비를 답사하고, 학계에 정식으로 보고.

→ 신라사 연구는 일본의 관학자들에 의해 진행되었음.

이들의 연구는 기본적으로 식민주의 역사학의 성격을 벗어날 수 없는 것임.

식민지 지배 기구를 독점한 상황에서의 연구였던 만큼 그 성과는 신라의 역사와 문화 전반에 걸친 매우 포괄적인 것이었음.

- ➔ 조선총독부 고적조사위원회에 의해 추진된 금관총(1921), 금령총(1924), 식리총(1924), 서봉총(1926) 등 신라 시대 초기 고분에 대한 발굴·조사라든지 경주 남산의 불교 유적 등에 대한 조사 연구 활동은 주목할 만한 것임.

  건축사학자 후지시마(藤島亥治郎)에 의한 경주의 신라 왕경(王京) 유지에 대한 조사·연구도 당시로서는 획기적인 것이었음.

- ➔ 문헌 사학 분야에서는 이마니시(今西龍)가 1906년 최초로 경주를 답사한 이래 신라 시대의 유물, 유적이라든지 금석문, 고문서, 골품제도, 갈문왕제도 등에 대한 연구 논문을 꾸준히 발표함.

  이것들은 그의 사후에 정리되어 《신라사 연구(新羅史 研究)》(1933)로 간행.

- ➔ 이케우치(池內宏)는 삼국 통일전쟁 시기의 역사지리 및 신라의 왕위 계승과 무사도에 대한 논문을 발표.

  미시나(三品彰英)는 신라의 건국 신화를 주변 여러 나라 혹은 민족의 신화 요소와 비교해 연구하는 한편 민속학 내지 민족학의 지식을 원용해 화랑에 대한 전문 연구서를 발표.

- ➔ 스에마츠(末松保和)는 신라의 6부제도라든지 군사제도를 비롯해 신라의 건국 문제, 상고(上古) 및 중고(中古) 시대의 세계(世系) 문제 등에 대한 논문을 발표해 그 뒤 일본에서의 신라사 연구의 기초를 확립.

3. 해방~1960년대까지

- ➔ 8·15 해방과 더불어 우리 민족은 비로소 한국사 연구의 자유를 되찾게 되었다.

  해방 직후의 정치적·사회적 혼란으로 말미암아 한국사 연구를 위한 제반 여건은 매우 열악한 편이었음.

  연구 인력은 부족했고, 연구를 위한 시설 및 자료 역시 제대로 갖춰져 있지 못한 실정이었음. 이는 신라사의 경우도 예외가 아니었다.

- ➔ 해방 이후 3년간의 혼란 끝에 정부가 수립된 후 차분한 연구 분위기가 조성되어 갈 무렵 6·25전쟁이 일어났다.

전쟁이 진행 중인 1952년 임시 수도 부산에서 젊은 역사 연구자들에 의해 역사학회가 결성되고 기관지로 〈역사학보〉를 발간하기 시작하였음.

➡ 일제강점기부터 한국 고대사 연구에 종사해 왔던 기성 연구자들(이른바 제1세대)도 잇따라 역작들을 발표.

➡ 역사학계의 최고 원로였던 이병도는 신라 시대의 원시 집회소로부터 화백회의에 이르기까지 정치 형태의 변화 과정을 여러 방면에서 입증한 「고대 남당고」(1954)를 비롯해 많은 논문을 발표.

해방 이전 시기의 업적을 토대로 고대사 연구의 성과를 총정리해 진단학회 한국사 총서의 하나로 《한국사-고대 편-》(1959)을 발표. 이병도는 그 뒤에도 신라사를 비롯해 고대사에 관한 논문을 꾸준히 발표했는데, 이는 《한국 고대사 연구》(1976)로 정리됨.

➡ 해방 전 고대 한·일관계사 논문을 발표한 바 있는 이홍직(李弘稙)은 《삼국사기》에 대한 엄정한 사료 비판과 더불어 신라 시대의 각종 금석문 자료 및 고문서에 대한 면밀한 고증을 꾀하는 등 매우 견실한 학풍을 보여 주었다.

이 같은 업적은 씨가 사망한 직후에 나온 논문집 「한국 고대사의 연구」(1971) 신라 편과 통일신라 편에 수록.

➡ 사회학을 전공한 이덕성(李德星)의 유고집 《조선 고대사회 연구》(1949)는 대학 강의안을 토대로 논문 「신라왕계와 골품의 형성 과정」(《역사학 연구(歷史學研究)》 1, 1949)을 부록으로 싣고 있는 소품이지만 신라 초기의 왕위 계승과 골품제도에 대한 흥미로운 견해가 엿보인다.

➡ 그러나 신라사 연구 수준을 한 단계 더 높인 업적들은 해방 직후 학계에 새로이 등장한 이른바 제2세대에 의해 이루어졌다. 이들은 대개 역사학회 창립에 관여했고, 주로 그 기관지를 통해서 연구 논문을 발표하였다.

➡ 이기백(李基白)은 「삼국시대 불교의 수용과 그 사회적 의의」(《역사학보》 6, 1954)를 통해 학계에 등장한 뒤 「신라 사병고」(1957)·「신라 혜공왕 대의 정치적 변혁」(1958)을 잇따라 발표. 1960년대에 들어와서는 신라의 정치제도와 신분제도에 대한 문제들을 일관성 있게 추구했는데, 이는 뒤에 《신라 정치사회사 연구》(1974)로 정리되었다.

➔ 이로써 신라 지배 세력의 변천 과정과 더불어 국왕, 진골 귀족들의 이해관계를 대표하는 상대등, 국왕 직속의 행정 기관인 집사부 장관 시중을 정점으로 한 권력 구조가 확연히 드러나게 되었다. 그 뒤 이기백은 신라 사상사 연구에 착수해 유교 사상뿐 아니라 신라 통일기의 정토 신앙을 집중적으로 검토했는데, 그 성과는 《신라 사상사 연구》(1986)로 정리되었다. 이로써 국가 불교의 성립기로부터 민중불교의 대두에 이르기까지 신라 불교사의 여러 양상이 전반적으로 밝혀지게 되었다.

➔ 김철준(金哲埈)은 「신라 상대사회의 Dual Organization」(1952)을 발표한 이래 「고구려·신라의 관계 조직의 성립 과정」(1956)·「신라 시대의 친족집단」(1968) 등 인류학적 방법을 신라 사회사 연구에 적용한 논문을 발표해 큰 성과를 거두었다.

➔ 이는 뒤에 《한국 고대 사회 연구》(1975)로 정리되었다. 이 논문집에는 신라 상고(上古)의 세계(世系)와 기년에 대한 조정이라든가 녹읍(祿邑) 경영에서 볼 수 있는 귀족 세력의 경제적 기반 문제 그리고 후삼국 시대 지배 세력의 성격 문제 등을 연구한, 주목할 만한 논문들이 수록되어 있다.

➔ 변태섭(邊太燮)은 뒤에 고려 시대사 연구로 주 전공을 바꿨지만 「신라 관등의 성격」(1954), 「묘제(廟制)의 변천을 통하여 본 신라사회의 발전 과정」(1964) 등의 논문을 발표해 신라 관등제도에 있어서의 이른바 중위제(重位制) 문제라든지 골품제도의 사회적 변질 분화 과정을 심도 있게 연구했다.

4. 연구 현황

➔ 1970년을 전후해 이른바 제3세대 연구자들이 다수 등장해 앞선 시기의 연구 성과를 발전적으로 계승하는 한편 새로운 연구 분야를 개척하려고 노력하였다.

➔ 1980년대로 들어오면서 신라사를 전공하는 연구자의 수가 급격히 증가하였다. 그것은 대학원 교육의 팽창 강화에 따른 자연스런 현상이었고, 신라사 분야에만 국한되는 것은 아니었다. 1988년 울진에서 봉평비가 발견되어 그 공

동 연구를 계기로 '한국 고대사연구회'가 결성되고 그 얼마 뒤 한국 고대사학회로 발전한 것은 당시의 제반 상황에 비춰볼 때 자연스런 추세였다.

➔ 이 같은 현상은 신라사 연구에서 세분화 내지 전문화 경향을 촉진했으며, 그 결과 1990년경을 전후해서 고도의 전문 주제를 선택해 박사 학위 논문을 제출하는 것이 보편적인 경향이 되었다. 이처럼 전문 연구자들이 급증함에 따라 2003년 신라사학회가 조직되어 그 이듬해부터 계간지 『신라사학보(新羅史學報)』가 발간되는 등 현재 신라사 연구는 크게 활기를 띠고 있다.

➔ 1970년경 이래 현재에 이르기까지 40여 년간의 연구 성과를 개인별로 하나하나 검토해 볼 여유가 없으므로, 이를 정치·사회·경제·문화의 몇 개 부문으로 나누어 주제별 역사학계의 문제의식이나 연구 상황을 개략적으로 검토해 보기로 한다.

➔ 먼저 정치사 부문을 보면 해방 후 고고학계에서 이룩한 학문적 성과에 힘입어 신라의 국가 형성 배경과 기원 후 5세기경까지의 상고 시대 발전 과정을 객관적으로 이해할 수 있는 토대가 마련된 점을 들 수 있다. 이는 주로 경주와 그 인근 지역의 고분들에 대한 발굴·조사가 기초가 되었으나, 한편으로는 1970년대부터 국내 학계에 소개된 미국 신진화주의 인류학자들의 국가(State)사회에 이르는 과도적 단계로서의 수장제(首長制, Chiefdom) 사회론이 던진 충격이 복합적으로 작용했다. 이밖에도 천관우(千寬宇)가 삼한의 국가 형성을 다룬 일련의 논문에서 제시한 성읍국가로부터 영역국가로의 국가 발달 단계론이 논의를 한층 활성화했다. 이에 따라 일부의 연구자들 사이에 《삼국사기》「신라본기」 초기 기사를 그대로 믿을 수 있다는 긍정론이 제기되기도 했다.

➔ 그러나 신라의 초기 연대기를 전면적으로 따르기보다는 이를 비판적인 입장에서 믿을 수 있는 것만을 가려내서 검토해야 한다는 수정론이 학계의 대세를 이루고 있다.

➔ 정치제도 분야에서 가장 주목할 성과를 거둔 것은 역시 왕경 6부의 성립 과정과 그 변화, 관등제의 성립 그리고 지방 통치 체제의 확립 과정에 대한 연구였다고 할 수 있다. 그 직접적인 계기가 된 것은, 1968년 경북 영천에서

발견된 청제비(菁堤碑, 536년 제작), 1970년 학계에 알려진 울산광역시 두 동면 천전리의 서석 명문(書石 銘文, 525~545년의 간지가 표시된 부분), 1978년 충북 단양에서 발견된 적성비(540년대 후반 건립), 1980년대 말에 잇따라 발견된 경북 울진 봉평리비(524년 건립)와 경주 명활산성 작성비(作城碑, 551년 건립)및 포항 영일군 신광면 냉수리비(503년 건립), 그리고 2009년 포항 흥해읍에서 발견된 중성리비(501년 건립) 등 일련의 금석문 자료였다. 이들 동시대 자료의 발견으로 종래 명확히 밝혀지지 않았던 520년(법흥왕 7)의 율령 반포를 전후한 시기의 정치사를 해명하는 데 유력한 실마리를 얻게 된 것이다.

➔ 그 결과 대략 6세기 초 마립간 시대로부터 대왕의 세기로 전환하고 있던 당시의 정치 형태가 더욱 구체적인 모습을 드러내게 되었다. 즉 5세기 말까지의 집권 체제에 대한 평가가 종전에 비해 저하되어 이른바 6부 체제설이 더욱 힘을 얻게 되었고, 경위와 외위의 이중 구조로 되어 있는 관등제가 종전에 생각한 것보다 좀 더 이른 시기에 성립되었음을 알 수 있게 되었다.

➔ 이밖에도 지방 통치 체제가 차츰 확립되어 가는 과정에서 지방 세력가로서의 촌주가 차지하고 있던 독자적인 위상을 다각도로 살펴볼 수 있게 된 것도 큰 성과였다.

➔ 정치제도뿐만 아니라 각 시대의 구체적인 정치 과정을 다룬 연구도 적지 않다. 통일 후 100년간의 중대(中代)는 신라의 전 역사에서 가장 안정되고 문화적으로 볼 때도 가장 수준 높은 성취를 이룩한 황금 시대였는데, 이 시대의 정치사 연구도 활발히 진행되었다. 일찍이 이기백은 이 시대의 정치 형태를 전제왕권이라고 규정한 바 있었다.

➔ 하지만 제3세대·제4세대 연구자들 가운데는 이에 반론을 제기하는 사람들이 있어 논의가 크게 엇갈리고 있다. 또한 종래 소홀하게 다루어져 온 하대(下代) 150여 년 간의 정치사에 대해서도 본격적인 연구가 진행되어, 왕위계승의 문제라든지 지방 세력가로서의 이른바 호족의 성장 문제가 깊이 있게 추구되고 있다. 특히 후삼국 시대 동란기의 주역이었던 후고구려(일명 泰封) 궁예 정권과 후백제 견훤 정권에 대한 전문적인 연구서가 나오고 있다.

- 정치제도와 깊이 관련되어 있는 군사제도에 있어서도 종래 주목하지 않았던 법당(法幢)군단이라든지 패강진(浿江鎭) 등에 대한 연구가 활발히 진행되었다. 또한 신라의 삼국 통일전쟁에 대해서도 이를 동아시아 역사의 전체적인 움직임 속에서 파악하려는 참신한 연구 업적이 나오고 있다. 대외 관계사 분야에서는 일찍이 신형식(申瀅植)이 숙위(宿衛)제도라든지 숙위학생 문제를 다루어 새로운 면을 개척했는데, 후속 연구자들은 근래 견당사(遣唐使)를 중심으로 한 한·중 관계사를 전반적으로 검토하고 있으며, 특히 재당(在唐) 신라인 사회의 분석을 통해 장보고의 무역 활동을 심도 있게 추구하고 있는 실정이다.

- 사회사 부문에서 가장 핵심적인 과제로 관심을 끌고 있는 것이 골품제적 신분 편성에 대한 문제다. 실제로 골품제도는 신라 신분제도의 대본(大本)으로 일찍부터 관심이 집중되었다. 그리하여 왕실의 혈족집단, 특히 상속과 혼인제도에 대한 논의가 활발하게 진행되었는데, 근래 6부제도의 변화와 관련해서 새롭게 파악할 필요성이 고조되고 있다.

- 왕권의 성장에 따라 6부제도가 재편성된 결과 제도화된 것이 골품제도라는 인식인데, 다만 최고 골품으로서의 성골은 진평왕 때에 이르러 왕실의 독존적인 혈연의식에 의해서 일방적으로 주장된 것으로 볼 여지가 많다는 견해가 제기된 바 있다. 또한 각각의 골품이 얻을 수 있는 최고 관등에 대한 법적 규제는 7세기 중엽 중국 율령을 본격적으로 수용하면서 정비된 것이 아닐까 하는 견해가 나오고 있다. 나아가 삼국이 통일된 뒤에도 전과 다름없이 왕경 6부인만을 대상으로 경위 관등을 부여했을 것이라는 데는 연구자들 사이에 이견(異見)이 없는 듯하다.

- 경제사 부문에서 주된 관심을 끌고 있는 것은 역시 일본 도다이지(東大寺) 쇼소인(正倉院)에 있는 신라 촌락 장적(帳籍)이라고 할 수 있다. 이 문서는 1950년대 초의 학계에 처음으로 소개된 뒤 일본인 연구자인 하타다 타카시(旗田巍)에 의해서 기초적인 연구 논문이 발표되어 큰 영향을 끼쳤다. 1970년대 후반부터 제3세대 연구자들 사이에 이를 새롭게 재검토하자는 기운이 일기 시작하여 1990년대까지 김기흥(金基興), 이인철(李仁哲), 이희관(李喜

寬), 윤선태(尹善泰) 등에 의해 많은 논문이 쏟아져 나왔다. 그 결과 하타다의 견해가 부분적으로 수정·보완되었을 뿐 아니라 정전제와 녹읍제를 중심으로 한 통일기 토지제도 전반에 걸친 연구로 크게 확대되었다.

➡ 통일기에 들어와 정전 지급에서 볼 수 있듯이 종전의 인신적(人身的) 지배에서 토지에 대한 수취 체제로 바뀌어갔다는 점을 들어 신라 통일기를 한국사에서 중세사회의 출발점으로 보아야 한다는 시대 구분 논쟁도 제기되었다. 토지제도 외에도 통일기의 수공업과 상업 그리고 대외 무역에 대한 관심도 커져서 경제사 분야는 그 연구의 폭이 차츰 넓어지고 있다는 느낌이 든다.

➡ 문화사 부문에서 가장 활기를 띠고 연구가 진행되는 분야는 미술인데, 이는 새로운 자료가 꾸준히 증가함에 따른 자연스런 현상임. 1970년대 이른바 신라 문화권 개발 계획에 따라 천마총과 황남대총의 발굴·조사가 이루어지고, 곧이어 황룡사지에 대한 발굴·조사와 안압지에 대한 정화(淨化) 복원사업이 추진된 결과 신라 시대의 유물이 많이 출토되었을 뿐 아니라 고분의 구조라든지 절터의 가람 배치가 밝혀지게 되었다. 그 대체적인 성과에 대해서는 이 글의 문화편에서 간략하나마 기술했으므로 다시 언급할 필요가 없다고 본다. 미술 분야를 제외하면 문화사 부문에서 비교적 큰 연구 비중을 차지하고 있는 것이 불교라고 할 수 있다. 한국 불교사에서 신라 불교는 일종의 황금어장이라고 할 수 있을 만큼 많은 연구자를 끌어들이고 있다.

➡ 이 역시 문화 편에서 간단히 기술했으므로, 재론할 필요가 없겠다. 다만 불교 교리를 중시하는 연구자와 불교 사상 그 자체를 하나의 역사적 현상으로 보는 연구자들 사이에서 발생하는 견해 차이를 조금 논의하고 싶다.

➡ 이기백, 안계현(安啓賢), 김두진(金杜珍) 등은 불교의 화엄 사상이 중대의 전제왕권을 사상적으로 뒷받침했다고 보는 반면 김상현(金相鉉)·김복순(金福順)·정병삼(鄭炳三)·남동신(南東信) 등은 이에 대해 부정적인 견해를 제시하고 있다. 즉 화엄 사상이 왕권의 안정적인 유지와 긴밀하게 연관되어 있는 것은 분명하지만 삼국 통일 이전 시기에 불교계가 한 것처럼 정치 이념을 수식하지는 않았다고 반박함.

➡ 신라 말기의 최치원에 대해서는 역사학계는 물론 한문학이나 사상사 특히

불교사 분야에서 변함없이 관심이 집중되어 있다. 역사학 쪽에서는 6두품 출신의 중국 유학생 세력의 정치적 진출이라는 측면에서 그의 유교 정치 이념과 더불어 역사가로서의 자세를 파고들고 있다. 그가 귀국한 뒤에 지은 불교 관계의 이른바 4산 비문에 대해서는 1990년대에 들어와 이지관(李智冠), 이우성(李佑成), 최영성(崔英成) 등이 교감 및 주석 번역을 하였고, 당나라에 있을 때 지은 시문집인 《계원필경집》은 《고운집》과 함께 2009년 한국고전번역원이 국역 출간함. 최근 그에 대해서는 일본과 중국에서도 전문 연구서가 나올 만큼 국제적 관심의 대상이 되고 있음.

✪ 현재의 신라사 연구 상황과 관련하여 반드시 언급해야 할 사항은 목간 자료를 활용하여 생활사 내지 심성사(心性史) 등 이른바 미시사(微視史) 분야로 심화되어가고 있는 점이다.

➋ 목간은 문서 행정의 실무적인 차원에서 사용된 문자 자료이므로, 아무런 가감 없이 기록된 점이 특징임. 금석문의 대부분을 차지하는 비문이 대개 국왕 이하 지배층의 업적을 과시하려는 송덕문(頌德文)의 성격을 띠고 있어 사실의 과장과 때로는 왜곡까지도 서슴지 않았던 것과 목간이 다른 점이다.

➋ 이처럼 당해(當該) 시대의 생생한 일차 자료인 목간은 1975년 안압지 정화 작업 때 처음 발견된 이래 월성 해자(垓子)를 비롯한 경주 시가지 여러 곳에서 출토된 바 있고, 1992년 이래 지금까지 경남 함안의 성산산성에서 6세기 중엽 무렵의 물품 꼬리표(荷札) 목간이 많이 나왔다.

➋ 2007년에는 목간의 연구 및 학술 조사를 목적으로 한 한국목간학회가 창립되어 기관지 〈목간과 문자〉를 발간하고 있다. 앞으로 보다 많은 목간이 발견되고 또한 그 자체로 연구 수준이 높아진다면 신라사에 대한 우리들의 이해는 새로운 전기(轉機)를 맞게 될 것으로 기대된다.

(출처: 《한국민족문화대백과》)

11

11.

신라를 빛낸 인물들

신라와 신라인을 생각할 때 당연히 떠오르는 인물들.

최치원(崔致遠), 원광(圓光), 의상(義湘), 원효(元曉), 설총(薛聰), 박제상(朴堤上), 김대문(金大問), 이차돈(異次頓), 솔거(率去), 장보고(張保皐), 관창(官昌), 원술(元述)….

〈역사를 대할 때마다 원망스럽다. 삼국 시대 전은 몰라도 삼국 시대만이라도 실록으로 전하고 일기로 전하고 전승 기록으로 전한다면 그 얼마나 다행일까? 그 많은 영웅호걸의 이야기도 없다. 그 많은 주옥같은 문장도 없다. 멋진 예술, 향기로운 문화도 거의 찾아볼 수 없다. 그저 석탑 몇 개, 석조물 몇 개, 나무로 짜 맞춘 몇 개만 덩그러니 남았다. 그저 중국 기록, 일본 기록만 몇 줄 남았다. 십만 년 전의 인류도 알고 만 년 전의 인류도 아는데 우리는 왜 그 가까운 과거를 까맣게 모르는가? 우리가 단군 운운하는 시절의 피라미드는 온 사방에 우뚝 서 있다. 우리가 삼국 시대 운운하는 시절의 석조 유적들도 곳곳에 흩어져 있다. 한데, 우리는 왜 그 좋은 흔적들, 그 자랑스러운 자취들을 모두 잃고 말았는가? 역사를 대하며 그런 통한이 없다면 어찌 사람이고 후손인가? 역사를 대하며 그런 억울함, 원통함이 없다면 어찌 지식인이고 지성인이고 글깨나 아는 머리, 진실깨나 꿰는 가슴이라고 할 수 있는가?

내 코로 숨을 쉬면 예전의 숨소리도 당연히 들어야 한다. 내 손으로 짓고 꾸미고 만든다면 예전의 손길, 솜씨도 당연히 꿰뚫어야 한다. 하지만, 우리는 너무 모른다. 그러면서도 추측, 추정, 추산으로 날을 새운다. 그러면서 문장 잇고 말 잇는 일로 전문가 운운한다. 참으로 부끄럽고 한심한 후손이다. 너무 못나고 창피스러운 후손이다.〉

〈우리만 그런 것이 아니다. 피라미드가 즐비한 곳에도 진짜 역사는 없다. 돌무더기만 있고 그 주인공들에 대한 기록은 없다. 문자가 없던 시절이라고 한마디 하는 것이 후세인들의 아는 척하는 것이고 잘난 척하는 것이다. 우리만 그런 것이 아니다. 숱한 유적들이 주인공 없이 덩그러니 남겨져 있다. 그래서 역사는 수식이 전부이고 1%의 자료 위에 99%의 수식어, 거짓말, 그럴듯한 상상과 추측, 대충대충하는 것 등이 전부다. 그래도 배울 것이 있고 배워야 한다고 한다. 종교, 신앙, 미신, 가짜, 선무당처럼 다들 '배워야 한다.'는 으름장과 '배울 것 많다.'는 허풍, 허울, 허위, 헛기침, 큰기침뿐이다.〉

신라도 예외가 아니다. 몇 안 되는 유적, 유물이 상상을 자아내는 꼬투리일 뿐이고 추정을 그럴듯하게 하는 밑거름, 밑받침일 뿐이다. 영웅호걸들, 천재 현자들의 자취는 다 사라지고 그저 벗어놓은 옷가지, 내동댕이친 허물, 떨어뜨린 머리카락 몇 올이 전부다. 제 역사를 상상으로나 접하다니, 정말 부끄럽다. 제 조상의 자취, 제 땅의 지난 이야기를 그저 신화, 전설 따위로 배워야 하고 더듬거려야 하다니, 정말 창피스럽다.

신라를 빛낸 사람들: 신라인의 기상을 우리에게 전한 사람들

✪ 박제상(朴堤上)

➔ 별칭 김제상(金堤上). 신라 상대의 충신

➔ 17대 내물왕 때부터 19대 눌지왕 때까지 활동. 《삼국사기》에 박제상은 신라 시조 혁거세(赫居世)의 후손으로 제5대 파사이사금의 5대손이며 할아버지는 아도갈문왕(阿道葛文王), 아버지는 파진찬(波珍湌) 물품(勿品)이라고 기록되어 있음.

➔ 신라는 백제 세력을 견제하려고 402년(실성왕 1) 내물왕의 셋째 아들인 미사흔(未斯欣)을 왜에, 412년에는 내물왕의 둘째 아들인 복호(卜好)를 고구려에 파견해 군사 원조를 요청.

➔ 왜와 고구려는 이 왕자들을 인질로 삼아 정치적으로 이용.

↪ 내물왕의 큰아들 눌지왕은 즉위한 후 두 동생을 고구려와 왜로부터 구출하기 위해 군신을 불러 협의. 세 사람[수주촌간(水酒村干) 벌보말(伐寶靺), 일리촌간(一利村干) 구리내(仇里逎), 이이촌간(利伊村干) 파로(波老)] 모두 박제상을 천거함.

↪ 박제상은 양산(梁山) 지방의 토호 세력으로서 삽량주간(歃良州干)이라는 직책을 담당.

↪ 418년(눌지왕 2) 왕명을 받들어 먼저 고구려에 가서 장수왕을 언변으로 설득해 복호를 구출하고 무사히 귀국함. 귀국한 즉시 왜에 인질로 가 있는 미사흔을 구출하기 위해 부인의 간곡한 만류를 뿌리치고 떠났다.

↪ 왜국에 도착하여 마치 신라를 배반하고 도망해 온 것처럼 속였다. 마침 백제 사신이 와서 고구려와 신라가 모의해 왜를 침입하려 한다고 거짓으로 꾸며 말하였다. 이에 왜가 병력을 파견해 미사흔과 박제상을 향도(嚮導: 길을 인도하는 사람)로 삼아 신라를 침략하고자 하였다. 왜의 침략 세력이 신라를 치러 오는 도중에 박제상은 강구려(康仇麗)와 협력해 왜병을 속여 미사흔을 탈출시키는 데 성공.

↪ 그 자신은 붙잡혀 왜왕 앞에 끌려갔다. 왜왕은 그를 신하로 삼기 위해 온갖 감언이설과 협박으로 회유했으나, 그는 차라리 신라의 개나 돼지가 될지언정 결코 왜의 신하가 될 수 없다고 함. 이처럼 끝까지 충절을 지키다가 마침내 불에 태워지는 참형을 당함.

↪ 사실이 신라에 알려지자 눌지왕[제18대 실성왕(實聖王)의 딸을 비(妃)로 맞이함, 자신을 해치려는 실성왕을 제거하고 즉위]은 그의 죽음을 애통해하며 그를 대아찬으로 추증하고 부인을 국대부인(國大夫人)으로 책봉했으며, 둘째 딸을 미사흔의 아내로 삼았다.

✪ 이차돈[異次頓: 506∼527(21세)]

↪ 일명 염촉(厭髑), 거차돈(居次頓).

↪ 506년(지증왕 7)∼527년(법흥왕 14). 신라 최초의 불교 순교자.

↪ 성은 박씨, 이름은 염촉(厭髑). 거차돈(居次頓)이라고도 하며, 태어난 해가

501년이라는 설이 있음. 지증왕의 생부인 습보갈문왕의 후예. 《삼국유사》의 주(註)에 보면 김용행(金用行)이 지은 아도비문(阿道碑文)에는 그의 아버지는 길승(吉升), 할아버지는 공한(功漢), 증조부는 흘해왕[訖解王: 16대, 흘해이사금(訖解泥師今), 재위 310~356, 성은 석씨로 내해이사금의 손자, 아버지는 각간 석우로(昔于老), 어머니는 조분이사금의 딸]임.

➔ 신하들의 반대로 불교 공인을 고민하는 법흥왕의 뜻을 헤아린 이차돈은 왕에게 "나라를 위하여 몸을 죽이는 것은 신하의 대절이요, 임금을 위하여 목숨을 바치는 것은 백성의 바른 뜻"이라 하고, 거짓 전명(傳命)한 죄를 내려 자신의 머리를 베면 만인이 다 굴복하여 교명(敎命)을 어기지 못할 것이라고 하였다. 법흥왕이 반대하자 이차돈은 다시 "모든 것 중에서 버리기 어려운 것이 신명(身命)이지만 이 몸이 저녁에 죽어 아침에 대교(大敎: 불교)가 행해지면 불일(佛日: 부처)이 다시 중천에 오르고 성주(聖主)가 길이 편안할 것"이라 하면서 왕의 허락을 간청함.

➔ 천경림(天鏡林)에 절을 짓기 시작하자 이차돈이 왕명을 받들어 불사(佛事)를 시작한다는 소문이 퍼져 조신들은 격분함. 왕은 자기 자신이 명령을 내린 것이 아니라 하고, 이차돈을 불렀다. 이차돈은 불사를 일으켰음은 부처님의 뜻에 따라 자신이 한 일이라 하고 이 불법(佛法)을 행하면 나라가 크게 편안하고 경제에 유익할 것이니 국령(國令)을 어긴다 한들 무슨 죄가 되겠는가 하고 반문. 신하들의 반대가 커지자 왕은 이차돈과 처음 약속한 대로 하리(下吏: 신하)를 불러 이차돈의 목을 베게 하였다. 이차돈은 "부처님이 신령하다면 내가 죽은 뒤 반드시 이적이 일어날 것"이라 하고 하늘을 향하여 기도. 목을 베자 머리는 멀리 날아 금강산(金剛山) 꼭대기에 떨어졌고, 잘린 목에서는 흰 젖이 수십 장(丈)이나 솟아올랐으며, 갑자기 캄캄해진 하늘에서는 아름다운 꽃이 떨어지고 땅이 크게 진동. 왕과 군신들은 자신들의 어리석음을 깨닫고 불교를 공인. 수년 후인 534년(법흥왕 21)에 천경림에는 신라 최초의 정사(精舍)가 세워졌다. 절이 완공되자 법흥왕은 왕위를 진흥왕에게 물려주고 스스로 승려가 되어 법공(法空)이라고 불렀다. 사람들은 이 절을 대왕흥륜사(大王興輪寺)라고 하였다. 544년(진흥왕 5) 2월 금당(金堂)이 완성되어 십

성(十聖)을 모실 때 이차돈도 그 가운데에 모셨다. 이차돈을 위하여 자추사(刺楸寺)를 세웠다. 순교 장면을 상징하는 육면석당(六面石幢)이 경주박물관에 보존되어 있음.

⊛ 솔거(率居)

➔ 통일신라 시대의 화가.

➔ 출생, 활동 시기, 족계(族系) 등은 알려져 있지 않으나, 뛰어난 화가였음을 전하는 기록과 일화가 전해지고 있다. 농가 출신으로 어릴 때부터 그림에 뛰어났다고 하며, 그의 활약 시기에 대해서는 논란이 있으나 백률사(柏栗寺)의 중수기 가운데 그가 그림을 그렸다는 단속사(斷俗寺), 황룡사(黃龍寺)의 완공 시기와 신문왕 때 당(唐)나라 사람 승요(僧瑤)가 신라에 와서 솔거로 개명했다는 내용이 기록되어 있음.

➔ 그가 그린 것으로 기록에 전해오는 대표적인 것은 황룡사의 「노송도(老松圖)」이며, 이 벽화는 노송을 실감나게 잘 그려 새들이 착각하고 날아들다가 벽에 부딪혔다고 한다.

➔ 불교 회화로 분황사(芬皇寺)의 「관음보살도(觀音菩薩圖)」와 진주 단속사의 「유마상(維摩像)」·「단군 초상(檀君 肖像)」·「진흥왕 대렵도 팔폭(眞興王 大獵圖八幅)」을 그렸다고 한다. 그리고 관음보살 삼상(三像)을 조각하였다는 기록도 전한다.

⊛ 원광(圓光)

➔ 생몰 연대는555년(진흥왕 16)∼638년(선덕여왕 7)경임. 신라 전기의 승려.

➔ 성은 박씨(朴氏) 또는 설씨(薛氏). 법명은 원광(圓光). 경상북도 경주 출신. 최초의 여래장(如來藏) 사상가. 점찰법회(占察法會)를 도입하여 불교의 토착화·대중화의 기반을 마련.

➔ 13세에 출가. 30세에 경주 안강의 삼기산(三岐山)에서 금곡사(金谷寺)를 창건하고 수도. 34세에 주술을 좋아하는 한 승려의 죽음을 보고 발심하여 589년(진평왕 11) 중국 진(陳)나라로 갔다. 중국의 금릉(金陵) 장엄사(莊嚴

寺) 등에서 《성실론》, 《열반경》 등을 공부한 뒤, 오(吳)나라의 호구산(虎丘山)에서 수련.

➲ 남북조로 갈라졌던 중국은 수(隋)나라가 통일. 원광은 진(陳)나라의 수도인 양도(揚都)에서 전쟁 포로로 붙잡혔다가 풀려나 장안의 흥선사(興善寺)로 갔다.

➲ 600년 귀국하여 삼기산에 머물면서 대승경전을 강의. 가실사[加悉寺(모두다 실(悉)]에 귀산(貴山)과 추항[箒項(비 추(箒))]이 찾아와 계명(誡銘)을 구하자 화랑의 실천 덕목으로 세속오계(世俗五戒)를 주었다.

➲ 608년(진평 30) 왕의 요청으로 수나라 원정군을 청하는 〈걸사표(乞師表)〉를 지어 수나라 양제(煬帝)에게 보내자, 양제는 직접 30만 군사를 거느리고 고구려 원정길에 오름.

➲ 613년 수나라의 사신 왕세의(王世儀)가 왔을 때 황룡사(皇龍寺)에서 인왕백고좌(仁王百高座) 법회를 주관.

➲ 주술을 불교의 수계와 참회의 법으로 대치시킴으로써 불교의 토착화를 시도.

➲ 입적한 나이에 대해서는 99세와 84세의 두 가지 설(일반적으로 84세설을 채택)이 있음.

✪ 의상(義湘)

➲ 625년(진평왕 47)~702년(성덕왕 1). 신라 중대의 승려.

➲ 성은 김씨. 법명은 의상(義湘). 아버지는 한신(韓信). 우리나라 화엄종(華嚴宗)의 개조(開祖)이자 화엄 십찰의 건립자.

➲ 19세 때 경주 황복사(皇福寺)로 출가. 중국으로 가기 위하여 원효(元曉)와 요동(遼東)으로 갔으나, 고구려의 순라군에게 잡혀 정탐자로 오인받고 돌아왔다. 10년 뒤인 661년(문무왕 1) 당나라 사신의 배를 타고 중국으로 건너감.

➲ 중국 화엄종의 제2조로서 화엄학의 기초를 다진 지엄으로부터 8년 동안 화엄을 공부(38~44세). 남산율종(南山律宗)의 개조(開祖) 도선 율사(道宣 律師)와 교유. 중국 화엄종의 제3조 현수(賢首)와의 교유는 귀국 후에도 지속됨.

➲ 《삼국유사》에서는 의상의 귀국 동기가 당나라 고종(高宗)의 신라 침략 소식을 본국에 알리기 위함이라고 기록되어 있고, 《송고승전》은 화엄대교(華嚴

大敎)를 펴기 위한 것이라고 함.

➲ 676년(문무왕 16) 부석사(浮石寺)를 세우기까지 화엄 사상을 펼칠 터전을 마련하기 위해서 전국을 편력.

➲ 3,000명의 제자와 10명[오진(悟眞), 지통(智通), 표훈(表訓), 진정(眞定), 진장(眞藏), 도융(道融), 양원(良圓), 상원(相源), 능인(能仁), 의적(義寂)]의 아성(亞聖)이 있음.

➲ 문무왕이 장전(莊田)과 노복(奴僕)을 베풀자 사양. 문무왕이 성곽을 쌓으려 한다는 소식을 듣고는 왕의 정교(政敎)를 밝히는 것이 중요하다는 글을 올려 역사(役事)를 중지시키도록 함.

✪ 원효(元曉)

➲ 617년(진평왕 39)~686년(신문왕 6). 신라 중대의 승려.

➲ 성은 설씨(薛氏), 원효는 법명(法名), 아명은 서당(誓幢) 또는 신당(新幢). 경상북도 압량[押梁: 지금의 경산시(慶山市)] 출신. 잉피공(仍皮公)의 손자이며, 내마(奈麻) 담날(談捺)의 아들.

➲ 원효는 15세경에 출가하여 수도에 정진. 일정한 스승을 모시고 경전을 공부하지는 않았지만 타고난 총명함으로 널리 전적(典籍)을 섭렵. 고구려에서 망명하여 완산주(完山州)에 와 있던 보덕(普德)을 스승으로 하였다는 설이 있으며, 자장(慈藏)으로부터 불도를 배웠을 가능성이 있음.

➲ 원효는 34세 때 스스로 경전을 연구하고 수도에 정진하다가 의상(義湘)과 함께 당나라로 유학을 떠남. 요동까지 갔다가 도중에 고구려군에게 잡혀 귀환. 10년 뒤 다시 의상과 함께 해로를 통하여 당나라로 들어가려 했으나 여행 도중에 해골에 괸 물을 마시고 "진리는 결코 밖에서 찾을 것이 아니라, 자기 자신에게서 찾아야 한다."는 깨달음을 터득하고 의상과 헤어져서 홀로 귀향.

➲ 태종무열왕의 둘째 딸로 홀로 있는 요석공주(瑤石公主)와의 사이에서 설총을 낳았는데, 이는 655년에서 660년, 즉 원효의 나이 39세에서 44세 사이에 일어난 일로 추정. 실계(失戒)한 뒤 스스로 소성거사(小性居士)라고 칭하고 속인 행세를 함.

- 광대와 같은 차림으로 불교의 이치를 노래로 지어 세상에 유포. 노래의 줄거리는 《화엄경》의 이치를 담은 것으로 "모든 것에 거리낌이 없는 사람이라야 생사의 편안함을 얻느니라."라는 노랫가락으로 인해 일명 「무애가(無㝵歌)」 [막을, 그칠 애(㝵)]로 불림.
- 현존하는 저서는 20부 22권(현재 전해지지 않는 것까지 포함하면 100여 부 240권). 《대승기신론소》는 중국 고승들이 해동소(海東疏)라 하여 즐겨 인용하였고, 《금강삼매경론》은 인도의 마명(馬鳴)·용수 등과 같은 고승이 아니고서는 얻기 힘든 논(論)이라는 명칭을 받은 저작임.
- 민중 교화승으로서 왕실 중심의 귀족화된 불교를 민중 불교로 바꾸는 데 공헌. 종파주의적인 방향으로 달리던 불교이론을 고차원적인 입장에서 회통(會通)시키려 하였는데 그것을 오늘날 원효의 화쟁 사상(和諍 思想)이라 부른다.
- 일심 사상(一心 思想), 무애 사상(無㝵 思想), 화쟁 사상(和諍 思想) 등이 원효 사상을 대표함. 항상 '하나'라는 구심점을 향하였고, 화쟁과 자유를 제창.

✪ 설총(薛聰)

- 655년(태종무열왕 2) 출생. 신라 중대의 대학자.
- 자는 총지(聰智). 증조부는 잉피공[仍皮公, 또는 赤大公(적대공)], 할아버지는 나마(奈麻) 담날(談捺)이고, 아버지는 원효(元曉), 어머니는 요석공주(瑤石公主). 육두품 출신인 듯하며, 관직은 한림(翰林). 경주 설씨(慶州 薛氏)의 시조.
- 우리 말로 구경(九經)을 읽고 후생을 가르쳐 유학의 종주가 되었다. 신라 10현(新羅 十賢)의 한 사람. 강수(强首)·최치원(崔致遠)과 더불어 신라 3문장(新羅 三文章)의 한 사람.
- 《삼국사기》, 《삼국유사》의 기록으로 고려 말에서 조선 초에 설총 이두 창제설(薛聰 吏讀 創製說)이 나왔으나, 이는 잘못된 것임. 여러 기록에서 '吏讀·吏道·吏吐·吏套·吏頭·吏札' 등으로 불리는 이 방법은 향가 표기법인 향찰(鄉札)을 가리키는 것임. 향가 표기식 방법, 즉 향찰은 설총 이전부터 사용. 568년(진흥왕 29)에 북한산 비봉(碑峯)에 세운 진흥왕 순수비의 비문에도 이미 있고, 설총 이전에 향찰로 표기된 향가 작품으로는 진평왕 때의 「서동

요(薯童謠)」, 「혜성가(彗星歌)」와 선덕여왕 때의 「풍요(風謠)」가 있는 것으로 볼 때, 설총이 향찰(이두)을 창안한 것이 아니라 향찰을 집대성, 정리한 것임. 설총은 향찰의 권위자.

➲ 설총은 육경을 읽고 새기는 방법을 발명함으로써 한문을 국어화하고, 유학 또는 한학의 연구를 쉽게 그리고 빨리 발전시키는 데 공헌. 신문왕 때 국학(國學)을 설립하는 데 주도적인 역할을 했던 것으로 추측됨. 719년(성덕왕 18)에는 나마 관등의 관료로서 《감산사아미타여래조상기(甘山寺阿彌陀如來造像記)》를 저술.

➲ 고려 시대인 1022년(현종 13) 1월 홍유후(弘儒侯)라는 시호를 추증. 문묘(文廟) 동무(東廡)에 신라 2현이라 하여 최치원(崔致遠)과 함께 배향됨.

✪ 강수(强首)

➲ 일명 우두(牛頭). 신라 중대의 유학자이자 문장가.

➲ 초명은 우두(牛頭). 중원소경(中原小京: 지금의 충청북도 충주)의 사량(沙梁) 출신. 육두품(六頭品)으로 보이는 내마(奈麻) 석체(昔諦)의 아들. 신라 사회에서 육두품 이하의 신분으로 유학, 문장학을 가지고 관계에 진출한 지식인. 현존 기록상 최초의 본격적 유교 문인.

➲ 어머니가 그를 임신했을 때 꿈에서 머리에 뿔이 돋친 사람을 보았는데 그가 태어나자 머리 뒤에 높은 뼈가 있었다. 이를 이상히 여긴 아버지가 그를 데리고 현자(賢者)에게 가 물어보니 뛰어난 인물이 될 것이라고 말해 주었다. 아버지가 "불도를 배우겠는가, 유도를 배우겠는가?" 묻자 강수는 "제가 듣기로는 불도는 세외교(世外敎)라고 합니다. 저는 속세의 사람이온데 어찌 불도를 배우겠습니까? 유자의 도를 배우고자 합니다."라고 대답.

➲ 그가 공부한 학과목은 『효경(孝經)』, 『곡례(曲禮)』, 『이아(爾雅)』, 『문선(文選)』으로, 주로 유교적인 실천도덕과 아울러 문자와 문학에 관한 것임. 그는 유학자로서보다 문장가로서 더 유명.

➲ 삼국 통일에 큰 공을 세웠다며 사찬(沙飡)의 관등과 세조 200석을 증봉(增俸)받았다.

- 그는 청년 시절에 자기보다 신분이 천한 부곡(釜谷)의 대장장이의 딸과 정을 통했다. 신분이 낮은 부인을 택한 것은 새로운 윤리관의 제시이며, 신라의 전통적인 윤리에 대한 비판적 태도. 골품제에 입각한 신라의 신분제에 대한 비판적 성격이 다분.
- 태종무열왕이 즉위한 뒤 당나라의 사신이 가져온 국서(國書)에 알기 어려운 대목이 있어 그에게 묻자 해석과 설명에 막히는 곳이 없었다. 왕이 감탄해 이름을 묻자 "신은 본래 임나가라[任那加良: 大加耶(대가야), 지금의 경상북도 高靈(고령) 일대] 사람으로, 이름은 우두(牛頭)입니다."라고 대답. 이에 왕은 두골(頭骨)을 보니 가히 '강수 선생'이라 할 만하다고 칭찬함.
- 당나라, 고구려, 백제에 보내는 외교 문서의 작성을 전담.
- 당나라에 원군을 청하는 글들 가운데 당시 당나라에 갇혀 있던 김인문을 석방해 줄 것을 청한 「청방인문표(請放仁問表)」는 당나라 고종을 감동시켜 곧 김인문이 석방됨. 671년(문무왕 11) 당나라 장수 설인귀(薛仁貴)에게 보내는 글도 지었다.

✪ 신라–백제 전쟁 때의 관창(官昌)
- 645년(선덕여왕 14)~660년(무열왕 7). 신라 중대의 화랑. 일명 관장(官狀).
- 장군 품일(品日)의 아들.
- 신라가 당나라와 백제로 출병할 때 좌장군인 아버지 품일의 부장(副將)으로 출전. 신라군은 황산[黃山: 지금의 連山(연산)]벌에서 백제군과 대치.
- 계백(階伯)이 이끄는 백제군의 결사대가 신라군에 대항(처음 네 차례의 전투에서 패하자 병사들의 사기가 급락). 신라 장군 흠춘(欽春)의 아들 반굴(盤屈)도 전사.
- 관창은 싸우다 사로잡히고, 계백은 관창 어리고 용맹함에 탄복해 돌려보냈다. 관창은 다시 적진으로 돌진해 싸우다가 또 다시 사로잡혔다. 계백은 관창의 목을 벤 후 말안장에 매달아 돌려보냈다.
- 관창의 용감한 죽음에 자극을 받은 신라군은 진격해 계백을 죽이고 백제군을 대파.

◒ 태종 무열왕(29대, 김춘추)은 관창의 전공을 기려 급찬을 추증.

✪ 신라와 당나라의 전쟁 때의 원술(元述)

◒ 김해(金海) 김씨 김유신(金庾信)과 태종무열왕(29대, 김춘추)의 셋째 딸인 지
소부인(智炤夫人) 사이에서 출생.

◒ 신라 문무왕(30대, 김춘추의 장남 김법민)이 망한 고구려의 백성을 받아들이
고 망한 백제의 옛 땅을 차지하자, 당(唐) 고종은 군사를 보내 신라를 공격(나
당전쟁의 시작).

◒ 672년(문무왕 12) 당군이 말갈과 함께 석문[石門 : 황해 瑞興(서흥)] 일대 들
판에 진을 치니, 문무왕은 장군 의복(義福)·춘장(春長) 등을 보내 방어. 당군
의 공격으로 신라 장군 효천(曉川)·의문(義文) 등이 전사.

◒ 비장(裨將) 원술도 싸우다 죽고자 했으나, 부하 담릉(淡凌)이 "사대부는 죽는
것이 어려운 일이 아니라 죽을 경우를 택하는 것이 어려운 일이니, 만일 죽
어서 이루어짐이 없다면 살아서 뒤에 공을 도모함만 같지 못하다."며 만류.
그러나 원술은 말을 채찍질해 달려 나가려 하니 담릉이 고삐를 잡아당기며
놓아주지 않았다.

◒ 김유신은 전쟁터에서 죽지 못하고 돌아온 원술이 나라와 가문을 욕되게 했
다고 죽이려 했으나 문무왕이 용서함. 원술은 김유신이 죽은 뒤 어머니를 뵙
고자 했으나, 어머니도 삼종지의(三從之義)를 내세우며 만나주지 않자 태백
산에 들어감.

◒ 675년(문무왕 15) 당군이 매소천성(買蘇川城 : 지금의 경기도 양주)으로 쳐
들어오자, 죽기로 다짐하고 힘써 나가 싸워 큰 공을 세웠다. 그러나 부모가
용납하지 않은 것을 한탄해 벼슬을 하지 않고 은둔함.

✪ 김대문(金大問)

◒ 신라 중대(中代)의 학자·문장가·지방관(생몰년 미상).

◒ 김대문(金大問)은 진골(眞骨) 출신의 귀족. 《삼국사기(三國史記)》에 따르면,
704년(성덕왕 3)에 한산주 도독(漢山州 都督)에 임명되었다고 함. 그런데

《삼국사기》 직관지(職官志)에 "도독은 주(州)의 장관으로 원성왕(元聖王) 원년(785)에 종래 총관(摠管)이라 부르던 것을 도독이라 고쳤다."라고 기록 (704년 당시 김대문은 한산주 총관이었다고 보는 것이 타당함).

➔ 저술로는 《계림잡전(鷄林雜傳)》, 《화랑세기(花郎世記)》, 《고승전(高僧傳)》, 《한산기(漢山記)》, 《악본(樂本)》 등이 있었는데, 김부식(金富軾)이 《삼국사기》를 편찬할 당시에도 남아 있었다.

➔ 《계림잡전》의 내용은 알 수 없지만, 《삼국사기》의 편찬자는 신라의 불교 수용에 관한 사실을 이 책에서 인용.

➔ 《화랑세기》는 화랑들의 전기서(傳記書)로서, 《삼국사기》에 기록된 화랑과 낭도(郎徒)의 전기는 이 책에 근거한 것임. 《화랑세기》는 그동안 전해지지 않는 것으로 알려졌는데, 1989년에 필사본 《화랑세기》가 발견. 여기에는 32명의 풍월주(風月主)의 계보와 그 삶의 모습이 구체적인 기술되어 있음.

➔ 《삼국사기》 열전에서는 김대문이 신라의 다른 유학자들과 함께 실려 있어 《삼국사기》 편찬 당시 고려 유학자들은 김대문을 유학자로 간주했다는 것을 알 수 있음.

➔ 생존 시기는 대체로 신문왕(神文王)·효소왕(孝昭王)·성덕왕(聖德王) 대에 걸쳐 있다. 이 시기는 신라 중대의 전제왕권이 확립되어 그 절정에 있던 시대임.

✪ 신라 하대의 문장가 최치원(崔致遠)

➔ 857년(문성왕 19) 출생. 본관은 경주(慶州). 자는 고운(孤雲) 또는 해운(海雲). 경주 사량부[沙梁部 또는 本彼部(본피부)] 출신. 견일(肩逸)의 아들.

➔ 신라 골품제에서 6두품[六頭品: 최치원은 6두품을 '득난(得難)'으로 규정]으로 신라의 유교를 대표할 만한 많은 학자를 배출한 최씨 가문 출신. '신라 말기 3최(崔)'의 한 사람으로서, 새로 성장하는 6두품 출신의 지식인들 중 가장 대표적인 인물. 부친인 견일은 원성왕의 원찰인 숭복사(崇福寺) 창건에 관계.

➔ 최치원이 868년(경문왕 8) 12세의 어린 나이로 당나라 유학을 떠날 때, 아버지 견일은 "10년 안에 과거에 급제하지 못하면 내 아들이 아니다."라고 격려.

➔ 당나라 유학 6년 만인 874년 18세 나이로 예부시랑(禮部侍郎) 배찬(裵瓚)이

주관한 빈공과(賓貢科)에 합격. 2년간 낙양(洛陽)을 유랑하면서 시작(詩作)에 몰두. 〈금체시(今體詩)〉 5수 1권, 〈오언칠언금체시(五言七言今體詩)〉 100수 1권, 〈잡시부(雜詩賦)〉 30수 1권 등.

● 876년(헌강왕 2) 당나라의 선주(宣州) 표수현위(漂水縣尉)가 되어 공사 간 (公私 間)에 지은 글들을 추려 모은 것이 《중산복궤집(中山覆簣集)》 1부(部) 5권임.

● 877년 겨울 표수현위를 사직하고 양양(襄陽) 이위(李蔚)의 문객(門客)이 되었다. 그 후 회남 절도사(淮南 節度使) 고변(高騈)의 추천으로 관역순관(館驛 巡官)이 되었다.

● 879년 황소(黃巢)가 반란을 일으키자 고변이 제도행영병마도통(諸道行營兵 馬都統)이 되어 진압할 때 고변의 종사관(從事官)이 되어 서기를 맡으며 문명 을 떨침. 4년간 고변의 군막(軍幕)에서 표(表), 장(狀), 서계(書啓), 격문(檄文) 등을 제작. 879년 승무랑 전중시어사 내공봉(承務郎殿中侍御史內供奉)으로 도통순관(都統巡官)에 승차되고, 포장으로 비은어대(緋銀魚袋)를 받았다.

● 882년 자금어대(紫金魚袋)를 받았다. 고변의 종사관으로 있을 때, 공사 간에 지은 글이 표, 장, 격(檄), 서(書), 위곡(委曲), 거첩(擧牒), 제문(祭文), 소계장 (疏啓狀), 잡서(雜書), 시 등 1만여 수. 귀국 후 정선하여 《계원필경(桂苑筆 耕)》 20권으로 정리. 이 중 〈토황소격(討黃巢檄)〉이 유명.

● 885년 귀국할 때까지 17년간 당나라에 머물면서 고운(顧雲), 나은(羅隱) 등 당나라의 문인들과 교류. 《당서(唐書)》 예문지(藝文志)에 그의 저서명이 수록 되어 있음. 이규보(李奎報)는 《동국이상국집》 권22 잡문(雜文)의 《당서》에 「최치원전」을 세우지 않은 데 대한 논의(唐書 不立 崔致遠 傳議))에서 《당 서》 열전(列傳)에 최치원의 전기가 들어 있지 않은 것은 중국인들이 그의 글 재주를 시기한 탓으로 추정.

● 29세에 신라에 돌아오자, 헌강왕에 의해 시독 겸 한림학사 수병부시랑 지서 서감사(侍讀兼翰林學士 守兵部侍郎 知瑞書監事)에 임명.

● 귀국한 다음 해에 왕명으로 〈대숭복사 비문(大崇福寺 碑文)〉 등의 명문을 남 겼고, 당나라에서 지은 책들을 정리해 국왕에게 진헌.

최치원은 895년 전국적인 내란의 와중에서 사찰을 지키다가 전몰한 승병들을 위해 만든 해인사(海印寺) 경내의 한 공양탑(供養塔)의 기문(記文)에서 당시의 상황에 대해, "당토(唐土)에서 벌어진 병(兵)·흉(凶) 두 가지 재앙이 서쪽 당에서는 멈추었고, 동쪽 신라로 옮겨와 그 험악한 중에도 더욱 험악해 굶어서 죽고 전쟁으로 죽은 시체가 들판에 별처럼 흩어져 있었다."라고 적었다.

⮑ 진골 귀족 중심의 독점적인 신분 체제의 한계와 국정의 문란함을 깨닫고 외직(外職)을 원해 890년 대산군(大山郡: 지금의 전라북도 태인), 천령군(天嶺郡: 지금의 경상남도 함양), 부성군(富城郡: 지금의 충청남도 서산) 등지의 태수(太守)를 역임. 부성군 태수로 있던 893년 하정사(賀正使)에 임명되었으나 도둑들의 횡행으로 가지 못하고, 그 뒤에 다시 사신으로 당나라에 간 일이 있다.

⮑ 894년 시무책(時務策) 10여 조를 진성여왕(51대)에게 올려서 문란한 정치를 바로잡으려고 노력. 진성여왕이 시무책을 받아들여 6두품의 신분으로서는 최고의 관등인 아찬(阿飡)에 올랐다. 실정을 거듭하던 진성여왕이 즉위 11년 만에 실정의 책임을 지고 효공왕(52대)에게 선양(禪讓). 최치원은 퇴위하고자 하는 진성여왕과 그 뒤를 이어 새로이 즉위한 효공왕을 위해 대리 작성한 각각의 상표문(上表文)에서 신라가 이미 돌이킬 수 없는 멸망의 길로 들어서고 있음을 생생하게 묘사.

⮑ 40여 세의 나이로 관직을 버리고 소요자방(逍遙自放)하다가 은거를 결심. 그가 지은 〈신라 수창군 호국성팔각등루기(新羅 壽昌郡 護國城八角燈樓記)〉에 따르면 908년(효공왕 12) 말까지 생존한 것으로 보임.

⮑ 《삼국사기》 「최치원전」에 따르면, 고려 왕건(王建)에게 보낸 서한들 중에는 "계림은 시들어가는 누런 잎이고, 개경의 곡령은 푸른 솔(鷄林黃葉 鵠嶺靑松)"이라는 구절이 들어 있어 신라가 망하고 고려가 새로 일어날 것을 예견. 그가 은거하고 있던 해인사에는 두 사람[희랑(希朗)과 관혜(觀惠)]의 화엄종장(華嚴宗匠)이 있어서 서로 정치적 견해를 달리하며 대립. 즉, 희랑은 왕건을 지지한 반면, 관혜는 견훤(甄萱)의 지지를 표방. 최치원은 희랑을 위해 시 6수를 지어줌.

➔ 자신을 '부유(腐儒)', '유문말학(儒門末學)' 등으로 표현.

➔ 유교에 있어서의 선구적 업적은 뒷날 최승로(崔承老)로 이어져 고려의 국가 정치 이념으로 확립.

➔ 유교 사관(儒敎 史觀)에 입각해서 역사를 정리. 대표적인 것이 연표 형식으로 정리한 《제왕연대력(帝王年代曆)》임. 《제왕연대력》에서는 거서간(居西干), 차차웅(次次雄), 이사금(尼師今), 마립간(麻立干) 등 신라 왕의 고유한 명칭은 모두 야비해 족히 칭할 만한 것이 못된다고 하면서 왕(王)으로 바꿨다. 《제왕연대력》은 사라져 그 내용은 알 수 없으나 가야를 포함해 삼국, 통일신라, 중국의 연표가 들어 있을 것으로 추정. 〈사불허북국거상표(謝不許北國居上表)〉나 〈상태사시중장(上太師侍中狀)〉 등에서 나타난 발해인에 대한 강한 적개심으로 보아 발해사(渤海史)는 제외되었을 것으로 추정. 〈상태사시중장〉에서 마한은 고구려, 변한은 백제, 진한은 신라로 발전한 것으로 인식(발해는 고구려의 후예들이 건국한 것으로 이해: 한국 고대사 체계를 삼한–삼국–통일신라와 발해로 이해).

➔ 한문학사(漢文學史)에 있어서의 업적. 그의 한문학은 중국 문학의 차용(借用)을 통해서 형성. 신라의 문화적 전통 속에서 성립된 향가문학(鄕歌文學)과 대립되는 새로운 문학 장르를 개척. 문장은 문사를 아름답게 다듬고 형식미가 정제된 변려문체(騈儷文體). 《동문선》과 《계원필경》에 상당수의 시문이 수록. 평이근아(平易近雅)하여 당시 만당시풍(晩唐詩風)과 구별.

➔ 불교 중에서도 특히 종래의 학문 불교·체제 불교인 화엄종의 한계와 모순을 비판하는 성격을 가진 선종(禪宗)의 대두를 주목. 지증(智證)·낭혜(朗慧)·진감(眞鑑) 등 선승들의 탑비문(塔碑文)을 찬술. 〈지증 대사 비문(智證 大師 碑文)〉에서는 신라 선종사(新羅 禪宗史)를 간명하게 기술. 신라의 불교사를 세 시기로 구분하여 이해한 것은 말대 사관(末代 史觀)에 입각한 것임. 화엄종과 관련된 글을 많이 남겨 오늘날 확인되는 것만도 20여 종에 달함. 화엄종 사찰인 해인사에 은거한 뒤부터는 해인사와 관련된 글을 많이 남겼다. 신라 화엄종사(新羅華嚴宗史)의 주류를 의상(義湘)–신림(神琳)–순응(順應)–이정(利貞)–희랑으로 이어지는 계통으로 이해. 화엄학 외에도 유식학자(唯識學

者)인 원측(圓測)과 태현(太賢) 등에 대해서도 언급함.

● 그의 사회에 대한 인식이나 역사적인 위치가 선승(禪僧)이자 풍수지리설의 대가[30세 연상]였던 도선[道詵: 827~898년, 성은 김씨로서 전라남도 영암 출신, 자는 옥룡자(玉龍子)·옥룡(玉龍), 호는 연기(烟起), 태종무열왕의 서얼손으로 추정]과 흡사.

✪ 장보고(張保皐)

● 846년(문성왕 8) 졸. 신라 후기의 지방 세력가이자 대상인.

● 일명 장보고(張寶高). 본명은 궁복(弓福) 또는 궁파(弓巴)로, '활보', 즉 '활 잘 쏘는 사람'이라는 뜻. 장보고라는 이름은 중국 당나라에 건너가 대성(大姓)인 장씨(張氏)를 모방해 지은 것임.

● 청년기에 친구 정년(鄭年)과 함께 당나라에 건너가 생활하다가, 서주(徐州) 무령군(武寧軍)에 복무해 장교가 되었다. 당시 당나라에서는 각지에 절도사(節度使)들이 득세.

● 남으로는 양자강 하구 주변에서 북으로는 산둥성(山東省) 등주(登州)까지, 당나라 동해안 지역에는 많은 신라인이 거주.

● 그 무렵 당나라나 신라 모두 중앙의 통치력이 느슨해져 흉년과 기근이 들면 각지에서 도적이 횡행하였고, 해적이 신라 해안에 출몰해 많은 주민을 잡아간 후 중국에 노예로 팔았으며, 무역선도 해적으로부터 위협을 받았다.

● 장보고는 해적들이 신라인을 잡아가는 것에 대해 분노했고, 국제 무역에 대한 강렬한 욕망을 가졌으며, 스스로 해상권을 통괄해 독자적인 세력을 키워나가겠다는 야망을 불태웠다.

● 당나라에서 크게 입신하지 못하자 828년(흥덕왕 3) 귀국. 장보고는 왕에게 남해의 해상 교통의 요지인 완도에 해군 기지를 건설해 황해의 무역로를 보호하고 해적을 근절시킬 것을 주청. 그는 왕의 승인을 받고 지방민을 규합한 후 일종의 민군(民軍) 조직으로 1만여 명의 군대를 확보해 완도에 청해진(淸海鎭)을 건설. 그에게 내려진 청해진대사(淸海鎭大使)라는 벼슬도 신라의 관직 체계에는 없는 별도의 직함임.

➲ 청해진을 건설한 뒤, 곧 해적을 소탕해 동중국해 일대의 해상권을 장악하여 당·신라·일본을 잇는 국제 무역을 주도. 8세기 중엽 이후 신라 무역상들이 취급한 물품은 752년 일본이 신라 상인으로부터 매입한 물품 목록에서 그 일면을 찾아볼 수 있다. 여기에는 구리거울 등의 금속 제품과 화전(花氈) 등의 모직물 같은 신라산 물품과 향료, 염료, 안료 등을 비롯한 당 및 당을 중계지로 한 동남아시아와 서아시아 방면의 물품이 있다. 신라 상인은 그 대가로 풀솜(綿)과 비단(絹) 등을 가져갔다.

➲ 장보고는 무역 활동과 외교 교섭까지 시도. 840년(문성왕 2)에 무역선과 함께 회역사(廻易使)를 파견해 일본 조정에 서신과 공물을 보냈으나 국제 관례에 따라 거부되었다. 당나라에는 견당 매물사(遣唐 賣物使)의 인솔 하에 교관선(交關船)을 보내어 교역을 진행함.

➲ 일본의 지방관과 승려 엔닌(圓仁)이 장보고에게 서신을 보내어 자신의 귀국을 보살펴줄 것을 탄원.

➲ 산둥성 문등현(文登縣) 적산촌(赤山村)에 법화원(法華院)을 건립하고 지원. 법화원은 상주하는 승려가 30여 명이 되며, 연간 500석을 추수하는 장전(莊田)을 소유.

➲ 812년(헌덕왕 7) 흉년이 들자 170여 명의 굶주린 자가 바다 건너 중국의 저장(浙江) 지역에 먹을 것을 구하러 갔으며, 이 무렵 300여 명이 일본으로 건너갔다.

➲ 836년(흥덕왕 11) 수도에서 왕위 계승 분쟁에 패배한 김우징(金祐徵: 뒤의 신무왕) 일파가 청해진으로 피난 와서 그에게 의탁. 838년(희강왕 3) 수도에서 다시 왕위를 둘러싼 분쟁이 터져 희강왕이 피살되고, 민애왕이 즉위. 장보고는 군대를 경주에 보내 반격하며 김우징이 신무왕으로 즉위할 수 있도록 지원.

➲ 신무왕은 그를 감의군사(感義軍使)로 삼는 동시에 식실봉 이천호(食實封 二千戶)를 봉했다. 중앙 귀족들은 그의 딸을 문성왕의 왕비로 맞아들이는 것을 반대함.

➲ 청해진과 신라 조정 사이에 대립과 반목이 심화. 조정에서 한때 장보고의 부

하였던 염장(閻長)을 보내 그를 암살. 장보고가 죽은 뒤 그의 아들과 부장 이창진(李昌珍)에 의해 청해진 세력은 얼마간 유지됨.

➲ 염장을 비롯한 중앙군의 토벌로 인해 청해진은 완전히 궤멸. 851년(문성왕 13) 청해진의 주민을 벽골군(碧骨郡: 지금의 전라북도 김제)에 이주시키고, 청해진을 파괴.

12

12.

고구려에 대하여

고구려.

우리는 운명적으로 고구려라는 말만 들어도 숨이 차다. 바로 중국 대륙과 이어진 역사이고 중국 대륙의 중심으로 향하던 역사이기 때문이다. 나라 이름에 높을 고(高)를 붙이고 고울 려(麗)를 붙인 것부터가 범상치 않다. 고구려는 그 시작부터가 달랐다. 고구려는 그 출발부터가 한반도에 국한되지 않았고, 압록강, 두만강, 백두산 그 너머로 광활하게 펼쳐져 있었다.

그래서 운명적으로 고구려의 자취는 '빼앗긴 들'에 홀로 남게 되었다. 지금은 물론 경계를 허물며 진격하고 진군하는 시절이 아니다. 하나, 우리의 뿌리를 캐자면 그 들로 향하게 되고 그 먼 땅으로 이어지게 마련이다. 그 너른 들을 빼고 나면 고구려는 거의 다 사라지게 된다. 그 너른 들을 훑고 살피고 캐보지 않으면 고구려의 원점도 사라지고 고구려의 복판도 없어지게 된다. 그래서 고구려 역사는 숙명적으로 절름발이가 된 것이고 절룩거릴 수밖에 없게 된 것이다. 영영 미완의 역사로 남게 된 것이다. 영영 숙제로 남게 된 캐야 할 역사, 더듬어야 할 역사, 밝혀야 할 역사가 되고만 것이다.

'높다, 빼어나다'는 뜻의 고구려: 그 기원과 성장

고구려
- ➔ 서기전 1세기에서부터 668년까지 존속한 고대 왕국.
- ➔ 별칭: 구려, 맥구려

1. 고구려의 어원

➔ 국호 '고구려'의 어원은 '구려(句麗)'에서 유래.

몽골고원 오르혼 강기슭에 서 있는 돌궐(突厥) 제2제국의 빌게가한과 그의 동생 퀼테킨을 기린 2개의 고돌궐비(古突厥碑)에서 고구려를 배크리(Bokli)라고 기술.

돌궐어에서 B음과 M음이 상호 전환될 수 있으므로 배크리는 매크리(Mokli)이며, 그 밖에 범어 잡명(梵語 雜名)과 돈황 문서(敦煌 文書) p. 1283 등에서 고려를 '무구리(畝久理)' 'Mug-lig'라 하였다. 이는 모두 맥구려(貊句麗) 즉 '맥족(貊族)의 구려'를 기술한 것임.

이는 곧 고구려에서 '구려'가 어간이고, '고'는 관형사임을 말한다. 고구려어에서 성(城)을 '구루(溝漊)', '홀(忽 : khol)'이라 하였다. 이는 읍(邑), 동(洞), 곡(谷) 등을 나타내는 '고을'과 통하는 말.

'고구려'는 '구려'에다가 '크다', '높다'는 뜻의 '高' = '大'를 덧붙인 말로서, '큰 고을' '높은 성'의 뜻을 지닌 말임.

➔ 고구려라는 명칭이 처음 역사상에 등장한 것은 현토군(玄菟郡)의 설치 때 (B.C. 107) 그 속현(屬縣)의 하나로 고구려현(高句麗縣)이 생긴 이후임. 토착민들이 '큰 고을'이라고 부르던 읍락에 현을 설치하고, 이를 고구려현이라 불렀던 것임.

서기전 75년 현토군이 퇴출된 이후 이 읍락을 중심으로 고구려 연맹체가 형성되었고, 이후 국호로 사용함.

5세기 중엽 이후 '높고 빼어나다'는 한자의 뜻을 살려 고구려를 줄인 말인 '고려(高麗)'를 공식 국호로 사용.

《삼국사기(三國史記)》에서는 왕씨 고려와 구분하기 위해 전승 기록에 등장하는 고(구)려를 모두 고구려라 기술.

2. 고구려인의 기원

➔ 고구려 발흥지인 압록강 중류 지역의 주민들의 종족 계통을 중국 측 사서에

서는 맥족이라 기술.

맥족(貊族)은 선진 문헌(先秦 文獻)에서부터 등장.

맥족의 거주 지역은 북중국의 여러 지역에서부터 요동(遼東) 지역에 이르는 넓은 범위에 걸치는 공간임.

압록강 중류 지역의 맥족은 먼저 문헌상에 등장한 북중국의 맥족이 한족(漢族)에 밀려 동으로 이동한 이들이라는 설이 기원후 2세기에 제기.

선진 문헌의 맥족은 특정한 종족을 지칭한다기보다 한족 거주지의 북쪽에 사는 농경 문화가 덜 발달된 족속들에 대한 범칭(汎稱).

➔ 주민 이동설의 또 하나의 예

근래 중국 학계의 일각에서 제기하고 있는 고이족설임.

《일주서(逸周書)》「왕회(王會)」편에 서기전 12세기 말 성왕(成王)이 낙양에서 사방의 제후와 종족들의 조회를 받았는데 그중에는 고이족(高夷族)도 있었다는 내용이 서술되어 있다. 이 기사의 '고이(高夷)'에 대해 4세기 초 공조(孔晁)가 주(注)를 달아 고이가 곧 고구려라고 하였다.

이런 공조의 주를 근거로 삼아, 고이족이 산둥반도를 거쳐 요동반도 방면으로 이주하여 고구려가 되었다고 주장. 그러나 고이족이 고구려였다고 한 것은 공조의 주가 유일하고, 그것은 낙양에서 조회가 있었다는 주(周) 성왕(成王) 대로부터 무려 1,400여 년이 흐른 뒤에 기술된 것임.

➔ 압록강 중류 지역의 주민의 기원을 구체적으로 고찰하는 방안은 이 지역에 널리 분포해 있는 적석총의 기원을 탐구하는 것임.

이 지역에는 소박한 형태의 무기단 적석총(積石塚)에서부터 거대한 방단(方壇) 계단식 적석총에 이르기까지 여러 시기에 걸친 다양한 양식의 적석총이 존재.

이들 적석총의 기원을 요서 지역 능원(凌原)의 홍산 문화 유적인 우하량(牛河梁) 적석총에서 찾는 견해가 있다. 그러나 이 설은 시간적·공간적으로 압록강 적석총 유적과 너무 차이가 있다는 점에서 문제가 있다. 우하량 유적은 서기전 3,000~2,000년 전으로 추정. 형태와 시간적 측면에서 압록강 중류 지역의 적석총과 가장 가까운 것은 요동반도 남단의 청동기 시대 무덤인 적석총 유적(강상묘, 루상묘 등)임.

- ➔ 전체적으로 볼 때 고구려를 세운 이들로서 한인들에 의해 맥족이라고 호칭되었던 압록강 중류 지역의 주민들은 외부에서 이주해온 이들이 아니라 이 지역의 토착 족속임.

  청동기 문화 단계에서 요동 방면으로부터 청동기 문화의 영향을 받았으며, 이어 서기전 3세기 대에 연(燕)나라가 요동군을 설치한 이후 연의 철기 문화를 수용하면서 서서히 발전. 이들은 서기전 1세기 중반 고구려 연맹체를 형성한 이후 스스로 고구려인이라 부름.

  이후 고구려국의 성장과 함께 그 세력 아래 포괄되어 들어온 예맥계의 옥저(沃沮)·동예(東濊)·부여(夫餘)·조선(朝鮮) 등의 여러 종족이 원 고구려인을 중심으로 상호 융합하여 보다 확장된 고구려인을 형성.

3. 고구려의 경제와 수취제도(조세제도 등)

- ➔ 고구려가 발흥한 압록강 중류 지역을 설명하자면 다음과 같다.

  척박하고 농경지가 부족.

  서북쪽으로 몽골고원의 초원 지대로 연결.

  동북쪽으로는 삼림 지대와 연결.

  고구려인은 일찍부터 유목민이지만 삼림 지역의 종족과 관계를 유지.

  고구려인은 정착 농경민. 생업에서 목축과 수렵도 일정한 비중을 차지.

- ➔ 고구려가 발전하여 요동과 서북한 지역 등 넓은 농경 지대를 확보한 뒤에도 그 생활문화에선 목축과 수렵을 중시하는 면을 유지.

  유목 지대로의 진출과 북으로 삼림 지대의 지배는 이런 면을 뒷받침함.

  고구려인의 생업은 지역에 따라 일종의 복합경제적인 성격을 지닌 경제를 운영함.

- ➔ 고구려 멸망 이후 그 유민의 일부가 몽골 고원의 돌궐로 이주한 후 몇몇 집단을 형성하여 거주함.

  이런 면은 망국 전부터 고구려인들이, 유목 생활을 한 것은 아니었지만, 목축

경제에 대한 깊은 이해가 있었음을 입증함.

➔ 고구려는 기원 전후부터 선비족(鮮卑族) 등 일부 유목민 집단과 관계를 맺었고, 멸망할 무렵까지도 일부 거란족[(契丹族), 맺을 계(契)]과 말갈족(靺鞨族)을 그 휘하에 두고 있었다.

이 역시 목축경제에 대한 깊은 이해와 연결됨.

➔ 고구려의 수취제도(조세제도 등)

고구려 초기 연맹체적인 부체제(部體制) 단계에선 피복속 읍락들을 단위로 공납(貢納)을 징수하는 형태.

구체적인 공납물의 내용은 각 읍락의 산출물에 따라 차이가 있어, 옥저의 읍락에선 해산물 등도 징수.

미녀들이 공납에 포함되기도 했음.

공납물은 집단을 단위로 부과되고 징수. 그런데 읍락 단위로 집단적으로 계산되어 부과되었더라도, 구체적으로 읍락 내부에서는 그 구성원들에게 나누어서 부과된 것을 모아 바치는 형태를 보였음.

➔ 고구려 후기 민(民)에게 부과된 조세에 대해 《주서(周書)》「고려전」에서 "부세는 견(絹), 포(布), 속(粟)으로 내는데, 그 가진 바에 따르며, 빈부를 헤아려 차등으로 내도록 한다."라고 하였다.

《수서(隋書)》「고려전」에서는 "인(人)은 포 5필, 곡 5석을 세(稅)로 내며, 유인(遊人)은 3년에 1번 세를 내는데 10인이 세포(細布) 1필을 함께 낸다. 호(戶)마다 1석의 조(租)를 내며, 차등호는 7두, 하등호는 5두를 낸다."라고 하였다. 《주서》는 세 부담 내용을 포괄적으로 기술하였고, 《주서》는 좀 더 구체적으로 전한다. 후자의 내용에서 모든 이가 포 5필과 곡 5석을 부담한다는 것은 무리였음.

이는 일종의 호조(戶調)로서, 이에서 말하는 인은 호주인 남정(男丁)을 지칭하는 것이고, 호마다 균일하게 부과. 이것이 부세의 주된 것이고, 호(戶)마다 그 빈부에 따라 3등급으로 구분지어 차등적으로 내는 조는 부가세적인 성격.

이외에 노동력을 징발하는 부역이 있었다. 고구려 후기 시행되었던 수취제도에서 조세는 인정[人丁: 공역(公役)에 부리는 사람]을 기준으로 균일하게 부과되는 인두세가 그 주된 부분을 차지.

➡ 통일기(統一期) 신라에서는 호를 9등으로 세분하고 그것을 기준으로 하여 산출한 계연(計烟)에 의해 조세를 부과. 9등호를 구분하는 기준이 인정을 중심으로 한 총체적 자산이었다고 보는 설이 유력. 신라 말과 고려 초 이후 토지가 주요 기준이 되어 조세를 부과.

➡ 공동체적인 관계가 해체되고 지방제도가 정비된 고구려 중기에 접어들면서 관료 조직을 통해 개별 호에 대한 수취가 행해졌다.

4. 고구려사의 시기 구분

➡ 수도의 소재처에 따라 구분하는 시각

① 환인(桓因) 시기, ② 국내성(國內城) 시기, ③ 평양 시기 등으로 나누는 설

수도의 소재처에 따른 구분은 구분의 기준이 간단명료하고, 유적·유물과 직결하여 파악할 수 있는 이점. 미술사와 고고학에서 선호하는 방안임.

수도의 변천이 한 나라의 역사적 변화 발전상을 단계별로 반드시 잘 반영하고 있다고 보기는 어렵다.

국내성으로의 천도 시기조차도 논란이 지속.

➡ 정치사적 측면에서 시기 구분

① 국초에서 3세기 말 봉상왕[烽上王: 14대, 재위 292~300, 일명 치갈왕(雉葛王), 이름은 상부(相夫) 또는 삽시루(臿矢婁), 서천왕의 아들] 대까지를 초기, ② 6세기 중반 안원왕[安原王: 23대, 501~545, 재위 531~545, 이름은 보연(寶延), 일명 곡향강상왕(鵠香岡上王)·향강상왕(香岡上王), 안장왕의 동생] 대까지를 중기, ③ 양원왕[陽原王: 24대, 재위 545~559, 이름은 평성(平成), 일명 양강상호왕(陽崗上好王)·양강왕(陽崗王), 안원왕의 장남]대 이후 보장왕[寶藏王, 28대, 재위 642~668, 이름은 장(藏)·보장(寶藏)] 대까지를 후기로 설정하는 설이 있음.

특징적인 국가의 성격이나 그 정치 운영 양상에 따라 시기를 구분.

① 전기는 연맹체적인 부체제의 성읍국가(城邑國家)가, ② 중기는 군현제(郡

縣制)적인 중앙 집권 체제의 영역국가(領域國家)가 형성되어 운영되던 시기. ③ 후기는 중앙 집권 체제가 지속되지만, 그 정치 운영이 귀족 연립 체제(貴族聯立體制)적인 성격을 지닌 시기.

고구려인들의 생활상은 당대 중국 대륙의 문명, 문화와 가장 밀접하고 제일 흡사했을 것이다. 더 나은 것이 있는데 왜 굳이 독자적인 것을 고집하겠는가? 각축전을 벌이는 시기와 굴종의 시기가 교차하는 속에서 고구려인들은 문명, 문화만은 중국 대륙의 한자 문화권에 깊이 뿌리를 박고 있었을 것이다.

고구려인들의 생활상: 중국 문명과 한반도 문명의 다리 역할

고구려의 문화

1. 문학과 예술

   1) 한문학

   ➔ 고구려에서는 이른 시기부터 한자를 사용.

   ➔ 2세기 중반 고구려의 관인으로 주부(主簿)가 보이는데, 주부는 원래 현(縣)의 속리(屬吏)의 직명임. 현토군의 지배에서 벗어난 뒤, 이 속리의 명칭을 습용하여 고구려왕 휘하의 실무 행정을 주관하는 관인의 직명으로 삼았던 것.

   ➔ 국가의 성장에 따라 점차 그 보급이 확대되었을 것임.

   ➔ 4세기 후반 소수림왕 대에 율령을 반포하고 태학을 세웠는데, 이는 문서 행정의 보급을 전제로 한 조처임.

   그런 만큼 한자와 한문 보급이 상당히 진전된 상태였을 것임.

   율령의 반포와 지방제도의 확충에 따라 한문은 관리의 필수 교양이 되었다.

   ➔ 불교의 공인과 함께 한역(漢譯) 불경(佛經)의 보급 또한 한문 보급을 촉진하였을 것

한문이 더욱 널리 사용될수록, 구어와 문어 사이의 불일치에 따른 불편함을 극복하기 위한 노력으로, 한자의 음과 훈(訓: 새김)을 빌어서 우리 말을 기록하는 차자표기법이 사용됨.

➜ 처음에는 지명·인명·관명 등을 표기하는 데 쓰였다.

이어 이두(吏讀)와 같은 표기법이 고구려에 나타나게 되었고, 이것이 신라에 전해져 더 진전된 형태로 발달.

➜ 한문학(漢文學)이 발달.

➜ 이 시기 한문학 작품으로는 한시(漢詩)와 비문 등이 전해지고 있다.

➜ 수나라 장수에게 보낸 을지문덕(乙支文德)의 시는 노자(老子)의 《도덕경(道德經)》의 구절을 원용한 것임.

➜ 유리왕의 황조가(黃鳥歌)는 남녀 간의 애틋한 애정을 표현.

➜ 고구려의 비문으로서는 광개토왕릉비(廣開土王陵碑)와 중원고구려비(中原高句麗碑)가 있고, 묘지(墓誌)는 중급 귀족인 모두루(牟頭婁)의 묘지 등이 있음. 장중한 예서체(隷書體)의 광개토왕릉비는 이 시기 한문학의 높은 수준을 말해주는 대표적인 작품임. 고구려의 기원과 광개토왕의 훈적을 간결하게 압축해서 표현한 부분은 사료로서도 큰 가치를 지닌다.

➜ 한문학의 대표적인 작품은 역사서

고구려에서 《유기(留記)》, 《신집(新集)》 등의 사서가 편찬되었으나, 그 실체가 온전히 전해지지는 않는다. 그 내용은 몇 차례의 전승 과정을 거치면서 윤색되어, 그 일부가 중세 사서로서 현전하는 《삼국사기》에 반영되었을 것임.

2) 고분 벽화

➜ 고구려의 고분은 그 나름으로 종합 예술의 결정체임.

석실봉토분(石室封土墳)이 그러하다.

적석총의 경우, 소박한 무기단 적석총에서 장군총(將軍塚)과 같이 정제된 아름다움을 지닌 계단식 적석총에 이르기까지 서기전 3세기에서 서기 5세기 전반에 이르기까지의 여러 시기의 축조 양식임.

➜ 적석총에 이어 고분의 주된 양식이 된 것은 석실봉토분이다. 석실봉토분 중

에는 무덤 안길과 무덤방의 사방 벽과 천정에 벽화를 그렸던 것들이 있다. 대부분 평양과 집안 일대 지역에 밀집해 있는데, 현재까지 알려진 숫자는 90여 기(基)에 달한다.

❂ 고분 벽화는 그 소재에 따라 생활 풍속도, 장식 문양도, 사신도 등으로 나누어 볼 수 있다. 초기 고분 벽화의 주된 화제(畵題)는 생활 풍속도였다.
이어 장식문양도, 사신도 순으로 주된 화제가 변천해갔다. 생활 풍속도에서는 묘주의 가정생활 모습, 그의 막료·하인 등의 인물도, 외출 때의 행렬도, 사냥하는 모습, 전투도, 묘주 인물상, 성곽도, 가옥 모습 등이 그려져 있어, 당시 생활상을 생생히 전해준다.

❂ 이들 초기 고분 벽화는 막돌을 쌓아올린 무덤 벽면에 두텁게 회를 바른 뒤 그것이 채 마르기 전에 그려졌다. 안악 3호분, 춤 무덤, 씨름 무덤 등이 대표적인 초기 벽화 고분이다. 후기에는 묘실 벽면의 고르게 다듬은 판석에 바로 그림을 그리는 식이 유행이었다.

❂ 오회분 4호묘와 5호묘, 강서대묘 등은 웅혼한 화필과 빼어난 색감의 벽화로 유명하다. 이들 고분 벽화를 통해 볼 때 고구려 후기의 벽화에는 생동감과 역동성을 지닌 활력이 여전하였다.

❂ 곧 문화적인 측면에서 고구려가 내부적으로 이미 기력이 쇠잔해져 망국의 길로 접어들었던 것이 아니라, 외부 세력의 침략으로 멸망하였을 느낄 수 있다. 고분을 크게 축조한 목적은 내세를 현세의 질서가 그대로 이어지는 세계로 보는 계세적(繼世的) 내세관에 따라 죽은 자가 내세에서 복락을 누릴 수 있도록 많은 물자와 사람 등을 넣고 시체를 잘 보관하기 위해서였다. 불교나 도교 등이 퍼지면서 이런 계세적 내세관을 떨치고, 내세는 현세와는 질적으로 다른 세계라고 인식하게 되었다.

❂ 그에 따라 불교적인 전생적(轉生的) 내세관이나 도교 사상에 따른 승선적(昇仙的) 내세관이 퍼져나갔고, 그런 면은 벽화 내용에도 반영되어 연화전생도(蓮花轉生圖)나 승선도(昇仙圖) 등이 그려졌다.

❂ 사신도는 중국에서 한대 이래로 유행하던 바로서, 도가적(道家的) 세계관의 영향을 나타낸다.

3) 음악과 춤, 놀이 문화

➔ 고분 벽화에는 음악·춤·교예 등에 관한 내용이 그려져 있어 고구려 문화의 일단을 엿볼 수 있다(고려악, 백희).

➔ 357년에 만들어진 안악 3호분의 무덤 안길에 꼬는 동작으로 춤을 추면서 악기를 연주하는 소그드인 무용수가 그려져 있고, 장천 1호분 현실 북벽 상단에 채찍을 든 사람이 가면을 쓴 사람을 따라가는, 소그드 대면극의 한 장면이 그려져 있다.

➔ 각저총, 무용총, 안악 3호분 등 비교적 이른 시기의 생활 풍속도 벽화에서 씨름과 수박(手搏)이 주요 부분을 차지하고, 이어 장천 1호분, 수산리, 약수리, 팔청리 벽화 등 상대적으로 늦은 시기의 것들에선 다양한 재주와 곡예를 주 내용으로 하는 백희기악도(百戱伎樂圖)가 그려져 있다.

➔ 씨름과 수박이 주요 구성 요소였던 잡희(雜戱)에, 서역(西域: 중앙아시아)으로부터 전해진 다양한 도구와 동물을 이용한 곡예나 가면극이 추가되면서 더욱 다양해져 이를 통칭해 백희라고 불렀다.

➔ 교예를 하는 서역인들이 실제 고구려에 왕래했던 것 같고, 서역의 음악과 춤은 상당한 영향을 미쳤던 것으로 여겨진다. 이런 고구려의 백희가 신라에 영향을 주고 고려로 이어졌던 것 같다.

2. 건축—성

➔ 고구려인들이 최대의 노력을 기울인 축조물은 성곽(城郭)이다. 성은 평지성(平地城), 산성(山城), 평산성(平山城) 등으로 나눠지는데, 고구려 성의 대부분이 산성으로서, 산의 능선을 활용해 성벽을 쌓았다.

➔ 고구려 산성들 중 다수는 고로봉식(栲栳峰式) 또는 포곡식(包谷式)이라 불리는 형태를 지녔다. 즉, 뒤에 높은 주 봉우리를 배경으로 해서 계곡을 끼고 좌우 능선을 따라 내려와 평지에 닿게 하는 성벽을 축조하여, 성내에 일정한 공간과 수원(水源)을 확보하는 형태. 모양이 안락의자처럼 보인다.

➔ 성벽 축조 재료에 따라 석성(石城), 토성(土城), 토석혼축성(土石混築城)으로

나누어 볼 수 있다.

➡ 산성은 둘레가 1~2백 미터에 불과한 보루성(堡壘城)에서부터 10㎞가 넘는 대형 산성에 이르기까지 여러 종류가 있다. 대형 산성들은 적지 않은 경우 지방 행정 단위의 치소(治所)였던 것 같다.

➡ 성벽의 아래 부분은 들여쌓기로 쌓았으며, 치(雉)와 옹성(甕城)이 있는 예도 있다. 평지성인 요동성의 경우, 요동성총(遼東城塚) 벽화에 그 평면도가 전해져, 전모를 파악하는 데 도움이 된다.

➡ 평산성은 평지성과 산성을 결합한 형태로서 전자의 편이성과 후자의 방어에 용이함을 결합한 독특한 면모를 지녔다. 평양성(장안성)의 경우가 그 전형이다.

➡ 장안성은 그 내부가 북성(北城), 내성(內城), 중성(中城), 외성(外城)으로 이루어졌으며, 중성과 외성에는 정연한 구획이 지워져 계획도시의 면모를 확연하게 보여준다.

3. 민속

➡ 고구려의 민속으로서 후대에까지 이어져 온 것으로 솔서혼(率壻婚)적인 혼속(婚俗)과 희생물로 돼지를 쓰는 것 등을 들 수 있다. 고구려인들은 돼지를 인간계와 영계(靈界)를 이어주는 신성 동물로 여겨, 이를 하늘에 올리는 제사에서 희생물로 썼다.

➡ 이런 민속은 오늘날에도 무속 제사와 각종 공사 관련 제사 등에 돼지 머리를 제상에 올리는 것으로 이어지고 있다.

➡ 지난 세기 전반까지도 간간히 행해지던 솔서혼은 결혼 후 사위를 데리고 사는 혼속. 이런 혼속은《삼국지》「동이전」에서 전하는 고구려 혼속인 서옥제(婿屋制)와 연결.

  즉, 결혼식 후 신부 댁에서는 새로이 작은 집[婿屋]을 지어놓고, 사위가 저녁이 되어 신부 부모에게 서옥에 들어가 잘 수 있게 허락해줄 것을 몇 차례 청하면 이를 허락. 사위는 처가살이를 하다가 첫 아이가 태어나 어느 정도 자라면 처와 아이를 데리고 본가로 돌아갔다.

즉, 처를 맞이하는 대가로, 다른 말로 하면 처가의 노동력 손실을 보상하는 의미로, 처가에 수년간 노동 봉사를 하는 혼속임.

➔ 물론 결과적으로 아이와 외가 사람들과의 관계를 돈독하게 해주는 기능도 있다. 이 서옥제 혼속은 이후 시기 가난한 사람의 혼속으로 행해졌던 솔서혼, 즉 처가살이 혼인 양식과 연결된다.

4. 종교

1) 불교

➔ 불교가 처음 소개되었을 때 그것은 다분히 기복(祈福)적인 성격을 띤 것이었다.

➔ 391년 고국양왕[18대, 재위 384~391, 16대 고국원왕(재위 331~371)의 차남, 일명 국양왕(國壤王): 384년 후사가 없이 17대 소수림왕이 붕어하자 즉위]의 하교(下敎)에서 "불교를 믿어 복을 구하라."고 하였음은 그런 면을 잘 말해준다. 이런 측면은 당시 가람(伽藍) 배치도를 통해서도 확인할 수 있음.

➔ 498년 세워진 평양의 청암동 절터를 보면 남북으로 일직선상에 중문, 탑, 금당이 있고 탑과 금당의 평면적 비율은 0.7 : 1.

➔ 탑의 평면적 비율이 후대에 비해 매우 높고, 사원 구조에서 중심적인 위치에 있었다. 이런 가람 배치와 탑의 비중은 석가모니의 사리나 그와 연관된 물건을 봉안하는 곳으로 여겨진 탑이 당시 사람들의 주요한 신앙 대상이었음을 말해준다.

이는 또 당시의 신앙이 석가모니의 설법 내용과 해탈을 위한 자신의 수행보다는 사리의 영험에 의거하려는 신비적이고 기복적인 면이 강했음을 입증.

➔ 고구려 불교의 특성 중 하나는 왕실 불교 내지는 국가불교적인 면이다.

'왕이 곧 부처'임을 표방하는 북방 불교가 전해졌고, 왕실은 이의 홍포를 적극 지원하였으며, 승려들은 왕권의 존엄과 국가에 대한 충성심 함양에 적극 복무하였다.

사찰에서는 외적으로부터 국가를 보호하고 전사한 이들의 영혼이 왕생극락(往生極樂)하기를 기원하는 백고좌회(百高座會)와 팔관재회(八關齋會)와 같은 법회들을 국가적 행사로 개최하였다. 호법(護法)과 호국(護國)이 동일시되었다. 이런 면들은 백제나 신라도 동일하였다.

➔ 불교 수용 이후 시간이 흐름과 함께, 점차 불교 교리에 대한 연구가 진전되었다.

모든 존재는 인연에 따라 일어나는 것일 뿐이며, 독자적인 존재성(存在性: 自性)이 없다고 보아, 만유(萬有)의 실상은 공(空: sunya-ta)이라고 주장한 삼론학(三論學)이 널리 퍼져나갔다.

삼론학에 조예가 깊은 승려 혜관(慧灌)은 625년 왜국에 파견되어 삼론학을 홍포하여 일본 삼론종(三論宗)의 시조가 되었다.

승려 혜자(慧慈)는 성덕태자(聖德太子)의 스승이 되어 삼론학을 널리 펴 일본 삼론종에 큰 영향을 미쳤다.

➔ 고구려 말기에는 일체 중생은 누구나 부처가 될 수 있는 불성을 지녔다고 주장한 《열반경(涅槃經)》이 전해졌다.

승려 보덕(普德)이 특히 이 경전에 밝았다. 그는 7세기 중반 연개소문이 도교를 장려하는 데 반발하여 백제로 이거하였다.

그의 제자들은 통일신라 시대의 불교계에 큰 영향을 미쳤다.

➔ 불교의 확산과 함께 점차 불교적 윤리관이 퍼져나갔다.

그것은 내세관의 변화와도 결합되었다. 불교 수용 후 종전의 지배적 내세관이었던 계세적 내세관이 점차 바뀌어졌다. 내세는 현세의 삶이 무대를 바꾸어 이어지는 것이 아니며, 죽은 자는 현세에서 저지른 자신의 업(業)과 쌓은 공덕(功德)에 따라, 즉 현세에서의 자신의 행위에 대한 불교적 윤리관에 의한 평가에 의해 내세의 삶이 주어진다고 여기는 전생적(轉生的) 내세관이 퍼져나갔다.

자연 계율에 맞게 생활하려 하고, 그에 따라 불교적 가치관과 윤리의식이 일반인의 생활 속에 널리 자리 잡아 나가게 되었다.

2) 도교

➔ 중국의 잡다한 민간 신앙을 신선술(神仙術)을 중심으로 체계화한 것이 도교임.

그에 비해 도가사상은 만물의 근원인 도(道)와의 합일을 추구하는 노자와 장자의 사상을 중심으로 형성된 것.

➔ 도교에서 노자를 신격화하여 숭앙하고 도가사상을 교리 정비에 많이 이용하였으나, 양자가 일치하는 것은 아니다.

➔ 중국의 북위(北魏) 때 정비된 종교 형태의 도교는 삼국 말기에 전해졌다.

➔ 한국 고대의 민간 신앙에는 도교의 내용에 비길 수 있는 요소가 많았기 때문에, 도교는 별다른 큰 마찰 없이 수용되었고, 한국 민간 신앙과 결합되어 이해되었다. 5세기 이후 고구려 고분 벽화에 여러 가지 모습의 신선이 등장한 것으로 볼 때 이 무렵에는 도교가 상당히 퍼져 있었음을 알 수 있다.

➔ 남조의 모산파(茅山派) 도교의 중심 인물인 도홍경(陶弘景: 456~536)의 《신농본초(神農本草)》에서 고구려의 유명한 약재로서 인삼과 함께 금가루를 정제한 일종의 연단(煉丹)을 진약(珍藥)으로 소개하였다.

이는 연단의 복용을 통해 신선이 되고자 하는 도교 신앙이 고구려에 존재하였음을 말해준다. 그런데 이때의 도교는 교리체계와 조직을 갖춘 것은 아니었다.

➔ 연개소문 때에 불교 사찰을 뺏어 도관(道觀)으로 삼고, 도사(道士)를 우대하는 도교진흥책을 펼침에 따라 교단 조직을 갖춘 도교가 등장하였다. 그러나 이에 대한 불교의 반발 등으로 도교가 널리 퍼져나갔던 것 같지는 않다.

➔ 한편 4세기 이래 노장(老莊)의 도가 사상에 대한 이해도 진전되었다.

불교의 교의를 도가사상의 개념에 의거해 풀이하기도 한 격의(格義)불교도 도가사상을 이해하는 데 일정한 역할을 하였다.

아무튼 도가 사상은 당시 귀족층의 생활과 철학에 상당한 영향을 주었다.

➔ 을지문덕의 시를 통해서도 느낄 수 있듯이 도가사상에 대한 이해는 불교·유교에 대한 그것과 함께 고구려 후기 당시 최고 지식인들의 교양을 가름하는 주요한 한 부분이 되었던 것으로 여겨진다.

(출처: 《한국민족문화대백과》)

〈99%의 사람들은 망각을 치유로 본다.

하지만 1%의 사람들은 망각 자체를 패배만도 못한 것, 굴욕만도 못한 것으로 친다. 그 사이에서 의외의 역사가 이뤄진다. 한 사람의 분노와 용기가 결합되어 망각 증세를 당연시하는 나머지 숱한 이들을 일깨워주고 눈 띄워준다. 99%의 며느리들은 시어머니, 시집 식구들에 대한 평범하지만 잘 지워지지 않는 나쁜 기억들, 슬프고 서러운 기억들을 지니기 쉽다. 그리고 고통의 답습과 고통을 주는 버릇의 모방으로 그 좋지 않은 기억에 대해 보상받으려 하기 쉽다. 시어머니 뺨치는 나쁜 며느리가 되어 새로운 며느리에게 좋지 않은 것을 되풀이하는 것이다. 하지만 1%의 며느리들은 자신의 기억이 어떠하던 인간 보편성, 생애의 일반성, 생명의 공통성에 더 기울어져 모범이 되고자 애쓰고 선구자가 되고자 힘쓸 것이다. 그래서 제 아픈 기억, 서러운 자취를 자기 대에서 끊고 고치고 잘라낼 것이다. 김춘추를 통곡하게 한 사건(온종일 기둥에 기대 눈도 깜박이지 않다가 마침내 통곡하며 백제를 반드시 멸망시키겠다고 외쳤다는,《삼국사기》기록)을 보라. 그 통곡과 분노가 어떤 결심으로 이어지고 급기야 무슨 일을 만들어 내게 되었는지, 어떤 역사를 새로 쓰게 되었는지, 곰곰이 다시 생각해 보자.〉

〈역사는 만남이다. 역사는 호출이다. 그를 불러내고 그녀를 불러내는 일이다. 그래서 '왜, 어떻게, 무엇을, 어디서, 누구와, 언제 함께 했는지를 말하게 하는 것이다. 김춘추를 불러내서 나당동맹을 묻는 일, 김유신을 불러내서 삼국 통일의 원동력에 대해 캐보는 일 ─ 바로 그런 일이 역사이고 역사를 대하는 기본일 것이다.〉

〈6백만 년 전. 영장류에서 인간의 씨앗이 갈라져 나왔다. 2백만 년 전. 영장류와 전혀 다른 종류의 새로운 직립 보행 동물이 생겨났다. 하지만 두뇌의 크기는 겨우 현생 인류의 절반 정도, 영장류의 곱절 정도였다. 그래도 조금 발달된 석기를 사용하며 조개 껍데기 같은 것으로 장식품을 만들어 영장류와 전혀 다른 모습을 보였다.

20만 년 전에서 10만 년 전. 마침내 두뇌 크기가 인간에 견줘질 정도의 현생 인류가 태어났다. 여러 종류의 발달된 석기류를 도구로 사용했을 것이다.

그리고 예술이라고 할 만한 것들, 공예라고 부를 만한 것들이 눈에 띄게 늘어났을 것이다. 약 백만 명의 현생 인류가 지구촌 구석구석을 메우기 시작했다는, 고고학적 증거가 있다.

7만 5천 년 전. 인도네시아 수마트라 섬의 토바 화산이 분출하여 현생 인류는 수년 동안 불모 지대에서 겨우 생존해야 했다. 그 결과로 십여 만에 이르던 현생 인류는 수천여 명으로 줄어들어 겨우 명맥만 유지했을 것이다. 이 시기에는 아마도 유전적 병목 현상(genetic bottleneck)이 일어났을 것이다.

만일, 인도네시아의 한 화산 폭발(초화산 폭발: super eruptions)로 인류가 감소할 정도로 시련을 겪었다면[인도 남부에서도 15cm에 이르는 동시대의 화산재층이 발견, 그린란드 빙핵(ice core)에서도 동시대에 해당하는 두꺼운 황산재층 발견], 풍성한 지구 환경이 급변하여 삭막한 환경으로 변했다면 그 시기 이후 현생 인류는 갑작스레 발전을 멈추게 되었을 수도 있다. 하지만 현생 인류는 살기 좋은 곳, 살만한 곳을 찾아서 지구촌 전체로 이동하기 시작했을 것이다. 낯선 다른 집단을 만나게 되기에 자연스레 소통의 수단인 언어가 필요했고 그래서 언어를 매개로 더욱 발전했을 것이다. 길게는 수백 만 년, 짧게는 수십 만 년, 더 짧게는 수만 년. 그 긴긴 석기시대(stone age)에 현생 인류는 증감을 되풀이하며 유전인자 속에 모든 것을 생생하게 기록하게 되었다. 그 결과, 어쩌면 단 수천 명의 조상에서 오늘의 우리가 이어졌을 수도 있다. 앞으로도 인류는 그 어떤 종류의 대재앙, 대재난, 대참사로 지구 자체를 생지옥으로 만든 채 수억 명, 수십 억 명 정도 통째로 사라질 수도 있다. 몇 만 년 이전의 일들이 지금 당장 일어나지 않는다고 볼 수 없다. 같은 지구이고 엇비슷한 환경이기 때문이다. 다른 것은 오직 수백 만이 수천 만으로, 수억 명이 수십 억 명으로 늘어나고 불어난 것뿐이다. 그리고 온갖 오물을 잘도 감추게 되었고 온갖 종류의 오염과 공해를 잘도 내뿜어대고 있는 것이다. 나아진 것은 땅 속의 물을 샅샅이 퍼내서 온갖 종류의 일들에 개숫물로 쓰고 세숫물로 쓰고 목욕물로 쓰고 도랑물로 쓰는 재주 정도. 어디 그뿐인가? 수억 년 전의 동물, 식물을 연료로 마구 태워 길에서도 화덕이고 하늘에서도 화덕이고 물 위에서, 땅 속에서도 여전히 화덕뿐이다.

뭐든 불을 지피고 불길을 올리고 열을 내고 연기를 피우고 재를 긁어내야만 굴러가고 지나가고 익어가고 구워지고 삶아지고 그래서 쓸 것, 먹을 것, 디딜 것, 입을 것, 누울 곳, 잠들 곳으로 변한다. 불의 문화, 열의 문명, 에너지의 무차별적인 사용, 무제한 적인 남용이 유일한 특징이고 장기이고 그리고 단 하나뿐인 버팀목이고 살길이다. (우스워보이고 매우 대략적으로 보이지만 21세기 컴퓨터문명시대의 지식인들, 전문가들이 머리를 맞대고 알아낸 것들이고 정리해 낸 것들이다.)〉

{대야성(합천) 성주 김품석(金品釋)과 딸의 죽음(642년, 선덕여왕 11)

김품석은 김춘추(金春秋)의 맏사위[김춘추의 장녀인 고타소(古陀炤)와 결혼]. 이찬(伊湌)으로 대야성 도독(大耶城 都督)이 되었을 때인 642년 8월 백제 장군 윤충(允忠)이 군사 1만 인을 거느리고 신라의 대야성(경상남도 합천)을 공격.}

대야성에서는 이전에 김품석에게 아내를 빼앗겨 불만을 품고 있던 검일(黔日)이 그 한을 풀기 위하여 백제군과 내응하여 창고에 불을 질렀다.

민심이 흉흉하자 김품석은 보좌관인 서천(西川)을 파견하여 항복을 자청했다. 하지만 다른 보좌관인 죽죽(竹竹)이 백제의 흉계를 역설하며 만류하였다.

김품석은 이를 듣지 않고 성문을 열어 군사들을 성 밖으로 나가게 하였다. 하지만, 신라 군사들은 백제의 복병(伏兵)에 의하여 모두 죽고 말았다. 비보를 접한 김품석은 처자와 함께 항복(성이 함락되자 처자를 죽이고 자결했다는 기록도 전함).윤충은 김품석과 그 처자들을 모두 죽인 다음, 그 목을 베어 백제의 마지막 왕도인 사비성[四沘城: 백제 때 도읍 자체의 명칭, 백제 때에는 부여 일대의 평야를 사비원(泗沘原), 금강을 사비하(泗沘河)로도 부름, 웅진에서 사비로 옮긴 때는 538년(성왕 16) 봄, 부소산을 감싸며 백마강을 향해 초승달의 형태를 보여 반월성(半月城)으로도 불림]으로 보내고 남녀 1,000여 인을 사로잡아갔다. 김품석 내외의 유골은 5년 뒤인 647년(진덕여왕 1)에 압량주 도독(押梁州 都督: 지금의 경상북도 경산) 김유신(金庾信)이 생포한 백제 장군 8인과 교환되면서 고국으로 돌아왔다.}

대야성 참패와 가족의 비극이 김춘추를 움직였다.

《삼국사기》가 전하는 것

⊃ 당시 이찬 관등에 있던 김춘추는 대야성에서 딸과 사위가 죽었다는 소식이 전해지자 큰 충격을 받은 나머지, "하루 종일 기둥에 기대어 사람이 지나가는 것도 알지 못할 정도였다."라고 전한다.

⊃ 대야성의 비극을 계기로 백제를 멸망시키겠다고 다짐했다고 함.

⊃ 김춘추는 원병을 청하기 위해 고구려에 사신으로 갈 것을 왕에게 건의하여 재가를 받았다. 김춘추는 고구려의 국왕 보장왕과 실권자 연개소문을 만나 원병을 청했지만, 원병 파병 조건으로 과거 진흥왕(眞興王) 때에 신라가 획득한 죽령(竹嶺) 이북 땅의 반환을 내세운 고구려에 의해 억류되었다가 김유신의 무력 시위, 그리고 고구려 대신 선도해의 도움으로 "돌아가는 대로 왕에게 아뢰어 땅을 돌려주게 하겠다."는 거짓 편지를 쓰고 나서야 겨우 풀려났다.

✪ 《일본서기》가 전하는 것

⊃ 고토쿠천황[孝德 天皇: 596 ~ 654, 36대 천황(재위 645~654), 다이카개신 칙령을 공표] 3년(647년) 김춘추가 왜국에 왔었다는 기록이 있음.

⊃ 당시 김춘추의 관등은 상신(上臣) 대아찬(大阿飡)으로 기록되어 있음.

✪ 당시 신라에서는 상대등인 비담이 일으킨 반란이 김유신에 의해 진압되고, 선덕여왕의 사망으로 진덕여왕이 즉위하였다.

⊃ 김춘추와 김유신은 진덕여왕을 보위하여 정권을 완벽하게 장악.

✪ 중국의 《자치통감(資治通鑑)》[북송 때인 1065년 영종의 조를 받들어 사학가 사마광(司馬光: 1019~1086)이 짓기 시작, 1084년 11월에 완성, 처음 이름은 《통지(通志)》, 신종에 의해 《자치통감》으로 확정]이 전하는 것은 다음과 같다.

⊃ 648년 12월 김춘추는 아들 문왕(文王)과 함께 직접 당(唐)에 입조

➥ 당 태종(太宗) 이세민의 환대를 받았다.

➥ 김춘추는 당의 국학(國學)을 방문하여 석전(釋奠)과 강론(講論)을 참관 신라의 장복(章服)을 고쳐서 당나라의 제도에 따를 것을 요청.

➥ 당 태종으로부터 특진(特進)의 벼슬을 받고, 당에 체류하던 중에 태종의 호출로 사적으로 불려가 만나게 된 자리에서 김춘추는 "신(臣)의 나라는 바다 모퉁이에 치우쳐 있으면서도 천조(天朝)를 섬긴 지 이미 여러 해가 되었사온데, 백제가 강하고 교활하여 여러 차례 침략해 왔습니다. 더욱이 지난해에는 군사를 크게 일으켜 깊숙이 쳐들어와 수십 개의 성을 쳐서 함락하고 조회할 길을 막았습니다. 폐하께서 천병(天兵)을 빌려주시어 흉악한 것을 잘라 없애주시지 못한다면, 우리나라의 인민은 모두 사로잡히는 바가 될 것이요, 산 넘고 바다 건너 행하는 조공마저 다시는 바랄 수 없을 것입니다."라며 태종에게 원병 파병을 호소해, 그의 허락을 받아냈다(648: 당 태종 사망 1년 전).

➥ 김춘추가 귀국을 앞두자, 당 태종은 3품 이상의 관인들을 불러 송별연을 열고, 〈온탕비(溫湯碑)〉, 〈진사비(晉祠碑)〉의 글(당 태종 자신이 직접 짓고 글씨도 쓴 서적들)과 《진서(晉書)》 한 질[당의 비서감(祕書監)에서 맨 먼저 필사본 한두 질 가운데 하나로 황태자(훗날의 당 고종)와 김춘추에게 각각 내린 것]을 김춘추에게 하사.

➥ 당 태종은 장안성(長安城)의 동문(東門) 밖까지 나와 전송함(《삼국사기》, 낭혜 화상비).

➥ 김춘추는 당으로부터 좌무위장군(左武衛將軍)의 벼슬을 받은 아들 문왕을 숙위(宿衛)로서 당에 남겨두고 신라로 귀국.
돌아오는 길에 김춘추는 서해상에서 고구려 순라병에게 포착되어 나포될 위기에 처했으나, 동행한 온군해(溫君解)가 귀인의 관을 쓰고 배에 남아 고구려군의 주의를 끄는 사이 작은 배를 타고 본국으로 돌아올 수 있었다.

✪ 김춘추가 귀국한 태화 3년(649년: 당 태종, 당 고종 교체기)부터 신라는 관복을 당풍으로 바꾸고, 진덕여왕이 직접 당의 왕업을 찬미하는 〈오언태평송(五言太

平頌))을 지어 비단에 수를 놓아 보냈으며, 태화 4년(650년: 당 고종 즉위 초)부터 신라의 고유 연호를 폐지하고 당의 영휘(永徽) 연호를 쓰는 등 친당정책을 더욱 가속화.

↪ 진덕여왕 5년(651년)에는 중국의 제도를 본뜬 정월 초하루일 백관(百官)들이 모여 행하는 하정례(賀正禮)를 처음으로 조원전(朝元殿)에서 거행.

↪ 품주(稟主)가 집사부(執事部)로 개편되어 왕정의 기밀 사무를 전담.

↪ 좌이방부(左理方府)가 설치되고, 파진찬(波珍湌) 김인문(金仁問: 김춘추의 아들)이 다시 당나라에 파견되어 좌령군위장군(左領軍衛將軍) 벼슬을 받고 숙위를 맡았다.

고구려의 멸망에서 무엇을 배우게 되는가? 중국 대륙과 맞닿고 중국 역사와 맞물리기에 당연히 중국이라는 변수가 중요해야 했다. 하지만, 흥망성쇠에서 대부분의 경우, 중국 대륙에서 유입되는 것들은 의외로 잘 막은 반면에 도리어 내부에서 생긴 권력 경쟁과 명문가, 세력가의 집안 불란으로 인해 큰 충격과 큰 피해를 입었다. 그 결과로 중국 대륙의 역사와 당당히 맞물려 돌아가고 중국 대륙의 흐름과 성공적으로 잘 맞닿아가던 고구려는 연개소문이라는 한 세도가의 집안 꼴이 엉망진창이 되고 − 그 집안 하나가 콩가루처럼 흩어지고 모래성처럼 무너지자 그 가문의 토대인 고구려마저도 송두리째 흔들리게 되었다.

고구려의 멸망은 고금동서의 모든 국가, 모든 권력, 모든 세도가의 최후와도 상당히 흡사하다. 아무리 컴퓨터 문명 시대라고 하고 아무리 21세기라고 해도 고구려의 멸망에서 보듯이 한 명망가의 붕괴, 한 세도가의 와해는 곧바로 국가의 쇠락과 국민의 추락으로 이어질 수 있는 것이다.

어찌 오래 전의 역사일 뿐이라고 하고 고구려만의 한 특징이라고 하고 연개소문 후예들만의 뒤죽박죽, 혼비백산, 풍비박산이라고 할 수 있겠는가?

아래의 정리, 요약을 되새겨보고 되돌아보며 한 국가의 흥망성쇠에 얽히고 설킨 변수들을 다시 한 번 가늠해 보자. 역사란 아무리 그 시·공간이 멀고 다르더라도 그 속의 사람들과 그들이 엮어내고 꾸며내고 지어내는 것들은 의외

로 대동소이하기에 그 어떤 대목, 그 어떤 단면을 들여다보아도 배울 점, 느낄
건더기, 되돌아볼 가치가 있는 것이다. 동물세계, 생명세계를 보아도 조상과
후손이 엇비슷하기 마련이다. 모양만 비슷한 것이 아니라 습성, 살아간 자취
까지도 엇비슷할 것이다.

우리의 역사도 그와 같을 것이다. 한반도를 무대로 흥망성쇠를 이어가고
시·공간을 채우고 메운 이야기들은 아무리 그 시·공간이 다르고 사람들이 다
르고 문명, 문화가 다르고 환경, 처지가 다르더라고 그 주요 내용, 그 핵심 줄
거리는 의외로 대동소이할 것이다.

고구려의 멸망과 고구려부흥운동

⭐ 고구려의 멸망

➔ 당과의 전쟁으로 고구려는 크게 피폐됨.

➔ 당의 군사적 압박을 견제할 목적으로 북아시아 초원 국가들과 동맹을 맺는
방안은 계속 추구함.

➔ 우즈베키스탄의 사마르칸트 시 외곽에 있는 아프라시앞 언덕의 궁전 유지(遺
址)의 벽화에서 확인되는 고구려 사신의 모습은 그러한 절박한 시도를 보여
주는 것임(그 성과는 여의치 않았다.).

660년 백제의 멸망으로 고구려의 전략적 위치는 더 악화됨.

➔ 661년 당군이 침공해와 평양성을 포위.

➔ 겨울철이 되자 당군은 고구려군에게 격파되고 역으로 고구려군에게 포위.

➔ 식량마저 떨어져가고, 본국과의 보급선이 차단된 위기 상황에 직면함.

➔ 그때 남으로부터 신라군이 진격해와 군수품을 보급함(신라군의 전략적 중요
성이 부각).

➔ 침공군이 동계 작전도 벌일 수 있게 되어 고구려의 전략적 위치는 크게 악
화됨.

- ➔ 상황이 악화되면서 연개소문의 후계 구도에 대한 관심이 커져갔다.
- ➔ 연개소문은 아들들로 하여금 일찍부터 각급 단위 기관이나 부대의 지휘관직을 맡게 했다.
- ➔ 장남인 남생(男生)은 중리소형(中裏小兄), 중리대형(中裏大兄)을 거쳐 23세에 중리위두대형(中裏位頭大兄)이 되었고 이듬해 장군이 되었으며, 28세에 막리지(태대형) 삼군대장군(三軍大將軍)이 되었다. 연개소문 사망 직후인 665년에는 32세로 태대막리지(太大莫離支)가 되어 군국(軍國)을 총괄.
- ➔ 차남인 남산(男産), 삼남인 남건(男建)도 비슷한 과정을 거쳤음. 세 아들에게 승진의 길을 열어준 것은 이들이 군권을 장악할 수 있게 하려는 의도였음. 남생이 막리지 삼군대장군이 된 해는 백제 멸망 이듬해임.
- ➔ 연개소문은 남산과 남건에게도 군권을 이관하여, 세 아들이 모두 군국 운영에 참여. 세 아들이 군권을 나누어 장악하고 서로 협력하여 국정을 이끈다면 연개소문 집안의 권력은 더욱 탄탄해질 것이라고 기대함(결과는 반대로 나타났다.).

연개소문 사후
- ➔ 남생이 655년 태대막리지가 되어 군국 대권을 장악.
- ➔ 곧이어 동생인 남산·남건과 권력 투쟁을 함.
- ➔ 장남 남생은 국내성에서 반기를 들고 당에 투항하여 구원을 요청.
- ➔ 천재일우의 기회를 맞이한 당은 666년 9월 군대를 보내어 남생을 지원. 그에 따라 요하에서 국내성에 이르는 고구려 서북부 깊숙이 당의 세력이 뻗쳐들어온 형세가 되었음. 고구려 중앙 정부는 군대를 파견하여 남생의 군대를 공격함.
- ➔ 옛 수도인 국내성은 천혜의 요새로서 외부에서 공략하기 어려우며, 무엇보다 그 얼마 전까지 고구려 최고 권력자이던 남생이 반란을 주도하는 상황이다 보니 진압하기가 어려웠다.
- ➔ 남생은 667년(고구려 멸망 1년 전) 당나라에 입조. 이후 남생은 고구려 내부 사정을 속속들이 당에 알렸고, 당군의 향도(嚮導)가 되어 적극 협력함.

➔ 남생 형제들 간의 이전투구가 지속되자 남녘을 지키던 연개소문의 동생 연정토(淵淨土)가 이탈. 그는 666년 12월 자신의 관할 구역인 함경남도 남부 일대와 강원도 북부 지역의 12개 성을 들어 신라에 투항.

20여 년에 걸친 연개소문의 집권

➔ 연개소문은 대규모 유혈 정변으로 집권한 후 강력한 권력을 구축하려 하였고, 권력을 아들이 세습(이 과정에서 억압적 권력 행사는 불가피하여 여타 귀족들의 불만을 야기, 기존 권력 장치를 무력화).

➔ 연개소문에게 집중된 권력은 그가 죽자 엄청난 권력 공백을 초래함.

➔ 그의 아들들 사이에 권력 투쟁이 벌어졌을 때, 갈등을 조정한다든가 어느 한편으로 힘을 몰아주든지 하여, 권력의 혼돈 상태가 빨리 종결되게 하는 데에 왕이나 귀족회의 등 어떠한 권력 장치도 제대로 작동하지 못했다.

최고 집권층 내부에서 일어난 분열과 배신, 투항은 고구려인들의 저항력을 마비.

➔ 오랜 동안의 전란으로 피폐해진 고구려사회에는 패배주의가 만연함.

➔ 667년 2월 당나라 장군 이적이 이끄는 당의 대규모 침공군이 요하를 건너 신성을 포위. 신성은 오랜 저항 끝에 그해 9월에 내부 투항자들의 항복에 의해 함락. 당군은 요동성 방면을 거쳐 압록강 하구로 진격. 그에 따라 당은 요하로 이동하여 고구려 영역 내에 점령지를 두텁고 깊게 확보함.

➔ 이듬해 봄에는 북쪽의 북부여성 일대가 당군에 의해 공략을 당함. 당군은 평양성을 향해 총진군을 함. 당군의 진격에 보조를 맞추어 신라군이 남에서 북진하였고, 평양 남쪽의 대곡성(大谷城)과 한성(漢城) 등 2군 12성이 웅진 도독부(熊津都督府)에 투항.

➔ 평양성을 향해 나아가는 남북 양 방면의 진격로에 방어벽이 없어졌다. 당군과 신라군에 의해 평양성이 포위당함. 688년 9월 21일 평양성 방어를 총괄하던 장수가 투항하면서 평양성이 함락됨.

✪ 고구려부흥운동과 유민의 향방

➡ 당은 고구려를 멸망시킨 뒤 평양성에 안동도호부(安東都護府)를 설치.

➡ 2만의 병력을 주둔. 그런 뒤 5부 176성 69만 호의 옛 고구려국을 9도독부(都督府) 42주(州) 100현(縣)으로 재편.

➡ 고구려인으로서 당에 투항하거나 협력한 자를 도독(都督), 자사(刺史), 현령(縣令)으로 임명. 당인(唐人) 관리가 실질적으로 통치할 수 있도록 조처하고 안동도호가 이들을 총괄.

➡ 새로이 행정 단위를 구획하는 등의 일에는 장안에 머물던 남생이 깊이 간여함. 안동도호부는 고구려들의 반발을 원천적으로 약화시키고 당의 지배를 원활히 하기 위한 방책으로 부유하고 힘 있는 고구려인 2만 8천여 호를 당의 내지에 대거 강제 이주시키는 정책을 감행. 고구려인 사회를 뿌리 채 뒤흔들었고, 고구려인의 강력한 반발을 초래.

➡ 고구려 유민의 반발은 두 가지 형태임. 하나는 적극적으로 당의 지배에 대한 무력 저항이고, 다른 하나는 당의 지배망에서 벗어나기 위해 다른 지역으로 이주하는 것임. 전자의 경우, 평양 일대를 중심으로 한 검모잠(劍牟岑)의 봉기가 그 한 예임. 요동 지역에서도 안시성을 위시한 봉기가 있었고, 부여성 일대에서도 봉기가 잇따랐다.

➡ 고구려 유민들의 무력 봉기는 부흥 운동군이 상호 연대하는 조직성의 부족과 우세한 당군의 무력에 밀려 673년 무렵까지는 진압됨.

70년에 걸친 장기간의 전란으로 피폐해진 민력(民力)과 최고 지배층의 배신 행위.

➡ 반당(反唐) 저항 운동 과정에서 다수의 고구려 유민이 다른 지역으로 이주. 그들의 이주는 소규모 단위로 상당 기간 동안 진행되었음. 이들의 향방은 몇몇으로 나누어 볼 수 있다.

　① 첫째, 신라로 합류한 이들

　　이에는 그들의 원거주지가 신라에 병합됨에 따라 함께 귀속케 된 이들이 있고, 668년 전후 이래로 일련의 격동에서 연정토 일파나 안승(安勝)의 무리와 같이 집단적으로 신라로 내투한 이들, 전쟁 포로로 잡혀온 이들도 적지 않았다.

고구려부흥운동에 참여하였던 이들 중 상당수는 당군에 밀리자 신라로 넘어와 신라군에 합류. 신라와 당의 전쟁이 종결된 676년 이후에도 당의 지배에 저항하던 고구려 유민이 산발적으로 소규모 단위로 신라로 넘어왔다.

668년 이후 고구려 유민으로서 신라에 합류한 이들의 숫자가 얼마인지는 알 수 없음.

② 둘째, 발해(渤海) 건국과 함께 발해인이 된 이들

이들은 고구려 멸망 후에도 계속 원주지인 동부 만주 지역에 거주하던 집단과, 대조영(大祚榮) 집단같이 요서 지역으로 옮겨져 거주하다가 동으로 탈주한 집단임.

요동 방면에서 동부 만주 지역으로 옮겨온 이들.

③ 셋째, 일본 열도로 이주해간 이들

바다를 건너간 보트 피플 같은 난민이었던 이들은 일본 열도의 여러 곳에 정착.

관동 지역의 가나가와현에 있는 고려절터(高麗寺址)는 이 지역에 정착하였던 고구려 유민들의 존재를 증언. 이곳은 일본 조정으로부터 고려왕(高麗王)이라는 성[姓: 카바네(かばね)]을 받았던 약광(若光)의 일족이 정착하였던 지역.

④ 넷째, 당의 내지로 강제 이주된 집단

이들은 크게 관내도(關內道), 농우도(隴右道) 등에 옮겨진 이들과 회하(淮河) 유역 등 강·회(江·淮) 방면에 배정된 이들로 나뉨.

전자를 보면 지금의 산시 성(陝西省) 서부와 간쑤 성(甘肅省) 방면에 정착. 이 지역은 티베트의 토번(吐蕃)과 몽골고원의 유목민 세력의 연결을 차단하는 긴 회랑 지대이자 농경과 목축이 함께 행해지던 곳으로서, 실크로드의 요지.

당은 고구려인의 군사적 능력을 활용하기 위해 이 지역에 정착시키고, 일종의 지역 자위를 위한 지방병인 단결병(團結兵)으로 편성. 유명한 장군인 고선지(高仙芝)는 이 지역에 정착한 고구려인의 후예. 강·회 방면으로 옮겨진 이들은 회하 유역의 황무지에 정착하여 생활을 꾸려나갔다.

⑤ 다섯째, 몽골고원 돌궐의 지배 지역으로 이주해간 이들

이들은 당의 지배를 피해 집단적으로 옮겨갔는데, 그중에는 고문간(高文簡)처럼 묵철가한(默啜可汗)의 사위가 되어 '고려왕 막리지(高麗王 莫離支)'라 칭한 이들도 있었다.

이들 중 고문간, 고공의(高拱毅), 고정부(高定傅) 등이 각각 이끄는 고구려인집단은 돌궐에서 내분이 일어나자 몽골고원을 떠나 당으로 내투하여 내몽골 지역에 정주.

⑥ 여섯째, 요동 지역에 그대로 계속 머문 이들

이들은 668년 이후 당의 안동도호부 통치를 받았는데, 여러 차례 저항을 하는 한편, 당 내지로의 강제 이주를 당했다. 많은 이가 동부 만주나 몽골고원 및 신라로 이주하였기에 안동도호부 관내에는 가난한 소수만 남게 되었다.

⑦ 일곱째, 고구려에 근접한 영주(營州) 방면에 이주한 이들

당 내지로 끌려갔거나 돌궐로 갔다가 당으로 흘러들어간 이들의 운명은 여러 형태로 갈림.

676년 당나라는 한반도에서 철수한 뒤 요동 지역에 대한 지배력을 재건하기 위해 일련의 조치를 취하였다.

그 일환으로 보장왕(고구려의 마지막 왕)을 '요동도독 조선군왕(遼東都督 朝鮮郡王)'으로 봉해 677년 당 내지로 이주한 고구려 유민과 함께 요동으로 귀환시켜 고구려 유민들을 안정시키는 역할을 맡김. 보장왕은 요동에 귀환한 뒤 얼마 안 있어 옛 복속민이었던 속말말갈(粟末靺鞨)과 연계하여 당에 반대하는 거사를 도모하다가 발각되어 다시 당 내지로 유배되었음. 보장왕과 함께 귀환했던 고구려 유민은 다시 당 내지로 강제 이주됨.

고선지(高仙芝), 왕모중(王毛仲), 백제 유민인 흑치상지(黑齒常之), 사타(택)충

등과 같이 당에 끌려간 뒤 개인적인 역량을 발휘하여 크게 입신한 이들도 있음.

➔ 이들의 출세는 당 제국의 국제성과 개방성으로 말미암아 한결 용이했음. 외형상의 개방적 분위기에서도 당 사회 내면에 흐르는 한족의 배타성 때문에 멸시와 모멸이 심하였으며, 대개 역모 등의 혐의로 비참한 최후를 맞이함.

변경 지대에 거주하게 된 고구려 유민들은 집단적으로 정착하였는데, 주위에 상대적으로 저급한 문화를 지닌 북방 종족들이 거주하였고 한족의 문화적 압박이 상대적으로 덜하였으므로, 비교적 후대까지 고구려인의 정체성을 유지.

➔ 이들은 때에 따라 독자적 세력으로 등장. 영주 지역에 정착하였던 대조영집단이 그러하였다.

➔ 계속 영주 지역에 머물렀던 이정기(李正己) 집안의 경우, 안록산(安祿山)의 난 이후 두각을 나타내어, 산동 지역으로 옮겨 몇 대에 걸쳐 독자적인 군벌로 군림.

일부 고구려 유민들은 이런저런 자취를 조금 남겼지만, 당에 끌려간 고구려 유민의 대다수인 일반민은 장졸들에게 전쟁 포로로 주어져 노예로 처분되기도 하였고, 변경 지대나 황무지에 집단 정착하게 되어 어려움과 천대 속에서 고립된 생활을 하다가 동화되어갔다.

고구려의 지배 하에 있던 말갈족 사회도 고구려 멸망 후 큰 변화를 맞이함

➔ 7세기대의 말갈 7부 중 제일 서쪽에 거주하던 속말말갈은 그 일부가 당으로 강제 이주되었고, 일부는 원주지에 있으면서 고구려부흥운동 세력과도 관계를 맺는 등 격렬한 진통을 겪었으며, 일부는 당군에 종군하는 등 다양한 양태를 나타내어 전체적으로 분산. 당의 영주 지역으로 이주하였던 속말말갈인들은 7세기 말 대조영집단과 함께 동으로 탈주하여 발해를 건국하는 데에 일익을 담당.

➔ 백산말갈(白山靺鞨)은 일찍부터 고구려에 협력하였기 때문에 전쟁 피해를 심하게 입어, 고구려 멸망 후 그 무리의 다수가 당으로 끌려갔다.

➔ 안거골부(安車骨部), 호실부(號室部), 백돌부(伯咄部) 등의 말갈 부족들은 고

구려에 협력하여 전쟁에 참여하였던 만큼, 668년 이후 그간 말갈사회에 개입해온 고구려의 세력과 조직이 붕괴되자 말갈족의 기존 질서도 유지될 수 없었다.

➔ 고구려에 협력하였던 관계로 다른 말갈족 부족들의 이탈과 저항을 받게 되어 '분산 미약'하게 되었다.

➔ 그 대신 철리부(鐵利部)·월희부(越喜部) 등과 같은 새로운 말갈 부족들이 두 각을 나타내었고, 고구려의 영향권 밖에 있던 흑수부(黑水部)가 강성해졌다.

➔ 가장 강성하다는 흑수말갈도 대추장 없이 열여섯 개의 부락으로 나뉘어 자치를 영위. 전체적으로 보면 다른 말갈족들도 같은 형편이었음.

➔ 이런 상태에서 고구려 유민들이 소규모 단위로 계속 동부 만주 지역으로 유입되어 각지에 분산 정착. 세월이 흘러 전쟁의 상흔이 회복되면서, 이들이 갖춘 높은 생산력과 문화는 이 지역 사회에 새로운 활력소가 되었음.

➔ 신라와 당의 전쟁 결과에 따라 7세기 종반 이 지역은 국제적으로 힘의 공백 상태가 되었고, 각지에 산재한 고구려 유민과 말갈족 촌락들이 각지에 산재하여 자치를 영위하는 상태가 지속.

➔ 요서 지역에서 탈주해온 대조영집단이 등장하면서 이들 집단들을 아우르는 새로운 정치적 구심력이 형성되었다.

✪ 고구려사의 역사적 의의

➔ 668년 평양성이 함락되고 고구려가 멸망한 뒤 당은 그곳에 안동도호부를 설치. 평양 땅에 외국의 통치 기구가 설치된 것은 B.C. 108년 고조선(古朝鮮)이 망하고 낙랑군 조선현(朝鮮縣)이 설치된 이후 776년 만이다.

➔ 낙랑군과 안동도호부는 동일하게 평양 지역에 설치한 중국 왕조의 통치 기구였지만, 이 지배 기구를 설치하는 과정은 양자가 판이함.

➔ 즉, 한(漢) 제국이 고조선을 멸망시키는 데 육군 5만과 해군 8천이 동원되어 1년여의 기간이 소요. 평양 지역에 설치되었던 낙랑군은 그 뒤 400여 년 동안 존속하다가 313년에 고구려에 의해 축출됨.

➔ 평양성이 함락(668년)되기까지 수(隋)와 당(唐), 2개 왕조에 걸쳐 70년이 소요됨.

➔ 통일 중국 왕조인 수(隋)는 고구려 원정에서의 패배가 주요 원인이 되어 멸망함.

➔ 당(唐)은 오랜 전쟁 끝에 신라의 도움을 받아 평양성을 함락. 이어 설치된 안동도호부는 불과 8년 만에 고구려부흥운동군과 신라에 밀려 만주 지역으로 쫓겨나게 되었다.

차이를 낳게 된 것은 무엇보다 B.C. 108년과 A.D. 668년 사이의 변화에 기인.

➔ 고조선사회와 중국의 전국 시대 사회 간에는 현격한 문화적·물질적 격차를 보였다.

➔ 진(秦)·한(漢) 제국이 성립한 뒤에도 그 격차는 여전했음. 그 결과는 고조선의 멸망과 한군현의 설치로 나타났다.

➔ 서기전 108년 이후 예·맥·한족의 여러 집단은 한편으로 한군현의 선진 문물을 수용하고 한편으로는 한군현의 지배에 저항하면서 자기 사회의 발전을 도모(중국사회와의 격차를 좁혀나갔다.).

➔ 선두에서 이런 움직임을 이끌어나간 나라가 고구려. 고구려의 문화는 신라, 백제, 가야 등에 전해져 그들의 발전을 견인. 삼국 시대의 후반에 들어서, "문자와 무기가 중국과 같다."라는 상징적 표현이 함축.

➔ 한국 고대 사회는 중국 고대 사회와 별다른 큰 격차 없이 대등한 경쟁. 고구려의 70여 년에 걸친 수·당 제국과의 항쟁, 이은 나당전쟁을 수행.

➔ 서기 전후 무렵부터 668년에 이르는 고구려의 존립 기간은 삼국 시대의 대부분을 점하는 기간. 이 기간 동안 고구려국은 작은 성읍국가에서 한반도와 만주 지역을 아우르는 큰 영역국가로 성장. 그 영역 내의 예(濊)·맥(貊)·한(韓)계의 여러 집단과 일부 한인(漢人)과 말갈인들을 융합하여 고구려인이라는 더욱 큰 단위의 족속을 형성.

➔ 그와 함께 한반도와 만주 지역의 여러 갈래 문화를 수렴하고 중국과 서역의 문물을 받아들여, 독자적인 문화를 건설. 고구려 문화는 신라, 백제·가야와

바다 건너 왜국에 영향을 주었으며, 말갈족은 고구려 문화의 훈육을 받으며 성장.

➔ 고구려는 고대 중국사회와 고대 한국사회 간의 발전의 격차를 극복하는 데 중심적 역할을 하였고 독자성과 국제성이 풍부한 문화를 건설하였으며, 고구려인은 한국인의 형성에 한 축이 되었다.

고구려에 대해 우리가 갖는 궁금증, 호기심, 의문점은 대체 무엇인가?

아예 그런 것들이 없이 덤빈다면 그저 그림자나 연기만 보게 될 것이다. 고구려에 대한 일정한 의문점, 어느 정도의 궁금증을 가져야만이 그나마 조금이라도 건지게 되고 약간이라도 파고들어가게 될 것이다. 중국 대륙과 이어진 고구려. 그 숙명과 그 개척 정신 사이에서 고구려가 움트고 자란 것이다. 그리고 당연히 모든 일은 고구려인들에 의해 이루어졌다. 흥한 시대에도 고구려인들이 중심이었고 망한 시대에도 고구려인들이 모두 중심이었다.

그렇다면 그들은 과연 어떤 식으로 살아가고 있었을까? 처음에는 어디서 모여들고 나중에는 어떤 식으로 흩어졌을까? 그리고 지금 우리에게 남아 있는 것들 속에서 고구려만의 것들, 고구려인들만의 것들은 과연 어느 정도로 찾아내고 캐낼 수 있을까? 삼국 통일 과정에서 중국으로 이주한 이들도 있었을 것이다. 그 혼란한 시대에서 살 길을 찾아 아주 엉뚱한 쪽으로 향한 이들도 꽤나 많았을 것이다. 고구려는 멸망 시기에 이미 농경사회로 접어들고 있었고 고구려 법제도는 어느 정도의 유통 구조 속에서 움직이고 있었을 것이다.

나라는 하루아침에 망하고 새로운 질서로 이어졌다고 해도 사람들의 일상은 크게 달라지지 않았을 수도 있다. 아니면, 최소한 고구려 땅에서 고구려인들만의 자치와 자립, 공동체 정신과 공동체 생활을 이어갔을 수도 있었을 것이다. 통일을 이뤄낸 신라의 역사마저도 가물가물한 상황이다. 중국의 자료, 일본의 자료에서 많은 증거를 찾아야 하는 실정이다. 그래서 우리의 상상력이 더 중요하고 그 상상력을 붙잡고 고구려 역사 속으로 들어가는 것이 더욱 안전하고 유익할 수도 있는 것이다.

1. 고구려 초기의 국가 구조와 정치 운영

1) 5부 체제의 성립

➔ 현토군이 퇴축된 뒤, 압록강 중류 지역에는 소노(消奴)집단이 중심이 되어 여러 지역의 집단(那: 內, 奴, 壤)을 규합한 완만한 연맹체가 형성됨.

'나(那)'는 압록강 중류 지역 각지를 흐르는 하천 변에 형성된 집단, 부족 또는 시원적인 소국(小國: chiefdom)을 의미함.

현토군은 퇴축된 후 고구려 연맹체 내의 각각의 나와 외교·무역 관계를 가지면서, 이를 개별적으로 조종하여 고구려사회 내에서 강력한 통합 세력이 출현하는 것을 경계함.

현토군의 간접 지배 정책이 상당 기간 효과를 발휘해, 고구려사회 내에 혼돈 상황이 지속됨.

➔ 부여 방면에서 남하해온 계루(桂樓)집단이 두각을 나타내 소노집단을 누르고 연맹체의 주도권을 장악함.

《후한서(後漢書)》「고구려전」에서 전하는 고구려후 '추(騶)'는 추모(鄒牟) 즉 주몽(朱蒙)으로서, 기원 전후 무렵 고구려의 군장인 추모의 존재를 확인.

《삼국사기》에 의하면 주몽은 부여에서 남하하였다고 함.

주몽 설화는 그 구성이 부여의 동명 설화(東明 說話)와 흡사.

➔ 고고학적으로 볼 때 예(濊)족인 부여인의 묘제(墓制)는 석관묘(石棺墓)와 토광묘(土壙墓)였는데 비해, 맥족인 고구려인의 그것은 적석총이어서 차이가 난다.

만약 부여족의 일단이 남하하여 고구려를 세웠다면 압록강 중류 유역에 석관묘나 토광묘 무덤 떼가 확인되어야 하는데 그렇지 못하다.

이런 점을 들어, 주몽 설화는 부여의 동명 설화를 대폭 차용하여 후대에 만든 것으로서 사실을 전하는 것이 아니라고 보는 설이 있음.

➔ 계루집단은 부여 방면에서 이주한 주몽집단을 중심으로 여러 계통이 결합한

혼성집단임.

→ 주몽 설화는 4세기 후반 공식적인 고구려의 건국 설화로 정립될 때 부여의 동명 설화를 대폭 차용함.

이에는 고구려 건국기의 일정한 역사적 사실이 반영.

오랜 혼란을 수습하고 2세기 초 재차 고구려연맹체의 통합력이 형성된 것은 태조왕(太祖王: 國祖王) 때임. 태조 왕궁(宮)은 주몽의 직계 후손이 아니라 계루부 내의 방계 세력이었을 것임.

그는 대외적으로는 한군현(漢郡縣)의 영향력을 배제하고 압록강 중류 지역의 여러 나들에 대한 통제력을 강화하여, 외부와의 교섭 창구를 일원화.

각 나(那)의 자치권 일부를 박탈해, 무역·외교·전쟁권을 왕권에 귀속.

일부 나(那)들은 계루부에 병합. 압록강 중류 유역의 나들은 그간 그들 사이에서 진행되어오던 상쟁과 통합으로, 태조왕 대에 이르러 다섯이 되었고, 계루부 왕권에 의해 이들 다섯 집단의 자치력 일부가 통제. 이것들이 곧 5부(五部)임.

태조왕은 대내적 통합력을 강화한 뒤 개마고원을 넘어 동해안으로 진출하여 옥저와 동예의 읍락들을 공략, 지배.

서남쪽으로는 현토군과 낙랑군(樂浪郡) 등과 대결.

북으로는 부여와 상쟁. 이런 형세는 그 뒤 상당 기간 동안 지속됨.

2) 5부 체제의 정치 구조

→ 계루부 왕권의 통제를 받아 대외 교섭권은 상실하였지만, 각 부는 그 내부의 일에 관해서는 자치력을 행사.

왕족 대가(大加)들과 각 부(部)의 장들은 휘하에 자신의 관인을 두었다.

동일한 관등일지라도 각 대가 휘하의 관인은 왕에 속한 관인과 동렬에 서지 못하였다. 분립하는 가운데서도 상하 서열이 정해졌다. 주요 국무는 왕족 대가와 각 부 대가들로 구성된 회의에서 처결함.

왕은 고구려 전체의 왕인 동시에 계루부의 장. 그는 초월적인 권력자라기보다는 대가들의 대표와 같은 성격. 곧 'primus inter pares'(동료들 중의 최상위자). '사연나(四椽那)' 즉 연나부(椽那部) 내의 4개의 집단과 같이, 각 부에는 그 안에 부내부(部內部)라고 불릴 수 있는 하위의 자치체들이 존재.

고구려 5부에 의해 정복된 집단들에 대해선, 그 집단 내부의 일은 자치에 맡기고 수장을 통해 공납을 징수하는 식으로 간접 지배. 동예와 옥저의 읍락 등이 사례. 양맥(梁貊)의 읍락들도 동일함.

➔ 초기 고구려국은 이런 각 급 자치체의 연합체.

여러 자치체 중 5부는 지배 종족으로서 고구려국 내에서 집단적으로 우월한 위치에 있었다.

옥저와 동예 양맥의 읍락들은 피정복민으로 일종의 집단 예민적(集團 隸民的)인 성격

당시 '고구려'라 하였을 때, 《삼국지》 「동이전」에서처럼 ① 5부만을 지칭하는 경우가 있고, ② 5부와 함께 옥저·동예·양맥의 읍락 등 5부에 정복된 예민 집단들을 포괄하는 경우가 있다.

➔ 후자의 경우 5부와 여타 피복속집단들은 실제상 고구려 국가 구조 내에서 그 정치적 위상이 엄연히 구분됨.

각종 자치체들을 상하 위계에 따라 누층적으로 쌓아올린 형태가 고구려 초기의 국가 구조임.

➔ 주요 정책의 결정과 집행은 회의를 통해 이루어졌다. 이런 국가 구조를 형성케 된 것은 각 급 자치체들을 해체하고 관료 조직을 통한 일원적인 지배 방식을 취할 수 없었기 때문(근본적으로는 당시까지 읍락에 공동체적 관계가 작용하고 있었기 때문).

➔ 지배 조직이 발달되지 못한 상태에서 국가적 통합력과 동원력을 확보하는 데에는 제가(諸加)회의와 같은 기구를 통한 정책 결정 방식과 함께, 전통적인 제의(祭儀)가 주요한 기능을 발휘.

고구려는 매년 10월 전국적인 규모로 동맹제(東盟制)라는 축제가 열렸다.

동맹제는 일종의 추수 감사제의 성격을 지녔음.

동맹제의 구체적인 진행 내용을 살펴보면, 먼저 일신(日神)에 대한 제사를 지낸 것을 알 수 있다.

➔ 이어 수도에서 떨어진 곳에 있는 동굴에서 수신(隧神)을 불러내어 나무로 깎아 만든 신상(神像)에 접신케 한 뒤, 천으로 신상을 덮고 배에 태워 압록강을 통해 국내성의 제사 장소로 옮겼다.

➔ 수신이 도착하여 수신에 대한 감사의 제사를 올리며 신상을 덮고 있던 천을 벗기면, 햇빛이 신상에 가득 비치어 제의가 절정을 맞는다.

수신(隧神)은 수신(水神)으로서 여신인데, 이에 남신인 햇빛(日神)이 비쳐, 양신(兩神)이 교접하는 형상을 이루게 된다.

➔ 이는 곧 한 해의 풍성한 수확을 준 일신과 수신에게 감사를 드린 후 두 신을 교접케 함으로써, 새 생명을 잉태하여 내년에도 풍성한 수확을 약속받는다는 것을 제의를 통해 나타낸 것임.

제의의 진행 과정을 주관하는 최고 사제가 곧 고구려왕. 왕은 인간들의 감사와 바람을 신들에게 전하고 신들의 약속을 인간들에 전하는 신성사제였던 것. 나아가 고구려왕 자신이 신성왕(神聖王)으로 형상화.

➔ 동맹제 때 5부의 유력자들은 왕이 집전하는 제의에 참가.

이 제의에 참가하지 않는다면 이는 곧 반의(反意)가 있는 것으로 간주. 왕이 집전하는 신께 올리는 제사에 참석한다는 것은 곧 왕의 권위에 승복한다는 것을 의미.

➔ 동맹제가 수도에서 행해질 때 각지에서 사람들이 몰려들고 그와 함께 물자교류가 행해지며 기예를 다투는 각종 놀이가 행해질 뿐 아니라, 사람들 사이에 이러저러한 만남이 이루어졌다.

3) 정세의 변화

➔ 5부 체제 하에서 고구려 내부의 정세는 서로 길항(拮抗) 관계에 있던 계루부 왕실의 통제력과 각 부의 자치력 간의 관계의 진전에 따라, 그리고 왕과 왕족, 대가들 간의 관계에 따라 결정.

점차 왕실의 집권력이 각 부의 분권력을, 그리고 왕권이 왕족 대가들의 권력을 압도해가는 상황으로 진전. 그와 함께 왕위 계승 관행도 바뀌게 되었다.

변화의 기저에는 사회 분화의 진전에 따른 친족 관계와 읍락의 공동체적 관계에서의 변화가 깔려 있었다.

- ⮑ 사회 분화에 따라 발생하는 빈농(貧農)을 구제하기 위한 조처인 진대법(賑貸 法)이 고국천왕(故國川王) 대에 시행(이런 추세를 암시).

- ⮑ 《삼국사기》에서 전하는 고구려 초의 왕위 계승은 부자 계승 체제가 확립되지 못한 형태.

   다분히 형제 계승의 추세를 보였다.

   2세기 후반 신대왕(新大王: 8대) 사후 그 아들인 고국천왕(9대, 재위 179~197)이 왕위를 이었다.

- ⮑ 고국천왕(9대)이 아들 없이 죽자, 왕비 우씨(于氏)가 시동생인 발기(拔奇: 發 岐)와 이이모(伊夷模: 延優) 중 나이가 적은 이이모를 다음 왕위 계승자로 추대하고 신왕[10대 산상왕(山上王: 재위 197~227)]과 결혼.

   이에 발기가 반발하여, 요동의 공손씨(公孫氏)와 연대해 반란을 일으키는, 왕위 계승 분쟁이 발발.

   이를 고비로 이후에는 부자 계승이 정착됨.

- ⮑ 이이모[伊夷模: 延優(연우), 10대 산상왕(山上王: 재위 197~227)]의 사후 그 아들 11대 동천왕[東川王: 209~248, 재위 227~248, 일명 동양왕(東 襄王, 도울 양)]이 왕위를 이었고 그 뒤로 왕위의 부자 계승 체제가 확립됨.

- ⮑ 형이 죽으면 형수를 취하여 아내로 삼는것이 취수혼(娶嫂婚: levirate)임. 이는 동천왕 대 이후 지배층의 혼인 관행에서 더 이상 확인되지 않는다.

   왕위의 형제 계승과 취수혼이 반드시 서로 동반하는 관행인 것은 아니지만, 상호 적합적 관계임. 모두 친족의 공동체적 관계가 잘 유지되던 사회에서 흔히 행해지던 습속임.

   사회 분화의 진전과 함께 친족 관계도 분화되어감에 따라 취수혼이 더 이상 선호혼(選好婚)이 되지 않았던 것임.

- ⮑ 각 부의 자치력도 점차 약화되고 반면에 중앙 정부의 통제력이 강화.

   대외 전쟁은 이런 추세를 촉진. 그 결과 3세기 말 4세기 초 이후 고유한 명칭을 띠었던, 자치력을 지닌 정치 단위로서의 5부는 소멸. 이제 부(部)는 수도의 행정 구획 단위가 되었다. 방위명(方位名) 5부가 그것. 이와 함께 같은 시기에 형(兄) 등 새로운 관등을 핵으로 하는 관등제가 모습을 드러내기 시작.

4) 대외 관계의 확대와 관구검의 침공

➯ 고구려 건국기의 대외 관계의 주된 대상은 한(漢)의 변군(邊郡)

이와의 관계에서 한군현의 침투와 분열 책동을 막고 그들의 문물을 수용하는 교역 관계를 유지.

요동군과 현토군·낙랑군 등 한군현 지역을 공략하여 물자와 인민을 노획.

인근의 부여를 압박하고 일부 유목민 집단들을 규합하여 세력 확대를 도모.

➯ 이에 대해 한군현은 고구려 내부의 각 자치 집단과 고구려에 귀속해 있던 유목민 집단 등의 한군현으로의 이탈을 부추기거나, 산상왕(10대, 동천왕의 부친) 즉위 분쟁 때처럼 고구려 내부 상황을 이용해 무력 침공을 감행하여 타격을 가하기도 하였고, 고구려의 압박을 받고 있던 부여를 지원하는 것으로 대응.

➯ 고구려가 강력한 세력으로 성장하는 것을 저지하는 데 주력.

➯ 이런 양자의 관계는 3세기 중반에 들어 변화됨.

후한 제국이 멸망하고 중국 대륙에서는 세 나라가 대치.

그런 상황에서 남중국의 오(吳)가 북중국의 위(魏)를 공략하기 위해 요동의 공손씨 세력과 관계를 맺고자 하였다. 위의 보복을 두려워한 공손씨가 오와의 동맹을 거부하자, 오는 동편의 고구려에 손을 내밀었고, 고구려도 오에 사신을 파견.

➯ 그러던 중 위가 요동의 공손씨 세력을 공략하여 섬멸함. 이제 고구려가 위와 직접 국경을 접하며 그 압박을 받은 상황.

➯ 동천왕(11대)이 오와의 관계를 끊어 위에 우호적 자세를 보였다.

그러나 남쪽의 오와 동북쪽의 고구려가 연계할 가능성을 차단하고 동북방의 안전을 도모하려는 위는 고구려 원정을 감행.

➯ 244년 관구검(毌丘儉)이 이끄는 위군(魏軍)이 고구려를 침공.

고구려군은 혼강(渾江) 유역에서 위군을 맞아 분전. 단병접전에선 고구려군이 우세하였으나. 진을 치고 대규모 집단적 전투에서 고구려군이 패배하여 환도성(丸都城)이 함락됨.

동천왕은 옥저 방면으로 피난. 고구려군의 저항으로 더 이상 추격할 수 없게 된 위군은 회군. 이때 관구검이 환도성 인근인 소판차령에 기공비를 남겼다.

245년 위군이 다시 침공하여, 북옥저(北沃沮: 두만강 유역)를 거쳐 부여(길림시 일대)로 우회하여 귀환.

➔ 위(魏)의 관구검의 침공으로 고구려는 큰 타격을 받았다.

수도인 환도성이 파괴되고 많은 사람이 포로로 잡혀갔다.

전쟁 후 동천왕은 수도를 임시로 '평양'에 두었다.

➔ 이때의 평양은 지금의 평양시 일대가 아니라 독로강[禿魯江: 양자강(將子江)] 유역의 강계 지역으로 보거나 집안의 평지 지대로 보는 견해도 있으나 분명치 않다.

전란에 따른 피해가 컸었지만, 위군은 고구려 영토에 주둔하지 못하고 곧 회군하였으며, 이후 중국 내에서의 삼국 간의 분쟁과 이은 위나라 지배층 내의 권력 투쟁으로 위군의 압박은 간헐적이었음.

➔ 고구려는 전란의 피해를 복구하고 국가 체제를 재정비함. 그 과정에서 중앙 정부의 집권력이 강화.

➔ 유효한 결과를 가져오지는 못하였지만, 고구려는 3세기 중반 이후 북중국 왕조와 교섭하면서 별도로 남중국 왕조와도 관계를 맺는 등 그 대외 교섭의 폭을 크게 확대.

당시 복잡한 국제 관계와 각국의 움직임을 파악하는 새로운 경험을 쌓는 계기가 되었음.

2. 고구려 중기 중앙 집권적 영역국가 체제의 형성과 천하관(天下觀)

1) 4세기 이후 대외적 진출

➔ 4세기에 접어들면서 동아시아는 격동기를 맞이함.

동아시아 국제 정세를 주도하던 중국의 진(晉) 제국이 무너지고 주변의 유목민들의 이동과 정복전쟁을 활발히 전개.

◆ 고전 문명의 중심지였던 북중국 지역이 혼란에 빠졌다.

북중국의 많은 주민이 장강(長江) 이남으로 이주.

북중국에선 흉노(匈奴), 선비(鮮卑), 저(氐), 갈(羯), 강(羌) 등의 유목 종족이 이주하여 왕조를 세우며 그들 간에 엎치락뒤치락 흥망을 거듭하는 5호 16국(五胡 十六國) 시대(위진남북조 시대, 22~589)가 전개.

◆ 동아시아의 국제 정세를 주도하던 중심축이 붕괴되고 국제적인 혼란 상태가 지속됨.

중국 왕조의 압박을 받아왔던 중국 주변의 종족과 국가들에게 변화와 발전의 호기.

◆ 고구려는 (서)진(晉) 제국의 몰락에 따라 지원 세력이 없어진 낙랑군과 대방군을 공격하여 313년과 314년에 각각 이를 병탄함.

◆ 서로는 요동평야로 진출하여 모용선비(慕容鮮卑) 등의 유목민 집단들 및 한(漢)인 잔여 세력 등과 투쟁.

◆ 북으로는 부여 방면으로 세력을 확장. 당시 부여국은 지금의 길림시 일대에 중심지를 두고 있었는데, 285년 모용선비의 공격으로 수도가 함락됨. 부여 왕이 자살하고 부여인들이 대거 북옥저 방면으로 피난. 곧 이어 진(晉)나라의 지원을 받아 국가 체제를 복구.

◆ 북옥저 방면으로 피난한 부여인들 중 일부는 옛터로 돌아가지 않고 계속 그 지역에 머물다가 점차 자립(이것이 동부여). 부여는 복국(復國)한 뒤에 북진하는 고구려의 압박을 받게 되었다. 이에 길림 지역을 포기하고, 서쪽 농안 방면으로 그 중심지를 이동.

서북 방면으로 뻗어나가던 고구려의 기세는 모용선비의 공세로 난관에 봉착.

◆ 342년 무순의 현토성(玄菟城) 방면에서 국내성으로 나아가는 교통로 중 험준한 남로(南路: 南道)를 통해 진군해온 모용황(慕容皝)의 침공군에 고구려 군이 패배하여 수도가 함락되는 등 큰 타격을 입음.

◆ 북로(北路: 北道)를 택해 침공한 모용선비군이 고구려 주력군에게 격파되었기 때문에 모용황은 고국원왕(故國原王: 16대, 재위 331~371)의 아버지인 미천왕(美川王: 15대, 재위 300~331)의 시신을 도굴해 가져가고 왕의 모

후(母后)와 왕비를 인질로 삼아 귀환.

고국원왕이 곧 수도를 회복하였으나, 모용연(慕容燕)과의 관계에 수세적인 입장에 놓였다(고구려에 타격을 가한 모용연은 346년 농안 방면에 있던 부여국을 공략하여 그 왕과 5만여 명의 주민을 포로로 잡음).

➥ 크게 약해진 부여는 이후 고구려에 의지하여 그 명맥을 유지.

➥ 4세기 중반 요동평원의 지배권을 둘러싼 투쟁에서 고구려는 모용연에게 기선을 제압당하여, 세력 팽창이 저지됨.

➥ 이 무렵 남에서부터 백제의 세력이 북진, 낙랑·대방 지역을 둘러싸고 고구려와 쟁투. 양군은 371년 평양 일대에서 격전[이때 고국원왕(16대, 재위 331~371)이 백제군의 화살을 맞고 전사].

2) 17대 소수림왕[小獸林王: 재위 371~384, 소해주류왕(小解朱留王) 또는 해미류왕(解味留王), 이름은 구부(丘夫), 16대 고국원왕의 장자] 대의 개혁.

➥ 고구려는 서와 남으로부터 공격을 받아 수도가 불타고 그 국왕(16대 고국원왕)이 전사하는 등 타격을 입어, 위기에 빠졌다.

모두루(牟頭婁)와 고자(高慈)의 묘지명(墓誌銘)에서, 자기 집안의 시조가 주몽의 건국에 기여하였음과 중시조가 모용황의 침공에 대항하여 공을 세웠음을 강조. 이는 곧 모용황의 침공에 따른 위기가 당시 사람들에게 얼마나 심각했던가를 입증.

➥ 국가적 위기 상황에 대처하기 위해 소수림왕(小獸林王) 대에는 몇몇 개혁정책을 추진.

약화된 왕실의 권위를 강화하고 국가적 결속을 도모하기 위해, 건국 설화와 시조 이래의 왕실 계보를 확립.

➥ 고구려 건국 신화의 내용은 다음과 같다. 하백(河伯) 즉 강의 신의 딸인 유화(柳花)가 햇빛을 받아 임신하여 낳았던 주몽이 부여에서 박해를 받아 남하하여 고구려 지역에서 건국. 그 아들인 유리(琉璃)가 뒤에 부여에서부터 아버지를 찾아와서 왕위를 계승. 손자인 대무신왕(大武神王) 대에 부여를 공격해 격파하여 그 압박에서 벗어나 강대국이 되었음.

그간 고구려 초기사에 관한 설화가 여러 갈래로 전해져 왔는데, 그것들을 모아 정리하고, 그 과정에서 부여의 동명 설화의 많은 부분을 차용하여 수식. 왕실의 공식적인 전승(傳承)으로 확립. 고구려 초기의 역사를 담은 3대에 걸친 장대한 이야기로 구성되어 있는 건국 설화의 정립은 곧 고구려 건국사를 국가적으로 공인한 것임.

➔ 왕실의 계보를 정립하여 공인. 시조인 주몽의 직계 후예로 이어져오던 계루부 왕실은 1세기 후반 이후 상당 기간의 정치적 혼란을 거친 뒤 태조왕이 재차 통합력을 강화.

이후 태조왕 직계 후손들이 왕위를 이어갔고 그들은 사실상 태조왕을 시조로 하는 계보임.

➔ 태조왕이 즉위하기 전에 재위한 왕들과 그들의 계보에 관한 전승을 정리. 왕실이 이 문제를 주도적으로 해소하기 위해 주몽왕계(朱蒙王系)와 태조왕계(太祖王系)를 결합한 단일 왕계를 공인. 공식적인 건국 전승과 왕계를 정립하고, 왕실의 존엄성과 정통성을 확립하여, 현 왕실을 중심으로 한 결속을 도모. 왕실의 정통성과 존엄성을 기리는 내용을 담은 건국 설화를 확정하고, 왕실의 계보를 정립하여, 패전과 왕(16대 고국원왕)의 전사 등에 따른 충격을 계기로 일어날 수 있는 국내 여타 정파의 이탈이나 다른 정치적 움직임을 억제하고 현 왕실을 중심으로 한 정치적 결속을 다지는 효과를 고양.

위기 상황이 요구하는 위대한 군주의 모습을 건국 설화를 통해 표현.

➔ 3대 대무신왕[大武神王: 4~44, 재위 18~44, 대해주류왕(大解朱留王), 성은 고(高), 휘는 무휼(無恤), 추모왕의 손자이자 유리명왕의 셋째 아들]이 좋은 예임. 강력한 정복 군주로 형상화.

➔ 대내적으로는 소수림왕(17대) 3년(373)에 율령(律令)을 반포.

이때 제정된 율령이 중국 어느 왕조의 율령을 모법(母法)으로 한 것이며, 그 구체적인 편목이 무엇들이었는지에 대해서는 구체적인 기록이 없어 추정만 할 뿐임.

《삼국사기》에서 전하는 이 기사의 사실성을 부정할 이유는 없다.

➔ 율령은 나라의 제도와 형벌에 관한 규정을 담은 중국 왕조의 법률 체계. 다

른 역사적·문화적 배경을 지닌 나라에서 율령을 수용할 때 모법이 그대로 이식될 수는 없고, 받아들이는 나라의 상황에 맞게 변용하거나 선택적으로 수용되게 마련임.

➔ 373년 중국적인 법률 체계인 율령을 반포한 후 고구려의 법에는 율령적 요소와 함께 고유법적인 요소도 상당히 있었을 것으로 추정. 소수림왕 3년에 율령을 반포하였다는 것은 율령이 지향하는 체제를 추구한다는 의미를 담고 있다. 군현제에 입각한 제민(齊民) 지배를 지향.

3세기 말 4세기 초 이후 고구려에서는 군현제를 지향하는 지방제도의 면모가 나타나기 시작. 이런 연장선상에서 율령이 반포되었고, 그것은 곧 중앙 집권적인 지배 체제의 확립을 도모하겠다는 개혁 방향의 제시.

➔ 소수림왕 2년(372) 태학(太學)을 설립.

중앙 집권 체제의 수립에 필수적인 요소가 문서 행정에 능한 인력의 확보임. 태학의 설립은 새로운 관료 조직의 확대에 대비한 인재의 양성 조처임.

➔ 소수림왕 대에 있었던 또 하나의 개혁 조치는 불교의 공인.

이때 고구려에 전해진 불교는 북중국에서 성행하던 북방 불교(北方 佛敎).

북방 불교에선 '왕이 곧 부처임(王卽佛)'을 표방.

이는 5호 16국의 혼란한 시기에 호(胡)족 왕조의 보호를 받으며 불교를 전파하기 위한 방편. 북방 불교는 호족 취향에 맞게 주술적(呪術的), 기복적(祈福的)인 요소를 포함.

➔ 불교는 별다른 저항 없이 고구려에 수용되었으며, 왕실이 이를 적극 지원. 왕즉불의 사상은 왕실의 천손의식(天孫意識)과도 부합. 불교는 고구려 영내에 포괄된 종족들의 다양한 문화와 신앙을 보다 보편성을 지닌 종교의 세계로 귀합시켜 나가, 고구려 영내 주민들의 융합을 촉진.

인도–서역–중국으로 이어지는 전파 경로를 거치면서 각 지역의 다양한 문화가 녹아들어가 있는, 당시 최고의 국제 문화인 불교를 통해 고구려는 더욱 넓고 다양한 세계를 경험.

3) 5~6세기 전반 중앙 집권화의 진전

(1) 광개토왕·장수왕 대의 대외적 팽창

❥ 4세기 후반 개혁을 통해 내적 체제 정비에 주력.

391년 광개토왕(廣開土王)의 즉위와 함께 대외적으로 급격하게 팽창함.

고국양왕(故國壤王) 대에 고구려의 북변을 침공한 거란에 대한 원정을 실행하여 일부 부족을 공략하고 피랍된 고구려인을 구출.

서로는 요동평야를 둘러싼 쟁패전에서 모용씨의 후연(後燕)을 격퇴.

남으로 세력을 뻗쳐 백제를 압박하여 한강 하류 이북 지역을 차지.

한강 상류 지역으로 세력을 확장.

❥ 신라가 백제와 왜(倭)의 침공을 물리치기 위해 고구려의 지원을 요청하자, 보병과 기병 5만을 파견.

고구려군은 신라 수도를 거쳐 낙동강 하류 지역에까지 진출하여 백제군과 왜군 및 가야군의 연합 세력을 격파. 원정으로 한반도 남부 지역 주민에 대한 고구려 조정의 이해가 깊어졌으며, 신라에 고구려 세력을 깊게 심을 수 있었음.

고구려의 중장기병(重裝騎兵)은 한반도 남부 지역 여러 나라의 전력 정비와 군사 전략에 큰 영향을 미침.

❥ 동북방으로도 진출하여 동부여를 병합.

동부여는 부여의 일부 세력이 두만강 유역으로 망명하여 자립한 나라임.

고구려군이 수도로 밀려오자 동부여 왕실은 저항하지 못하고 항복함.

❥ 412년 광개토왕이 죽자 시호를 국강상광개토경평안호태왕(國岡上廣開土境平安好太王)이라 하였다. 즉 '국강상(國原)에 능이 있는, 크게 땅을 넓히고 세상을 평안하게 한 좋은 태왕(太王)'이란 의미를 지닌 시호임.

① 광개토왕을 이은 장수왕(長壽王)

❥ 427년 평양으로 천도.

❥ 평양 천도는 국가의 중심지를 옮긴 것인 만큼 그 자체로 큰 의미를 지녔을 뿐 아니라, 이후 고구려의 대외 정책의 방향성을 제시하는 조처로서 의의가 있음.

전략상으로 국내성에서 서쪽으로 혼강 상류로 나가 소자하(蘇子河)
유역을 거쳐 무순·심양 방면으로 진출하여 요동 평야로 나아갈 수
있었음.

❖ 그런 뒤 요서(遼西) 지역을 차지하고 내몽고 초원 지대로 나아가 몽골
고원의 유목민 세계의 제압을 도모하는 진출 방향이 상정될 수 있음.

❖ 이와 함께 요서에서 서남방의 북중국 방면으로 나가 중국 천하를 놓
고 쟁패전을 벌리는 방략이 상정될 수 있다.

❖ 청나라의 팽창 과정이 그것을 잘 말해주며, 여진족의 금나라도 크게
보면 이런 경로를 취해 팽창.

고구려는 평양으로 천도함으로써, 요하 서쪽으로의 팽창책을 적극적
으로 추진하지는 않을 것임을 천명하였다. 그 대신 한반도로의 남진
책(南進策)을 강화. 그에 따라 고구려와 백제·신라·가야 간의 화전
(和戰) 양면에 걸친 교류가 증진.

② 이후 고구려가 요서 지역의 정세에 개입하지 않았던 것은 아니다.

❖ 430년대 들어 선비족의 탁발씨(拓拔氏)가 세운 북위(北魏)가 세력을
동으로 확장하여 북연(北燕)을 압박하자, 북연 황제 풍발(馮跋)이 고
구려에 원조를 요청.

436년 북위군과 고구려군이 북연의 수도 용성[龍城: 현 조양(朝陽)]
을 사이에 두고 대치하다가, 고구려군이 먼저 성에 들어가 성내를 석
권하고 북연 황제와 그 주민을 몰아 동으로 귀환.

❖ 북위군과 고구려군이 직접 무력 충돌을 하진 않았지만, 양측은 이후
상당 기간 동안 첨예하게 대립함.

❖ 520년대 북위의 내분에 따른 혼란한 상황에서 고구려군이 용성 지
역에 진주하여 많은 수의 그 지역민을 고구려로 이주시켰음. 그리고
요하 상류 방면의 거란 부족들 중 일부를 고구려 세력권에 귀속.

❖ 470년대 고구려가 유연(柔然)과 모의하여 흥안령산맥(興安嶺山脈)
동록에 거주하던 지두우족(地豆于族)에 대한 분할 시도. 그러자 그
남쪽의 해(奚)족과 거란족이 동요하여 이동하는 등의 분란이 벌어지

기도 하였다. 이는 고구려가 요서 지역과 그리고 요하 상류나 흥안령 지역으로 진출함에 따라 벌어진 일들이다.

➔ 그렇지만 고구려가 적극적으로 북중국 방면으로의 진출이나 몽골 초원의 제패를 도모하였던 것은 아니다.

➔ 전체적으로 보면 몽골고원이나 북중국 방면으로 뻗어나가려 하였다기보다는 그 방면으로부터의 영향력을 차단하여 한반도와 만주 지역의 고구려 세력권을 공고히 하는 데 중점을 두었다.

③ 광개토왕 때 신라에 미친 고구려의 영향은 장수왕 대에도 이어졌다.

➔ 경주평야의 적석목곽분(積石木槨墳)에서 출토된 고구려 유물들이 그런 면을 증명. 호우총(壺杅塚)의 청동 호우(壺杅), 금관총(金冠塚)의 네 귀 달린 청동제 항아리, 서봉총(瑞鳳塚)의 연수명(延壽銘) 은그릇(合杅) 등은 그런 예임.

➔ 475년 장수왕은 3만 군대를 파견하여 백제 수도인 한성(漢城)을 공략하고 개로왕[蓋鹵王: 제21대, 재위 455~475, 근개루왕(近蓋婁王) 또는 개도왕(蓋圖王)이라고도 함]을 참살.

➔ 근래 이 지역에서 고구려 유적이 다수 발견.

➔ 551년 백제군이 다시 한강 하류 지역을 탈환하였을 당시 이 지역에 고구려군이 주둔하고 있었고 6개의 행정 단위(郡)가 설치되어 있었던 만큼, 475년 이후 얼마 안 있어 백제가 탈환하였다고 단정하기 어렵다.

➔ 475년에서 551년까지 지역에 따라 그 구체적인 양상에서는 변동이 있었을 수도 있지만, 한강 하류 지역에는 고구려의 지배력이 미치고 있었다.

④ 한강 상류 지역은 475년 이전부터 고구려의 세력이 뻗치고 있었다.

➔ 죽령(竹嶺)을 넘어 영주, 봉화, 영양, 울진, 영덕 등 경북 북부 지역에까지 영향력이 미쳤다.

➔ 고구려는 금강 상류의 청원군 방면으로도 세력을 부식하여 남성골에 산성을 축조하니, 그에 대응해 맞은 편 보은 지역에 신라가 486년 삼년산성(三年山城)을 축조.

➔ 5세기 종반 고구려가 남으로 한반도의 중부 지역을 석권하고 계속 남진세를 보이자 이에 대응해 백제·신라·가야가 연합하여 대응하는 양상을 보였다.

⑤ 고구려는 서북 방면에서 거란족의 일부 부족을 그 영향력 하에 두었으며, 중·동부 만주의 말갈 부족들 다수를 복속. 그와 함께 고구려는 한반도와 만주 지역에 걸친 독자적인 세력권을 형성.

➔ 이런 형세는 5세기 말 6세기 초 물길(勿吉)의 성장에 따라 변화를 겪기도 하였지만 대체로 6세기 중반까지 유지.

(2) 지방제도의 정비

➔ 4세기대 이래로 지속되었던 대외적 팽창으로 광대한 영토를 확보한 고구려 조정은 중앙 집권 체제의 구축에 주력.

➔ 중앙 관서 조직의 확충과 함께 확대된 영역을 지방제도로 편제하여 통치. 고구려 발상지였던 압록강 중류 지역에는 5부의 자치력이 약화되자 곡(谷)을 단위로 지방관을 파견.

➔ 4세기에 들어서서 영토가 늘어난 일부 변경 지역에 축성(築城), 성을 중심으로 주변 지역을 포괄하는 지방 통치 단위가 설정.

➔ 4세기 이후 6세기 전반에 이르는 시기에 군(郡)제가 고구려 영내의 모든 지역은 아니지만, 상당히 널리 시행됨.

➔ 이 시기 군제가 시행되었음은 모두루 묘지(牟頭婁 墓誌)에 구체적으로 '군(郡)'이란 표현이 있는 것, 한강 유역 16개 '군'의 존재나 고구려 후기 무관직인 '말약(末若)'을 일명 '군두(郡頭)'라 한 것 등을 통해 확인.

➔ 당시 군 아래에 몇 개의 하위 성이 있었고, 그 아래 촌(村) 등이 있었던 것임.

➔ 군에 파견된 지방관이 수사(守事). 군은 통상적으로는 성(城)이라 칭하고 그 지방관의 칭호를 통해 군임을 나타내었다.

① 지방제도의 시행은 피복속민을 지역 단위로 편제하여 지배코자 한 조처이며, 이는 곧 피복속 지역의 주민과 토지에 대한 일정한 지배권을

중앙 정부가 장악하였음을 의미함.

↪ 율령이 반포된 이후에는 그에 입각해 지방관이 지역민을 통치. 곧 중앙 집권적 영역국가 체제의 수립과 제민 지배(齊民 支配)를 지향.

↪ 중원고구려비(中原高句麗碑)에 보이는 '대왕국토(大王國土)'라는 표현은 이를 상징적으로 나타낸 것임. 이는 고구려의 지방 지배가 공납제적인 것에서 조세제로 전환되었음을 뜻한다.

↪ 고구려 세력 하에 있던 말갈족과 일부 거란족은 지방제도를 적용받지는 않았지만 그 족장을 통해 간접적으로 지배를 받아 공납을 바치고 군사적 조력자 역할을 수행.

② 군제는 6세기 중반 이후 변화

↪ 중앙 정계의 재편과 함께, 수사(守事)는 더 이상 쓰이지 않게 되고, 욕살[褥薩: 都督(도독)], 처려근지[處閭近支: 刺史(자사)], 루초[婁肖: 縣令(현령)] 등이 지방관의 명칭으로 새로이 등장함.

↪ 욕살과 처려근지 등은 군정권과 민정권을 공유, 그 치소(治所)가 산성 안에 있는 경우가 적지 않았다. 지방제도와 군사제도가 밀접히 연관되어 있어, 군사국가적인 면모를 강하게 띄었다.

↪ 고구려 말기에는 전쟁이 장기간 지속되면서 점차 광역의 지역별 방어 체제를 구축해야 할 필요성이 증대함에 따라, '욕살'이 주재한 성을 중심으로 다수의 성을 통괄하는 광역의 행정·군사 구역이 편성되는 경향이 있었음.

↪ 667년에 작성된 일종의 전황표(戰況表)인 '목록'에서 나타나 있듯이, 욕살의 성을 가리키는 '주(州)'라는 새로운 명칭이 등장.

4) 고구려 지배층의 천하관(天下觀)

↪ 5세기대를 통해 고구려는 한반도와 만주 지역을 포괄하는 독자적인 세력권을 구축.

↪ 고구려 지배층은 독자적인 천하관을 형성. 이 천하관은 당시 고구려를 둘러싼 객관적인 형세가 반영된 것인 동시에, 고구려 대외 정책 수립에 기

본 토대로 작용.

➲ 천하관에는 국내외의 현실 정치 질서에 대한 인식이 담겨 있음. 구체적으로 자국의 성격이 어떠하고, 국제 사회에서 자국과 인접국과의 관계를 어떻게 설정하며, 이 세계가 어떻게 구성되어 있는지를 개진.

➲ 5세기대의 금석문(金石文)에 이에 관한 고구려인의 의식이 기술되어 있음.

(1) 고구려인들은 자신들의 나라가 다른 나라들보다 우월한 가치를 지녀 천하 사방에서 가장 신성하다고 주장.

➲ 그 주된 논거로 만유를 주재하는 신인 천제(天帝)가 고구려 왕실의 조상신이며, 고구려왕은 천제의 신성한 핏줄을 이은 '천손(天孫)'임을 내세웠다.

➲ 이런 천손이 다스리는 나라는 주변국들보다 우월하다는 것임.

➲ 이처럼 자기 나라를 신성한 천손국으로 여기는 것은 곧 주변의 나라나 집단들은 마땅히 고구려에 복속하여야 할 존재들로 규정하는 의식과 연결.

➲ 고구려 지배층은 자국과 주변국과의 관계를 상하 조공 관계(朝貢 關係)로 규정.

➲ 고구려를 중심으로 상하 조공 질서를 형성한 국제 정세를 유지하는 것을 '수천(守天)', 즉 천제의 뜻을 지켜나가는 것이라고 하였고, 고구려왕은 '수천'의 주체임을 자부.

➲ 중원고구려비에서 신라를 동이(東夷)라 하였던 것에서 보듯이, 고구려와 조공국을 대비해 이를 화(華)와 이(夷)로 표현. 이때 '화'와 '이'는 어디까지나 정치적 관계에 의거한 구분일 뿐임.

(2) 고구려인들은 그들이 알고 있는 세계, 즉 동아시아는 몇 개의 천하로 구성되어 있다고 여겼다.

➲ 몽골고원의 유목민들의 천하, 중국인들의 천하, 그리고 고구려를 중심으로 한 천하 등이 그것들. 이들 간의 관계에서 중국적 천하의 상대적인 우위성을 인정하지만, 기본적으로 각 천하는 병존하여야 하는 존재임.

➲ 이 시기 고구려는 중국의 남·북조 및 몽골고원의 유연과 각각 교류하면

서 동아시아 국제 정세의 세력 균형 상태를 유지하게 하는 방향으로 대외 관계를 추진함.

➡ 당시 가장 강대하고 팽창적인 북위와 밀접한 교섭을 하면서, 중국의 남조와 유연의 연결을 도와주는 등 북위의 팽창을 견제하여, 국제 정세의 급격한 변화를 막아 한반도와 만주 지역에서 독자적인 세력권을 유지.

(3) 다원적 천하관(多元的 天下觀)에 의해, 고구려인들은 자신들의 천하에 속한다고 여긴 주변 나라들에 대해서는 자연스럽게 그 바깥에 있는 집단들과 구별하여 인식.

➡ 고구려 지배층의 천하관은 고분 벽화의 구성에서도 찾아볼 수 있다.

➡ 통구 사신총(通溝 四神塚), 집안 오회분(集安 五灰墳) 4호분, 강서대묘(江西大墓) 등의 벽화 구성은 황룡과 북극성으로 상징되는 오방위 우주관과 천하관이 반영된 것임.

➡ 중앙을 상징하는 천정에 황룡과 북두삼성(北斗三星)이, 사방의 고임돌에 사신도(四神圖)와 별자리들이 그려져 있다.

➡ 왕이나 그에 준하는 인물이었던 피장자가 누워 있는 이곳이 우주의 중심이라는 표현.

3. 고구려 후기 귀족 연립 정권 체제로의 변화
1) 6세기 후반의 정세 변동
(1) 왕위 계승 분쟁과 내우외환
➡ 6세기가 진전되며 고구려는 정치적 안정이 흔들리고, 귀족 간의 갈등이 격화되는 모습.

➡ 531년 안장왕(安藏王: 제22대, 재위 519~531, 문자명왕의 아들)이 피살되고 그 동생인 안원왕(安原王: 23대)이 즉위

➡ 귀족 간의 갈등은 안원왕 대에도 지속.

➡ 안원왕 말년인 544년 12월 대규모 정란(政亂)으로 분출.

● 안원왕에게는 세 명의 왕비가 있었는데, 첫째 왕비에게는 소생이 없었고, 둘째 왕비와 셋째 왕비가 각각 아들을 두었다. 귀족들이 각각 이 두 왕자를 중심으로 세력을 결집하였는데, 각각 추군(麤群)과 세군(細群)으로 불렸다. 왕의 병이 위중해지자, 추군과 세군은 서로 먼저 왕궁을 장악하여 우세한 지위를 선점하려고 시도함. 궁문 앞에서 양측 간의 무력 충돌이 벌어졌다.

● 이후 3일간 수도에서 양측 간의 격렬한 대결이 벌어졌고, 추군이 승리하여 정국을 장악하였는데, 이듬해 초 8세의 어린 왕자가 즉위하니, 이가 양원왕[陽原王: 24대, 재위 545~559, 안원왕의 장자, 25대 평원왕(재위 559~590)은 양원왕의 장자]임.

● 패배한 세군 측의 피살자가 2천여 명에 달함.

● 수도에서의 전투는 일단락되었지만, 분쟁의 여파는 지방 각지로 이어졌다.

● 551년 당시 한강 상류의, 충주 지역으로 추정되는 곳의 사찰에 머물고 있던 승려 혜량(惠亮)이 진격해온 신라군에 투항하면서 "우리나라는 정란으로 언제 망할지 모르겠다."라고 개탄함.

① 고구려 내정이 혼란에 빠진 틈을 타, 백제와 신라가 551년 북진을 단행.

　● 백제는 한강 하류의 6개 군을 차지하였으며 신라는 한강 상류 10개 군을 공취.

　● 이 무렵 고구려는 서북 방면에서부터 또 다른 위협에 직면.

　● 북제(北齊)의 문선제(文宣帝)는 552년과 553년 요하 상류 지역의 해(奚)와 거란에 대한 대규모 토벌전을 전개. 창려성을 직접 순시하여 요하 선을 압박.

　● 552년 외교적 압박을 가해 북위 말기인 520년대 고구려로 넘어온 북위 유민(流民) 5천 호를 쇄환. 거란의 일부를 휘하에 두고 있던 고구려에 직접적으로 위협을 가함.

　● 이 시기에 몽골고원에서는 새로운 변화가 일어남.

　● 그간 고구려와 우호적 관계에 있던 유연이 멸망. 유연의 피복속민으

로서 야철업(冶鐵業)에 종사하며 알타이 산맥 서남쪽 준가르 초원에서 세력을 키워왔던 돌궐(突闕)이 흥기하여, 552년 옛 상국(上國)인 유연을 격파.

➔ 돌궐의 신흥 유목제국은 흥안령을 넘어 요하 유역으로 세력을 확대할 기세. 신흥 돌궐의 영향력이 고구려 휘하의 거란과 말갈에 뻗쳐 올 태세.

② 고구려 귀족들은 550년대 초에 진행된 이러한 일련의 내우외환 상황에 대처하기 위해 방안을 모색.

➔ 먼저 귀족들 간의 내홍을 중단하고 그들 간의 갈등을 수습하기 위해 실권자의 직인 대대로(大對盧)를 귀족 내부에서 선임하도록 함. 방어력이 크게 강화된 평산성(平山城) 형태의 새로운 수도 건설을 제안. 기존의 궁성은 동평양(東平壤)의 안학궁(安鶴宮)터 자리에 있었고, 궁성 외곽에 시가지가 조영되어 있었다.

➔ 새로운 수도는 지금의 평양 중심부에 위치하며 궁성과 시가지 전체를 나성(羅城)으로 둘러싸는 형태. 실제 신수도인 장안성(長安城)으로 천도한 때는 30여 년이 흐른 뒤인 586년.

➔ 대외적으로는 남북 두 방면에서 맞이하는 외침의 위기에서 벗어나기 위해, 남쪽의 신라와 평화 협상을 시도. 신라와 밀약(密約)을 맺음.

➔ 양국 간 화평 관계를 맺는 조건으로, 고구려는 이미 상실한 한강 유역에 대한 영유권과 함흥평야를 포함한 동해안 일대를 신라에 넘겨주기로 한 것임.

➔ 신라로서도 평야 지대이고 중국과의 교통로를 확보할 수 있어, 백제의 점령지인 한강 하류 지역이 탐났던 것임.

➔ 양국이 평화 협약을 맺었다는 사실은 《삼국유사》와 《신당서》「신라전」, 《일본서기》 등에서 전하고 있고, 진흥왕 순수비(眞興王 巡狩碑) 마운령비(摩雲嶺碑)에서도 "인접국이 신의를 서약하고, 평화의 사절이 오고 갔다."라고 하였다.

➔ 553년 백제가 점령한 한강 유역을 신라가 기습적으로 공격하여 차지.

➔ 오랜 숙원인 고토 회복에 성공하였지만, 곧이어 동맹국 신라의 공격으로 이를 상실하게 되니, 백제 성왕(聖王: 26대, 재위 523~554, 무령왕의 아들)은 크게 분노.

➔ 이듬해 백제군과 가야군 및 1천여 명의 왜군을 동원한 백제의 반격전이 펼쳐짐.

➔ 백제군은 관산성[管山城: 충북 옥천군 군서면의 성왕사절지(聖王死節地)]에서 신라군의 매복에 걸려 궤멸적인 패배를 당함. 이때 성왕(26대)도 포로가 된 후 처형되었다. 성왕의 아들이 27대 위덕왕(威德王)으로 왕위를 승계.

③ 관산성전투 이후 신라와 백제 간에는 해마다 공방전이 벌어졌다.

➔ 그에 따라 고구려의 남부 국경 일대는 안정을 찾게 되었다.

➔ 그런 뒤 고구려는 주력을 서북쪽으로 돌려 돌궐의 침공에 대비하여 위기를 극복할 수 있게 되었다.

(2) 귀족 연립 정권 체제 형성

➔ 양원왕(陽原王: 24대, 25대 평원왕의 부왕)의 즉위를 둘러싸고 벌어졌던 귀족들 간의 분쟁은 내외의 위기 상황에 직면하자 대대로 선임제를 매개로 한 귀족들 간의 절충에 의해 수습됨.

➔ 이 타협책이 잠정적인 수습안이 되어 그 뒤에도 큰 영향을 주었다.

➔ 6세기 후반의 상황을 전하는 《주서(周書)》「고려전」에서 "대대로는 강한 자와 약한 자가 상쟁을 벌여 이긴 자가 스스로 취임하며 왕이 임명치 못한다."라고 하였다.

➔ 《구당서》「고려전」과 《한원》에 인용된 「고려기(高麗記)」 등에서도 같은 내용을 좀 더 상세히 전한다.

➔ 즉, 6세기 후반 이후 고위 귀족들이 국정을 총괄하는 직임인 대대로를 3년마다 선임하였음을 전하고 있다.

➔ 《위서》「고구려전」 등 6세기 전반 이전의 상황을 전하는 사서에서는 이런 기사가 보이지 않는다.

➔ 왕권이 강대하였던 6세기 이전 시기에는 대대로가 귀족들 중에서 선임되지 않았거나, 선임되었더라도 대대로의 지위가 권력의 중추는 아니었음을 뜻한다.

➔ 그런 상태에서 변화가 생겨, 24대 양원왕 즉위를 둘러싼 귀족 간의 대규모 분쟁을 거친 후, 대대로가 귀족들의 이해를 조정하고 대표하는 지위가 되었고, 대대로를 3년마다 선임하는 관행이 정착.

➔ 대대로의 직임을 잘 수행하면 연임도 할 수 있었다. 즉, 유력 귀족이 세력을 유지하면 계속 집권할 수 있었다.

➔ 6세기 후반 이후 일종의 귀족 연립 정권 체제(貴族 聯立 政權 體制)가 자리를 잡게 되었다.

➔ 대대로의 선임은 곧 연맹체장 선임의 유제(遺制)를 되살린 것임.
선임의 주체는 중앙 귀족.

➔ 귀족 연립 정권 하에서 귀족들의 권력이 강화되고 왕권이 크게 위축되었지만, 지방 할거 상태가 아닌 중앙 집권적인 국가 체제가 유지됨.

➔ 6세기 후반 이후 새로운 귀족들이 전면에 대두하였는데, 연개소문(淵蓋蘇文) 집안도 6세기 후반 이후 두각을 나타낸 신흥 귀족이었음.

왜 안 그렇겠는가? 중국과 이어진 고구려는 어쩔 수 없이 중국의 역사와 맞물려 돌아가고 중국의 변화와 음양으로, 직·간접적으로, 길고 짧게, 깊고 얕게 – 이어지고 맞닿고 겹쳐지고 꿰질 수밖에 없었을 것이다.

그 정도는 서로 다르고 제 각각이더라도 화산 지대, 지진 지대가 잇닿고 고도, 지형, 지질에 따라서 습생대가 차이 나듯이, 중국과 이어진 땅이고 역사라는 점에서 고구려는 이래저래 나머지 한반도 국가들과 아주 다르게 이어지고 색다르게 채워졌을 것이다.

이른바, 지정학적 고리인 셈이다. 지리적으로 그 자리에 있었기에 어쩔 도리 없이 공유되고 중복되고 합집합, 교집합되는 부분이 많았을 것이다.

1. 6세기 후반 이후 고구려를 둘러싼 국제 정세에서 두드러진 변화들

⭐ 신라의 약진

➜ 신라는 한강 유역을 차지한 후 중국 왕조와의 교섭을 활발히 전개.

➜ 중국 남조와의 교섭에 치중하였던 종전과는 달리 중국 북조와의 교섭도 전개.

➜ 북제(北齊)는 565년 진흥왕(24대, 재위 540~576)을 '사지절도독동이교위 낙랑군공신라왕(使持節都督東夷校尉 樂浪郡公新羅王)'으로 책봉.

➜ 종전에 중국 왕조의 고구려왕에 대한 책봉 벼슬에서 관행적으로 주어지던 '동이교위(東夷校尉)'나 '동이중랑장(東夷中郎將)' 등 동이를 주관한다는 벼슬이 신라왕의 책봉 벼슬로 주어졌음.

➜ 당시 백제도 중국 북제와의 교섭에 적극적으로 나섰다.

⭐ 신라와 백제의 약진에 대응하여 고구려는 남조의 진(陳)과의 교섭을 강화.

➜ 오랫동안 교섭이 없던 왜국과 공식적으로 통교(通交)하여 570년에서 574년 사이에 세 차례 사절을 파견.

➜ 신라를 견제하기 위한 의도.

➜ 동쪽으로 진격해오는 돌궐을 격파하여 그 동진세(東進勢)를 저지하는 데 성공.

⭐ 6세기 후반 이후 고구려의 대외 관계

➜ 삼국 간의 관계를 살펴보면, 종전의 고구려에 대항해 신라·백제·가야가 연합하던 형태에서 삼국이 각개 약진하는 상황으로 바뀌었음.

➜ 백제와 신라 간의 상쟁이 치열해짐에 따라 고구려 남부 국경 일대는 상대적으로 안정되었음.

➜ 북제와의 관계도 북제 자체가 돌궐의 압력을 방어하는 데 주력해야 했던

만큼, 고구려와의 갈등은 저절로 감소.

◈ 돌궐의 팽창 세력 또한 동으로는 고구려에 의해 저지되었고, 남으로는 만리장성을 넘지 못한 선에서 머물렀다.

✪ 6세기 중반 이후의 정세 변동

◈ 기존의 국제 관계의 틀에 충격을 가하였지만, 근본적인 변화를 가져오지는 못하였다.

◈ 581년 수(隋)제국의 등장은 기존 동아시아 국제 질서에 근본적인 상황 변화를 야기.

◈ 위진남북조 시대[魏晉南北趙: 중국에서, 5세기 전반부터 6세기 후반까지 남북으로 나뉘어 각각 왕조가 교체되던 시기, 중국 역사상 후한(後漢)이 멸망한 다음 해부터 수(隋)의 문제(文帝)가 진(陳)을 멸망시키기까지의 시기(221~589)]를 통일한 수나라의 등장으로 고구려의 대외 관계도 격류에 휩싸이게 되었다.

2. 수(隋)와의 전쟁

◈ 581년 수나라가 건국되었고, 이어 동돌궐(東突闕)을 격파, 복속.

◈ 589년 남중국의 진(陳)을 통합.

◈ 삼백여 년 만에 강대한 통일중국왕조가 등장. 이는 인접한 나라들의 안보에 심각한 위협이 되었음.

◈ 고구려는 진(陳)의 멸망 소식에 곧바로 전쟁 준비에 착수.

◈ 통일된 중국제국의 등장은 기존의 국제 질서에 대한 근본적인 재편. 5~6세기대에 유지되었던 다원적 세력 균형 상태를 타파하고, 중국 왕조 중심의 일원적인 질서를 확립.

◈ 다원적 세력 균형 상태를 지탱하던 주요 세력들인 몽골초원의 유목민 국가, 남중국의 왕조, 북중국의 왕조, 티베트고원 동북 사면의 토욕혼(吐谷渾), 한반도와 만주의 고구려 중에서 고구려를 제외하고는 모두 수(隋) 제국에 통합

되거나 격파·복속.

➜ 고구려에 대한 수(隋)의 압박이 가중. 상황에 대처하기 위해 고구려는 돌궐과의 협력을 통해 수 제국을 견제하려고 하였음. 돌궐은 수나라에 굴복함.

➜ 수와 고구려 간에 전쟁이 발발하자, 돌궐은 수군의 일원으로 참전하여 고구려 원정에 동원. 고구려와 수의 대결은 돌궐의 네 차례에 걸친 침공으로 진행.

✪ 수나라는 수륙 양쪽으로 대병을 동원하여 속전속결로 일거에 고구려를 멸망시키려 하였다.

➜ 고구려는 성곽을 중심으로 한 방어전을 전개.

➜ 일면으로는 적의 최대 약점인 긴 보급선을 교란, 차단하면서 가을이 되어 추위와 보급 부족에 시달리게 되기를 기다리는 지구전을 전개.

➜ 조급해진 적군이 별동대(別動隊)로 무리한 침투 기습전을 벌리면, 이를 내륙 깊숙이 유인하여 타격을 가하는 방책.

➜ 수나라 수군은 고구려의 작전에 말려 번번이 패배. "요동에 가서 헛되이 죽지 마라(無向遼東浪死歌)."라는 노래가 수나라 말기 민중 사이에 널리 유행[물결 낭(浪), 방자할(삼가지 아니할) 낭(浪)].

➜ 고구려 침공에서의 거듭된 패배와 전쟁에 따른 고통 및 재정 파탄이 주요 원인이 되어 수 제국은 멸망.

살수대첩(薩水大捷)과 을지문덕

1. 을지문덕[乙支文德: 일명 위지문덕(尉支文德)]

➜ 오언시(五言詩) 여수장우중문(與隋將于仲文)을 남김

➜ 《자치통감(資治通鑑)》에는 '위지문덕(尉支文德)'으로 표기. 《삼국사기(三國史記)》「을지문덕전(乙支文德傳)」에는 그의 세계(世系)를 알 수 없다고

하였다.

🠚 《해동명장전(海東名將傳)》에서는 "을지문덕은 평양 석다산(石多山) 사람이다."라는 기록이 있기에 그가 평양 출신임을 알 수 있다.

🠚 612년 살수(薩水 : 지금의 청천강)에서 수나라 별동대(別動隊) 30만을 격멸한, 이른바 살수대첩을 거둬 위기에 처한 고구려를 구하고 명장(名將) 반열에 올랐다.

✪ 612년(영양왕 23) 수나라는 양제(煬帝)의 총지휘 아래 대규모의 군단을 편성해 고구려에 대한 침공을 감행.

🠚 육군은 고구려의 주요 군사 거점인 요동성[遼東城 : 지금의 遼陽(요양)]을 공격.

🠚 다른 한편으로는 우중문(于仲文), 우문술(宇文述) 등을 지휘부로 한 30만 5,000명의 별동부대를 구성해 해군과 더불어 고구려의 국도(國都)인 평양성(平壤城)을 공격.

🠚 별동대가 압록강 서쪽에 집결하였을 때, 을지문덕은 왕명을 받들어 거짓 항복을 청해 적진으로 들어가 군량이 부족한 수나라의 약점을 간파. 돌아와서 수나라군의 군사력을 약화시키기 위한 작전으로 수나라군과 충돌할 때마다 패해 도망가는 척 하는 모습을 보임으로써 그들을 평양성 부근까지 유인하여 극도로 지치게 만들었다.

🠚 전의를 상실하고 후퇴의 구실을 찾던 수나라군에게 "신통한 계책은 천문을 헤아리며 묘한 꾀는 지리를 꿰뚫는구나. 싸움마다 이겨 공이 이미 높았으니 족한 줄 알아서 그만둠이 어떠하리(神策究天文 妙算窮地理 戰勝功旣高 知足願云止)."라는 희롱조의 오언시(五言詩)를 보내 수나라 군대의 회군을 종용.

🠚 을지문덕은 수 양제에 대한 영양왕(嬰陽王)의 알현 등을 조건으로 거짓 항복을 청해 퇴각의 구실을 만들어주는 척하면서 일대 반격전을 전개.

🠚 살수를 건너는 수나라군을 배후에서 공격해 수나라 장수 신세웅(辛世雄)을 죽게 하고 불과 2,700명만을 살려 보내는 대전과를 거뒀다('살수대첩').

✪ '을지(乙支)'라는 성에 대해서는 고구려 관등명(官等名)의 하나인 우태(于台)와 같이 연장자, 가부장(家父長)을 뜻한다는 해석이 있다.

- 또한 '을'만이 성이고, '지'는 존대의 접미사로 보는 견해도 있다.
- 선비족(鮮卑族) 계통의 성인 '울지(尉遲)'씨와 같은 것으로 보아 을지문덕을 선비족 계통의 귀화인(歸化人)으로 보는 견해도 있음.
- 한편 그가 우중문에게 보낸 5언시에서 보이는 한문학(漢文學)에 대한 이해 수준을 고려할 때 낙랑(樂浪)·대방(帶方) 지역 토착 호족 세력(豪族 勢力)으로서 이 시기에 새롭게 등장하였던 신진 귀족 세력으로 보는 견해가 있음.

✪ 고구려와 수의 전쟁에서 주목할 만한 점

- 양국 간의 전쟁이 한반도 내의 삼국 관계에 직접적으로 큰 영향을 미치지 못하였다.
- 백제와 신라는 수(隋)에 고구려를 공격할 것을 요청.
- 실제 수군이 고구려를 침공할 때, 이에 부응해 고구려 남부 국경을 공격하는 형태의 공동 작전을 전개하지는 않았다.
- 전쟁이 벌어졌을 때 백제와 신라는 모두 한 걸음 물러서서 정세를 관망.
- 수 제국의 등장에 따른 동아시아 국제 질서 재편의 움직임은 고구려에 의한 수나라군 격퇴에 의해 저지되었고, 요하로의 이동으로 그 영향이 미치지는 못하였다.

2. 당(唐)과의 전쟁

✪ 수(隋)를 이어 등장한 당(唐)은 혼란에 빠진 중국을 재차 통합하고, 이어 수나라 말기 이후 강성해진 돌궐을 격파하여 몽골 초원의 유목민사회를 제압.

- 당나라 초기에는 당과 고구려 사이에는 평화가 지속됨. 당 고조(高祖) 이연(李淵)은 "당과 고구려가 각기 자기의 영토를 지키며 평화가 공존되는 것이 옳다. 굳이 고구려를 신속(臣屬)시키려 하지 않겠다."는 입장을 견지.
- 이런 평화 공존론은 곧 당의 신료들의 이념적인 반대에 봉착.

➲ 이어 당이 국내를 통일하고 인접한 나라들을 정복해나가자 고구려 정벌론이 강하게 제기됨. 그런 흐름의 중심에는 당 태종(太宗) 이세민(李世民)이 있었다.

그는 돌궐의 힐리가한을 격파한 뒤, 몽골 고원 유목민집단의 수장들로부터 630년 유목세계의 패자라는 의미를 지닌 '천가한(天可汗)'으로 추대됨.

➲ 이로써 당 태종은 농경세계와 유목세계를 아우르는 '황제-천가한'이 되었다.

➲ 이에 팽창해오는 당의 세력을 저지하기 위한 수단으로, 고구려 조정은 631년 2월 북쪽으로는 부여성(夫餘城)에서 동남쪽으로는 바다에 이르는 천리장성(千里長城)을 쌓기 시작함.

➲ 그러자 631년 7월 당 조정은 고구려가 요서 지역에 만든 경관(景觀)을 파괴. 이 경관은 고구려를 침공한 후 전사한 수나라 군사들의 시체를 모아 쌓고 그 위에 흙을 덮은 것으로서 고구려에는 일종의 전승 기념탑적인 성격을 지닌 것임. 이 시점에 경관을 파괴하는 당의 조처는 고구려에 대한 명백한 위협이자 도발. 이에 고구려 조정은 대륙 정세의 추이와 당의 정책을 더 예의 주시함.

✪ 이어 당(唐)은 토욕혼을 격파

➲ 640년 천산북로(天山北路)에 있는 고창국(高昌國)을 병탄하고 군현을 설치.

➲ 당 태종 이세민은 641년 5월 고구려에 직방낭중(職方郎中) 진대덕(陳大德)을 파견.

직방낭중은 병부에 소속되어 국내외의 주요 군사 시설을 포함한 지도 제작을 관장하는 직책으로서 군사 정보 수집의 실무를 총괄. 당나라 진대덕은 고구려에 입국한 뒤, 산천 지리와 군사 시설, 주민 동향 등에 관한 광범위한 정보를 수집하여 귀국 후 보고. 그때 당 태종은 곧 고구려에 대한 정벌전을 감행하겠다는 욕망을 노골적으로 개진. 진대덕이 평양성을 방문하였을 무렵 고창국의 멸망 소식을 접한 고구려의 상하는 크게 당황함.

➔ 당시 고구려 조정은 연개소문의 거취를 둘러싸고 갈등함. 연개소문이 그의 부친의 직임인 동부대인(東部大人 : 욕살) 직을 계승하려 하자, 강대한 연개소문 집안의 세력과 그의 위세를 두려워한 다른 귀족들이 거부. 이에 연개소문이 무리에게 호소하여 간신히 계승함.

➔ 그 뒤 연개소문의 세력이 강화되어가자 위협을 느낀 왕과 다른 귀족들이 모의하여 그를 제거하고자 하였다. 먼저 그를 천리장성 감역(監役)으로 임명하여 일단 중앙 정계로부터 분리. 자신을 향한 압박이 가중되자, 642년 10월 연개소문은 사열을 이유로 귀족들을 초치한 뒤 부병(部兵)을 동원해 귀족들을 대거 살육하였다. 이어서 궁성을 침범하여 영류왕(營留王)을 죽이고 보장왕(寶藏王)을 옹립함.

➔ 연개소문은 막리지[莫離支 : 태대형(太大兄)]로서 대모달[大模達 : 대장군(大將軍)]의 자리에 올라 군권을 쥐었으며, 대대로와 귀족회의를 무력화. 중리제(中裏制)를 시행하여 실권을 장악. 중리제는 조정의 공식적인 관서 조직(外朝)과는 별도로 궁중에 설치한, 내조(內朝)라 할 수 있는 국왕 직속의 행정 조직임.

✪ 연개소문은 중앙에서 정변에 성공하였지만, 지방 각지에 있는 반대 세력에 대한 토벌이 필요.

➔ 안시성(安市城) 성주는 연개소문의 반대파. 연개소문은 안시성에 대한 군사적 공격을 감행하였지만 승리를 거두지 못했다.

➔ 이에 양자는 타협을 통해 사태를 마무리. 연개소문은 그를 안시성주로 인정하고, 그는 연개소문이 새로운 집권자임을 승복하는 선에서 절충함.

3. 연개소문과 김춘추의 평양성 회담

➔ 신라의 김춘추(金春秋)가 평양성을 찾아왔다.

➔ 642년 8월 백제의 공격을 받아 대야성(大耶城)이 함락되고 김춘추의 사위인

성주가 죽는 등 큰 타격을 입어, 신라의 낙동강 서편 지배권이 흔들리는 상황이었음. 김춘추는 고구려에 원병을 요청하기 위해 평양성을 방문. 연개소문은 그를 환대. 양국의 정치 실세들 간에 담판이 벌어졌음.

➜ 김춘추는 고구려가 상쟁 대신 화평 관계를 맺고 군사적 지원을 해줄 것을 요청.

➜ 연개소문은 신라가 죽령 이북 고현(高峴) 이남의 한강 유역을 고구려에 돌려준다면 그렇게 하겠다고 응수.

➜ 김춘추가 이를 거부함에 따라 모처럼의 담판은 무위로 돌아갔다.

✪ 643년 고구려가 백제와 협력하여 신라의 대당 교통로인 당항성(黨項城)을 공격.

　➜ 고립된 신라가 당에 원병을 요청하자, 당이 적극적으로 응하려는 자세를 보였다.

　➜ 당의 고구려 침공이 임박한 상황에서 스스로 찾아온 김춘추의 제안을 연개소문이 거부한 것은 고구려로 하여금 남북에서 적을 맞이하게 하는 운명적인 선택(고구려의 안위에 치명적인 것)을 하도록 한 것임.

✪ 당(唐)과의 전쟁(645)

　➜ 고구려의 정변과 신라의 당에 대한 구원 요청은 고구려 침공의 기회를 노리던 당에 좋은 기회를 제공.

　➜ 당은 수차례 외교적 압력을 가하였고 고구려가 그것을 거부하는 과정을 거쳐 명분을 쌓은 뒤, 644년 7월 고구려 원정을 선포하고 물자와 병력을 동원하기 시작.

　➜ 대략 20여 만에 달하는 당군(唐軍)은 수륙 양면으로 침공을 시도. 수군(水軍)은 산동반도에서 요동반도 남단을 공격하는 길을 취하였고 육군은 요하를 건너 요동평야로 나아가는 길을 취하였다. 당의 선봉장인 이적(李勣)은 평탄한 북로 길을 택해 요하를 건너 지금의 푸순 고이산성(高爾山城)인 신성(新城)을 공격. 성을 함락하지 못하였으나 이곳에 고구려군을 묶어

둔 뒤, 그 남쪽의 개모성(蓋牟城)을 공략하고 이어 요동성(遼東城)을 포위. 당 태종 이세민의 본군은 중로를 택해 요하를 건너 바로 요동성으로 밀려들었다. 치열한 공방전 끝에 요동성을 함락하고 이어 백암성(白巖城)도 공략. 다음으로 안시성을 향해 진격. 요동벌에서 평양으로 나아갈 때 취하는 평탄한 대로의 길목에 안시성이 위치하고 있는 만큼, 이 성의 함락은 전략적으로 매우 중요했음.

➔ 이 무렵 고구려 중앙군 15만이 안시성으로 접근함.

➔ 안시성 교외에서 벌어진 양군의 회전에서 당군의 기동력과 포위 전술에 휘말려 고구려군은 사령관 이하 3만7천 명이 포로로 잡히는 등 대패함. 당군은 승세를 몰아 안시성 공략에 힘을 쏟았다. 안시성민들의 완강한 저항으로 함락하지 못하고 공방전이 장기간 지속. 그러던 중 645년 음력 9월 요동 평원에 서리가 내리기 시작. 전열을 정비한 고구려군이 포위망을 좁혀오며 당군의 보급선을 위협.

➔ 그간 연개소문이 정성을 쏟았던 설연타(薛延陀)에 대한 공작이 효과를 거두기 시작함. 즉, 연개소문은 몽골고원의 터키계 유목종족인 설연타에게 막대한 물자를 제공하면서, 당시 당군의 주력이 요동으로 나가있는 동안 방어력이 약화된 당의 관중(關中) 지역을 기습 공략할 것을 종용. 설연타의 움직임이 심상치 않고, 안시성 함락을 기약할 수 없으며, 추위와 보급품 부족이 닥쳐오고 있는 상황에서 당군은 신속한 철수 외에 달리 대안이 없었다. 당군은 철수로 인해 막대한 피해를 봄.

당나라와의 안시성 싸움과 양만춘

✪ 양만춘(梁萬春, 楊萬春)

➔ 보장왕 때의 안시성(安市城) 성주. 그의 이름은 역사서에는 보이지 않고 '안시성 성주'로만 기록.

- 송준길(宋浚吉)의 《동춘당선생별집(同春堂先生別集)》과 박지원(朴趾源)의 《열하일기(熱河日記)》에 따르면 안시성 성주의 이름은 양만춘(梁萬春) 또는 양만춘(楊萬春).
- 그는 지금의 만주 요령성(遼寧省) 해성(海城)의 동남쪽에 위치한 영성자산성(英城子山城)으로 추정되는 안시성의 성주.
- 안시성은 지리적으로 험한 곳에 자리 잡은 전략적 요충지임. 그는 연개소문(淵蓋蘇文)이 정변으로 정권을 장악했을 때 연개소문에게 복종하지 않았다. 이에 연개소문이 직접 군대를 이끌고 안시성을 공격했으나 함락하지 못하였다. 이에 따라 연개소문은 결국 안시성 성주의 직책을 그에게 계속 맡겼다.
- 645년(보장왕 4) 당나라 태종은 대군을 동원해 고구려를 침공. 당나라 군대의 주력 부대의 침공으로 요동 지역에 있던 개모성[蓋牟城: 무순(撫順) 부근]과 비사성[卑沙城: 대련만 북안(大連灣 北岸)]이 함락. 이어 당 태종이 지휘하는 당나라 군대에 요동성[遼東城: 요양(遼陽)]과 백암성[白巖城: 요양(遼陽) 동남쪽]도 함락.
- 당나라 군대는 다음 공격 목표를 놓고 수뇌부 사이에 이견이 있었으나, 이세적(李世勣)의 건의로 안시성 공격을 시도.
- 고구려는 당나라 군대에 포위된 안시성을 지키기 위해 15만 병력을 출동시켰으나 안시성에서 8여 리 떨어진 곳에서 대패함.
- 고립무원의 상황에 처한 안시성에서 그를 비롯한 병사와 주민들은 하나로 뭉쳐 완강히 저항. 안시성 공격이 여의치 않자 당나라 군대는 공격 목표를 그보다 훨씬 동남쪽에 있는 오골성[烏骨城: 만주 鳳凰(봉황) 남쪽의 高麗山城(고려산성)]으로 변경하고자 논의. 그러나 안시성을 계속 공격하기로 의견이 모아져 치열한 공방전이 전개.
- 당나라 군대는 연인원 50만 명이 동원되어 60여 일 동안 높은 흙산을 쌓아 이를 발판으로 성을 공격.
- 당시 당나라 군대는 하루에 6, 7회의 공격을 가하고 마지막 3일 동안은 전력을 다해 총공세를 펼쳤으나 끝내 함락하지 못하였다.

- 645년 9월에 접어들어 요동의 날씨가 추워지기 시작했고, 군량 또한 바닥나자 당나라 태종은 포위를 풀고 철군하지 않을 수 없었다.
- 양만춘은 성루에 올라 송별의 예(禮)를 표하고, 당나라 태종은 그의 용전을 높이 평가해 비단 100필을 주면서 왕에 대한 충성을 격려.
- 고려 후기의 학자인 이색(李穡: 1328∼1396)의 「정관음(貞觀吟)」이라는 시와 이곡(李穀: 1298∼1351, 이색의 부친, 1333년 원나라 제과 급제, 원나라에 건의하여 고려에서의 처녀 징발을 중지, 이제현과《편년강목》증수)의《가정집(稼亭集)》에 따르면, 당나라 태종이 눈에 화살을 맞아 부상을 입고 회군했다고 한다.
- 고구려 멸망 뒤 당나라에 반대해 끝까지 저항한 11성(城) 가운데 안시성이 포함된 것으로 보아, 당시 양만춘의 생존 여부는 알 수 없지만, 그의 기백과 용기는 고구려부흥운동으로 이어짐.

- 요동 전선과 달리 645년 5월 한반도 중부 지역에서도 전쟁이 발발.
- 신라군 3만이 임진강을 넘어 북진.
- 신라는 644년 당(唐)으로부터 '참전하여 조병(助兵)하라.'는 요구를 받아왔다. 신라 조정은 쉽게 결정을 내리지 못하였고, 645년 2월에도 출병을 독촉받았다.
- 정통성을 둘러싼 논란(당 태종이 여성 왕을 불신)에서 자유롭지 않던 선덕여왕(善德女王)으로서는 참전 여부와 그 결과가 경우에 따라 엄청난 정치적 부담이 될 수 있는 것임.
- 선덕여왕은 참전을 선택. 신라군이 북진하자 백제군이 그 공백을 노려 신라에 대한 공격을 감행.
- 백제 역시 당으로부터 조병할 것을 요구받았다.
- 645년 4월 당군이 요하를 건너 고구려 성에 대한 공격을 감행. 이어 5월에 전쟁의 불꽃은 한반도 내의 삼국 관계에 직접 옮겨 붙었다.
- 645년 6월 왜국에서 정변[大化改新(타이카 카이신): 백제계 나카노오에(中大兄) 왕자가 왕실을 좌지우지하던 백제계 호족 소가노 이마코(蘇我入鹿)를

제거하는 태극전(太極殿)의 변, 즉 다이카개신(大化改新) 주도]이 일어나 일본 열도에까지 파장이 확산.

메이지유신에 비견되는 다이카개신

1. 다이카개신[Taika era reforms(大化改新)]
   - ❿ 645년 일본의 쿠데타 직후 실시된 일련의 정치 개혁.
   - ❿ 쿠데타는 나카노 오에[中大兄: 덴지(天智)와 나카토미 가마타리(中臣鎌足: 후지와라(藤原) 가마타)]가 강력한 소가씨(蘇我氏) 가문에 대항하여 일으킨 것임.
   - ❿ 개혁 조치를 통해 일본 왕실은 중국 당나라의 제도를 본뜬 정치 체제를 갖춤으로써 일본 전역을 직접적으로 통치.
   - ❿ 중국의 제도를 모방한 것들 중의 하나는 연호(年號)의 사용임.
     천황이 된 고토쿠(孝德)는 다이카(大化)라는 연호를 사용.

   - ✪ 다이카 시대 이전에는 소가씨가 실권을 장악
     - ❿ 소가씨 일족이 음모·조작·암살 등의 수단을 써서 왕실을 50년 동안 지배.
     - ❿ 소가 이루카(蘇我入鹿)는 643년 야마시로 오에(山背大兄) 왕자를 살해한 뒤 자신의 저택을 왕궁, 자기 아들을 왕자라고 불렀다.

   - ✪ 645년 나카노 오에 왕자와 그의 지지자 1명이 나카노의 어머니인 고교쿠 찬황의 궁에서 이루카를 살해.
     - ❿ 여제는 천황의 자리를 나카노의 숙부(뒤의 고토쿠천황)에게 물려주어 다이카 시대의 발판을 마련.
     - ❿ 20세 이전의 나카노는 삼촌의 정권 하에서 태자가 되었으며 그의 지지자인 나카토미 가마타리는 내신(內臣)이 되었다.

✪ 나카노 오에(中大兄)와 가마타리(鎌足)는 다이카개신의 설계자

➜ 당나라의 정치제도는 일본의 사절들과 학자들을 통하여 오래전부터 알려졌으나, 태자의 치밀한 계획과 가마타리의 개혁 조치 집행을 통하여 일본에 효율적이고 중앙 집권적인 천황의 조정이 세워지게 되었다.

➜ 다이카 시대에 이루어졌다고 전해지는 개혁 조치들 중에는 뒤에 이루어진 것도 많다.

➜ 646년 1월 천황이 칙령을 발표하면서 공식적으로 개혁의 물결이 일어나게 되었다. 이 칙령은 4개의 조항으로 요약.

① 첫째, 토지와 사람에 대한 개인의 소유권을 폐지하여 공공(즉 덴노)에 귀속시키고, ② 둘째, 천황이 관할하는 새로운 행정·군사 조직들을 수도와 지방에 각각 설치하며, ③ 셋째, 인구 조사를 실시하여 토지를 공정하게 분배하도록 하고, ④ 넷째, 공평한 조세제도를 새로 만든다는 것이다.

➜ 646년 3월 나카노 오에는 자신의 토지와 노예를 국가에 바쳤으며 다른 귀족들도 그를 따랐다.

➜ 646년 8월 다시 칙령을 발표하여 1월에 내린 법령을 더욱 강화하고 국가에 대한 재산의 헌납을 의무로 규정. 인구 조사가 시작되면서 인구 통계뿐만 아니라 토지 이용에 관한 자료도 수집. 토지 이용 상황보다 농가 인구에 근거한 세제(稅制)의 기초가 만들어졌으며 토지 재분배도 촉진. 중국식의 수도를 설계하여 오미(近江)에 세웠으며 대규모 토지 분배 계획이 수도를 중심으로 실행되었다.

➜ 법률이 처음으로 제정되어 근본적인 개혁이 이루어지는 동시에 당나라의 제도를 본뜬 정부 부서들이 만들어져 교육을 받은 사람들이 관직에 임명되었는데 그들 중 상당수는 당나라 유학생임.

➜ 전국을 연결해 주는 새로운 도로망도 정비되기 시작.

✪ 학자들은 다이카개신의 개혁 조치들이 1200년 뒤 메이지유신의 그것과 비교하지만, 다이카개신 때의 조치들은 메이지유신 때와 달리 용의주도하게 계획된 뒤에 공포·시행.

2. 백제계 호족들의 천황 권위 무력화를 정변과 개혁으로 이끈 38대 천황 덴지

★ 덴지[Tenji(天智): 일본 38대 천황(덴노), 재위 668~672]

➡ 625(혹은 626)~672. 오미(近江) 오쓰(大津).

➡ 덴치(天智)라고도 함. 본명은 나카노 오에(中大兄).

★ 조정에서 소가씨(蘇我氏)의 세력을 제거하고 신정부를 수립.

➡ 신정부 수립 후 중국 당나라를 모범으로 중앙 조정의 권력을 강화하고 덴노(천황)의 권력을 부활시킬 일련의 개혁을 단행.

➡ 소가씨는 6세기 후반 이래 왕실을 장악. 645년 이 가문의 후계자인 이루카(入鹿)가 천황의 자리를 찬탈하려 했다.

➡ 당시 세자였던 나카노 오에는 나카토미 가마타리(中臣鎌足)와 공모하여 소가씨의 호위병이 없는 유일한 장소인 조정에서 이루카를 살해할 계획을 세웠다.
암살 계획은 순조롭게 진행되었으나 마지막에 차질이 생기자 그는 직접 창을 들고 이루카를 살해. 소가씨 일족 중 여기에 불만을 품은 사람들이 정변에 반대하여 이를 무산시키려 했으나 이루카의 지지자들은 곧 흩어지고 말았다.

★ 나카노의 모친 고교쿠(皇極) 천황은 얼마 뒤 퇴위했고[그녀는 나중에 다시 사이메이(齊明) 천황으로 복위], 가루(輕)가 고토쿠(孝德) 천황이 되었다.

➡ 세자로 지명된 나카노 오에는 실권을 장악하고 나카토미 가마타리(中臣鎌足)를 등용하여 일련의 개혁 조치를 실행(귀족들이 천황의 권위를 인정하게 했다.).

➡ 사유지(私有地)와 사유민(私有民)을 없애고, 수도 주변을 중앙 집권적인 행정 구역으로 편성(지방에는 행정관을 임명).

➡ 호적을 작성하고 경작지를 측량(새로운 조세제도를 마련).

➡ 개혁으로 일본은 중국의 당(唐)나라와 비슷한 강력한 중앙 집권국가가 되었다.

➲ 그 사이에 백제(百濟)가 당나라의 침입을 받게 되자 덴지(天智: 38대 천황)는 원군(援軍)을 보냈으나 당과의 전투에서 크게 패했다.

(출처: 《브리태니커백과》)

고구려·백제·왜의 연대 형성

➲ 철수한 뒤에도 당 태종(재위 599~649)은 고구려 정벌을 포기하지 않았다.

➲ 당 태종은 새로운 방안을 강구. 그 하나는 장기 소모전. 즉, 소규모 단위의 병력을 고구려 변경 지역이나 해안 지대에 투입하여 치고 빠지는 것을 되풀이한다는 것. 다른 하나는 고구려 남부 국경 지대에 강력한 제2전선을 구축하여, 그 방어력을 분산시키고 원정군의 최대 약점인 군수품 조달을 남으로부터 받을 수 있게 한다는 방안. 그럴 때 새삼 주목되는 것이 신라와 신라군의 가치임.

➲ 신라의 김춘추는 고구려에 이어 647년 왜국으로 건너가 양국 간의 관계 개선을 위한 협상을 시도하였지만 별다른 성과를 얻지 못하였다.

➲ 김춘추는 648년 당(唐)으로 건너가 당 태종 이세민과 논의한 후 양국 간에 군사 동맹을 맺음. 신라 조정은 당의 연호와 관복을 채용하는 등 적극적인 친당 정책인 한화 정책(漢化 政策)을 시행.

➲ 신라의 끈질긴 노력에도 불구하고 왜국은 끝내 당−신라 축에 가담치 않았으며 기존의 백제−고구려 축에 우호적 관계를 유지하는 입장을 견지.

➲ 두 진영으로 갈라져 대치하는 상태는 660년 백제가 멸망하기 직전까지 지속.

고구려는 두고두고 지정학적 고리를 운명처럼 받아들였다.

이는 무슨 말인가? 현대의 연구 활동까지 지정학적 고리에 의한 중화권 포함 논리에 휩쓸리게 되었다. 고구려는 중국인이 세운 순수한 중국권 공동체였다는 식이다. 심지어 고려마저도 신라를 이어받은 것이기에 고구려와 무관하고 그리고 중국권은 한강 이북 전체를 포함하는 것이라는 식이다. 달리 말하기가 참 어렵다. 정치적 술책, 정략적 잔꾀, 이념적 꼼수 등으로 폄하하기도 어렵고 ― 그저 단순히 지정학적 고리에 의해 고구려는 운명적일 정도로 중국과 밀접할 수밖에 없었고 앞으로도 그럴 수밖에 없을 것이라고 말하는 편이 낫다는 것이다. 현대인들의 이러저러한 수작이나 술수마저도 결국은 아득한 과거로 변하고 자연스레 과거의 무덤 속으로 들어가게 될 것이다.

현대의 중국인들이 과거 역사를 대하는 태도에 잠식되고 있는 고구려 역사 연구 활동

고구려사 연구 현황과 전망

- ➦ 고구려사에 대한 실증적 연구는 조선 후기 실학자들에 의해 그 단초가 열렸다.
- ➦ 한백겸(韓百謙), 안정복(安鼎福), 정약용(丁若鏞) 등에 의해 주로 문헌 고증학적인 방법으로 역사·지리에 관한 문제들이 논급되었다.
- ➦ 그러나 이런 새로운 학풍이 미처 만개하기도 전에, 국권 상실과 함께 연구의 주도권은 일본인 학자들이 차지하게 되었다.
- ➦ 독일의 랑케사학을 이어받은 일본 근대 사학은 이른바 고등 문헌 비판에 의거해 관련 사료를 검토하여 모순되거나 불합리하다고 여겨지는 부분을 제거하고 객관적으로 논증되는 사실들만을 취하여 고구려사를 재구성한다는 것이었다.
- ➦ 자연 연구의 주된 부분은 《삼국사기》「고구려본기」의 사료적 가치에 대한 검토에 집중. 그 결과로 제시된 것이 산상왕 이전의 기사는 신빙성이 없는 것으로 판별하여, 고구려는 3세기 이후에 들어 비로소 믿을 수 있는 역사의 시

대로 들어선다고 보았다.

➲ 그 이전의 왕계를 위시한 《삼국사기》 기사는 후대인의 작위에 의한 것으로 결론.

➲ 초기 고대사 관련 기록에 대한 사료 비판은 근본적으로 고대사를 복원하고 재구성하기 위한 것인데, 일본인 학자들의 과도한 의고주의(疑古主義)적 자세와 고대 사회와 고대 사료의 성격에 대한 이해 부족으로 인해 사료 비판이 사료 말살로 치달아, 초기 고구려사를 허구로 돌리는 결과를 도출. 특히 그런 작업은 유사 이래로 왜소하고 허약한 나라라는 한국의 역사상을 만들어, 결과적으로 식민지 현실을 정당화하는 논리로 이용되는 잘못을 낳게 하였다.

★ 해방 후 이어진 분단과 전쟁에 따른 대립으로 고구려사의 무대였던 현장에 접근하기 어려운 실정이었으므로 고구려사 연구는 상당 기간 큰 진전이 없었다.

➲ 1960년대에 들어 북한 학계에서 광개토왕릉비에 관한 새로운 연구의 필요성이 제기되어 논란이 이어졌다.

➲ 고구려사의 전개에 대한 북한학계 나름의 이해 체계가 제시되었고, 그것은 오늘날까지 이어지고 있다. 즉, 고구려 초기부터 중앙 집권적 국가 체제를 수립하였고 그 사회의 성격을 중세로 본다는 시각이 그것이다.

➲ 남한 학계에선 1970년대 이후 고구려사 연구가 본격화되었음. 그것은 《삼국사기》「고구려본기」 초기 기사의 사료적 신빙성 검토에서 비롯하여 고구려 초기의 국가 구조와 정치 운영 형태, 고분 벽화의 검토, 대외 관계, 천하관(天下觀), 영역 확대와 지방제도의 정립 과정 등의 주제로 그 연구 영역이 확산.

➲ 1990년대에 들어 한중 관계(韓中 關係)의 정상화에 따라 만주 지역을 답사할 수 있게 되었고, 나아가 21세기에 들어 평양을 방문할 수 있게 되었음. 이에 따라 고구려사의 무대였던 지역에 대한 접근과 북한 및 중국 학계와의 직·간접 교류가 가능하게 되었으며 이는 관련 연구를 촉진. 아울

러 새로운 연구 인력의 확충과 고고학적 발굴 성과에 대한 이해의 축적은 연구 역량을 크게 강화하였고, 상당한 연구 성과를 냈다.

✪ 1990년대 이후 중국 학계의 고구려사 연구가 양적·질적으로 크게 발전.

➜ 특히 21세기에 들어 중국의 국가적 사업인 동북공정(東北工程)에 따른 일련의 주장이 제기됨에 따라 고구려사 연구는 새로운 국면을 맞게 되었다.

➜ 그것은 고구려사에 대한 기존의 이해 체계를 변경하려는 것이었다. 고구려사의 성격을 중국사에 귀속되는 중국의 한 지방사(地方史)로 규정하고, 그에 입각해 고구려사를 해석하려는 것이다.

➜ '중국 고구려사론(中國 高句麗史論)'이라 할 수 있는 이 시각은 20세기 초부터 제기된 바 있고, 다민족 국가인 중국의 민족이론인 '중화민족론(中華民族論)'에 뿌리를 둔 것이다. 즉, 현재 중국 영토 내에 포괄되어 있는 55개 소수 민족은 유사 이래로 중앙의 한족(漢族)과 긴밀한 교류를 해왔으며, 언젠가는 한족과 완전 융합하여 하나의 중화민족을 형성할 것이라는 주장이 그것이다.

➜ 달리 말하자면, '현재 중국 영내의 소수 민족들은 과거에도 한족과 교류·융합해왔고 현재도 그러하며 미래에는 한족에 완전 융합·동화될 것이다.'라는 주장임. 이에 따라 "중국 영내의 모든 지역의 주민은 중국인이며, 그들의 역사는 중국사다."라고 규정하였다.

✪ 고구려사의 무대는 오늘날의 중국 영역 내에 한정된 것이 아니었다.

➜ 그래서 제기된 것이 '일사양용론(一史兩用論)'이다. 즉, 지금의 국경선을 기준으로 고구려사의 귀속을 규정하려 하니, 427년 평양으로 천도하기 전의 일들은 중국사이고 그 이후의 일들은 한국사가 되어, 하나의 역사가 중국사도 되고 한국사도 된다는 주장임.

➜ 이런 주장에 대해선 어떻게 427년을 경계로 고구려사의 성격과 그 귀속을 달리 규정할 수 있느냐는 반론이 따르게 마련이다. 이런 점을 의식하여 중

국 학계에선 동북공정의 일환으로 새로운 시각을 제시. 즉, 현재의 국경이 기준이 아니라 역사상 중국 왕조가 가장 넓게 팽창하였던 시기의 경계를 기준으로 한 '역사 영역론(歷史 領域論)'이 그것이다.

➔ 이에 따르면 한나라 제국의 영역의 남쪽 한계인 한강 유역을 경계로 하여 그 이북 지역을 중국의 역사 영역으로 설정하여야 한다는 것이다.

➔ 그러면 한강 이남 지역만이 한국사의 역사 영역이라는 주장이다. 나아가 고구려사의 의의는 중국의 역사 영역을 한족(韓族)의 나라들의 침탈로부터 지켰다는 데 있다고 하였다. 이는 일사양용론에 비해 더 적극적이고 팽창적인 시각을 나타낸 것이다.

✪ 이와 같은 기본 입장에 서서 중국 학계는 고구려사가 중국사에 속한다는 공식적인 논지를 여러 주제를 통해 개진.

➔ 단군조선은 존재하지 않았고, 기자조선은 실재하였으며, 위만조선은 중국인들에 의한 정복국가였다고 풀이하였다.

➔ 그리고 이어 한군현(漢郡縣)이 설치되었고, 그 하나인 현토군에서 고구려가 발흥하였다. 고구려는 중국의 고대 종족인 고이족(高夷族)이 세운 나라이며, 예맥족(濊貊族)은 중국의 고(古)민족이었다고 하였다.

➔ 즉, 고구려는 중국의 역사 영역에서 중국의 고대 종족에 의해 세워진 나라였고, 건국 이후 계속 조공·책봉 관계를 통해 중원의 왕조에 정치적으로 예속되어온 중국의 지방정권이었으며, 고구려 멸망 이후 그 유민의 다수가 중국의 한족에 흡수·동화되었으므로, 고구려사는 중국사에 속한다고 주장하였다.

➔ 왕건의 고려는 신라를 계승한 나라이므로 고려가 고구려를 계승하였다는 것은 그릇된 주장에 불과하며, 그리고 고구려사가 한국사에 속한다는 10세기 이후의 중국 사서의 기술은 착오였다고 풀이하였다.

✪ 중국 학계의 주장에 대해 구체적인 검토와 비판이 행해졌다.

➔ 기자조선은 허구적인 전설에 의거한 것이며, 위만조선은 중국계 유이민과

고조선 토착민의 연합정권이었는데 이를 중국계 주민에 의한 정복왕조로 규정함은 이해를 잘못한 것이며, 고조선 지역의 주민은 종족적으로는 예족이었고 일찍부터 농경과 청동기 문화를 영위해왔던 만큼 고조선 지역의 문명의 여명이 마치 한(漢)족의 이주와 정복에 의해 열린 것처럼 주장하는 것은 사실에 어긋난다.

➔ 그리고 고구려인의 기원을 고이족으로 보는 견해는 근거가 없는 설이다. 즉,《일주서(逸周書)》의 「왕회(王會)」 편에서 성주지회(成周之會)에 참가한 종족 중 고이가 보이는데, 이 고이를 고구려라고 한 언급한 문서는 성주지회가 있었다고 하는 시기로부터 무려 1600여 년 뒤인 4세기 초 사람 공조(孔晁)의 주(注)가 유일한 것이며, 고이가 산동반도에서 요동반도로 이주하여 혼강 유역에 정착하게 되었다는 이동 경로에 대한 주장도 전혀 문헌적·고고학적으로 전혀 증명되지 않는다.

➔ 중국 왕조와 고구려 간의 조공·책봉 관계의 성격은 어디까지나 의례상의 상하 관계를 설정하는 정도 이상의 의미를 지닌 것은 아니며, 더욱이 이를 고구려가 중국 왕조의 지방 정권이었다는 주장의 근거로 상정하는 것은 역사적 실상에 부합치 않는다.

➔ 고려가 고구려 계승을 표방한 것은 한반도 중부 지역 주민들이 공유하고 있던 고구려 계승의식에 바탕을 둔 것이었다.

➔ 고구려 유민과 발해 유민의 다수가 중국 내지로 끌려가 한족에 흡수·동화된 것은 사실이다. 이들 유민들은 한족들에 비해 절대 소수이며, 동화된 뒤에는 이들이 고구려 계승의식을 가지지 못했다.

✪ 중국의 고구려사론은 정치적 주장 이상의 객관적 근거를 지닌 설이라고 여겨지지 않는다.

➔ 그런데 중국 학계에선 앞으로도 계속 이런 주장이 견지될 것으로 여겨진다. 이에 대응하기 위한 근본적인 방안은 한국의 연구 역량의 확충과 객관적 연구의 심화다.

➔ 현지 조사와 발굴이 사실상 어려운 상황에서 일방적인 중국 학계의 보고

서에 의존하지 않을 수 없는 형편이지만, 광범위한 자료 수집과 객관적인 실증적 연구를 통해 고구려사를 재구성하기 위한 끊임없는 노력이 요구되는 바다.

(출처: 《한국민족문화대백과》)

13

13.

백제에 대하여

백제의 역사는 고구려와 맞닿아 있다. 우선 건국 신화에서 접합점이 있다.

그리고 백제가 한강 유역에서 시작하여 남하한 과정 속에서도 고구려와 직간접으로 이어진 부분들이 있다. 하나, 삼국 시대를 구가한 한 축이었지만, 백제는 지정학적 위치 때문에 가장 먼저 멸망하게 된다.

백제 말기의 정복전쟁으로 신라가 궁지에 내몰린 탓도 있었겠지만, 가장 큰 요인은 백제가 나당연합군의 전략적 포위선상에 있었다는 점일 것이다. 바로 그 점과 백제 자체의 원인으로 인해 백제는 고구려보다 먼저 멸망하고 먼저 부흥운동을 펴야 했다. 백제는 과연 고구려 역사와 어느 정도로 엇섞여 있었을까? 백제는 과연 신라와 어느 정도로 멀고 가까운 거리를 유지하며 흥망성쇠의 길을 걸었을까? 바다에 일찍 눈을 뜬 덕분에 일본과 가장 가까웠다고 알려진 백제. 서해를 통해 중국과도 이래저래 가장 밀접할 수밖에 없었던 백제. 그 백제에 대한 궁금증을 가지고 다시 한 번 그 역사적 자취를 되돌아보자.

몇 줄로 압축한 백제 역사

백제 역사 압축

➔ 삼국(三國)의 하나로서 한반도 중서부에 위치했으며 660년에 멸망한 고대 국가.

➔ 별칭: 구다라, 백제국(伯濟國)

➔ 백제(百濟)는 서기전 18년에 부여족(扶餘族) 계통인 온조(溫祚)집단에 의해

현재의 서울 지역을 중심으로 건국.

➔ 4세기 중반에는 북으로 황해도에서부터 경기도·충청도·전라도 일대를 영역으로 하여 전성기를 영위함.

➔ 660년에 나당연합군(羅唐聯合軍)에 의해 멸망.

➔ 이후 3년간 치열한 부흥운동(復興運動)을 전개하였지만 이마저 실패함.

✪ 678년 동안 존속한 백제 역사의 전개 과정을 수도 변천을 중심으로 살펴보면 다음과 같다.

➔ ① 한성 도읍기(漢城 都邑期: 기원전 18 ~ 기원후 475),

➔ ② 웅진 도읍기(熊津 都邑期: 475~538),

➔ ③ 사비 도읍기(泗沘 都邑期: 538~660)로 시기를 구분.

✪ 백제를 구성한 주민들의 계통을 보면 선주 토착민은 한인(韓人)

➔ 여기에 예인(濊人)들이 섞였다.

➔ 한성 도읍기의 지배층은 부여족 계통이 주류.

➔ 4세기 이후 삼국 간의 접촉과 중국 및 왜(倭)와의 접촉이 본격화되면서 신라인·고구려인·왜인·중국 계통의 사람들도 지배 세력으로 흡수.

✪ 백제는 세 차례 천도를 하면서 개성 있는 문화를 형성.

➔ 한성 시대에는 서울시 석촌동에 있는 대규모의 적석총(積石塚)에서 볼 수 있듯이 고구려적인 성격을 강하게 띠었다.

➔ 웅진 및 사비로 천도하면서 중국의 남조 문화(南朝 文化)를 받아들여 세련되고 우아한 문화를 만들어 냈다. 지정학적인 이점을 최대한 이용해 중국의 새로운 문물을 받아들여 이를 백제화하고, 다시 왜나 가야(加耶)에 전수해 고대 동아시아 공유(共有) 문화권을 형성하는 데 중심적인 역할을 수행.

흥망성쇠는 생로병사와 같다. 순환이기도 하고 탄생과 재탄생의 고리이기도 하다. 어느 역사나 역사가 되면 이미 사라지고 없어진 것이다. 그래서 역사 공부, 역사 연구는 사실 망한 이야기이고 망한 사람들에 대한 모호한 반추이고 회고일 수밖에 없을 것이다. 그렇다면 역사가 고유하고 독특하듯이 그 흥망성쇠 또한 그에 맞게 고유하고 독특할까? 망해 가는 과정 또한 백제는 백제답고 고구려는 고구려답고 신라는 신라다울까? 과거시제로 물어보아도 되고 현재 시제로 바꿔서 돌아봐도 될 것이다. 어떤 식으로든 더 자세히 보고 더 정확하게 볼 수 있다면 실로 금상첨화일 것이다.

백제의 흥망성쇠(興亡盛衰) 요약

백제 역사 요약

1. 건국과 성장

➔ 《삼국사기(三國史記)》에 따르면, 백제는 기원전 18년에 온조집단이 고구려에서 남하해 내려와 한강 유역의 위례성(慰禮城)에 자리를 잡고 나라를 세운 것임.

➔ 백제의 건국 과정을 정리하기 위해서는 기본 사료인 《삼국사기》「백제본기(百濟本紀)」의 초기 기록과 《삼국지(三國志)》「동이전 한전(東夷傳 韓傳)」의 내용이 상충하는 점에 대한 분명한 입장을 가져야 함.

영역과 관련하여 《삼국지》「동이전」에 따르면, 3세기 중엽 무렵까지 경기·충청·전라도 지역에 마한(馬韓) 54국이 자리하고 있었으며 백제는 그중의 하나인 백제국(伯濟國)으로 등장.

➔ 《삼국사기》「백제본기」에는 기원전 1세기 초에 백제 온조왕(溫祚王)이 전라북도 고부(古阜)까지 영역으로 확보한 것으로 나와 있음. 지배 체제와 관련하여 「동이전」에는 국의 지배자인 국읍(國邑) 주수(主帥)가 읍락(邑落)의 거수(渠帥)들을 잘 제어하지 못하는 것으로 묘사.

➔ 「백제본기」에서는 3세기 중엽경 이미 6좌평(佐平)·16관등제(官等制)라고 하

는, 잘 짜인 국가 조직을 갖춘 것으로 나와 있음.

➔ 두 사서가 보여주는 백제의 모습이 매우 다르기 때문에 어느 자료를 택하느냐에 따라 백제의 건국·성장 과정을 이해하는 데 커다란 차이가 있음(초기 기록을 신뢰하는 입장과 동이전의 내용을 강조하는 입장 등). 여기서는 3세기까지 백제국은 마한연맹체의 일원이었다는 「동이전」의 내용을 중시. 「백제본기」의 초기 기록에 보이는 영역 확대 기사는 후대의 것이 부회(附會)된 것으로 보는 절충론(折衷論)의 입장에서 정리.

✪ 《삼국사기》 「백제본기」에 두 가지의 건국 설화(建國 說話)

➔ 온조 중심의 설화에 의하면 온조는 고구려 건국자인 주몽(朱蒙)과 졸본왕녀(卒本王女) 사이에서 태어났으며 그 뒤 주몽의 원자인 유리(瑠璃)가 아버지를 찾아와 태자가 되자, 형 비류(沸流)와 함께 남하해 위례(慰禮)에 정착하여 나라를 세웠고, 비류가 죽자 그를 따르던 무리들을 통합.

➔ 비류 중심의 건국 설화에 따르면 비류는 해부루(解夫婁)의 서손(庶孫)인 우태(優台)와 소서노(召西奴) 사이에서 태어났으며, 우태가 죽은 뒤 주몽이 졸본으로 망명해오자 소서노는 주몽에게 개가(改嫁)해 고구려 건국을 도왔으며, 그 뒤 주몽의 맏아들인 유리가 아버지를 찾아와 태자로 책봉되자 비류는 어머니를 모시고 무리를 이끌고 남으로 내려와 미추홀(彌鄒忽)에 정착.

➔ 건국 설화에 의하면, 백제를 건국한 주체 집단은 부여족 계통의 유민.

➔ 온조집단은 처음에는 하북위례성(河北慰禮城)에 정착해 나라를 세우고 국호를 '십제(十濟)'라고 하였다. 이후 십제는 미추홀(현 인천광역시 일대)의 비류계 세력과 연맹을 형성.

➔ 형제 설화에서 비류가 형으로 나오는 것은 연맹 초기에 비류계가 주도권을 장악한 것을 의미하는 것이며, 비류가 죽자 그를 따르든 무리들이 온조에게 귀부했다는 것은 그 후 어느 시기에 온조계가 연맹장의 지위를 차지한 것을 보여주는 것임.

➔ 그 시기는 초고왕[肖古王: 5대, 재위 166~214, 일명 소고왕(素古王) 혹

은 속고왕(速古王): 개루왕의 장자] 때임. 초고왕(5대)은 정치의 중심지를 하남위례성(河南慰禮城)으로 옮기고 국호를 '백제'로 개칭. 이후 백제의 왕계는 온조계의 부여씨(扶餘氏)로 고정.

➜ 근초고왕[近肖古王: 13대, 재위 346∼375, 닮을 초(肖), 고기 육(肉)변]

✪ 백제의 성장에는 청동기 시대 이래 발달한 한강 유역의 청동기 및 초기 철기 문화의 기반과 그 위에서 이루어진 농업 생산력의 증대 및 내륙 지방은 물론 서해안과 잘 통할 수 있는 이점을 지닌 한강의 지정학적인 조건 등이 작용.

➜ 이후 백제의 성장은 크게 두 방향으로 전개.

➜ 하나는 연맹 내의 세력들에 대한 지배력을 강화하는 것임. 지배력 강화는 우보(右輔)·좌보(左輔)와 같은 직에 지역 세력들을 임명함으로써 이루어 졌다.

➜ 다른 하나는 외부의 압력에 대항하면서 영역을 확대하는 것임. 이때의 외부 세력은 백제의 성장을 저지하려는 중국 군현(郡縣)과 약탈적인 침략을 해오는 말갈[靺鞨: 버선(북방 종족) 말, 말갈 갈]로 표현되는 예(濊) 세력. 백제는 이들과 공방을 치르면서 성장.

✪ 3세기 중반에 들어서면서 한반도에서는 큰 정치적 변화가 발생함.

➜ 246년 진한(辰韓)의 8국을 분할하는 문제로 마한과 낙랑·대방군(樂浪·帶方郡) 사이에 전쟁이 발발. 이 전쟁에서 마한은 대방태수(帶方太守)를 전사 시키는 전과를 올림.

➜ 결국 패배하였고 이로 말미암아 목지국(目支國)의 위상이 약화.

➜ 이러한 상황을 이용하여 백제는 목지국을 제압하고 새로이 마한의 맹주국 이 되었다.

➜ 그 시기가 8대 고이왕(古爾王: 재위 234∼286, 고모왕, 제5대 초고왕의 동생, 제6대 구수왕이 죽은 뒤 장자 사반왕이 왕위를 계승, 나이가 어려 정 사를 감당하지 못하자 사반왕을 폐위시키고 8대 왕으로 즉위) 대임.

✪ 고이왕[8대, 구이왕(久爾王)·고모왕(古慕王)]은 주변 세력들을 아울러 북으로는 예성강(禮成江), 동으로는 춘천(春川), 남으로는 안성(安城)·성환(成歡), 서로는 서해에 이르는 지역을 영역으로 확보.

➡ 좌장(左將)을 설치해 병마권(兵馬權)을 장악하고, 좌평을 설치하여 귀족회의를 주관하게 함으로써 왕의 위치를 한 단계 격상.

➡ 금령(禁令)을 선포하고 솔계(率系) 관등과 덕계(德系) 관등을 토대로 하는 관제를 만들어 지배 체제의 확립을 도모(백제는 고대국가로서의 토대를 갖추게 되었다.).

2. 한성 시대

➡ 3세기 말~4세기 초에 중국의 서진(西晉)은 '8왕의 난'(291~306)이라고 하는 왕족들 사이의 반란과 만리장성 이북의 유목민[5호(五胡)]의 침입 등으로 혼란. 이로 말미암아 한반도에 위치한 낙랑군과 대방군은 고립무원의 상태에 놓임.

➡ 이에 백제는 낙랑에 대한 공격을 감행.

➡ 책계왕[責稽王: 9대, 재위 286~298, 일명 청계(靑稽, 머무를·쌓을 계(稽)) 또는 책체(責替, 쇠퇴할 체), 고이왕의 장자]과 분서왕(汾西王: 10대, 재위 298~304, 제9대 책계왕의 장자)이 낙랑 세력에 의해 피살되는 등 어려움을 겪기도 함.

➡ 300년 전후, 낙랑 세력에 의해 책계왕(9대)과 분서왕(10대)이 피살된 것을 계기로 초고왕(5대)계인 비류왕(比流王: 11대, 재위 304~344)이 왕위에 올랐다.

✪ 비류왕(11대)은 김제에 대규모의 벽골제(碧骨堤)를 축조하는 등 수리 시설을 확충시켜 농업 경제력의 기반을 확대. 활 쏘기 연습을 장려하는 등 군사력을 강화.

➡ 서제(庶弟) 우복[優福: 扶餘優福(부여우복)]의 반란을 평정한 후에는 진씨

(眞氏) 세력과 결합해 정치적 기반도 안정.

✪ 비류왕(11대)의 개혁정치를 토대로 근초고왕[近肖古王: 13대, 재위 346〜
375, 11대 비류왕의 아들, 아들은 14대 근구수왕(近仇須王: 재위 375〜384,
원수 구, 모름지기 수)]이 즉위하여 초고왕계(肖古王系)의 왕위 계승권을 확립.

➔ 즉위 후 근초고왕은 진씨(眞氏) 출신의 여자를 왕비로 맞이하여 아신왕(阿
莘王) 대까지 계속되는 진씨(眞氏) 왕비족 시대를 열었다.

➔ 귀족 세력들의 상하 서열을 명확하게 하기 위해 관등제를 일원화.

➔ 지방의 생산물을 파악하고 지방에 대한 통제력을 강화하기 위해 영역을 행
정 구역으로 나누고 지방관을 파견. 이를 담로제(擔魯制)라 한다.

➔ 담로제의 실시로 지방에 대한 중앙의 통제는 직접 지배로 바뀌었다.

➔ 박사(博士) 고흥(高興)으로 하여금 《서기(書記)》를 편찬하게 하여 왕실의
권위를 신성화하고 정통성을 확립.

✪ 공고해진 국내 정치를 기반으로 근초고왕은 대외 정복 활동을 전개.

➔ 《일본서기》 신공기(神功紀) 49년(수정 연대 369)조에는, 왜가 비자벌(比子
伐: 경남 창녕)·남가라(南加羅: 경남 김해)·안라(安羅: 경남 함안)·가라
(加羅: 경북 고령) 등 가야 7국을 평정한 뒤 군대를 돌려 고해진(古奚津:
전남 강진)에 이르고 남만(南蠻) 침미다례[忱彌多禮: 新彌國(신미국)]를 정
벌하였으며, 4읍[비리(比利)·벽중(辟中)·포미지(布彌支)·반고(伴古)]으로
부터 항복을 받아 백제에 준 것으로 나온다.

➔ 왜가 백제에 땅을 주었다는 것은 《일본서기》 편찬자가 왜곡하고 윤색한 것
이 분명함. 이 기사의 역사적 실상은 근초고왕이 가야 지역으로 진출해 왜
와의 교역로를 확보했다는 것과 전라도 지역에 잔존하고 있던 마한의 잔여
세력을 정복했다는 것을 의미함. 따라서 근초고왕 대에 백제는 남으로 영
산강(榮山江) 유역까지를 영역으로 편입. 영산강 유역을 장악한 근초고왕
은 남진해 내려오는 고구려 세력과 대결.

➔ 371년(13대 근초고왕 26)의 평양성전투(平壤城戰鬪)에서 고국원왕[故國

原王: 16대, 재위 331~371, 15대 미천왕의 아들]을 전사시키는 승리를 거두어 수곡성(水谷城: 황해도 신계)까지 영역으로 하였다.

➡ 9대 고국천왕[故國川王: 재위 179~197): 제8대 신대왕(新大王)의 둘째 아들[형 발기를 제치고 추대로 등극]

⭐ 백제 초기의 대중 관계(對中關係)는 낙랑·대방군을 중심으로 이루어졌으나, 근초고왕(13대)이 동진(東晉)에 사신을 파견하고 동진으로부터 '진동장군영낙랑태수(鎭東將軍領樂浪太守)'의 작호(爵號)를 받음으로써 본격적으로 진행.

➡ 이 시기의 조공(朝貢)은 한반도 내에서의 역학 관계를 중국과 연결함으로써 세력 균형을 유지하려던 외교 행위.

➡ 백제의 중국에 대한 외교는 지리 관계상 주로 남조를 중심으로 이루어졌지만 때로는 고구려를 견제하기 위해 북조(北朝)와의 교섭도 추구.

⭐ 백제와 왜와의 관계

➡ 《삼국사기》에는 우호적이고 상호 원조하는 형태로 묘사되어 있음.

➡ 이는 일본 열도로 이주한 백제계 사람들이 왜 정권(倭 政權)의 핵심에 자리한 것과도 일정한 연관성을 갖고 있음.

➡ 백제와 왜와의 관계는 13대 근초고왕 대에 본격적으로 이루어졌다. 당시의 양국 관계는 칠지도(七支刀)에 새겨진 금 상감 명문에서 엿볼 수 있다. 이에 의하면 백제는 왜왕을 후왕(侯王)으로 대우한 것임. 이러한 관계 속에서 백제는 왜에 학술·기술 등 선진 문물을 제공.

➡ 그 대신 왜는 백제를 군사적으로 지원.

➡ 백제가 왜에 박사 왕인(王仁)을 파견하여 《천자문(千字文)》과 《논어(論語)》를 보내준 것은 전자의 사례가 되며, 「광개토왕비문(廣開土王碑文)」에 왜군이 백제를 도와 고구려, 신라군과 싸운 것은 후자의 예임.

⭐ 침류왕[枕流王: 15대, 재위 384~385, 근구수왕의 장남] 대

➡ 백제는 동진(東晉)으로부터 온 인도 승려 마라난타(摩羅難陀)를 예로써 맞

이. 불교를 공인. 불교 공인을 통해 백제는 확대된 영토와 강화된 왕권을 지지하는 고대 국가의 이데올로기를 확립해 보편적인 세계관을 형성.

🠖 침류왕이 재위 1년 반 만에 죽은 뒤, 동생 진사(辰斯)는 조카 아신(阿莘)의 왕위를 찬탈.

🠖 7년 뒤 아신은 숙부 진사왕(辰斯王: 16대)을 쫓아내고 17대 아신왕으로 즉위. 왕족 사이에서 왕위 계승을 둘러싸고 일어난 갈등의 배후에는 왕비족으로서의 진(眞)씨 세력의 힘이 강하게 작용. 진(眞)씨 세력은 군권(軍權)을 장악해 정치적 영향력을 행사.

✪ 이 시기 백제는 고구려와의 공방을 계속.

🠖 4세기 말에 와서 고구려 광개토왕은 적극적인 정복 정책을 추진. 신라를 자국 편으로 끌어들인 뒤 백제에 대한 공격을 단행. 그 결과 백제는 58성(城) 700촌(村)을 점령당하고, 왕제(王弟)와 대신(大臣) 10명을 고구려에 인질로 보내야 하는 궁지에 몰렸다.

🠖 한반도에서의 세력 불균형을 극복하기 위해 아신왕[阿莘王: 17대, 370~405, 재위 392~405)]은 태자 전지(腆支: 18대 전지왕)를 왜에 파견해 원군을 요청. 또 고구려에게 빼앗긴 북방의 요충지인 관미성(關彌城)을 탈환하려고 군사를 일으켰지만 실패.

✪ 17대 아신왕이 죽은 뒤 왕위 계승을 둘러싸고 지배 세력 사이에 갈등 발생.

🠖 이 과정에서 태자 전지(18대 전지왕)를 지지한 해씨(解氏) 세력이 왕제 혈례(碟禮)를 지지한 진(眞)씨 세력을 누르고 전지왕(腆支王: 18대)을 옹립.

🠖 해(解)씨 세력은 진(眞)씨를 대신하여 왕비를 배출. 이로써 실권(實權) 세력은 진씨에서 해씨로 교체. 실권을 장악한 해씨 세력은 상좌평(上佐平)을 설치하여 군국정사(軍國 政事)를 맡게 하는 등 실권 귀족 중심으로 정치 운영. 실권 귀족 중심의 정치 운영은 구이신왕(久爾辛王: 19대) 대와 비유왕(毗有王: 20대) 대에도 지속(왕권은 매우 미약하게 되었다.).

✪ 이 시기에 고구려 장수왕(長壽王)은 광개토왕이 정복한 영토를 효율적으로 지배하며 왕권을 강화하기 위해 평양 천도를 추진.

➜ 이 기간 동안 장수왕은 대외 정복 활동을 자제하였지만 427년 평양 천도를 단행한 후 남진을 재개.

➜ 고구려의 남진은 백제와 신라에 큰 압박으로 작용함.

➜ 이에 대항하기 위해 백제는 신라에 우호 관계를 맺을 것을 요청하며 비유왕(20대) 8년(434)에 동맹을 체결. 이 동맹은 백제가 주도하여 이루어졌기 때문에 제라동맹(濟羅同盟)이라고 함.

➜ 이 동맹은 고구려의 침략에 대해 공동으로 방어하는 공수동맹(共守同盟)의 성격을 지녔음.

➜ 비유왕(20대)은 송(宋: 위진남북조 시대의 남조)에 사신을 보내 역림, 식점과 더불어 요노(腰弩)를 요청. 요노라고 하는 신무기를 도입하여 백제 무기 체계를 새롭게 정비.

➜ 비유왕은 비명에 사망했기에 흑룡(黑龍)이 사라진 후 죽었다는 기사와 무덤도 제대로 조영되지 못하였다는 사실이 기록되어 있음.

✪ 위기 상황에서 즉위한 개로왕(蓋鹵王: 21대)은 후반에 와서 실권 귀족 중심 체제를 극복하여 왕권을 강화하고 왕실의 권위를 높이려고 하였다.

➜ 개로왕은 궁실을 장려하게 하고, 부왕(20대 비유왕)의 능을 개수했으며, 북위(北魏)에 사신을 보내 군사 원조를 요청하는 등 일련의 조처를 시행. 그러나 왕권전제화 정책(王權專制化政策)을 시행한 결과, 안으로는 귀족들의 반발에 직면했고, 대규모의 토목공사로 국가 재정이 탕진되었으며, 밖으로는 북위가 군사 원조를 거부함으로써 그러한 조치들이 성공을 거두지 못하였다.

✪ 이러한 상황을 이용하여 고구려는 475년에 3만의 군대를 동원하여 백제 공격을 단행

➜ 장수왕이 거느린 고구려군의 공격을 받은 백제는 제대로 싸워 보지도 못한

채 왕도(王都)가 함락되고, 개로왕[蓋鹵王: 21대, 재위 455~475, 근개루왕(近蓋婁王), 개도왕(蓋圖王)]은 사로잡혀 죽음을 당했다.

⮕ 백제는 웅진 천도(熊津 遷都)를 통해 새로운 국면을 맞이함.

3. 웅진 시대

⮕ 고구려군(장수왕)에 의해 한성이 함락되기 직전 신라에 원병을 요청하러 간 문주(文周)는 원병 1만 명을 얻어 돌아왔다. 그러나 이미 개로왕은 전사하고 한성도 함락된 뒤였다. 이에 문주는 목협만치(木劦滿致), 조미걸취(祖彌桀取)의 보필을 받아 22대 문주왕으로 즉위한 후 웅진으로 천도.

⮕ 웅진으로 천도를 하게 된 데는 웅진 지역에 기반을 둔 백씨(白氏) 세력의 도움이 컸다. 금동 관, 금동 신발, 장식대도, 중국제 청자가 다수 출토된 공주 수촌리 고분군은 백씨 세력의 위상을 잘 보여준다.

⮕ 웅진 천도 후 문주왕(文周王)은 왜에서 귀국한 동생 곤지(昆支)를 내신좌평(內臣佐平)으로 삼고, 장자인 삼근(三斤: 23대 삼근왕)을 태자로 책봉해 왕실의 안정을 꾀하면서 국가 재건을 위해 노력함.

⮕ 그러나 한성에서 남하해온 귀족들은 내부 분열을 일으키고 있었고, 밖으로는 서해의 해상 제해권이 고구려에 넘어감으로써 대 중국 접촉도 방해를 받게 되었다.

⮕ 혼란을 틈타 병권을 장악한 병관좌평(兵官佐平) 해구(解仇)는 문주왕(22대)을 살해하고, 어린 삼근왕(三斤王: 23대)을 세운 후 전권을 휘두르다가 반란을 일으킴.

⮕ 해구의 반란은 덕솔(德率) 진로(眞老)에 의해 평정되었고 삼근왕(23대)도 재위 3년 만에 죽었다. 이에 진로는 왜에 있던 동성(東城: 24대 동성왕)을 옹립.

⭐ 동성왕[東城王: 24대, 재위 479~501]은 즉위 후 실추된 왕권을 회복하고 어려운 정치 상황을 타개하기 위해 노력.

⮕ 신라 왕족인 이찬(伊飡) 비지(比智)의 딸을 아내로 맞이해 신라와의 동맹

체제를 더욱 공고히 하는 한편, 사씨(沙氏), 연씨(燕氏), 백씨(苩氏) 등 신진 지방 세력들을 중앙에 등용해 한성에서 내려온 기존 세력과의 상호 견제와 균형을 도모.

➥ 중국 남제(南齊)와의 교통을 재개함으로써 국제적인 고립을 탈피.

➥ 북위(北魏)에 대해서는 위로(魏虜), 흉리(匈利)로 폄하하는 등 대립각을 세웠다.

➥ 동성왕은 19년(497)에 병관좌평 진로가 죽자 신진 세력의 하나인 연돌(燕突)을 병관좌평으로 삼았다. 신진 세력의 위세가 커지자 이를 억제하기 위해 동성왕은 측근 중심의 정치 운영을 도모. 이에 반발하는 위사좌평(衛士佐平) 백가(苩加)를 가림성(加林城)의 성주(城主)로 파견. 불만을 품은 백가는 도리어 자객을 보내 동성왕(24대)을 살해.

➥ 21대 개로왕은 전쟁 중 포로가 된 후 죽고, 22대 문주왕과 24대 동성왕은 신하가 시해. 26대 성왕은 전사.

✪ 동성왕(24대)을 이어 무령왕(武寧王: 25대)이 즉위

➥ 《삼국사기》 「백제본기」에는 무령왕(25대, 재위 501~523)이 동성왕의 차남이라고 기록되어 있음.

➥ 「무령왕릉지석(武寧王陵誌石)」과 《일본서기》에 인용된 《백제신찬(百濟新撰)》을 종합해보면, 무령왕은 동성왕의 이모(異母)형임.

➥ 즉위 후 무령왕은 먼저 백가의 난을 평정해 왕권을 안정시킴.

➥ 고구려에 선제 공격을 단행하는 등 공세적 입장을 취하여 세력 균형을 이루었다.

➥ 제방을 수리하게 하고 유식자(遊食者)들을 귀농(歸農)시켜 금강 유역권과 영산강 유역권을 적극 개발.

➥ 지방 통치 조직인 담로에 자제 종족을 파견하여 지방에 대한 통제력도 강화.

➥ 섬진강 유역으로 진출하여 남원·하동 지역을 장악함으로써 한성을 상실한 이후 축소된 경제 기반을 확대. 이 토대 위에서 무령왕은 다시 강국이 되었음을 선언하였고 중국 양(梁)나라로부터 '영동대장군(寧東大將軍)'의 작호

를 받아 국제 무대에서도 두각을 나타냄.

➔ 무령왕릉에서 출토된, 호화롭고 풍부한 부장품들은 무령왕 대의 왕권의 신
장과 국력의 성세를 보여주는 물적 증거가 되는 것이다.

4. 사비시대

➔ 웅진 지역의 지리적 조건은 방어하기에 좋은 요충지이나 한 나라의 수도로
서는 협소했음.

➔ 이에 성왕(聖王 : 26대, 재위 523~554, 무령왕의 아들)은 25대 무령왕 대에
구축된 안정적인 체제를 기반으로 백제의 중흥과 왕권 강화를 이루기 위해
사비로의 천도를 단행

➔ 사비 지역은 금강이 감돌아 방어에 유리하고 또 넓은 평야가 펼쳐져 있어 경
제적인 측면에서도 유리한 곳이었음. 사비로의 천도는 성왕의 영민하고 과단
성 있는 결단과 성왕을 지지하는 세력이 있었기 때문에 가능. 사비 천도를
적극 지지한 세력으로는 사비 지역을 기반으로 한 신진 세력인 사씨(沙氏)
세력과 한성에서 남하해 온 목씨(木氏) 세력 등이 있음.

➔ 성왕은 사비에 왕궁을 비롯해 여러 관청을 건축하고, 부소산을 중심으로 좌
우로 연결되는 나성(羅城)을 축조하고 시가지는 방리제(方里制)에 입각해 정
비한 후 538년(성왕 16)에 천도.

➔ 26대 성왕은 사비 천도 후 성왕은 왕권 강화를 위한 제반 조처를 추진.

➔ 우선 국호를 '남부여(南扶餘)'로 개칭하여 부여족의 전통을 강조함으로써 왕
실의 전통성과 권위를 강화.

➔ 중국 남조와의 교류를 통해 모시박사(毛詩博士)·강례박사(講禮博士) 등을
초빙하여 문화의 질을 높이고, 선진 문물을 왜에 전수.

➔ 중인도(中印度)로부터 오부율(五部律)을 갖고 온 겸익(謙益)을 우대, 백제적
계율종(戒律宗)을 설립시키고 계율을 강조함으로써 불교 교단에 대한 통제
를 강화.

➔ 중앙 통치 조직으로 좌평을 1품으로 하고 극우(剋虞)를 16품으로 하는 16관

등제를 정비하고, 22부사제(部司制) 등 중앙의 중요 관청들을 설치.

➥ 수도의 행정 조직은 5부(五部)로 나누고 각 부 아래에 5항(五巷)을 두는 5부–5항제로 완비.

➥ 지방은 전국으로 5방(五方)으로 나누고 그 아래에 군(郡)과 성[城: 현(縣)]을 두는 '5방–군–성(현)제'를 편제하여 지방에 대한 통제력을 강화.

➥ 집권 체제가 갖추어지면서 왕명을 받들어 행하는 22부가 정치 운영에서 핵심적인 위치를 차지하게 되었고, 그 결과 귀족들의 회의체인 5좌평제는 그 위상이 약화.

➥ 사비 천도 후 중흥을 이룩한 성왕은 한강 유역 회복 작전을 기도. 자력으로 고구려를 공격하기 어려웠기 때문에 신라·가야군과 연합군을 형성.

➥ 이 시기 고구려는 대외적으로는 서북으로부터 돌궐(突厥)의 남하에 따른 압력을 받고 있었고, 내적으로는 왕위 계승을 둘러싸고 외척들이 싸움을 벌이는 등 내분을 겪고 있었다. 이 틈을 이용하여 신라·가야군과 연합한 백제군은 551년 고구려에 대한 공격을 단행하여 마침내 한강 하류를 차지(신라는 한강 상류를 점령하는 데 성공).

➥ 신라는 한강 상류의 점령에 만족하지 못하고 중국과 직접 교류할 수 있는 거점을 확보하기 위해 비밀히 고구려와 결탁한 후 백제가 점령하고 있던 한강 하류 유역을 백제로부터 빼앗았다. 신라의 이러한 돌발 행동으로 양국 사이의 화호(和好) 관계는 깨지고 말았다. 격분한 성왕은 원로 대신인 기로(耆老)들의 반대를 무릅쓰고 왕자 여창[餘昌: 扶餘昌(부여창)]과 함께 군사를 일으켜 신라를 공격.

➥ 이 정벌에서 백제군은 초기에는 우세를 보였으나 마침내 관산성전투(管山城戰鬪)에서 성왕은 신라 복병에게 의해 사로잡혀 전사함으로써 대패. 이 패배로 백제는 왕과 좌평 4명, 사졸(士卒) 3만여 명이 전사하였고 전선에 나가 있던 왕자 여창도 간신히 목숨을 구하였다.

➥ 관산성전투에서 패전한 후 신라 정벌을 반대한 기로들은 위덕왕(威德王: 27대)에게 패전의 책임을 추궁하면서 정치적 발언권을 확대. 사씨, 연씨, 해씨, 진씨 등 '대성 팔족(大姓 八族)'으로 표현되는 가문들이 실권을 장악. 실권 귀

족들은 좌평의 정원을 5명에서 6명으로 확대하여 6좌평 회의체(六佐平 會議體)를 최고 귀족회의체로 만든 후 정치 운영을 주도함.

✪ 위덕왕(27대)은 10년(567)에 성왕(26대)의 명복을 빌기 위해 능사(陵寺)를 창건하고 여기에 사용할 도구의 하나로 금동대향로(金銅大香爐)를 만들었다.

  ➔ 금동대향로는 성왕이 추구한 유교·불교·도교 삼교(三敎)의 공존과 상보를 표현한 것임.

  ➔ 위덕왕 20년(577) 죽은 왕자를 위해 왕흥사(王興寺)를 창건.

  ➔ 법왕(法王: 29대)은 위덕왕 대에 지어진 왕흥사를 국가적 차원의 사찰로 그 격을 높여 위축된 왕권을 회복하고자 하였지만 실권을 쥔 귀족들의 반대로 재위 2년 만에 죽었다.

  ➔ 실권 귀족들은 익산(益山)에서 마(薯)를 캐며 살던, 몰락한 왕족 출신인 무왕[武王: 扶餘璋(부여장)]을 옹립해 30대 무왕으로 세웠다.

  ➔ 무왕의 출자에 대해《삼국사기》에는 법왕(29대)의 아들로 나오지만《삼국유사》에는 지룡(池龍)의 아들로 되어 있다. 무왕이 왕이 되기 전에 서동(薯童)으로서 가난한 삶을 살았다는 사실로 미루어 보면 그는 몰락한 왕족 출신일 것으로 추정됨.

✪ 재위 41년을 기록한 무왕(30대, 재위 600~641)은 귀족들의 정략적 옹립에 의해 왕이 되었지만, 즉위 후 실추된 왕권의 회복을 위해 일련의 조처를 추진.

  ➔ 왕실의 권위를 높이기 위해 신라 진평왕[眞平王: 26대, 재위 579~632, 진흥왕의 장손, 27대 선덕여왕의 부왕]의 딸 선화공주(善花公主)와 결혼.

  ➔ 무왕과 선화공주와의 결혼에 대해 당시에 백제와 신라는 빈번히 전쟁을 하였다는 점에 주목하여 이 결혼은 매우 설화적임.

  ➔ 근래에 미륵사지서탑(彌勒寺址西塔)에서 발견된 사리 봉안기(舍利 奉安記)에 무왕의 왕비가 사택적덕(沙宅積德)의 딸로 나온다는 사실 등을 근거로 선화공주의 존재를 부인. 그러나 왕실과 왕실 사이의 결혼은 두 나라 사이에 긴장감이 고조될 때 이루어진다는 점, 고대 사회에서는 왕비가 동시에

2명 이상 있을 수 있다는 점. 그리고 이 시기에 신라가 고구려의 압박을 받고 있었다는 점 등을 고려할 때 무왕과 선화공주의 결혼을 부정할 필요는 없을 것임. 결혼 시기는 신라 진평왕이 원광 법사(圓光 法師)에게 고구려의 공격을 막아달라고 요청한 청군표(請軍表)를 쓴 608년 전후로 추정.

➡ 무왕(30대)은 익산을 경영하여 세력 기반으로 삼은 후 익산으로의 천도를 계획. 이를 위해 무왕은 제석사(帝釋寺)를 만들고, 거대한 미륵사(彌勒寺)를 창건. 미륵사를 창건하면서 무왕은 전륜성왕(轉輪聖王)을 자처하여 왕실의 권위를 높였다. 그러나 그의 익산 천도 계획은 귀족들의 반대에 부딪혀 실현되지 못하였다. 이로써 신도(新都) 경영을 통한 귀족 세력의 재편성이라는 그의 계획은 좌절.

5. 멸망과 부흥운동

➡ 무왕(30대)은 재위 33년(632)에 왕자 의자(義慈: 31대 의자왕)를 태자로 삼았지만 익산 천도가 좌절된 이후 점차 환락에 빠졌다.

➡ 측근들이 권세를 농단하기 시작하여 정세가 매우 혼란스러웠음.

➡ 무왕이 죽은 후 왕위에 오른 의자왕(義慈王)은 '해동증자(海東曾子)'로 불릴 정도로 유교 이념에 투철하였지만 친위 정변을 일으켜 자신의 즉위에 반대했던 내좌평(內佐平) 기미(岐味) 등 유력 귀족 40여 명을 추방.

➡ 그리고 미후성을 친히 공격하면서 군사권을 장악. 왕권 중심의 정치 운영 체제를 확립한 의자왕은 대외적으로 고구려·왜와 화친 관계를 수립하고 신라에 대해서는 윤충(允忠)으로 하여금 대야성(大耶城)을 공격하게 하는 등 압박.

➡ 의자왕은 재위 15년 이후 궁정의 측근 세력들에게 둘러싸이기 시작. 이는 왕의 총애를 받았던 왕비 은고(恩古) 세력의 발호와 의자왕의 병환이 원인임. 그리하여 의자왕은 왕의 행동을 비판한 성충(成忠)을 투옥하여 죽이는 등 실정을 반복.

➡ 의자왕의 탐락과 황음(荒淫) 심화. 권력의 부패와 문란이 가속됨.

➡ 의자왕은 신라에 대한 공격을 가중. 백제의 군사적 압박은 신라로 하여금

당나라와의 결합을 가속화. 신라 김춘추(金春秋)는 당나라에 들어가 당 태종(太宗)과 나당군사동맹(羅唐軍事同盟)을 맺었다(648년: 당 태종 사망 1년 전).

➲ 신라와 군사 동맹을 맺은 당은 고구려 공격을 우선적으로 추진하던 종래의 전략과는 달리 먼저 백제를 공격하기로 결심.

➲ 660년 6월 소정방(蘇定方)이 이끄는 13만 명의 당나라 군대와 김유신(金庾信)이 이끄는 5만의 신라군은 백제를 공격. 신라군은 백제 요충지인 탄현을 넘고 당군은 기벌포(伎伐浦: 지금의 충청남도 장항)에 상륙. 의자왕은 계백(階伯)을 독려. 결사대 5천 명을 거느린 계백은 황산벌전투(黃山伐戰鬪)에서 전사. 백강(白江) 하구에 상륙한 당군은 신라군과 합세하여 사비성(泗沘城)으로 진군. 의자왕은 태자와 더불어 웅진성(熊津城)으로 피난. 왕자 태[泰: 扶餘泰(부여태)]는 사비성을 지키면서 스스로 왕위에 올랐지만 민심이 동요하고 이탈자가 많이 생겨나자 당군에 항복. 사비성이 함락되자 웅진을 지키던 방령(方領) 녜식[禰植: 아비 사당 녜(禰)]이 의자왕을 겁박하여 당군에 항복(백제 멸망).

✪ 사비성을 점령한 나당연합군은 횡포와 약탈을 자행. 점령군의 이러한 횡포는 백제 유민들을 크게 자극하여 곧바로 각 지역에서 부흥운동이 일어났다.

➲ 끊어진 왕조를 다시 일으켜야겠다는 '흥사계절(興祀繼絶)'의 정신을 표방. 백제부흥군의 중심 인물은 정무(正武), 지수신(遲受信), 흑치상지(黑齒常之), 복신(福信), 도침(道琛) 등. 무왕(30대)의 조카인 복신은 승려 도침과 더불어 임존성(任存城)을 공격해 온 소정방의 군대를 격파. 각 지역의 200여 성이 부흥군에 호응.

➲ 661년 3월 승려 도침이 거느린 군대는 웅진강(熊津江)전투에서 당군에 패배.

➲ 복신(무왕의 조카)의 군대는 1달 여 동안 지속된 두량윤성(豆良尹城)전투에서 신라 대군을 격파.

➲ 복신과 도침은 중심지를 임존성에서 주류성(周留城: 전북 부안의 위금안산

성)으로 옮긴 후 661년 9월 의자왕의 아들 풍[豊: 扶餘豊(부여풍)]이 왜에서 귀국하자 풍왕으로 옹립.

➔ 부흥 백제국이 성립. 독립국가로서의 면모를 갖춘 후 도침은 '영군장군(領軍將軍)'을, 복신은 '상잠장군(霜岑將軍)'을 칭하면서 신라가 사비성으로 군량을 수송하는 길을 차단하는 전략을 구사. 이로 말미암아 나당연합군의 지배 지역은 극히 제한되었음.

➔ 얼마 지나지 않아 복신과 도침 사이에 불화가 생겨 복신은 도침을 죽이고, 권력을 차지. 부흥군 지휘부 내의 내분과 암투는 나당연합군의 공격에 효과적으로 대응하지 못하도록 하여 내사지성(內斯只城: 현 대전광역시 유성 등 금강 동쪽의 거점 성들)과 거열성(居列城: 경남 거창) 등 남방 지역의 거점 성들이 신라에 함락됨.

➔ 복신은 풍왕(豊王)을 암살하려다가 도리어 풍왕에게 살해됨. 이 틈을 타서 나당연합군은 대대적인 공격을 준비. 이에 풍왕은 고구려와 왜에 군사 원조를 요청. 이 요청에 응해 왜는 2만7천 명의 구원군을 파병. 풍왕은 왜의 수군과 연계하여 백강과 주류성에서 나당연합군의 저지를 시도. 그러나 백강구전투(白江口戰鬪)에서 왜군은 당나라 수군과의 4번에 걸친 싸움 끝에 크게 패배했고 황급해진 풍왕은 고구려로 도주. 곧이어 주류성도 신라군에게 함락.

➔ 지수신은 임존성을 근거로 나당연합군에 저항하였지만 견디지 못하고 고구려로 망명하여 임존성마저 함락.

➔ 3년간에 걸친 백제부흥군의 부흥전쟁·부흥운동은 실패로 끝남.

〈실패한 역사에서 무엇을 배우는가? 백제 역사는 고구려 역사처럼 일단 실패한 역사다. 후세의 우리가 과거의 역사에 대해 연민, 동정, 어설픈 추상적 이유, 한심한 가식적 이유, 스스로도 부끄러운 위선적 이유 등으로 과거 역사를 무조건 감싸고 부추기고 그리고 앞세우는가?〉

배운다면 무엇을 배울 것인가? 가르친다면 무엇을 가르칠 것인가?

정말 실패한 역사에서 굉장한 것, 의미심장한 것, 고귀한 것을 배우게 되고 가르치게 되는가? 혹시, 편견, 착각, 오해는 아닐까? 혹시, 위선, 허세, 망발, 망언은 아닐까? 낫 놓고 기역자 배우는 단계처럼 그저 무조건 배움이 있고 가르침이 있다는 뜻은 아닐까?

누군가가 일방적으로 내몰기에 하는 수 없이 다들 그런 식으로 받아들이게 되고 배우게 되고 그리고 새기게 된 것은 아닐까? 이혼율이 5할 안팎을 넘나드는 상황에서의 결혼의 의미, 부부의 의미, 가족의 의미가 이혼이 금기시되고 법적으로도 금지되던 시대와 같다는 말인가? 육식이 보편화된 시대에서마저도 살생 금지 같은 고귀한 종교 준칙, 종교 교리가 그대로 먹혀든다는 말인가?

백제의 제도적 특성

백제의 제도

1. 정치제도

1) 중앙 통치 조직

➔ 백제의 정치제도는 국가 발전 단계에 따라 변화.

① 연맹 단계에 와서 우보와 좌보가 설치되어 군국 정사를 관장.

② 8대 고이왕 대(재위 234~286)에 5부 체제가 이루어지면서 각국의 수장은 중앙 귀족으로 신분이 바뀜.

③ 13대 근초고왕(재위 346~375) 대에 와서 이원적인 지배 조직을 일원화하고 지방 통치 조직을 만들어 국왕 중심의 중앙 집권 체제를 확립 [통치 조직의 핵심은 관등제, 관직제, 작호제(爵號制), 귀족회의체, 군사조직, 지방 통치 조직, 신분제 등].

④ 정치제도는 한성 도읍기에 기본 틀이 만들어졌고 웅진 도읍기를 거쳐 사비 시대에 와서 정비.

(1) 관등은 중앙 귀족과 지방 세력들을 서열화하여 상호 간의 상하를 구별하

는 제도.

→ 국(國) 단계에서는 관등과 관직의 구별이 없었다.

→ 고이왕(8대, 재위 234~286)대에 와서 중앙 귀족화한 세력들을 지배 체제 내로 편입시키기 위해 좌평과 솔계(率系) 관등, 덕계(德系) 관등이 만들어졌다.

→ 중앙 집권체제를 갖춘 근초고왕(13대, 재위 346~375, 비류왕의 아들) 대에는 좌평을 최고위로 하고 그 아래에 솔계 관등과 덕계 관등을 각각 다섯으로 분화시키고 맨 아래에 좌군(佐軍)−진무(振武)−극우를 두어 관등제를 일원화.

→ 전지왕(腆支王: 18대, 재위 405~420) 대에 상좌평이 설치되면서 좌평의 분화가 시작.

→ 관등제는 웅진 도읍기를 거쳐 사비 도읍기에 16관등제로 정비.

→ 16관등의 명칭은 다음과 같다. 좌평(佐平), 달솔(達率), 은솔(恩率), 덕솔(德率), 한솔(扞率), 나솔(奈率), 장덕(將德), 시덕(施德), 고덕(固德), 계덕(季德), 대덕(對德), 문독(文督), 무독(武督), 좌군(佐軍), 진무(振武), 극우(剋虞). 16관등제에서 좌평은 1품. 좌평은 처음에는 5명(뒤에 6명). 달솔은 2품(정원은 30명). 3품 은솔 이하는 정원이 없었다. 정원이 정해진 좌평과 달솔은 가장 핵심적인 관료 집단이 임명될 수 있는 관등. 문독과 무독은 문·무의 구별이 관등제에 반영된 것임.

→ 16관등은 복색과 관식(冠飾) 및 띠의 색[帶色]에 의해 구분. 1품 좌평에서 6품 나솔까지는 자복(紫服)을, 7품 장덕 이하 11품 대덕에 이르는 관등은 비복(緋服)을, 12품 문독 이하 16품 극우까지는 청복(靑服). 대색(帶色)의 경우 장덕까지는 자대(紫帶), 시덕은 조대(皁帶), 고덕은 적대(赤帶), 계덕은 청대(淸帶), 대덕·문독은 황대(黃帶), 무독 이하 극우까지는 백대(白帶)를 띠었다.

→ 관제(冠制)의 경우 왕은 금화(金花)로, 나솔 이상은 은화(銀花)로 관을 장식.

(2) 연맹 단계에서 정치는 좌보와 우보 중심으로 운영(관직과 관등은 미분화

한 상태).

● 부체제 단계에 와서 좌장이 설치되면서 관직과 관등은 분화되고 관부도 설치되기 시작. 이러한 관부와 관직제는 웅진 도읍기를 거쳐 사비 도읍기에 와서 22부-사(二十二部司)로 재정비.

● 22부의 명칭과 담당 업무. 22부-사제는 상위 관부인 부와 하위 관부인 사(司)로 구성되었다. 부는 궁중 사무를 관장하는 내관(內官) 12부와 일반 국무를 관장하는 외관(外官) 10부 등 22부. 22부를 보면, 일반 서정(庶政)을 담당하는 부에 궁중의 업무를 담당한 관청의 수가 많다. 이는 왕권 중심의 관부 운용의 모습을 보여준다. 사군부(司軍部)~사구부(司寇部)까지의 명칭은 중국 고대의 《주례(周禮)》의 6관(六官)의 명칭과 동일. 이는 북주(北周)의 주례주의적(周禮主義的) 관제 정비에서 영향을 받아 이루어진 것을 의미. 각 부의 장은 장사(長史), 재관장(宰官長) 등으로 불렸으며 3년에 한 번씩 교체. 이외의 관직으로 박사, 부마도위(駙馬都尉), 막부(幕府) 관료 등을 들 수 있다. 박사는 오경박사(五經博士), 역박사(易博士), 모시박사 등 유교 경전을 전문으로 하는 박사와 와박사(瓦博士), 노반박사(露盤博士) 등 전문 기술직을 담당한 박사로 구분. 부마도위는 왕의 사위를 예우하기 위한 관직임. 장사, 사마(司馬), 참군(參軍)은 막부에 설치된 관직으로서 주로 외교 및 군사 업무를 담당.

● 작호제는 공을 세운 고위 귀족들에게 칭호를 수여하는 제도로서 왕, 후, 장군호(王·侯·將軍號)가 사용됨. 이 작호제는 칠지도에 왜왕을 후왕으로 부른 것에서 보듯이 근초고왕 대에 실시. 왕·후로는 아착왕(阿錯王), 불사후(弗斯侯) 등에서 보듯이 지명이 붙은 형태로 사용. 장군호로는 정로장군(征虜將軍), 관군장군(冠軍將軍), 보국장군(輔國將軍) 등이 사용됨. 근래에 전북 고창에서 '△義將軍之印'이 새겨진 청동 도장이 출토되어 '△義將軍'이라는 또 하나의 장군호를 사용.

2) 귀족회의체

➲ 백제 초기에는 귀족회의가 국가의 군국 사무를 총괄.

➲ 부체제 단계에 들어온 이후 국왕 중심의 집권 체제가 확립됨에 따라 귀족
회의가 수행하던 기능은 점차 행정 관부가 담당.

➲ 국왕의 권력이 초월적인 것은 아니었기 때문에 중요한 사항은 귀족회의체
에서 논의.

➲ 귀족회의체의 모태는 국의 거수들로 구성된 족장회의체. 이후 부 체제가
확립되고 중앙 귀족이 생겨나면서 중앙 귀족 중심의 회의체가 만들어졌다
[제솔회의(諸率會議)]. 제솔회의의 의장은 좌평이었고 구성원은 솔계 관등
을 가진 귀족들.

➲ 근초고왕 대에 와서 제솔회의는 제신회의(諸臣會議)로 개칭. 18대 전지왕
[腆支王: 두터울 전(腆), 가를지(支)]대(재위 405~420)에 와서 상좌평의
설치로 좌평은 상좌평, 중좌평(中佐平), 하좌평(下佐平) 등 5좌평으로 분
화. 이에 따라 좌평으로 구성된 회의체가 최고귀족회의체가 되었다.

(1) 사비 도읍기에 와서 좌평의 정원이 6명으로 늘어나면서 6좌평회의체가
최고 귀족회의체가 되었다.

➲ 내신좌평은 수석 좌평으로서 의장의 기능. 6좌평 회의체는 재상을 뽑
는 것과 같은 중요한 국사는 신성한 지역에서 처리.

➲ 백마강 건너편에 있는 호암사(虎岩寺)의 정사암(政事巖)은 이러한 신
성 지역의 하나임.

➲ 6좌평의 명칭과 관장 업무를 정리하면 다음과 같다.

① 내신좌평(內臣佐平) 왕명 출납

② 내두좌평(內頭佐平) 재정 업무

③ 내법좌평(內法佐平) 외교와 의례 업무

④ 위사좌평(衛士佐平) 형옥 관계 업무

⑤ 조정좌평(朝廷佐平) 왕궁 숙위 업무

⑥ 병관좌평(兵官佐平) 내외 병마권 관장

3) 도성제

→ 도성은 왕권의 표상.

→ 백제의 최초의 도성은 위례성. 위례는 울타리라는 의미인데 백제에서는 도성을 나타내는 용어로 사용. 이 위례성은 뒤에 한성으로 불렸다.

→ 한성은 큰 성이라는 의미. 한성 도읍기의 도성은 북성(北城)과 남성(南城)으로 이루어진 2성 체제였음. 그 위치로 볼 때 남성은 풍납토성(風納土城)으로서 평지성(平地城)이고 평소의 거성이며, 북성은 몽촌토성(夢村土城)으로서 유사시에 대피하는 산성(山城)과 같은 성격을 지니고 있었음.

→ 풍납토성은 둘레가 3.5km에 달하는 평지성으로서 성벽의 저변은 43m가 넘고 높이도 9m 이상으로 추정되는 거대한 토성이다. 성 내부를 발굴한 결과, 신전(神殿)으로 생각되는 건물지와 이 신전에 사용한 토기들을 보관해 둔 우물형 수장고와 중국제 도자기를 보관한 창고도 확인. 이외에 부뚜막이 있는 주거지와 도로 유적 및 무수한 기와 등도 출토되었으며 성 밖에서는 목조 우물도 확인. 몽촌토성은 구릉을 이용하여 만든 것(성벽에는 목책). 성 안을 발굴한 결과, 저장 시설과 연지를 확인. 문헌에 따르면 이곳에 별궁(別宮)을 조영.

(1) 웅진 도읍기의 도성은 웅진성

→ 웅진성은 오늘날의 공주 공산성(公山城). 왕궁의 위치는 확인되지 않았지만 공산성 내부에 있었던 것으로 추정. 연회 장소인 임류각(臨流閣)도 확인.

(2) 사비 도읍기의 도성은 사비성.

→ 사비도성은 나성으로 둘러싸였다. 발굴 결과 북나성(北羅城)과 동나성(東羅城)은 확인되었고 서쪽과 남쪽은 백마강을 자연 방어 시설로 활용. 왕궁은 부소산성(扶蘇山城) 남쪽에 위치한 것으로 추정. 시가지 구조는 관북리에서 정림사지로 뻗은 남북 대로를 중심으로 사방이 바둑판처럼 짜였다(방리제). 도성 내부는 상부(上部)·전부(前部)·중부(中部)·하부(下部)·후부(後部)로 나뉘고, 각 부는 다시 오항으로 분류. 궁

남지(宮南池)에서 출토된 「서부후항 목간」은 왕도 조직이 부–항으로 이루어졌음을 입증.

- ➲ 각 부는 달솔 관등에 있는 자가 맡았으며, 500명의 군사가 배속되어 있었다. 나성 외곽에는 청마산성(靑馬山城), 주장산성, 울성산성(蔚城山城), 부산성(浮山城), 석성산성(石城山城) 등 많은 성이 배치되어 도성 방어망을 형성.

4) 지방 통치 조직

- ➲ 백제 지방제도는 지방에 대한 통제력 강화와 지방의 생산물 수취를 목적으로 마련.
- ➲ 부체제 단계까지 지방에 대한 통치는 부의 장(長)을 통한 간접 지배의 형태.
- ➲ 중앙 집권화가 이루어지고 지방 통치 조직이 마련되어 지방관이 파견됨으로써 지방에 대한 직접 지배 체제가 완비됨.
- ➲ 백제의 지방제도는 근초고왕이 영역을 분정하고 지방관을 파견해 각 지방의 생산물을 파악하게 함으로써 시작. 이때 만들어진 지방 통치 조직이 담로. 담로는 종래 마한을 구성하였던 국(國)이 토대. 여기에는 왕족이나 유력한 귀족이 파견되었으며 종래 국의 수장이나 읍락의 거수들은 재지 세력으로 전환되어 담로에 파견된 관료들을 보좌.
- ➲ 한성 도읍기의 담로의 수는 50여 개로 추정.
- ➲ 웅진 도읍기에 와서 담로의 수는 22개로 축소.
- ➲ 사비 천도를 계기로 백제는 담로제를 방·군·성(현)제(方·郡·城(縣)制)로 재정비. 방·군·성(현)제는 중앙에서 지방을 더욱 강력하게 통제하기 위해 만든 것. 방은 중방(中方)·동방(東方)·남방(南方)·서방(西方)·북방(北方)의 5방으로 구성. 각 방에는 방성(方城)을 두어 방의 중심지로 삼았다. 중방은 고사성(古沙城), 동방은 득안성(得安城), 남방은 구지하성(久知下城), 서방은 도선성(刀先城), 북방은 웅진성. 방의 장관은 방령이고, 달솔의 관등을 가진 자가 맡았으며 보좌관은 방좌(方佐). 방은 군·성과 중앙을 매개하는 기능을 하면서 동시에 군관구적(軍官區的) 성격을 지님. 방성의 내부

구조는 수도와 마찬가지로 5부-5항.

➥ 중방의 치소였던 고부읍성(古阜邑城) 유적에서 발굴된 백제 기와에 새겨진 '上部-上巷(상부-상항)'이란 명문에서 확인.

➥ 5방성의 명칭과 위치는 다음과 같다.

    ① 중방성(中方城): 고사성(古沙城) - 전북 고부

    ② 동방성(東方城): 득안성(得安城) - 충남 은진

    ③ 남방성(南方城): 지하성(久知下城) - 광주 또는 남원

    ④ 서방성(西方城): 도선성(刀先城) - 충남 대흥

    ⑤ 북방성(北方城): 웅진성(熊津城) - 충남 공주

(1) 군은 37개 군으로 구성

➥ 군의 장으로는 군장(郡將) 3명. 덕솔의 위계자 임명. 군 규모의 성보다 작은 단위의 것을 소성(小城) 또는 현(縣)이고, 그 장은 도사(道使). 소성(현)은 방성이나 군성(郡城)에 통속. 성(현)의 수는 200~250개. 성(현)의 수가 이렇게 많이 만들어질 수 있었던 것은 종래 사회 편제 단위였던 읍락이 행정 조직을 이룰 정도로 경제적으로 성장하고 인구가 늘어났기 때문.

➥ 5방제는 백제 말기에 와서 5부제로 명칭이 변경되었으나 성격의 변화는 없었다.

➥ 멸망할 당시 백제는 5부·37군·200성(혹은 250현)이었고 호수(戶數)는 76만 호(萬戶). 방·군·성(현)제의 실시로 중앙의 통치력이 더욱 강력하게 지방에 미칠 수 있게 되었고 지방의 재지 세력들은 군사(郡司)나 현사(縣司)에 속하여 지방관의 지방 통치를 보좌.

2. 군사제도

  1) 군사 조직과 운용

    ➥ 백제의 군사 조직은 국(國) 단계에서는 읍락의 지배자인 거수층과 호민층

이 중심. 이들은 일종의 명망군(名望軍)으로서 참전의 대가로 전쟁에서 획득한 노획물이나 포로 등을 분배. 하호(下戸)층은 군량을 조달.

➲ 5부 체제가 확립되어 군사권이 국왕에게로 집중되면서 국왕의 명을 받아 군령권을 행사하는 좌장이 설치.

➲ 중앙 집권 체제가 갖추어지고 또 전쟁의 규모가 확대되면서 군사 조직도 정비.

➲ 13대 근초고왕은 3만 명의 정병(精兵)을 거느리고 고구려를 공격. 근초고왕은 왕도의 주민을 주축으로 하는 중앙 군사 조직과 지방 주민들을 징발하여 편성한 지방 군사 조직을 병행하여 운용. 대규모의 군사 조직이 편성되면서 종래의 명망군적인 군대만으로는 병력을 충원할 수 없었기 때문에 근초고왕은 일정한 연령층의 백성[정남(丁男)]들에게 군역 의무를 부과하고 이들을 병사로 징집. 국민 개병제(國民 皆兵制)에 의한 군사 충원제도를 마련. 복무 기간은 3년.

(1) 백제의 군사 조직은 웅진 도읍기를 거쳐 사비 도읍기에 와서 재정비됨.

➲ 사비 도읍기에 정비된 군사 조직은 시위군(侍衛軍), 중앙군(中央軍), 지방군(地方軍)으로 분류.

➲ 시위군은 국왕의 친위 군사로서 왕궁을 시키고 국왕의 행차에 호종하는 기능. 시위군은 왕도에 주둔한 2,500명의 군사. 시위군 군사들은 5부에 각각 500명씩 배치. 시위군은 총체적으로 위사좌평이 관장(그 아래에 달솔의 관등을 지닌 자가 각 부에 배치된 군사들을 통솔).

➲ 중앙군은 외침을 방어하거나 다른 나라를 공격할 때 핵심적인 역할을 하는 군사력. 병졸들은 왕도인을 징발하여 편성하였는데 지방민의 일부도 차출. 중앙군은 청마산성, 청산성 등 사비도성의 주변에 위치한 산성에 주둔.

(2) 군사 조직의 운용 기구로는 사군부, 병관좌평, 좌장, 장군 등이 있었다.

➲ 사군부는 내외 병마를 총괄하는 관청이었고, 병관좌평은 내외의 군정 업무를 담당. 좌장은 왕명을 받아 출동하는 군부대를 지휘하는 군령권

을 행사.

➡ 좌평이나 달솔의 관등을 가진 자들이 왕명을 받아 군사권을 행사할 때는 장군을 칭하였다.

➡ 최고 지방 통치 조직인 5방에는 각각 1,000~1,200명의 군사 또는 7~8백 명 정도의 군사가 주둔. 이 군사들은 방의 장관인 방령이 통솔. 군에도 군사가 배치되었는데 장관인 군령[軍領: 軍將(군장)]이 통솔. 현에 배치된 군사는 장관인 도사(성주)가 관할.

2) 군사의 지휘와 훈련

➡ 군대를 출동할 때 통솔하는 방법은 친솔형과 교견형으로 분류. 친솔형은 최고 군령권자인 국왕이 직접 군대를 지휘하는 것을 말하며, 교견형은 국왕은 왕도에 머무르고 신하들에게 군령권을 임시로 위임하여 행사하는 것임. 군령권을 위임할 때 국왕의 재가를 받지 않고도 군사와 관련한 사항을 처리할 수 있는 편의종사권이 부여되기도 함. 군령권의 위임은 좌장에게 하는 것이 일반적이나 좌평이나 달솔의 관등을 가진 자도 위임받기도 함.

➡ 병종으로는 보병(步兵), 궁수대(弓手隊), 기병(騎兵), 수군(水軍) 등과 특수 병종으로서 노군(弩軍), 충군(衝軍), 석투군(石投軍), 운제군(雲梯軍) 등. 노군은 요노(腰弩)로 무장한 부대를, 충군은 충차(衝車)를 이용하여 성문을 공격하는 부대를, 석투군은 투석을 전문으로 하는 부대를, 운제군은 구름사다리를 이용하여 성벽에 오르는 부대임.

➡ 평상시의 군사 훈련은 병법에 따라 행해졌다. 때문에 군령권자가 누가 되더라도 그 지휘에 따를 수 있었다. 전렵(田獵)은 사냥 놀이지만 이에 부수하여 군사 훈련도 병행. 습사(習射)는 매월 보름과 초하루에 정기적으로 활쏘기 연습을 하는 것. 왕도에서 도성 서쪽에 사대(射臺)를 만들어 사용. 오행에 의할 때 서쪽은 무(武)를 의미하기 때문임.

➡ 무구(武具)로는 개인 방호를 위한 갑주(甲胄)를 비롯하여 충차(衝車), 포차(砲車) 등과 같은 공·수성용 무기와 마구(馬具) 등이 있었음.

➡ 병기로는 단병기, 장병기, 속사 병기, 공·수성용 병기 등. 궁수대가 사용하

는 화살대로는 대나무, 싸리나무, 박달나무 등이 있었음.

3. 신분제도

⇨ 신분제는 가문에 따라 정치적·사회적 특권과 제약이 주어진 사회적 제도.

⇨ 백제의 신분제는 백제국이 성장하면서 마한의 여러 나라를 통합하여 중앙 귀족으로 전환시키고 중앙과 지방의 귀족들을 편제하는 과정에서 성립.

⇨ 백제의 신분은 크게 지배 신분층, 평민층, 천인층으로 분류.

⇨ 지배 신분층은 공복의 복색과 관등제를 연결시켜 볼 때, 몇 개의 층으로 구별. 제1신분층은 자복(紫服)을 입는 솔계 관등 이상의 벼슬에 오를 수 있는 층. 제2층은 비복(緋服)을 입는 덕계 관등에 오를 수 있는 층. 제3층은 청복(靑服)을 입을 수 있는 관등층.

⇨ 지배 신분층의 중심은 왕족과 왕비족. 왕족은 부여족의 일파로 남하해 와서 건국한 온조계 집단임. 왕비족은 한성 도읍기의 전기에는 진씨, 후기에는 해씨.

⇨ 사비 도읍기에 와서는 왕족 이외에 대성 팔족이 최고 신분층을 형성. 대성 팔족은 사씨, 연씨, 해씨, 진씨, 목씨, 백씨(苩氏), 협씨(劦氏), 국씨(國氏). 5~6명으로 정원이 정해진 좌평과 30명으로 정원이 정해진 달솔은 최고 귀족 가문의 출신자들만이 오를 수 있는 관등임.

1) 신분제는 관등, 관직제를 규정하기 때문에 신분에 따라 관등, 관직, 복색, 대색도 다름.

⇨ 왕은 금화로 장식한 오라관(烏羅冠), 흰 가죽 띠, 검은색의 비단신 착용.

⇨ 지배 신분층 가운데 제1층은 자복을 입고, 은화로 장식된 관을 썼다.

⇨ 제2층은 비복을 입었고, 자대에서 황대까지의 띠를 띠었다.

⇨ 제3층은 청복을 입되, 황대에서 백대까지의 띠를 둘렀다.

2) 귀족의 지배를 받은 피지배층의 주류는 신분적으로는 자유민인 일반 농민.

● 농민은 소규모 토지 소유자로서 농업, 공업, 상업에 종사. 국가 수취의 주된 대상. 이들은 비색이나 자색의 옷을 입는 것이 금지되었음.

● 그 밑에는 최하층의 신분으로서 천인과 노비. 천민 신분층은 정복전쟁과 통일전쟁의 전개 과정에서 피정복민들이 천민집단으로 또는 노예로 전락되면서 성립.

● 노비에는 관노(官奴)와 사노(私奴)가 있었음. 관노는 국가 또는 관청에, 사노는 개인에게 예속. 노비는 물건과 같이 취급받는 비자유인. 노비의 공급 및 재생산의 방법에 따라 전쟁 포로·부채 노비·형벌 노비와 노비 소생자를 노비로 삼는 세습 노비 등으로 구분.

4. 경제제도

1) 토지제도

● 백제는 철제의 농기구·토목용구(土木用具)를 사용함에 따라 농업 생산력이 발전하면서 사적 소유가 진전됨. 경작지에 대한 공동체적 소유가 소멸되어 개별적인 토지 사유가 가능.

● 토지 지배의 유형을 보면, 상부 특권층이 지배한 토지로는 국가·왕실의 직속지, 귀족들에 대한 사전(賜田), 사원전(寺院田) 등이 있었음.

● 대귀족에 대한 식읍(食邑)의 사여(賜與)도 있었다. 전렵지인 서해 대도(西海 大島)·횡악(橫岳) 등은 국왕의 직속지였을 것임.

● 사원은 왕실과 귀족의 후원에 힘입어 대토지 소유자로 등장.

● 귀족들은 자신의 소유지 외에 특별한 공로가 있는 경우 이를 인정받아 전조권(田租權)이나 식읍을 받기도 했고, 새로운 토지를 개간함으로써 대토지를 소유함.

(1) 농민의 토지 지배로는 농민이 개별적으로 보유하고 있는 소규모의 경작지가 있었다.

● 소를 사용한 경작[우경(牛耕)]으로 토질이 개선되고 노동력이 절감. 농

업 경영 방식도 노동력이 많이 소요되는 집체적 방식에서 소농(小農) 중심의 농업 경영으로 바뀌는 추세였음. 개별 농가가 농업 경영 단위로 성장함으로써 개별 농가에 의한 토지 소유가 촉진되고, 농민층의 계층이 다양하게 분화.

➜ 농민 경작지는 국가의 각종 수탈과 귀족층의 강점(强占) 대상임. 빈번한 전쟁에의 동원 등으로 농토를 상실한 농민은 노비로 전락하거나 남의 농토를 용작(傭作)하기도 했음. 토지 경작은 소규모의 경작지를 보유한 자유 농민과 노예 노동 등에 의해 이뤄졌을 것임.

➜ 토지 지배는 생산력의 향상과 연관. 백제는 생산력을 높이기 위해 철제 농기구의 사용을 장려하고 또 우경을 권장. 수리 관개 시설(水利 灌漑 施設)을 정비.

➜ 수리 시설은 안동 저전리에서 청동기 시대 저수지가 발굴된 것에서 보듯이 청동기 시대부터 본격화. 《삼국사기》 초기 기록에 보이는 수리 시설은 규모가 그다지 크지 않은 저수지 제방이었을 것임.

➜ 백제 최초의 본격적인 저수지는 4세기 전반경에 만들어진 김제의 벽골제일 것. 벽골제는 나뭇가지 등을 이용한 부수 공법에 의해 축조.

➜ 웅진 도읍기의 무령왕(25대, 501년 24대 동성왕이 위사좌평 백가의 계략으로 시해되자 그 뒤를 이어 즉위)은 경제 기반을 확대하기 위해 전국의 제방을 수리하고 새롭게 축조하도록 하였음. 저수지가 축조되자 많은 논에 물을 공급할 수 있었을 뿐만 아니라 갈수기(渴水期)에도 물을 공급할 수 있어서 생산력이 획기적으로 향상.

➜ 「서동요」는 30대 무왕 이야기: 《삼국사기》에는 29대 법왕의 아들, 《삼국유사》에는 강가에 사는 과부의 아들로 기록. 신라 26대 진평왕의 3녀 선화공주(무왕의 왕후, 일설에는 24대 동성왕의 왕후라고 함').

2) 조세제도

➜ 백제의 세제(稅制)는 조(租), 조(調), 역역제(力役制)로 구성. 조(租)는 농산물을 수취하는 것이고, 조(調)는 가내 수공업의 생산물이나 각 지방의 특

산물을 수취하는 것이고, 역역은 노동력을 징발하는 것. 조(租)와 조(調)는 결합된 형태로 행해지기도 함.

➡ 조조(租調)의 수취물로는 포(布)·견(絹)·사(絲)·마(麻)·미(米) 등. 매년 풍흉(豊凶)의 정도에 따라 차등을 두어 수취.

➡ 역역은 국가나 지방 관청에 동원되어 무상으로 노역하는 요역(徭役)과 군역으로 구분. 초기의 역역 징발 대상은 주로 하호로 표현되는 일반민. 15세 이상의 정(丁)을 부 단위로 징발되어 축성(築城)과 같은 대규모 토목사업에 동원.

➡ 조의 수취 대상은 농민. 백제 초기의 농민은 하호(下戶). 4세기 이후 국가 통치 체제가 갖추어지고 생산력이 발전하면서 민의 사회적·경제적 지위도 변화. 민은 소국 수장들의 사적 수탈에서 벗어나 국가의 보호를 받는 공민적 존재로 편입. 국가는 민호(民戶)를 파악하고 파악된 호구를 토대로 편호제(編戶制)를 실시.

➡ 13대 근초고왕 대에 반포된 율령에는 호구령(戶口令)과 부역령(賦役令)도 포함되었을 것.

➡ 사비 도읍기에 역역 징발 업무를 맡은 관청은 사공부(司空部)임.

3) 수공업·상업

➡ 백제의 수공업은 마한 시기 수공업의 기술과 생산 분야를 기반으로 전개. 수공업 가운데 먼저 들 수 있는 것이 직물 생산. 포의 종류에는 세포(細布)와 추포(麤布)가 있음.

➡ 백제는 오색채견(五色彩絹)을 왜에 보냈고 또 봉제 기술자인 봉의공녀(縫衣工女)를 보냈으며 관리들은 자(紫)·비(緋)·청(靑)색의 공복을 입었다. 백제의 직조(織造) 및 염색술의 발달을 보여준다.

➡ 직기(織機)는 현재 남아 있지 않으나 부여 궁남지에서 출토된 비경이(베틀에 딸린 제구의 하나)를 통해 그 일단을 짐작.

(1) 제철 수공업의 경우 충청북도 진천 석장리에서 초강이 만들어진 제철 유

적을 발굴.

➡️ 백제가 왜에 보낸 칠지도는 백번 단련한 철을 사용하여 만들었으며 금 상감으로 글자를 새겼다. 백제의 뛰어난 제련 기술과 상감 기술을 잘 보여준다. 《일본서기》에는 백제가 철정(鐵鋌) 40매와 단야(鍛冶) 기술 자를 파견한 기사가 나온다. 불교 전래 후 사원·불상·불화 등 우수한 불교 예술품이 제작됨.

➡️ 도공품(陶工品)으로는 정교한 문양전(文樣塼), 기와, 질그릇 등.

(2) 수공업 제품은 왕실이나 관청 소속의 장인(匠人)이나 노비들이 제작.

➡️ 이들은 국왕과 왕실의 생활용품은 물론 지배자의 권위를 표현하는 각 종 위세품(威勢品)과 대외 교역에 수반되는 증여품을 제작하였고 또 무기와 갑옷 등 군사용품도 생산. 일반민이 사용하는 토기·농기구와 각종 도구들을 만들기도 하였다. 이러한 수공업 기술자 가운데 재능이 뛰어난 자들에게 와박사, 노반박사 등과 같은 박사의 칭호를 부여.

➡️ 박사 칭호의 소지자는 그 분야의 최고 전문가로서 미숙련자들을 교육 하는 일을 담당.

➡️ 삼베 같은 일상적인 의류 소재나 목기, 짚신 등은 대부분 일반민들이 가내에서 생산. 수공업과 관련한 기구들은 내관 22부 가운데 육부(肉 部), 마부(馬部), 도부(刀部), 목부(木部) 등.

(3) 생산력이 발전하여 잉여생산물이 늘어나고 사회적 분업이 진전되면서 상 업이 발전.

➡️ 도시의 발달은 물자 유통을 더욱 원활하게 하였고 그 가운데 수도는 물자 유통의 중심지가 되었다. 물자가 활발하게 유통되면서 수도 안에 상설 시장이 설치. 이것이 관시(官市). 그리고 원활한 물자를 원활하게 공급하기 위해 도로 교통망 정비. 왕도에서의 상업은 도시부(都市部) 가 관리함.

➡️ 지방에는 향시(鄕市)가 있었다. 일정한 기간마다 열리는 이 향시에는 행상(行商)들이 여러 지역을 다니면서 지방과 지방 사이에 물자를 유 통하는 역할을 담당함.

(4) 백제의 대외 교역은 중국 대륙과의 교역, 일본 열도와의 교역으로 분류됨.

➔ 중국과의 교역은 서진 및 동진대의 청자나 전문 도기가 백제의 여러 곳에서 출토되고 있는 것에서 보듯이 활발했다.

➔ 대외 교역의 활성화는 4세기 초에 낙랑군과 대방군이 소멸되어 중국 군현 중심의 교역 체계가 붕괴되자 백제가 지정학적 이점을 활용하여 교역의 중심지 역할을 수행.

➔ 왜와의 교역은 366년에 정식으로 이루어졌다. 왜는 백제로부터 유학 이나 불교 등 정신 문화를 비롯하여 직조 기술 등 기술 문명에 이르는 다양한 문화를 받아들였다.

(5) 백제의 주 교역항은 다음과 같다. 한성 도읍기에는 한강 하구에 위치한 인천이었고, 사비 도읍기에는 수도 웅진성이나 사비성의 관문인 금강 하구였음.

➔ 이외의 교역항은 당진 지역, 죽막동 유적이 발굴된 부안 지역, 연산강 유역의 나주와 영암 지역, 섬진강 하구의 하동 지역에 있었음.

➔ 대외 교역에서는 항해의 안전이 급선무. 항해의 안전을 기원하기 위해 초월자에게 드리는 제의가 행해졌다. 태안의 백화산에 세워진 태안마 애삼존불(泰安磨崖三尊佛)과 무속적(巫俗的) 신에 의존하여 제의를 드린 부안죽막동유적(扶安竹幕洞遺蹟)이 그 좋은 예임.

(6) 백제의 대표적인 대외 교역품으로서 견직물로는 오색채견, 백금(白金), 세포 등이, 철 소재로는 철정이, 무기·무구류로는 각궁전(角弓箭), 명광 개(明光鎧), 철갑조부(鐵甲彫斧) 등이, 칠제품으로는 황칠수(黃漆樹) 등이 있다.

➔ 백제가 중국의 여러 왕조로부터 수입한 것은 역림, 식점 등 서적, 요노 등의 무기 및 약재, 글씨, 열반경(涅槃經), 정신 문화에 관한 것, 도자 기나 거울 등 고급 공예품 등임.

➔ 풍납토성에서 출토된 왜계 유물인 스에끼, 무령왕릉에서 출토된 왕과 왕비의 관을 만드는 데 사용한 금송(金松) 등은 왜로부터 수입한 것임.

한국사 이야기

국가는 늘 작은 규모에서 시작한다. 그 작은 규모가 커지면 동질성과 이질성을 접합하고 접목하며 법제도가 생기고 온갖 아이디어가 속출하게 된다.

그 아이디어는 바로 효과적인 공동체로 이어가고 성장하는 것이다. 그 하나에 매달려 신분이 생기고 조직이 생긴다. 그리고 대외적 팽창과 방어를 위해 군대가 생기고 그에 따라서 구성원들의 부담도 엄청나게 늘어나게 마련이다.

세금의 형태가 다양해지고 복잡해진다. 그러면서 신분 사회는 하나의 차별의 벽을 쌓는 일로 이어진다. 어느 집단인가는 더 큰 부담을 져야 하고 더 큰 희생을 치러야 한다. 상위자들은 상위 계층, 상위 신분을 만들어 자신들이 하는 일의 고유성과 독자성을 부풀리기에 급급하게 된다. 전체를 위한 필수집단이자 희생집단이기에 당연히 더 누리고 덜 희생해야 한다는 식이다. 그러면서 신분사회는 특권층을 만들고 그들이 모든 의무에서 제외된 채 오로지 권한, 권리만 누리는 식으로 변질되어 간다. 그렇게 되면 공동체는 커지고 그럴듯해지지만 한 공동체 안에서 지배층과 피지배층이 선명하게 구별되게 마련이다. 그러면서 갈등, 대립, 긴장, 반목, 증오, 불신이 커지게 된다.

그 결과로 먼저 지배 계층 내부에서 마찰음이 커지고 급기야 피를 흘리는 급변과 비정상적 변화와 폭력적 급선회가 생기게 된다. 한 마디로 귀족들 사이에 분쟁이 생기고 그 와중에서 어쩔 수 없이 최상위 신분인 왕이 교체되거나 희생되는 것이다.

백제도 결코 예외일 수 없었다. 국가 공동체가 겪는 모든 과정을 거쳤다.

생로병사처럼 흥망성쇠를 겪었다. 한 마디로, 삼국 시대의 한 축이 되고 한 고리가 되어 필연적으로 삼각 구도 속에서 벌어지는 변화에 휩쓸리게 되었다. 하나가 커지고 세지면 다른 하나는 뺏기고 줄어들고 내리막길을 걷게 되었다. 그러면서 구원(舊怨)을 되갚으려는 설욕전(雪辱戰)이 벌어지고 패자 부활전 같은 식의 복수와 만회, 그리고 재탈환을 위한 전쟁이 이어졌다. 당연히 삼각 구도 속에서 동맹의 짝이 정해지고 기회주의적인 배신과 교체가 이어졌다. 국가 공동체의 보전과 부흥을 위해 온갖 전략과 술책이 동원되었다.

마지막 단계의 당나라 군대 끌어들이기에서는 신라가 한발 앞섰기에 자동적·필연적·운명적으로 백제가 먼저 무너지고 뒤이어 고구려가 통일의 희생양이 되고 말았다. 삼국 시대의 정통성은 바로 외세를 배격하고 한반도 안에서 통일이 이뤄진 점일 것이다. 그런 점에서는 망한 백제, 망한 고구려 또한 흥한 신라만큼의 역할을 했다고 봐야 할 것이다.

무슨 말인가? 외세를 배격하고 축출한 한반도 세력만의 통일국가 건국에는 알게 모르게 백제의 역할, 고구려의 역할이 있을 수밖에 없었다는 것이다. 그런 큰 그림, 그런 큰 정신, 그런 큰 전략 위에서 이뤄진 일은 아니더라도 최소한 망한 두 국가의 역할이 그런 방향, 그런 목표, 그런 모습으로 드러나게 되었다는 말이다.

누가 아는가? 자료는 희귀하고 흔적은 미미하지만 통일신라의 기저에는 백제의 통일 정신, 고구려의 통일 정신도 분명히 기여하고 그리고 직·간접으로 바탕을 이루는 큰 축이 되고 큰 고리가 되고 큰 수레바퀴가 되었을 것이다. 한마디로 삼국 통일이 하나의 용광로 역할을 하게 되어 백제의 것과 고구려의 것이 모두 통일신라 시대로 수렴되고 포용되고 용해되었을 수도 있는 것이다. 문명, 문화, 풍속, 제도를 놓고 왈가왈부하는 것도 필요하고 중요하지만, 그보다는 아무래도 더 큰 범위에서 생각해 봐야 한다는 말이다. 신라가 당나라 군대를 끌어들여 비겁하고 용렬하고 자주적이지 못하게 엉터리 통일, 어중간한 통일을 이뤄냈다고 할 수도 있겠지만, 그보다는 아무래도 더 큰 범위에서 살피고 되새기고 바라봐야 한다는 말이다.

신라의 통일 정신 속에는 백제의 것, 고구려의 것도 분명히 들어 있었을 것이다. 그래서 통일의 과정이 여러 단계로 나뉘어 이어지고 깊어지고 매듭지어졌지만 그 하나하나의 과정 속에서 알게 모르게 망한 두 나라의 통일 염원, 통일 구상 같은 것도 자연스럽게 교집합, 합집합을 이루었을 것이다.

백제인들의 문화생활

1. 사상·신앙

1) 유학

➔ 유학은 유가(儒家)의 학문이란 뜻. 유교는 유가의 가르침이라는 뜻.

➔ 초기 백제에서는 낙랑군을 통해 유학이 전수됨.

➔ 비류왕 대에 와서 유학을 국가 통치상의 지배 이념으로 수용.

➔ 근초고왕 대에는 박사제도(博士制度)를 시행하여 유학을 교육하고 보급.

➔ 웅진·사비 도읍기에 오면 무령왕은 오경박사를 설치하였고 성왕 때는 양(梁)나라에 모시박사·강례박사를 초빙.

➔ 유학에 대한 이해 수준이 높아졌다. 부모의 상을 당하였을 때 삼년상을 치른 것이라든가 이름에 유교 이념을 잘 보여주는 충·신·의·효 등을 사용한 사례가 많다는 것이 그 증거임.

(1) 유교 교육이 확대되면서 근초고왕 대에 박사 고흥은 《서기》를 편찬하였고, 위덕왕 대에 와서는 《백제기(百濟記)》·《백제신찬》·《백제본기》의 '백제 삼서(百濟 三書)'를 편찬.

➔ 근초고왕은 왕인을 왜에 파견하여 《천자문》과 《논어》를 전수함.

➔ 무령왕 대에는 오경박사 단양이(段楊爾)와 고안무(高安茂)를 왜에 파견.

➔ 성왕 대에는 오경박사 왕유귀(王柳貴)를 왜에 파견.

(2) 유학을 국가 통치 이념으로 수용하며 시조묘(始祖廟), 종묘(宗廟), 사직(社稷), 교사(郊社), 산천제의(山川祭儀) 등 유교적 의례제도도 정비.

➔ 시조묘는 건국 시조인 온조왕이 부여족의 족조인 동명(東明)을 모시기 위해 세웠다. 시조묘에 건국 시조가 아니라 부여족의 족조(族祖)를 모신 것은 백제의 특징임.

➔ 종묘는 역대 왕의 신주를 모신 사당이고 사직은 토지신(土地神)과 곡신(穀神)을 모신 사당. 종묘와 사직은 유교적 제의 체계의 중심이어서 왕조를 창건하면 왕도에 설치. 풍납토성 경당지구에서 확인된 여자형의 대형 건물지는 종묘일 가능성이 큼.

➔ 교사는 교외에서 지내는, 천지신에 대한 유교적 제의. 교사를 할 때에 제사를 드리기 위해 쌓은 단을 대단 또는 남단이라고 함. 새로운 왕은 교사에서 즉위 의례를 진행. 교사를 할 때에 바치는 희생 제물은 소·

돼지·사슴 등임.

➔ 산천제의는 종래의 산악 숭배 신앙을 유교적 예제(禮制)에 따라 재정비. 백제는 왕도와 전국의 산천 가운데 중요한 산천을 제사의 대상으로 하면서 대사(大祀), 중사(中祀), 소사(小祀)로 그 등급을 매겼다. 대사에 속한 산은 삼산(三山)인데 사비 도읍기의 삼산은 일산(日山: 금성산), 오산(吳山: 오석산), 부산(浮山). 오악(五嶽)의 위치는 동악(東嶽)은 계람산(鷄藍山: 계룡산), 남악(南嶽)은 무오산(霧五山: 지리산), 서악(西嶽)은 단나산(旦那山: 월출산), 북악(北嶽)은 보령의 오서산이었고, 중악(中嶽)은 산 이름을 알 수 없는데 고부 지역에 위치한 산으로 추정. 오악은 나라의 각 방위를 수호하는 역할을 수행함.

2) 불교

➔ 백제의 불교는 384년(침류왕 1)에 호승(胡僧) 마라난타가 동진(東晋)으로부터 들어오자 왕이 그를 예경(禮敬)하는 데에서 시작.

➔ 이듬해 침류왕(15대)은 한산에서 불사를 마무리하여 승려 10명을 거처하게 하였다.

➔ 아신왕(17대)은 불법을 숭신(崇信)해 복(福)을 구하라고 하교(下敎).

➔ 한성 도읍기에 백제 불교의 모습을 보여주는 것은 뚝섬에서 출토된 금동보살입상(金銅菩薩立像)과 풍납토성 경당지구에서 출토된 연화문 와당(蓮花文 瓦當)임.

(1) 웅진 도읍기에 무령왕(25대)은 교단 질서를 확립하기 위해 겸익을 인도에 보내 계율을 배워오게 하였다.

➔ 겸익이 인도에서 돌아오자 성왕(26대)은 겸익이 갖고 온 범문율부(梵文律部)를 명승(名僧) 18명으로 하여금 번역하게 하고, 《율소(律疏)》 36권을 저술하게 하였다.

➔ 성왕(26대)은 스스로 「비담신율서(毘曇新律序)」를 지어 계율의 역행(力行)을 강조함. 웅진 도읍기의 사찰로는 대통사지가 유명함.

(2) 백제의 불교는 사비 시대에 크게 성행.

➥ 성왕(26대)은 사비 도성을 조성하면서 시가지의 중심에 정림사(定林寺)를 창건. 양(梁)나라로부터 열반(涅槃) 등 경의(經義)와 공장(工匠), 화사(畫師) 등을 요청.

➥ 법왕(29대)은 호국의 영장(靈場)으로 왕흥사를 세워 왕권의 강화를 추구.

➥ 무왕(30대)은 익산에 거대한 미륵사를 창건하여 미륵의 용화세계(龍華世界)를 구상.

➥ 근래에 발굴된 미륵사지 석탑에서 출토된 사리 봉안기에 따르면 무왕은 정치적으로는 폐하, 즉 황제로 불렸음이 밝혀졌다.

➥ 불상으로는 예산 사면 석불(禮山 四面 石佛), 태안 마애삼존불, 서산 마애삼존불(瑞山磨崖三尊佛) 등이 유명함.

(3) 불교가 성행하면서 교리 연구도 활발해 율학(律學)이 발달하고 삼론학(三論學)·성실종(成實宗) 등을 연구.

➥ 이름난 승려로는 양나라에 유학한 발정(發正), 삼론학의 대가로 일본에서 초대 승정(僧正)이 된 관륵(觀勒), 《법화경(法華經)》의 독송(讀誦)에 힘써 《속고승전(續高僧傳)》에 오른 혜현(慧顯), 중국의 형산(衡山)에서 법화삼매(法華三昧)를 배운 현광(玄光), 일본에 건너가 《성실론소(成實論疏)》를 저술한 도장(道藏) 등이 있음.

(4) 성왕(26대)은 왜에 불교를 전파.

➥ 이후 많은 승려와 예술가를 일본에 보내 일본의 불교 문화 융성에 크게 기여함.

➥ 법륭사 5층 목탑(法隆寺 五層 木塔)과 사천왕사(四天王寺) 등은 모두 백제 기술자들이 창건하였다.

➥ 관륵은 왜에 천문·둔갑(遁甲)·방술(方術)의 서적을 전수해주었고, 초대 승정이 되어 왜의 불교 교단을 정비함.

3) 도가 사상

➥ 도교는 중국에서 후한(後漢)의 사회 체제가 무너지고 새로운 질서를 만들

어가던 격동의 시기에 성립. 노장 사상(老莊 思想)은 도교의 사상적 토대이자 도교의 신학.

➲ 초기 백제는 서진(西晉)과의 교섭을 통해 도교 사상을 수용. 그 시기는 황룡(黃龍)의 출현과 왕의 복색을 오행의 색깔로 한 것에서 볼 때 8대 고이왕 대로 추정.

➲ 근초고왕 대에는 장군인 막고해(莫古解)가 "지족불욕 지지불태(知足不辱 知止不殆)"라는 노자(老子)의 《도덕경(道德經)》의 구절을 인용. 이로써 이미 4세기 중엽에 《도덕경》이 퍼져 있었음을 알 수 있다.

➲ 진사왕(16대)은 도교적인 원지(園池) 사상에 따라 못을 만들어 이훼(異卉)와 기금(奇禽)을 길렀다.

(1) 웅진 도읍기에 도가 사상(道家思想)을 보여주는 것으로는 무령왕릉에서 출토된 진묘수(鎭墓獸)와 묘지석(墓誌石).

➲ 진묘수는 죽은 자를 보호하는 기능 이외에 사자(死者)의 영혼을 저승으로 인도하여 승선(昇仙)을 도와주는, 안내자의 역할을 수행. 묘지석에는 왕의 무덤이 위치한 곳은 지하세계의 신인 토왕(土王), 토백(土伯), 토부모(土父母) 등으로부터 산다고 하는 내용(도가 사상의 반영).

➲ 도가 사상은 웅진 도읍기를 거쳐 사비 도읍기에 성행.

➲ 무왕(30대)은 궁남지를 축조하고, 못 속에 인공 섬을 만들었는데 이는 방장선산(方丈仙山)을 상징함. 와전(瓦塼) 중에 산경문전(山景文塼)이 제작되고, 능산리 제6호분에는 사신도(四神圖)가 있음. 관륵이 일본에 전해준 문물 중에는 둔갑·방술 같은 도교적인 잡술(雜術)이 포함.

➲ 부여 능산리 사지에서 발견된 백제 금동대향로의 상단 뚜껑 쪽에 새겨진 문양은 주제가 신선이 살았다는 봉래산(蓬萊山)을 중심으로 하고 있고, 익산 왕궁면 왕궁리에서 발굴된 원지는 우리나라 고유의 산악 숭배 사상과 더불어 신선사상 및 도교 사상의 영향을 받았음.

4) 신앙과 의례

➔ 백제의 토속 신앙(土俗 信仰)으로는 소도 신앙(蘇塗 信仰), 농경의례, 점복(占卜), 은(殷) 조상 숭배, 제천 신앙, 산천 신앙 등. 여기에는 중국의 오행 사상(五行 思想)에 의한 오제 숭배(五帝 崇拜) 외에는 토속 신앙의 흐름이 이어져왔다.

➔ 소도[蘇塗, 진흙 도(塗)]는 마한을 구성한 각 소국에 둔 별읍(別邑). 별읍은 귀신에게 드리는 제사가 행해지는 곳이면서 동시에 이곳에 도망해온 자에게는 사법의 힘이 미치지 못하는 신성 지역임.

➔ 소도는 백제가 지방 통치 조직을 만들고 지방에 대한 직접적인 지배를 하면서 왕의 힘이 미치지 않는 곳이 없게 되었으며, 이에 따라 별읍으로부터 지방 행정 조직의 하부 단위로 전환.

(1) 농경의례와 관련하여서는 파종제(播種祭)와 추수제(秋收祭: 수확제)가 있다.

   ➔ 파종제는 5월에 씨 뿌리기를 마치고 귀신에게 드리는 제사를 말하고, 추수제는 10월에 농사일을 마치고 수확을 한 후 귀신에게 드리는 제사를 말함.

   ➔ 제의를 거행하는 때에는 함께 춤추고 노래하고 술을 마셨으므로 집단 제의(集團祭儀)라 할 수 있다. 풍요를 기원하는 제의는 국가 체제가 정비되면서 유교적 제의 체계로 전환.

   ➔ 토지신인 '사(社)'와 곡신인 '직(稷)'을 모시는 사직단(社稷壇)을 세워 국가의 안위와 풍요를 기원.

(2) 점복은 별자리와 달의 천체 현상, 동물의 희생 또는 골각기(骨角器)로 점을 쳐서 길흉을 살펴보는 것임.

   ➔ 점복은 개인적인 목적에서 뿐만 아니라 국가의 중대사를 결정할 때도 행해졌다.

   ➔ 점을 칠 때 사용한 뼈는 복골(卜骨).

   ➔ 중국과의 접촉이 빈번해지면서 중국으로부터 역림과 식점을 새로이 수용함. 국가적인 차원에서의 점을 치는 방법도 종래의 복골이 아니라

식반을 이용.

(3) 백제의 용신앙(龍信仰).

➚ 용은 수신(水神)의 상징. 용신앙은 용에게 기우제(祈雨祭)를 지내고 풍
농을 기원. 바다에는 용왕이 산다고 생각하고 용왕에게 풍어제(豊漁
祭)를 지내고 또 항해에서의 안전을 담보하기 위해 용왕에게 제사를
지냄.

(4) 백제의 남근 숭배 신앙(男根 崇拜 信仰).

➚ 남근은 악귀를 내쫓기도 하고 신에게 봉헌(奉獻)하는 봉헌물임.

➚ 남근 숭배 신앙은 생산과 풍요를 기원하는 민간 신앙임.

➚ 능산리 폐사지(陵山里 廢寺址)에서 발굴된 목간들 가운데 발기된 남근
에 각서와 묵서(墨書)가 있는 목간은 교차로 설치하여 마을의 수호와
자손의 번영, 교통의 안전을 지켜주는 것으로 관념화.

(5) 백제에서는 산천에 신이 있어 마을을 지켜주고 나라를 지켜주는 것으로
생각.

➚ 마한 시대에는 각국보다 자신의 영역 범위 내의 산천에 제사.

➚ 중앙 집권 체제가 갖추어지면서 백제 왕실의 입장에서 산천제의 정비
가 진행되었음. 이 과정에서 백제의 국도에 있던 산천은 그 격이 격상
되어 대사의 대상이 되었지만, 지방에 위치한 산천은 일부만 오악에
편제되었고 그렇지 못한 산천은 제외됨.

2. 상례와 무덤

➚ 죽어서 무덤에 묻히기까지 진행되는 의식과 예절이 상례(喪禮).

➚ 「무령왕릉묘지석」에 따르면, 왕이 죽자 27개월 동안 빈전에 시신을 두었다고
함. 이 기간이 거상(居喪)으로 3년상. 3년 동안 시신을 빈전에 두었다는 것은
백제 상례의 특징임.

➚ 기와 건물지와 벽주 건물지가 확인되었고, 얼음을 저장한 시설도 발견된 공
주 정지산 유적(公州 艇止山 遺蹟)은 빈전이 있었던 곳임.

1) 시신을 묻을 곳을 정한 후 지하 신들에게 장지(葬地)를 사서 세상의 법률에 얽매이지 않도록 계약한 후 길일(吉日)을 택해 매장.

➲ 죽은 자가 무덤에 묻힐 때까지 상주(喪主)들은 상복을 입었다.

➲ 상복을 입을 기간은 망자(亡者)와의 혈연적 친소에 따라 차이가 있었음. 부모나 남편이 죽었을 경우 자식이나 부인은 3년간 상복을 입었다.

➲ 나머지 친척들은 장례와 동시에 상복을 벗었다.

2) 시신을 묻기 위해 무덤을 만들었다.

➲ 백제의 무덤은 크게 적석총(돌무지무덤)과 봉토분(封土墳)으로 나누어지고, 봉토분은 다시 석실분(石室墳: 돌방무덤), 석관묘(石棺墓: 돌널무덤), 토광묘(土壙墓: 움무덤), 옹관묘(甕棺墓: 독무덤)로 구분.

➲ 적석총은 서울 석촌동이나 양평 문호리, 연천 삼곶리 등에서 확인됨.

➲ 적석총들은 만주의 집안에 있는 고구려 적석총과 맥을 같이 한다.

➲ 석촌동 제3호분은 동서 55.5m, 남북 43.7m의 평면에 현재의 높이가 4.5m인 대형 적석총으로서 3단까지 추적.

➲ 웅진 도읍기로 오게 되면 적석총은 없어지고, 'ㄱ자형' 석실분과 장방형 석실분이 유행하고 중국 계통의 전축분(塼築墳) 축조. 'ㄱ자형' 석실분은 돔(Dome) 형식에 벽에 회칠을 했으며, 장방형 석실분은 순수 백제식 석실분 형식임.

➲ 전축분으로는 사신도가 그려진 송산리 제6호분과 무령왕릉. 무령왕릉은 터널형 전축분으로 연도(羨道)가 달려 있다.

➲ 사비 시대로 오게 되면 'ㄱ자형' 석실은 없어지고 연도가 달린 상자형 석실이 주류를 이룸.

➲ 왕실 무덤은 능산리에 조성되었는데 현재 7기가 남아 있다.

➲ 중하총(中下塚)의 경우에는 석제로 터널형의 석실을 만들었는데 성왕의 무덤으로 추정. 동하총(東下塚)은 네 벽 및 천장을 잘 물갈이한 편마암 판으로 축조했고, 석면(石面)에 사신과 연화문을 직접 그렸다.

3) 영산강 하류인 나주시와 영암군 내에서는 대형 옹관묘의 군집이 있다.

  ➜ 이 옹관묘들은 초기 철기 시대 이래의 전통을 가지고 있는 것으로서 동일 봉토 내에 여러 개를 합장(合葬)한 것이 주류.

  ➜ 옹관의 형식에는 단옹(單甕)과 합구식(合口式)이 있다.

  ➜ 나주 신촌리 제6호분은 금동관, 금동식리(金銅飾履), 철도(鐵刀) 등의 부장품이 나와 이 지방의 유력 세력의 무덤으로 추정됨.

  ➜ 나주 지역의 특징적인 무덤 양식으로는 전방후원분(前方後圓墳)이 있다. 이 무덤의 주인공에 대해서는 백제 귀족설, 왜계 백제 관료설 등이 있음.

3. 건축·미술

  1) 토목과 건축

  ➜ 백제의 토목 기술을 잘 보여주는 것이 성곽(城郭), 고분, 제방 등 대규모 토목물임.

  ➜ 성은 축조 재료에 따라 목책(木柵), 토축성(土築城), 석축성(石築城)으로 나뉜다.

  ➜ 성 가운데 축조 모습을 생생히 보여주는 것이 왕성인 풍납토성. 축조 공정을 보면 생토 모래층 위에 형성된 점토층(粘土層)을 기저부로 삼아 전체적으로 정지 작업을 한 후 그 위에 사다리꼴 모양의 중심 토루(土壘)를 쌓아 올리고 이를 기준으로 삼아 내·외면에서 비스듬하게 점질토(粘質土)와 사질토(沙質土)를 교대로 쌓아올렸다.

  ➜ 최하층에는 점성이 강한 점토를 깔고 나뭇가지와 같은 식물을 10여 차례 이상 반복하여 깔았다. 이를 부엽 공법(敷葉 工法)이라 하는데 성벽의 안전성과 토층 사이의 결합력을 높이기 위해 사용한 것임.

  ➜ 풍납토성 축조에 사용된 부엽 공법은 이후 토성·제방 축조에 사용.

  ➜ 사비 도읍기에 만들어진 나성도 동쪽 부분은 부엽 공법에 의해 축조.

  ➜ 김제 벽골제의 제방도를 발굴·조사한 결과, 부엽 공법에 의해 만들어졌음을 확인.

(1) 백제의 건축물로는 실물이 남아 있는 것은 거의 없고, 사서에 이름만 남아 있는 것이 대다수임.

➷ 건물지가 확인된 것으로는 한성 도읍기의 경우 풍납토성 경당지구에서 종묘로 보이는 백제의 건물지, 웅진 도읍기의 경우 공산성 내에서 확인된 임류각지(臨流閣址)와 왕궁지(王宮址), 사비 도읍기의 경우 익산 왕궁리에서 발굴되고 있는 궁성 유적 등이 있음.

➷ 경당지구의 백제 건물지는 '여(呂)'자 형의 건물로서 주변에 도랑을 파서 외부와 격리.

➷ 백제의 건물지는 가람(伽藍)에 많이 남아 있다. 몇몇 사지(寺址)가 발굴 결과, 군수리 사지는 목탑지(木塔址)로 생각되는 방형의 기단을 중심으로 중문(中門), 금당(金堂), 강당(講堂)이 남북 일직선상에 배치되고, 중문·강당을 회랑(回廊)으로 연결해 탑과 금당을 둘러싼 일탑식(一塔式) 가람을 배치.

➷ 일탑식 가람 배치는 금강사지(金剛寺址), 정림사지(定林寺址), 왕흥사지(王興寺址), 능산리 폐사지의 발굴 조사를 통해 확인됨.

➷ 미륵사지는 발굴 결과, 중앙에 목탑이 있고 현존하는 서탑과 같은 규모의 석조 동탑이 있었음이 밝혀져 3탑·3금당(三塔三金堂)이라고 하는 삼소(三所) 가람의 형식.

➷ 현존하는 백제의 대표적인 건축물은 석탑. 석탑은 목탑에서 비롯되었는데 정림사지 5층 석탑(定林寺址 五層 石塔)과 미륵사지 석탑이 대표적. 미륵사지 석탑은 목조 건축의 세부 양식을 충실히 모방. 초층(初層) 탑신(塔身)의 부재(部材)는 목조 건물의 부재를 모방해 모두 다른 돌을 사용했고, 기둥 위의 3단 층개(層蓋) 받침은 공포를 번안한 것이고 옥개석(屋蓋石)이 넓게 퍼져 추녀 끝이 들려 있는 것도 목조 건축의 추녀와 같다.

2) 조각·공예

➷ 조각과 공예는 재질에 따라 석조, 금속공예, 토기 등으로 나누어 볼 수 있다.

➲ 불상 조각으로는 금동불(金銅佛)과 납석상(蠟石像) 석불(石佛), 소조불(塑造佛) 등이 남아 있다.

➲ 한성 도읍기 불상으로는 뚝섬에서 출토된 금동여래좌상(金銅如來坐像)이 있음. 선정인(禪定印)을 하고 있는 이 좌상은 북위(北魏) 불상으로 추정됨.

➲ 웅진 도읍기에 와서 서산 보원사지 출토 금동여래입상(金銅如來立像)은 일광삼존불상(一光三尊佛像)으로 추정되는데 북위식 복제임.

➲ 사비 도읍기에 와서 부여 부소산에서 출토된 금동석가여래입상(金銅釋迦如來立像)은 광배(光背)에 정지원(鄭智遠)이 죽은 처를 추복(追福)하기 위한 명문이 있는데 산동성 제성(諸城)에서 출토된 동위(東魏)의 불상과 닮았다.

➲ 부여 군수리 사지 목탑의 지하 심초석(心礎石) 부근에서는 납석제 여래좌상과 금동보살입상(金銅菩薩立像)이 발견됨.

➲ 부여 신리에서는 봉보주보살상(捧寶珠菩薩像)이 발견됨. 이러한 봉보주보살상은 남조(南朝)와 백제 사이의 문화적 친연성(親緣性)을 입증.

(1) 석불은 거대한 마애불(磨崖佛)의 형태로 조성.

➲ 예산 사면석불은 여래좌상을 중심으로 하고 3면에 여래입상을 각각 1구씩 조각. 사면불(四面佛)임에도 전·후·좌·우가 모두 조각된 입체상처럼 입체감을 최대한 살리기 위해 상반신은 광배와 넓은 거리를 두고 있고 팔은 따로 조각하여 부착.

➲ 태안마애삼존불은 서해에 면한 백화산 정상의 화강암을 조각하여 만든 것으로서 가운데에 작은 봉보주관음상(捧寶珠觀音像)을, 좌우에 키가 크고 체구가 당당한 여래입상을 배치한 것이 특징임. 6세기 말에 만들어진 이 불상은 항해의 안전을 도모하기 위해 이 지역의 유력 세력들에 의해 만들어짐(6세기 말).

➲ 서산마애삼존불은 본존(本尊)은 아미타불(阿彌陀佛), 봉보주보살은 관음보살(觀音菩薩), 반가사유형보살(半跏思惟形菩薩)은 미륵보살(彌勒菩薩)로 추정. 7세기 작품. 본존은 부드럽고 친근한 표정을 짓고 있으

며 시무외여원인(施無畏與願印)의 수인을 하고 있다.

- ◑ 익산 연동리의 불상에서 화려한 광배의 화염문(火焰文)과 7구의 화불의 배치는 일본 법륭사 금당 석가삼존상(釋迦三尊像)의 광배와 상통.

(2) 공예품으로는 도검, 장신구, 토기, 기와, 전 등을 들 수 있다.

- ◑ 근초고왕 대에 제작된 칠지도는 일본의 이소노가미신궁(石上神宮)에 있는데 한·일 고대 관계사 연구에 있어 중요한 유물임. 여기에 새겨진 금 상감 명문은 백제에서 상감 기술이 일찍부터 발달하였음을 입증.

- ◑ 금동 관모(金銅 冠帽)는 공주 수촌리에서 2점, 서산 부장리에서 1점, 고흥 길두리에서 1점, 천안 용원리에서 1점, 익산 입점리에서 1점, 나주 신촌리에서 1점 등이 발굴. 금동 관모의 특징은 정면이 뾰쪽하고 옆에서 보았을 때 반원형을 띠는 고깔형이라는 점이다. 이 가운데 수촌리와 부장리의 것은 금동판을 투조하여 용과 봉황 등을 표현하였고 입점리와 신촌리의 것은 타출 기법(打出技法)으로 제작되었는데 이는 제작 시기에 차이가 있다는 것을 보여준다. 수촌리형의 관모는 일본의 강전선산(江田船山) 고분에서도 발굴됨.

- ◑ 금동 신발은 원주 법천리, 공주 수촌리, 서산 부장리, 고흥 길두리에서 출토. 수촌리와 법천리는 투조 기법(透彫 技法)으로 'T자형'의 무늬와 용문을 새겼고 입점리나 신촌리에서는 타출 기법을 사용.

(3) 웅진 도읍기의 경우 공예의 진수는 25대 무령왕릉에서 출토된 부장품.

- ◑ 여기에서는 금제 관식(金製 冠飾), 금제 귀걸이(金製 耳飾), 은제 팔찌(銀製 腕飾), 은제 탁잔(銀製托盞), 두침(頭枕), 족좌(足座) 등이 출토.

- ◑ 금제 관식은 연화문, 인동당초문(忍冬唐草文), 화염문으로 구성되었으며 얇은 금판의 영락에 구멍을 뚫고 금실(金絲)을 꿰어 관식의 겉면을 장식.

- ◑ 왕비의 귀걸이는 중심고리와 노는 고리에 이어 화려한 중간식, 그리고 수하식으로 이어지는 형태를 보임.

- ◑ 은제 팔찌는 겉면에 두 마리의 용이 꼬리에 꼬리를 물듯이 연결되었는데 비늘이나 발톱의 표현이 매우 사실적임. 안쪽에는 "庚子年 二月 多

利作大夫人分二百卅朱耳"라는 명문이 새겨져 있어서 520년이라는 제작 연대와 제작자를 알 수 있다.

⤵ 동탁 은잔(銅托 銀盞)은 동제 받침에 은잔을 붙인 것인데 손잡이 꼭지는 연화 봉우리 형태로 만들었고, 그 아래에 연잎이 조각되어 있으며, 몸통에는 산과 기금과 용 등이 표현되어 있는 걸작임.

(4) 사비 도읍기의 공예품으로는 금동 합(金銅 盒), 장신구, 금동 화판(金銅 花板), 은제 관식 등이 있음.

⤵ 왕흥사지에서 출토된 금동 사리합(金銅 舍利盒)에 새겨진 명문에는 577년에 위덕왕이 죽은 왕자를 위해 목탑을 건립하고 사리를 공양한 사실이 포함되어 있다.

⤵ 사리기는 청동 사리합(靑銅 舍利盒), 은제 사리호(銀製 舍利壺), 금제 사리병(金製 舍利甁)으로 구성되었고 이외에 8,150점에 이르는 다양한 유물이 있음.

⤵ 이 가운데 관모는 투명한 운모와 금판을 여러 번 포개어 연화의 자방과 연판을 표현한 장식을 부착. 미륵사지 서탑의 사리공에서는 금동제 사리 봉안기(金銅製 舍利 奉安記)를 비롯하여 금동제 사리호(金銅製 舍利壺)와 장식 도자, 소형 금판 등이 출토.

⤵ 사리 봉안기에는 무왕의 왕비(사택적덕의 딸)가 왕의 건강을 위해 발원하여 서탑을 세웠다는 내용이 새겨져 있다.

⤵ 소형 금판에는 금 1만을 시주한 내용이 새겨져 있다.

⤵ 은제 관식은 좌평에서 나솔에 이르기까지 고위 관료들이 착용한 관모에 장식한 것. 대기의 꽃 등으로 정형화.

⤵ 부부가 나란히 매장된 능산리의 한 고분에서는 부부 모두가 사용한 은제 화형 장식이 출토.

(5) 백제의 토기는 고구려·신라의 토기와 뚜렷이 구별되는 부드러운 곡선과 정교한 문양, 그리고 때로는 회백색의 기표(器表)·색조(色調)에서 오는 온건한 조형이 특징.

⤵ 초기에는 흑도(黑陶) 같은 토기가 생산되기도 하였고, 중기 이후에는

삼족기(三足器)가 만들어졌고, 후기에는 청록색 또는 황갈색의 유약을 바른 시유토기(施釉土器) 제작. 이들 시유토기는 신라에 영향을 주었을 것으로 추정됨.

(6) 와당은 목조 건축의 성행과 더불어 발달.

⮕ 처음에는 낙랑계(樂浪系)의 영향을 받았으나 6세기 중엽에는 높은 수준에 도달.

⮕ 서울 광장동에서 발견된 고식의 연화문 와당을 비롯해 와당에 새겨진 모든 연화는 모가 없이 우아하게 표현된 것이 특징.

⮕ 풍납토성에서는 나뭇잎 모양의 장식을 한 와당이 출토.

⮕ 미륵사지, 금강사지 등에서 발견된 연화문 연목와(椽木瓦), 부여 가탑리 출토의 귀면문(鬼面文) 연목와 등의 연화. 미륵사지에서 출토된 녹유를 시유한 와당은 이 건물이 매우 고급스럽다는 것을 입증.

(7) 전[塼: 벽돌 전(塼)]은 묘실 축조로 사용.

⮕ 전의 표면에는 기하학적 문양과 연화(蓮花), 인동문(忍冬文) 등이 조각되어 있음.

⮕ 표현 수법은 다른 유물에서 볼 수 있는 바와 같은 온건·우아한 품위가 나타나 있다.

⮕ 이밖에 전돌로는 부여에서 발견된 연화·인동문의 상형전(箱形塼)과 부여 규암면 출토의 방형 문양전(方形 文樣塼).

4) 회화와 서예

⮕ 백제의 회화는 고분에 그려진 벽화 및 무령왕릉 출토품에서 확인.

⮕ 공주 송산리 제6호분은 벽화분인데 전축분으로 벽화를 그릴 만한 자리에 진흙을 칠하고 면회(面灰)한 위에 먹과 채색으로 사신도를 그렸다.

⮕ 지금은 회가 떨어지고 색이 퇴색되어 거의 형태를 알아보기 어렵다.

⮕ 이 사신도는 고구려가 아닌 남조의 영향을 받은 것으로 보인다.

⮕ 무령왕릉에는 왕비 두침에 세화(細畫)가 그려져 있다. 이 세화는 두침 표면을 옻칠한 다음 귀갑문(龜甲文)을 치고 그 안에 비천(飛天), 어형(魚形),

조형(鳥形), 연화 등을 그렸는데, 어느 것이나 부드러운 곡선을 그리면서도 생동하는 기운을 표현.

(1) 능산리 동하총 석실분은 곱게 물갈이한 판석으로 조립한 무덤인데 네 벽에 사신도와 천장에 연화와 구름 무늬가 그려졌으나 현재는 거의 없어져 백호(白虎)의 머리 부분과 연화문이 희미하게 남아 있다.

　➔ 연화는 백제 특유의 부드러운 형식이고 운문(雲文)은 비운(飛雲)인데 꼬리가 길게 끌린 양식이 연판(蓮瓣)의 형식과 더불어 고구려와의 연관을 느끼게 한다.

(2) 백제의 화가로는 왜에 건너간 아좌태자(阿佐太子)와 백가 등이 있음.

　➔ 아좌태자는 왜에 가서 쇼토쿠태자상[聖德太子像]을 그렸다고 한다.

　➔ 백제는 양(梁)나라에 사신을 보내 각종 기술자와 화사(畵師)를 청해와 자국의 문화 수준을 높였다.

　➔ 백제의 서예는 기와나 돌에 새겨진 문자, 칠지도를 비롯하여 금속에 새겨진 명문, 목간에 쓰인 문자 등에 의해 살펴볼 수 있다.

　➔ 풍납토성에서 출토된 전돌에 새겨진 '直', 토기에 새겨진 '大夫'와 '井'이라는 글자와 토제(土製) 벼루는 백제가 일찍부터 문자생활을 하였음을 확인해 줌.

　➔ 25대 무령왕릉에서 출토된 묘지석의 글자에는 남조와 북조의 해서(楷書)의 분위기가 반영되어 있음. 무령왕릉 왕비 두침에 보이는 '甲'과 '乙'은 유려하면서도 분방한 필체로 쓰였음.

　➔ 사택지적비(砂宅智積碑)는 사육변려문(四六騈儷文)으로 써졌는데 자체는 웅건한 구양순체(歐陽詢體).

　➔ 구양순[歐陽詢(토할 구, 지경 구, 하품 흠, 물을 순): 557~641]: 중국 당나라 때의 서예가. 왕희지의 글씨를 익힌 뒤, 구양순체로 유명한 독자적 서체를 개발. 반듯한 정자로 아름답게 쓰는 해서(楷書)의 모범.

　➔ 최근에 많이 발굴되고 있는 목간에는 다양한 서체들이 쓰여 있어 서예 연구에 큰 도움이 되고 있다.

> ➜《남사(南史)》에는 양(梁)나라에 파견된 백제 사신이 당시 왕희지체(王
> 羲之體)를 계승한 유명한 서예가 소자운(蕭子雲)에게 금화 수백 만을
> 주고 30여 개의 글씨를 받아온 사실이 기록되어 있음. 이로써 백제 왕
> 실과 귀족들이 서예에 매우 심취해 있었던 것을 알 수 있다.
>
> (출처:《한국민족문화대백과》)

불교와 이에 영향을 받은 건축물과 의식들은 국가 공동체를 중심으로 펼쳐
지고 이어졌다. 삼국이 동일한 모습이고 엇비슷한 수준이었다. 물론, 씨족사
회, 부족사회 단계의 신앙들, 의식들, 종교들이 불교에 뒤섞이기도 하고 병행
되기도 하고 선후를 다투기도 하며 백제인들의 생활을 지배하고 백제 왕국의
흥망성쇠에 음으로 양으로 영향을 끼쳤을 것이다. 그런 측면은 다행히 남겨진
자취들이 입증하고도 남는다.

백제사 연구 활동의 현황

백제사 연구의 현황

➜ 1980년 이래 백제사 연구 현황은 박사 학위 논문의 제목을 통해 그 대략적인
흐름을 살펴볼 수 있다.

➜ 1980년 이후 백제사와 백제 고고학으로 박사 학위를 받은 사람은 30여 명인
데 논제(論題)들을 보면 정치사, 제도사, 영역 확장사 등이 중심.

➜ 근래에 금석문 관련 연구라든가, 불교 관련 논문들이 보고되고 있다. 백제사
연구자들의 관심 분야가 정치사 중심에서 더욱 다양한 주제로 확대되어가고
있음을 시사.

➜ 고고학 분야의 경우 묘제나 고분을 주제로 한 경우가 다수를 차지.

➜ 금강 유역, 호남 동부, 전라남도 동부 지역 등 각 지역에서 조사·정리된 고고
자료를 토대로 그 지역의 모습을 밝히려고 한 논문도 나오고 있는데, 이는 관

심 분야가 확대되고 있음을 보여주는 것임.

⭐ 백제사 연구는 연구자 수의 증가, 고고 자료의 증가에 힘입어 다양한 연구 성과들이 쏟아졌으며 연구 수준도 심화되고 있다.

➥ 다양하게 연구되어온 성과들을 종합·정리하는 작업도 필요.

➥ 근래에 와서 몇몇 연구 기관에서 이러한 종합·정리 작업의 결과를 출간.

➥ 충남대학교 백제연구소에서는 1997년의 《백제의 중앙과 지방》, 2000년의 《백제 사상의 전쟁》, 2003년의 《고대 동아세아와 백제》와 《한국의 전방후원분》 등 학술 대회를 개최한 결과를 단행본으로 꾸준히 묶어 내고 있다.

➥ 백제문화개발연구원에서는 제1권 《백제의 언어와 문학》에서 제28권 《목간이 들려주는 이야기》와 별책으로 《사료로 보니 백제가 보인다(국내)》·《사료로 보니 백제가 보인다(국외)》와 《최근 발굴한 백제 유적》에 이르기까지 31권의 역사 서적을 출간.

➥ 충남역사문화연구원에서는 제1권 《백제사 총론》에서 제15권 《백제의 건축과 토목》에 이르기까지 총 15권으로 이루어진 《백제문화사대계 연구 총서》를 출간. 이 책은 백제사 연구의 전반적인 흐름을 개괄하였음은 물론, 백제사의 전개 과정을 정치사 편과 생활·문화사 편으로 나누어 그동안의 연구 성과를 전반적으로 정리하였음.

➥ 서울특별시사편찬위원회에서는 제1권 《성격과 문화 기반》에서 제5권 《생활과 문화》에 이르기까지 총 5권으로 이루어진 《한성 백제사》를 출간. 이 책은 한성 도읍기의 백제의 역사와 문화를 총괄적으로 정리한 최초의 작업물임.

✪ 고고학 자료를 중심으로 백제사의 흐름을 종합적으로 정리한 작업으로는 도록을 들 수 있다.

➥ 국립중앙박물관에서는 2002년에 《특별전 백제》를, 국립부여박물관에서는 2002년 《백제의 문자》에서부터 2006년 《백제의 공방》에 이르기까지 특정한 주제를 고고학 자료로 정리한 교양서를 출간.

➔ 전라북도·전북문화재연구원은 2003년에 《전북 지역 백제 문화 유산》을, 경기도박물관에서는 한성 도읍기의 백제 관련 유적 유물을 정리하여 2006년에 《한성 백제 묻힌 백제 문화로의 산책》을, 국립공주박물관·충남 역사문화연구원은 공주 수촌리 고분 발굴을 계기로 금동 관과 금동 신발 등 위세품을 중심으로 2006년에 《한성에서 웅진으로: 4~5세기 백제 유물 특별전》을 개최했다.

➔ 최근에는 부여 지역뿐만 아니라 익산·나주 지역에서 목간이 출토. 이 목간에는 개인 차원의 습자에서부터 국가 행정에 이르기까지 당시 사람들의 사상과 생활 모습을 보여주는 다양한 내용이 써져 있음. 이를 종합한 것으로는 국립가야문화재연구소가 2004년에 펴낸 《한국의 고대목간》과 국립부여박물관이 2009년에 펴낸 《나무 속 암호 목간》이 있다.

✪ 백제는 고대 동아시아 공유 문화권(共有 文化圈) 형성에 중심적인 역할을 수행.

➔ 이를 분명히 하기 위해서는 문헌 자료에 대한 철저한 검토와 더불어 중국 및 일본 지역에 남아 있는 백제의 유적과 유물을 확인하는 작업이 필요.

➔ 지금까지 국립공주박물관에서 이루어낸 해외 소재 백제 관련 유적·유물의 조사 성과는 다음과 같다.

《일본 소재 백제 문화재 조사보고서(日本 所在 百濟 文化財 調査報告書)Ⅰ》(국립공주박물관, 1999)/

《일본 소재 백제 문화재 조사보고서(日本所在 百濟文化財 調査報告書)Ⅱ》(국립공주박물관, 2000)/

《일본 소재 백제 문화재 조사보고서(日本 所在 百濟 文化財 調査報告書)Ⅲ》(국립공주박물관, 2002)

(출처: 《한국민족문화대백과》)

〈연구는 좋다. 하나, 연구비 지원이 없으면 사라질 것들이라면 일종의 유행이거나 단발적인 일에 불과할 것이다. 정말 알고 싶어서 덤비고 캐고 싶어서 땀 흘리는 일이 아니라면 그 연구는 노예 근성을 벗어날 수 없고 그 학문은 기계적인 수준이나 기능적인 수준을 벗어날 수 없을 것이다. 우리만 그런 것은 아닐 것이다. 인명을 살리고 병마를 줄이고 없애려는 그 당연한 일에도 연구비 타령은 보통이고 관심 기울여야 제대로 한다는 식의 말은 보통일 것이다.

하나, 역사는 좀 다르다. 내 역사, 우리 역사라면 당연히 좋아서 하고 그래서 죽기 살기로 매달려야 당연할 것이다. 평생을 다 바쳐도 큰 곳간에서 곡식 몇 톨 가려내는 정도일 텐데, 인기, 유행, 지원, 관심 따지고 빛을 보느냐, 마느냐를 먼저 셈한다면 그 연구, 그 학문이 무슨 소용 있겠는가?〉

14

14.

한국사 이야기: 호기심, 궁금증으로 배우는 우리 역사의 줄거리

· 삼국 시대를 단 한 마디로 말한다면?

① 고구려, 백제, 신라 삼국이

② 한반도와 중국 대륙 동북방을 무대로

③ 동맹과 전쟁을 반복하며 각축전을 벌이다가

④ 신라와 중국 당나라의 동맹(나당연합군)으로 결국

⑤ 신라에 의해 한반도 대부분이 통일 국가(통일신라 시대)로 재탄생한 시기

✪ 당나라와 동맹을 맺어 삼국을 통일한 신라는 한반도에서 당나라를 몰아내기 위해 8년 동안 수십 차례의 전투를 치른 후 676년 대동강과 원산만을 잇는 경계선의 남쪽 영토를 장악하여 삼국 통일을 완성.

✪ 대조영(大祚榮: 발해의 시조, 재위 698~719)은 고구려인과 말갈족을 거느리고 만주와 연해주 일대에 고구려 계승을 내세우며 발해(渤海)를 건국하여 대동강과 원산만을 경계로 하여 신라와 공존. 이 시기가 바로 남북국 시대임.

✪ 발해 시조인 대조영은 고구려의 유민으로, 말갈족을 규합하여 699년 진(震)을 세우고 고구려 영토 회복에 나섰다. 705년 중국 당(唐)나라와 화친한 뒤 713년 국명을 발해(渤海)로 개칭.

· 삼국 시대 정복전쟁에서 전사한 왕들은?

① 371년 백제의 근초고왕(13대, 재위 346~375, 12대 비류왕의 아들)이 고

구려 수도 평양성을 공격하자 고구려의 고국원왕(16대, 재위 331~371, 15대 미천왕의 아들, 17대 소수림왕의 부친)이 전사.

② 백제는 475년 고구려의 공격을 받아 한성이 함락되고 개로왕(21대, 재위 455~475)이 전사하는 등 일시적으로 멸망.

③ 백제의 한성 시대(B.C. 18~475)는 백제가 건국된 때부터 고구려 장수왕(20대, 재위 413~491, 19대 광개토왕의 아들)에 의해 개로왕(21대)이 전사할 때까지로 위례성에 도읍을 두고 있던 시기.

④ 백제의 두 번째 수도는 웅진(공주).

고구려에 대항하기 위한 신라와 백제의 나제동맹이 신라 진흥왕의 야심으로 깨지며 실지 회복에 나섰던 백제 성왕은 관산성 전투에서 전사. 551년 백제군을 주축으로 해 신라군과 가야군으로 이루어진 연합군으로 고구려에 뺏긴 한강 유역을 회복하려 했지만, 553년 신라 진흥왕(眞興王: 24대, 526~576, 재위 540~576)은 고구려와 밀약한 후 백제의 한강 하류 지역을 점령. 554년 백제 성왕은 가야군과 연합하여 신라의 관산성(管山城: 충청북도 옥천에 있던 신라의 성, 554년 백제가 대가야와 동맹을 맺고 성을 공격하다 크게 패하여 성왕과 약 3만 명의 군사가 전사)을 공격. 백제는 성왕이 구천(狗川) 지역에서 신라 복병의 기습 공격을 받아 전사하자 참패. 백제는 성왕의 전사 이외에도 4명의 좌평과 3만 명 군사들이 전사. 이로써 1세기 이상 지속된 나제동맹은 종료(① 백제 비유왕, 신라 눌지왕이 시작하고 ② 백제 동성왕, 신라 소지왕이 혼인동맹으로 강화했지만, ③ 백제 성왕, 신라 진흥왕 때에 다시 적대 관계로 돌변).

✪ 고구려 역사 중 가장 극적인 시대는 ① 15대 미천왕부터 ② 16대 고국원왕, ③ 17대 소수림왕, ④ 18대 고국양왕, ⑤ 19대 광개토대왕, ⑥ 20대 장수왕까지 여섯 왕(미·고·소·고·광·장)의 시대임.

✪ 고구려의 왕들인 고국천왕(9대, 재위 179~197), 고국원왕(16대, 재위 331~371), 고국양왕(18대, 재위 384~391, 고국원왕의 아들, 광개토왕의 부친, 형인 소수림왕에게 아들이 없어 즉위) 등의 시호는 옛 국내성의 땅(국

천 땅, 국원 땅, 국양 땅)에 묻힌 왕이라는 뜻. 고국천왕(故國川王), 고국원왕(故國原王), 고국양왕(故國壤王) 앞의 고(故)자는 요즘과 달리 당대에는 '크다, 위대하다.'는 의미임.

✪ 고구려 광개토왕(19대, 재위 391~413)은 백제(392년, 396년 고구려 광개토왕에게 연이어 참패) 아신왕(阿莘王: 17대, 재위 392~405, 15대 침류왕의 장남, 18대 전지왕의 부친, 16대 진사왕은 숙부)으로부터 많은 전리품과 함께 영원히 노객(奴客)이 되겠다는 맹세를 받고 아신왕의 동생과 대신들을 인질로 잡아오는 대전과를 올렸다.

· 삼국 시대 동맹 관계 속의 왕들과 이룩한 업적은?

삼국 시대 동맹은 나제동맹(羅濟同盟: 삼국 시대, 신라와 백제가 고구려의 남진을 막기 위하여 맺은 두 차례의 동맹)이 가장 유명. 고구려의 남하 세력을 막기 위해 신라와 백제가 맺은 군사 동맹.

① 433년 백제의 비유왕[毗有王: 20대, 재위 427~455, 비류왕(比流王)은 11대(재위 304~344)]과 신라의 눌지왕(19대, 재위 417~458, 내물왕의 아들: 최초로 마립간이라는 왕호를 사용) 사이에 공수(攻守)의 성격을 띤 나제동맹이 성립.

② 493년 나제동맹을 더욱 강화하기 위하여 백제 동성왕(24대, 재위 479~501)이 신라 소지왕(21대, 재위 479~500, 20대 자비왕의 아들)에게 요청하여 왕족인 이찬(伊飡) 비지(比智)의 딸을 왕비로 맞이함으로써 결혼동맹(혼인동맹)이 성립.

③《삼국유사》기이(紀異) 제2 무왕(武王: 30대, 재위 600~641, 31대 의자왕의 부친) 조에 있는 서동 설화(薯童 說話)의 한 대목이 서동요(薯童謠)임. 서동 설화에 따르면 서동요는 백제 무왕이 소년 시절에 마를 캐는 서동으로 신라 수도 경주에 들어가 신라 진평왕(眞平王: 26대, 재위 579~632, 27대 선덕여왕의 부친) 딸인 선화공주와 결혼하려고 만든 노래라고 한다.

✪ 동성왕(東城王: 24대, 재위 479~501)은 신라와의 외교도 적극적으로 추진

한국사 이야기

했다. 고구려의 군사적 압력에 대처하기 위해 신라와 혼인동맹을 맺어 신라의 이찬(伊飡) 비지(比智)의 딸을 왕비로 삼았다. 신라가 살수원(薩水原)에서 고구려와 싸울 때 원병을 파견. 고구려가 치양성(雉壤城)을 공격하였을 때는 신라에 원병 요청(공동 전선을 형성해 고구려에 대항). 백제와 신라 동맹군의 승리로 양국은 고구려의 공세에 대응하는 나제동맹(羅濟同盟)의 필요성과 유효성을 절감.

✪ 동성왕은 신진 세력을 등용해 구귀족과 신귀족 사이에 세력 균형을 도모하고, 왕권 강화책을 추진해 웅진 천도 초기의 정치적 불안을 극복. 신진 세력이 점차 증대해 왕권에 압력 요소로 작용하게 되자 동성왕은 신진 세력을 견제하기 위해 공주 지역에 기반을 둔 위사좌평 백가를 가림성 성주로 강제 전출시킴. 이에 불만을 품은 백가 세력은 동성왕이 사비서원(泗沘西原)에서 사냥을 하는 틈을 타서 그를 암살함[501, 동성왕 23년, 위사좌평(衛士佐平) 백가(苩加)가 보낸 자객에게 암살당함). 동성왕의 죽음에 대해《일본서기(日本書紀)》는 "왕이 도(道)가 없고 포학하므로 국인(國人)이 제거했다."라고 했지만, 주된 원인은 전제왕권에 대한 귀족들의 불만이었음. 동성왕 대의 개혁 정책은 한성 함락 이후 축소된 백제 왕실의 통치 기반을 강화시켜, 무령왕(武寧王: 25대, 재위 501~523)·성왕(聖王: 26대, 재위 523~554) 대의 안정적 발전의 토대가 되었음.

✪ 백제 성왕(26대)은 538년(성왕 16) 웅진(고구려의 남침으로 한성에서 웅진으로 천도했음)에서 사비(泗沘)로 천도(성왕의 국가 발전 계획에 따라 웅진에서 사비로 이동). 사비 천도 후 국호를 일시 '남부여(南扶餘)'라 개칭(부여족으로서의 전통 강조).

· 삼국 시대에 중국 대륙의 정복전쟁으로 가장 큰 시련과 피해를 입은 나라는 고구려인데 그 역사 속의 패전한 왕들과 승전한 왕들은?
① 고국원왕(16대, 재위 331~371, 371년 백제 근초고왕의 고구려 침공으로 전사) 시대에는 중국 연(燕)나라의 침입이 잦아 342년 수도를 환도성으로 옮기고, 343년 다시 평양(현재의 평양과 다른 곳)의 동황성으로 옮겼다.

② 제15대 미천왕 이후 고구려가 중국 요동 지역으로 진출하면서 중국 연(燕) 나라와 대립. 그 결과, 연나라 모용황은 339년(고국원왕 9)과 342년에 고구려를 침공. 339년에는 고구려의 신성(新城)을 침공하고, 342년에는 대규모 군대를 동원해 고구려의 수도 국내성[國內城: 지금의 지안(輯安)]을 공격. 모용황은 4만 명의 주력 부대를 이끌고 험준한 남쪽 길로 들어오고, 1만 5,000명의 군대는 북쪽 길로 진격. 고구려는 북쪽 길만 방어하다가, 남쪽 길로 침입한 모용황의 군대에게 대패하여 수도 국내성을 뺏겼다. 고국원왕 (16대)은 피신했으나 모용황의 군대는 미천왕의 무덤을 파헤치고 궁궐을 불 태웠으며, 고국원왕의 어머니 주씨(周氏)를 비롯한 남녀 5만여 명을 포로로 끌고 갔다.

③ 뒤에 북연(北燕)을 세운 고운(高雲)은 이때 연나라[전연(前燕)]로 끌려간 고구려인의 후예임. 343년 고구려는 고국원왕의 동생을 연나라에 보내 공물을 바치고 미천왕의 시신과 왕모(王母)의 귀환을 요청. 모용황은 미천왕의 시신만을 돌려보냈고, 왕모는 355년에야 돌려보냈다. 고구려는 이후 한동안 요동 진출을 포기하고 남진에만 주력.

✪ 모용황(慕容皝: 297~348, 재위 337~348)은 중국 오호십육국 시대 전연 (前燕)의 초대 황제. 모용준[慕容儁: 319~360, 재위 348~360, 중국 오호 십육국 시대 전연(前燕)의 제2대 황제, 모용황의 차남]이 황제에 즉위한 후 태조(太祖) 문명제(文明帝)로 추존.

✪ 413년 39세에 타계한 광개토왕(19대)의 경우, 414년 능(陵)에 옮겨 묻고 생전의 훈적을 기록한 능비(陵碑)를 건립. 능과 능비는 지금도 중국 길림성 집안현(集安縣)에 존재[414년 장수왕(20대, 재위 413~491)은 고구려 왕실의 신성성과 부왕인 광개토왕의 업적을 과시하려고 광개토왕릉비를 건립].

✪ 5세기 당시 북중국은 여러 이민족 국가가 각축을 벌인 후 439년 북위(北魏)에 의해 통일되고, 남중국은 한족(漢族)에 의해 동진(東晉, 317~420), 송 [宋, 420~479(당나라를 이은 송나라와 다름)], 남제(南齊, 479~502) 등이 차례로 흥망을 반복.

고구려와 중국 여러 나라와의 전쟁

✪ 고구려의 대중국 투쟁

➔ 대략 4개의 시기로 분리

① 1기는 유리왕~미천왕기: 낙랑군·현도군·요동군 등 중국 군현과의 투쟁. 초기 고구려는 중국 군현 세력을 축출하기 위한 투쟁 과정에서 성장함.

② 제2기는 미천왕~광개토왕기: 북중국을 차지한 선비족 모용씨(慕容氏)의 전연(前燕)과 각축전을 벌이던 시기임.

③ 제3기에는 중국 세력이 남북조로 나뉘어 대립하고 북방의 유목족인 유연(柔然)이 세력을 떨치는 흐름 속에서 양면 외교를 통하여 평화적인 대중국 관계를 유지.

④ 제4기는 중국을 통일한 수나라·당나라 등과 동아시아의 패권을 놓고 다툰 시기임.

✪ 고구려는 B.C. 75년 고구려족의 중심 지역에 설치된 현도군의 지배에 저항하여 이를 무순(撫順) 지역으로 몰아낸 것을 계기로 이후 연맹체를 형성해서 본격적인 대중국 투쟁을 전개. 기록상 고구려와 중국 세력의 첫 충돌은 12년(유리왕 31)에 있었지만, 본격적인 충돌은 고구려가 적극적인 대외 팽창을 추구하던 태조왕 대부터 진행되었음. 태조왕 전반기까지 주변의 소국을 정복하여 고구려족의 통합을 이루고, 북옥저·동옥저·양맥 등 주위의 여러 다른 종족에 대한 지배권을 확립한 후, 2세기 초부터 중국 군현에 대한 공세를 본격화.

➔ 당시 고구려의 주된 공격 대상은 현도군과 요동군. 북만주에 위치한 부여가 중국 군현을 지원. 태조왕 이후 한동안 수세적인 입장에서 중국 군현 세력과 간간이 충돌하던 고구려는 중국이 삼국(위·오·촉 삼국)으로 나뉘자 남쪽의 오(吳)와도 외교 관계를 맺으며 대외 팽창을 시도. 238년 위(魏)나라의 공격으로 요동의 공손씨(公孫氏) 세력이 무너지자 고구려 동천왕(東川王)은 242년 서안평(西安平: 요동과 한반도의 낙랑군을 연결하는 교통로의 요충지)을

기습 공격. 고구려의 공격에 놀란 위(魏)의 유주자사 관구검(毌丘儉)은 246
년 고구려에 역공을 시도. 고구려는 관구검 군대에 대패하여 수도 환도성을
뺏기고, 동천왕은 동옥저로 피신함.

✪ 고구려는 15대 미천왕 대에 이르러 국력이 충실해지고, 북중국이 5호 16국 시
대의 혼란기로 접어들자 대외 정복 활동을 전개. 313년(미천왕 14) 낙랑군과
대방군을 정복하고, 요동으로 진출하여 지배권을 놓고 몽골 고원에서 내려오
는 유목민족들과 각축전을 벌임. 고구려는 선비족의 모용씨가 세운 전연(前燕)
과 대립함.

➔ 342년(고국원왕 12) 전연(前燕)의 침공으로 수도 함락. 371년에는 백제의
침공으로 고국원왕이 전사.

➔ 소수림왕 대에 국력을 가다듬은 고구려는 광개토왕과 장수왕 대에 후연(後
燕)을 공격하여 요동을 병합하고 북만주 지역을 차지함. 5세기 중반 이후에
는 중국의 남북조와 북방의 유연 및 동방의 고구려가 세력 균형을 이룬 상태
에서 장기간의 평화관계를 지속.

✪ 6세기 말에 수(隋)가 중원의 통일제국으로 등장. 중국 중심의 국제 질서 개편을
노린 수나라는 북방의 돌궐(突厥)을 복속시키고, 고구려를 위협함.

➔ 598년(영양왕 9) 고구려의 선제 공격으로 수나라는 고구려에 대해 4차례에
걸친 대규모 침공을 시도. 결과는 수의 참담한 패배. 수는 그 여파로 곧 멸망.

➔ 수가 멸망한 후 혼란을 수습하며 당나라가 등장하자, 고구려는 다시 당과 대
결함.

➔ 대외 강경파인 연개소문(淵蓋蘇文)이 집권하자, 고구려와 당 사이에 무력 충
돌이 시작.

➔ 645년(보장왕 4) 당 태종의 친정(親征)으로 시작된 수차례의 고구려 침공
[안시성 전투가. 대표적인 전투: 안시성의 위치는 현재 랴오둥[遼東] 반도
의 하이청(海城) 잉청쯔(英城子)로 보는 견해가 유력: 야사에 전해지는 안
시성 성주 양만춘(양만춘(梁萬春 혹은 楊萬春)은 60여 일간에 걸친 항쟁 끝

에 승리].

➡ 당은 신라와 군사동맹을 맺어 백제를 먼저 공략. 나당연합군은 660년 백제를 멸망시킨 후, 고구려를 협공. 신라군과 당군의 양면 공격으로 고구려는 668년 평양성의 함락과 함께 멸망.

· 삼국 시대의 성공적인 왕들은?

고구려의 경우(15대 미천왕, 16대 고국원왕, 17대 소수림왕, 19대 광개토왕, 20대 장수왕)

① 313년(미천왕 14) 낙랑군과 대방군을 병합하여 한반도 안에서 중국 군현 세력을 완전히 축출.

② 요동 지역의 지배권을 놓고 선비족의 모용씨(慕容氏)가 세운 전연(前燕)과의 치열한 각축전 과정에서 고구려는 두 차례 전연의 침입을 받아, 342년(고국원왕 12)에는 수도가 함락되는 위기에 직면.

③ 요동 진출이 막힌 고구려는 남쪽으로 방향을 돌려, 성장 중인 백제와 대결. 371년 평양성 전투에서 고국원왕이 전사하는 비극을 경험.

④ 소수림왕 때의 율령 반포·태학 설립·불교 수용 등은 고구려 판 개혁 정치의 표본. 불교의 공인은 보편적인 정신세계의 통일을 향한 노력이고, 율령의 반포는 일원적인 지배 질서의 기반을 다지려는 제도적 개혁. 최고 교육기관인 태학의 설립은 관료 체제의 확립에 기여.

⑤ 광개토왕·장수왕 연간의 비약적인 발전. 광개토왕 때 고구려는 서쪽의 후연을 제압하여 요동을 장악하고, 동북쪽의 숙신과 동부여를 정복하여 남만주 일대를 차지. 남으로는 백제를 공격하여 한강 유역 일대까지 세력을 확장. 장수왕 때 수도를 국내성에서 평양으로 이동하고 본격적인 남진 정책을 펴서 한반도 중부 일대를 완전히 장악. '광개토왕릉비'와 '중원고구려비' 등에서 고구려는 스스로 천하의 중심임을 자부.

백제의 경우(8대 고이왕, 13대 근초고왕, 24대 동성왕, 25대 무령왕, 26대 성왕)

① 백제는 3세기 전반 고이왕 대(재위 234~286)에는 중국의 군현과 대항하는 한(韓) 세력의 구심점으로 등장. 3세기 후반에는 마한의 맹주 노릇을 해오던 목지국을 정복함으로써 한반도 중부를 석권. 고이왕 대에는 관등제의 골격이 잡히고, 왕을 정점으로 한 일원적인 집권 체제 정비.

② 4세기 중반 근초고왕 대[13대, 재위 346~375, 11대 비류왕의 아들, 12대 계왕(契王)은 10대 분서왕(汾西王)의 장남]에는 전라남도 해안 일대의 마한 잔여 세력까지 정복. 북쪽으로 대방고지(帶方故地)를 놓고 고구려와 다투며 한반도 중남부의 패자로 등장. 371년(근초고왕 26)에는 3만 명의 군사를 이끌고 고구려의 평양성까지 진격하여 고국원왕을 전사시킴.

③ 4세기 말부터 고구려의 남진 정책에 직면하면서 백제의 대외 팽창은 침체됨. 아신왕 대에는 고구려 광개토왕의 침공을 받아 58성(城), 700여 촌(村)을 상실. 지배층의 동요로 아신왕[阿莘王: 17대, 재위 392~405, 성씨는 부여(扶餘), 15대 침류왕(枕流王)의 장남, 16대 진사왕(辰斯王)은 근구수왕의 차남이며 침류왕의 동생]이 죽은 뒤 귀족 세력 간의 대결로 왕족과 함께 실권을 누리던 왕비족이 진씨(辰氏)에서 해씨(解氏)로 교체.

④ 계속되는 고구려의 군사적 위협으로 백제는 바다 건너 왜국 세력을 끌어들이고, 비유왕(毗有王: 20대, 재위 427~455) 대에는 신라와 공수(攻守)동맹을 체결.

⑤ 개로왕 대(21대, 재위 455~475)에 고구려 장수왕의 침략으로 수도 한성(漢城: 지금의 서울 강동구)이 함락되고 개로왕마저 살해당하는 최대의 수난을 겪음.

⑥ 문주왕[22대, 재위 475~477, 21대 개로왕(蓋鹵王)의 아들, 23대 삼근왕(三斤王)의 부친]은 웅진(熊津 : 지금의 공주)으로 천도하고 재기를 모색. 초기에는 귀족 간의 알력으로 문주왕이 살해당하는 등 정세가 극도로 불안.

⑦ 동성왕 대(24대, 재위 479~501)에 국가 체제를 재정비.

⑧ 무령왕 대에 호남 지역을 적극 개발하며 개로왕 대에 당한 한강 유역의 상실로 입은 손실을 만회.

⑨ 동성왕 대(24대, 재위 479~501)와 무령왕 대(25대, 재위 501~523)의 발

전을 토대로 성왕(26대, 재위 523~554)은 제도 개혁으로 중흥을 모색. 수도를 사비(泗沘 : 지금의 부여)로 천도하며 중앙관제와 지방제도를 정비하고 왕권 강화를 도모. 신라와 가야의 군대와 연합해 고구려에 빼앗긴 한강 하류 지역의 회복을 시도. 그러나 신라 진흥왕에게 한강 하류 지역을 다시 빼앗긴 뒤 보복하기 위해 신라를 공격하다 관산성(管山城 : 지금의 옥천)전투에서 대패한 후 성왕은 전사.

신라의 경우[22대 지증왕, 23대 법흥왕, 24대 진흥왕, 27대 선덕여왕, 28대 진덕여왕, 29대 무열왕, 30대 문무왕(당나라군을 축출하여 삼국 통일을 완성), 31대 신문왕(통일신라의 국가제도를 완비, 귀족들을 누르고 왕의 권위를 확립)]

① 신라 왕실 계보: 박씨 왕(9명), 석씨 왕(9명), 김씨 왕(38명)

② 신라의 전성기

법흥왕은 지증왕(22대, 재위 500~514) 때의 개혁정치를 계승해 중앙 집권적인 고대국가로서의 통치 체제를 완비.

법흥왕(23대, 재위 514~540) 때부터 태종무열왕[太宗武烈王 : 29대, 604~661, 재위 654~661]이 즉위(654)할 때까지 신라는 중앙 집권적인 귀족국가를 완성하고 대외적으로 영토를 크게 확장. 불교를 공인하여[23대 법흥왕 때인 527년 이차돈(異次頓)의 순교를 계기로 국가적으로 공인됨] 국가의 통일을 위한 사상적 뒷받침을 확립. 진흥왕(眞興王 : 24대, 526~576, 재위 540~576) 때에 가야의 여러 나라를 잇따라 정복. 진흥왕은 백제와 공동으로 고구려의 한강 상류 지역을 점령(551). 백제군이 수복한 한강 하류 지역을 기습 공격하여 한강 유역 전부를 독점(553). 김춘추(후일의 태종무열왕)와 김유신의 연합 세력에 의해 옹립된 진덕왕[진덕여왕(眞德女王): 28대, 재위 647~654, 선덕여왕의 부친인 진평왕 아우의 딸] 때 정치 개혁을 단행. 654년 진덕왕(28대 진덕여왕)이 죽자 김춘추는 왕위(태종무열왕: 29대, 재위 654~661)에 올라 삼국 통일의 대업에 착수.

③ 신라의 통일기

✪ 신라는 진흥왕(24대, 재위 540~576) 때 정복사업을 성공적으로 달성하여 560
년대에는 신라 역사상 최대의 판도를 확립.

➔ 고구려와 백제는 빼앗긴 땅을 되찾기 위해 신라에 대한 보복 공격을 강화.

➔ 신라는 이후 100년 동안 최대의 국난기를 경험.

➔ 신라는 여러 차례의 국가적인 위기를 극복하고, 태종무열왕(太宗武烈王: 29
대, 김춘추, 재위 654~661)과 문무왕(文武王: 30대, 재위 661~681, 이름
은 김법민) 때에 수세(守勢)에서 공세(攻勢)로 전환하여 삼국 통일의 위업을
달성.

➔ 신라는 당(唐)과 연합하여 660년에 백제를, 668년에는 고구려를 정복.

➔ 동맹국인 당이 평양에 안동도호부(安東都護府)를 설치하고 한반도 전체에
대한 영토적 야심을 노골화. 신라는 당군이 점령 중인 옛 백제 지역을 공략
하는 한편 고구려부흥운동군을 포섭하여 당군에 대항하도록 조종.

➔ 신라는 6~7년간에 걸친 당군과의 전쟁에서 승리. 당은 676년(문무왕 16)
안동도호부를 평양에서 랴오둥(遼東) 지방으로 이동.

➔ 신라는 대동강 방면에서부터 동해안의 원산만을 연결하는 경계선 이남의 영
토를 확보.

✪ 통일신라시대는 780년을 경계로 하여 크게 2개의 시기로 분리

➔ 《삼국사기》에서 말하는 중대(中代)와 하대(下代)

① 중대는 태종무열왕이 즉위하여 삼국 통일전쟁을 시작한 때부터 780년까
지로, 신라 역사상 최대의 전성기임. 이 시기에는 태종무열왕의 자손들이 왕
위를 계승하여 무열왕 계통 시대를 개막. 왕권이 크게 강화된 전제왕권 시
대이자 문화적 황금 시대. ② 하대는 780년 혜공왕(惠恭王: 36대, 재위
765~780, 35대 경덕왕의 아들)이 반란군에 의해 죽었을 때부터 신라가 멸
망한 935년까지로, 20명의 왕이 바뀌는 등 정치적 혼란기였음. 원성왕(元

聖王: 38대, 재위 785~798)의 후손들이 왕위를 이어 원성왕 계통 시대 개막[원성왕 자신이 내물이사금(내물왕: 17대, 재위 356~402)의 먼 후예임을 표방했기에 부활내물왕 계통 시대로도 묘사]. 귀족 연립 또는 귀족 분열의 시기[진골 귀족들이 왕실에 대항하여 서로 연합하며 각기 독자적인 사병(私兵)을 거느리고 대립, 지방 호족 세력이 크게 대두하던 시대임].

➜ 통일신라는 889년 전국적인 농민 반란에 이어 반 세기에 걸친 호족의 대동란기로 극심한 내란기를 경험(후삼국 시대).

➜ 통일신라는 935년 반란 국가의 하나인 고려에 항복(1,000년 왕국의 역사가 종료).

✪ 통일신라 시대를 3개 시기로 구분

① 제1기: 삼국 통일 이후부터 780년까지.

② 제2기: 780년 이후부터 889년 농민 반란 직전까지.

③ 제3기: 889년 이후부터 신라의 멸망 때까지.

(1) 제1기

➜ 왕권이 크게 강화되어 전제왕권을 구축. 여기에는 여러 가지 요인이 작용. 첫째, 태종무열왕(29대)과 그 아들 문무왕(30대)의 집념으로 삼국 통일이 성취됨으로써 왕실의 권위가 크게 높아진 점, 둘째, 삼국 통일을 전후한 시기에 중앙 귀족들을 광범위하게 제거한 점, 셋째, 중앙정부가 지방 촌주(村主) 세력과의 연계를 강화한 점, 넷째, 유교적 정치 이념을 도입함으로써 관료제가 발달한 점 등.

➜ 왕권 강화 작업을 정력적으로 추진한 것은 신문왕(神文王: 31대, 재위 681~692, 문무왕의 장남). 그는 상대등(上大等)으로 대표되는 귀족 세력을 철저하게 탄압하며, 삼국 통일에 따라 재편성이 불가피해진 행정·군사제도를 완성.

➜ 성덕왕(聖德王: 33대, 재위 702~737) 때는 전제왕권의 극성기 속에서 이에 수반하여 정치적·사회적 모순이 누적

- 효성왕(孝成王: 34대, 재위 737~742, 성덕왕의 차남, 경덕왕의 형) 때는 738년 당나라 사신이 노자의 《도덕경》을 바침.

- 경덕왕(景德王: 35대, 재위 742~765) 때는 전제왕권이 갈림길에 선 시기. 경덕왕은 한화 정책(漢化 政策)으로 법제도를 중국식으로 고쳐 집권체제를 유지했으나, 진골 귀족들의 반발로 경덕왕 말년에는 귀족 세력에 대한 통제력이 크게 약화.

- 혜공왕(惠恭王: 36대, 재위 765~780) 때는 전제왕권의 몰락기. 친왕파와 반왕파 사이에 6차례의 반란과 친위 쿠데타가 발생. 768년의 반란에서는 전국의 많은 귀족이 뒤얽혀 싸움. 780년 혜공왕이 김양상(金良相)·김경신(金敬信) 일파에게 죽임을 당하자 태종무열왕 계통은 단절.

(2) 제2기

- 혜공왕이 죽은 뒤 김양상이 선덕왕(宣德王: 37대, 재위 780~785)으로 즉위했으나 변혁기의 혼란 속에서 즉위 5년 만에 타계.

- 상대등으로 있던 김경신이 원성왕(元聖王: 38대, 재위 785~798)으로 즉위하여 788년 관리 등용제도로 독서삼품과(讀書三品科)를 제정하는 등 정치 개혁을 위해 노력했으나, 왕실 가족 중심으로 권력을 독점한 결과 진골 귀족들의 불만을 초래.

- 822년[헌덕왕(41대, 재위 809~826)]에는 태종무열왕(29대)의 후손인 웅천주 도독(熊川州 都督) 김헌창(金憲昌)이 반란을 일으킴.

- 흥덕왕(興德王: 42대, 재위 826~836) 때는 진골 귀족을 규제하는 정치 개혁이 추진되었지만, 흥덕왕이 죽자 근친 왕족들 사이에 왕위 계승 쟁탈전이 벌어져 2년여 동안 2명의 왕과 1명의 왕 후보가 희생.

- 진골 귀족들이 중앙에서 정쟁에 몰두하자 지방의 호족 세력들은 차츰 중앙 정부를 압도할 만한 역량을 구비. 청해진을 근거로 한 장보고(張保皐)와 같은 해상 세력가가 대표적인 지방 호족 세력임.

- 경문왕(景文王: 48대, 재위 861~875)·헌강왕(憲康王: 49대, 재위 875~886) 때는 실추된 왕권을 회복하기 위한 노력에도 불구하고 대세를 만회하기에는 역부족이었음. 889년[진성여왕(51대, 재위 887~897, 48대

경문왕의 딸, 49대 헌강왕과 50대 정강왕의 누이동생)] 농민들에게 조세 독촉을 강화하자 전국적으로 농민 반란이 이어짐.

(3) 제3기

➡ 통일신라가 농민 반란을 진압할 힘을 잃게 되자 농민 반란 속에서 군웅(群雄)들이 대두하여 중앙 정부의 지방 통제는 마비.

➡ 896년 적고적(赤袴賊)이 수도 경주의 서부 모량리까지 약탈을 자행할 정도였음.

➡ 927년 후백제의 견훤(甄萱)이 경주로 쳐들어와 경애왕(景哀王: 55대, 재위 924~927, 신덕왕의 아들, 형인 경명왕의 뒤를 이어 즉위)을 죽이고 경순왕[敬順王: 56대, 재위 927~935, 46대 문성왕의 6대손, 큰아들은 마의태자(麻衣太子), 막내 아들은 범공(梵空)]을 옹립.

➡ 이 시기의 주역은 통일신라의 중앙정부가 아니라 각지에 성을 쌓고 사병을 거느리고 있던 군웅들. 백제와 고구려의 부흥을 앞세워 궐기한 견훤과 궁예(弓裔)가 대표적 군웅들. 통일신라는 견훤과 궁예가 필사적으로 대결하는 동안 그 여맥을 유지.

➡ 918년 궁예를 제압한 뒤 고려를 세운 왕건(王建)이 통일신라에 대한 친선 정책을 펴자 한동안 국가 명맥을 연장.

➡ 고려가 후백제를 능가하게 되자 통일신라의 마지막 왕 경순왕(56대)은 935년 11월 고려에 자진 항복.

· 삼국 시대의 망국의 왕들은?

고구려의 경우

✪ 보장왕(寶臧王: 28대, 재위 642~668)

휘는 장(臧) 또는 보장(寶臧). 고구려의 멸망으로 시호는 없다. 쿠데타로 정권을 장악한 연개소문에 의해 즉위. 당나라와 신라 연합군의 파상 공격으로 고구려가 멸망하자 당나라에 포로로 끌려가 복국(復國)을 꾀하다 실패한 뒤 사망. 642년부터 668년까지 26년 동안 재위하는 동안 642년부터 665년까지 대막리지 연개소문(淵蓋蘇文)이 실권을 장악. 연개소문이 관직에서 물러난 665년부터 668년까지 친정. 평원왕(平原王: 25대, 재위 559~590, 24대 양원왕 장남)의 삼남이자 영양왕[嬰陽王: 26대, 재위 590~618, 일명 평양왕(平陽王), 대흥왕(大興王)]의 이복동생이며 영류왕(榮留王: 27대, 재위 618~642)의 친동생인 대양왕(혹은 태양왕)의 장남.

당나라로 압송된 보장왕은 전쟁에 직접 책임이 없다 하여 당 고종으로부터 벼슬을 하사받고, 당나라가 평양에 설치한 안동도호부에 거주. 677년 요동도독조선군왕에 임명되어 요동에 정착.

고구려의 재건을 노려 말갈과 군사를 동원하려다 발각되어 681년 양주(梁州: 중국 장쑤성 양주)에 유배됨. 양주 유배지에서 682년에 타계.

당나라 조정은 보장왕의 시신을 수도 장안으로 옮겨 돌궐의 일릭 카간의 무덤 옆에 안장.

백제의 경우

✪ 의자왕[義慈王: 31대, 재위 641~660, 30대 무왕(武王: 재위 600~641)의 장남, 29대 법왕(法王: 재위 599~600)의 손자]

성은 부여(扶餘), 휘는 의자(義慈)이며 시호는 없다. 태자 시절부터 동기 간의 남다른 우애로, 중국의 사상가 증자(曾子)에 견줘지며 해동증자(海東曾子)로 칭송받음. 백제가 멸망하기 직전인 660년 두 왕자 부여융(扶餘隆) · 부여효(扶餘孝)와 도성 바깥의 웅진성으로 도피하는 사이 왕자 부여태(扶餘泰)가 사비성과 가림성을 봉쇄한 뒤 왕권을 탈취.

왕자들과 대신 88명, 백성 1만2천 명이 당나라 수도 낙양으로 압송(660). 당나라 고종 앞에서 문책당한 후(660) 당나라 신민으로 거주. 의자왕이 병사하자(660) 당나라는 금자광록대부[金紫光錄大夫], 위위경(衛尉卿)의 벼슬을 내리고 낙양의 북망산 손호(孫皓: 242~284, 재위 264~280, 망국인 오나라의 황제, 손권의 삼남인 손화의 서장자) · 진숙보[陳叔寶: 553~604, 중국 남북조 시대 진(陳)나라 제5대 황제, 어리석은 군주의 전형, 진나라 멸망 뒤 수 문제가 장성현공(長城縣公)으로 책봉]의 무덤 옆에 안장. 당 고종은 왕의 장례에 백제에서 끌려온 옛 신하들이 참석하는 것을 허락.

신라의 경우

⭐ **경순왕(敬順王 : 56대, 재위 927~935)**

성은 김(金)씨, 이름은 부(傅)이며 본관은 경주(慶州).

문성왕의 6세손이며, 경명왕과 경애왕의 이종 육촌 동생. 아버지는 이찬(伊
飡) 효종이고, 어머니는 헌강왕의 딸 계아태후.

본래 신라의 왕족이었으나 927년에 이종 육촌 형인 경애왕(55대)이 경주 포
석정에서 희희낙락하던 중 후백제 왕 견훤의 습격을 받아 시해된 후 견훤에
의해 왕위에 올랐다.

등극 9년 뒤 고려에 평화적으로 나라를 넘겨줄 것을 결정. 고려 태조 왕건과
신성왕후(경순왕의 사촌 누이)의 결혼을 주선. 고려 태조 왕건으로부터 경주
를 식읍으로 하사받고 정승공(政承公)에 봉해진 뒤, 태조 왕건의 두 딸(낙랑
공주 왕씨와 부인 왕씨)을 배필로 맞이함. 금성의 사심관에 임명되어 고려
시대 사심관제도의 첫 사례가 되었다.

고려에 의탁하여 97세까지 장수한 경순왕의 무덤은 신라의 왕릉들 중 유일
하게 경주가 아닌 경기도 연천에 있다.

· 삼국 시대의 왕호들 중 어딘가 좀 이상한 것들은?

고구려의 경우

⭐ **고구려의 왕들(28명)**

고구려 왕들의 왕호들은 대부분 왕이 생전에 정한 왕릉 예정지의 지명임

(1) 동명성왕[재위 B.C. 37~B.C. 19, 성은 고(高), 이름은 주몽(朱蒙) 또는
추모(鄒牟)·상해(象解)·추몽(鄒蒙)·중모(中牟)·중모(仲牟)·도모(都牟)]

(2) 유리명왕[瑠璃明王 : 2대, 재위 B.C. 19~A.D. 18, 성은 고(高), 휘는 유
리(瑠璃 또는 類利) 또는 유류(孺留), 동명성왕과 왕후 예씨의 장남]

(3) 대무신왕

(4) 민중왕

(5) 모본왕

(6) 태조대왕[재위 53~146(6~118세, 93년간 재위), 유리명왕의 아들이자 대무신왕의 동생인 고재사(高再思)의 아들, 업적이 건국에 견줄 정도라 하여 일명 국조왕(國祖王), 혹은 국조태왕(國祖太王)이라 불림]

(7) 차대왕(次大王: 71~165, 재위 146~165)

(8) 신대왕(新大王: 89~179, 재위 165~179)

(9) 고국천왕

(10) 산상왕(山上王: 재위 197~227, 신대왕의 아들이자 고국천왕의 동생)

(11) 동천왕

(12) 중천왕

(13) 서천왕

(14) 봉상왕[烽上王: 재위 292~300, 서천왕의 아들, 일명 치갈왕(雉葛王)]

(15) 미천왕

(16) 고국원왕

(17) 소수림왕[小獸林王: 재위 371~384, 고국원왕(故國原王)의 장남]

(18) 고국양왕[故國壤王: 재위 384~391, 고국원왕의 차남, 일명 국양왕(國壤王), 형인 소수림왕이 후사 없이 죽자 즉위]

(19) 광개토왕

(20) 장수왕

(21) 문자명왕[文咨明王: 재위 491~519, 장수왕의 손자이자 단명한 고추대가 고조다(高助多)의 아들, 일명 문자왕 또는 명치호왕(明治好王), 휘는 나운(羅雲), 고구려의 최대 영토를 이룩한 왕, 광개토왕과 장수왕이 이룬 고구려의 전성기를 잘 유지함.]

(22) 안장왕(安臧王: 재위 519~531, 문자명왕의 장남)

(23) 안원왕[安原王: 501~545, 재위 531~545, 일명 곡향강상왕(鵠香岡上王)·향강상왕(香岡上王)·안강상왕(安岡上王)·안악상왕(安岳上王), 문자명왕의 아들, 형인 안장왕이 후사 없이 죽자 즉위]

(24) 양원왕[陽原王: 재위 545~559, 일명 양강상호왕(陽崗上好王)·양강왕(陽崗王), 안원왕의 장남]

(25) 평원왕[平原王: 재위 559~590, 일명 평강상호왕(平崗上好王), 양원왕의 장남]

(26) 영양왕[嬰陽王: 재위 590~618, 일명 평양왕(平陽王)·대흥왕(大興王), 휘는 원(元) 또는 대원(大元), 평원왕의 장남, 수 문제와 수 양제가 각각 30만 대군과 113만 대군으로 침공하였지만 모두 격퇴함.]

(27) 영류왕[榮留王: 재위 618~642, 평원왕의 차남, 영양왕의 이복동생, 보장왕의 생부 고태양(高大陽)의 형, 당과 우호 관계를 조성하던 중 연개소문에게 죽임을 당함.]

(28) 보장왕[寶臧王: 재위 642~668, 휘는 장(臧) 또는 보장(寶臧), 쿠데타로 정권 장악한 연개소문이 옹립, 642~665 대막리지 연개소문(淵蓋蘇文)이 실권자, 나당연합군의 공격으로 고구려가 멸망하자 당에 포로로 압송: 중국 요동에서 고구려의 부흥을 노렸으나 실패한 후 중국 유배지 양주에서 682년(망국 후 14년) 타계, 당나라 수도인 장안에 안장됨.]

백제의 경우

(1) 온조왕[溫祚王: 초대, 재위 B.C. 18~A.D. 2, 백제의 건국자, 아버지는 고구려의 동명성왕. 유리와 미추홀국(彌鄒忽國: 후에 온조의 백제에 흡수 통합)의 건국자 비류는 형임, 동명성왕의 부인 예씨 소생 유리명왕이 고구려 수도 졸본(卒本: 또는 홀본(忽本))을 택하자 어머니 소서노, 형 비류 등과 남하하여 위례성에 백제를 건국, 일본에서는 음태귀수왕(陰太貴首王)이라 표기]

(2) 다루왕[多婁王: 2대, 재위 28~77, 온조왕(溫祚王)의 장남]

(3) 기루왕[己婁王: 3대, 재위 77~128, 2대 다루왕(多婁王)의 아들]

(4) 개루왕[蓋婁王: 4대, 재위 128~166, 3대 기루왕(己婁王)의 아들]

(5) 초고왕[肖古王: 5대, 재위 166~214, 개루왕의 장남, 일명은 소고왕(素古王) 또는 속고왕[速古王]]

(6) 구수왕[仇首王: 6대, 재위 214~234, 일명 귀수왕(貴須王), 초고왕의 아들]

(7) 사반왕[沙伴王: 7대, 재위 234~234, 일명은 사비왕(沙沸王) 또는 사이왕(沙伊王), 구수왕의 장남]

(8) 고이왕[古尒王: 8대, 재위 234~286, 일명은 구이왕(久爾王)·고모왕(古慕王)]

(9) 책계왕[責稽王: 9대, 재위 286~298, 고이왕(古爾王)의 아들, 일명은 청계왕(靑稽王) 또는 책찬왕(責贊王).]

(10) 분서왕[汾西王: 10대, 재위 298~304, 9대 책계왕(責稽王)의 장남]

(11) 비류왕[比流王: 11대, 재위 304~344, 6대 구수왕의 차남, 8대 고이왕의 손자인 분서왕(汾西王)이 타계한 후 그의 아들 계(契)가 어리다는 이유로 비류(比流)가 신하들의 추대로 즉위]

(12) 계왕(契王: 12대, 재위 344~346, 10대 분서왕의 장남)

(13) 근초고왕[近肖古王: 13대, 재위 346~375, 11대 비류왕의 아들, 일본의 《고사기(古事記)》에는 조고왕(照古王), 《일본서기》에는 초고왕(肖古王)으로, 중국의 《진서(晉書)》 간문제기에는 여구(餘句)로 표기]

(14) 근구수왕(近仇首王: 14대, 재위 375~384, 13대 근초고왕의 아들)

(15) 침류왕[枕流王: 15대, 재위 384~385, 근구수왕의 장남, 초고왕계의 왕통을 이었으나 재위 2년째에 타계, 그의 어린 아들 아신(阿莘) 대신에 그의 아우 휘(暉)가 16대 진사왕(辰斯王)으로 승계]

(16) 아신왕[阿莘王: 17대, 재위 392~405, 성씨는 부여(扶餘), 아방왕(阿芳王) 또는 아화왕(阿花王), 15대 침류왕(枕流王)의 장남]

(17) 근개루왕[近蓋婁王: 21대 개로왕(蓋鹵王)의 다른 이름, 20대 비유왕(毗有王)의 장남, 22대 문주왕(文周王)의 부친]

(18) 삼근왕[三斤王: 23대, 재위 477~479, 일명 삼걸왕(三乞王), 임걸왕(壬乞王), 22대 문주왕이 병관좌평(兵官佐平) 해구(解仇)의 반란으로 시해되자 12세에 즉위, 477~478 좌평(佐平) 해구(解仇)가 섭정, 478~479 덕솔(德率) 진로(眞老)가 섭정, 14세에 요절하자 왜국에서

온 곤지의 아들 모대가 24대 동성왕으로 즉위]

(19) 동성왕[東城王: 24대, 재위 479~501, 성은 부여(扶餘), 이름은 모대
(牟大), 다른 이름은 마모(摩牟)·마제(麻帝)·말다(末多)·여대(餘大) 등,
22대 문주왕(文周王)의 아우인 좌평(佐平) 곤지(昆支)의 차남, 삼근왕
때 해구(解仇)의 반란 평정한 뒤 정권 잡은 진씨(眞氏) 세력이 옹립, 진
로(眞老)가 479~482 실권 장악, 482~501 친정]

✪ 백제의 왕들(31명+1명)
백제 왕조의 성씨는 부여(夫餘)씨
《삼국사기》에는 동성왕(24대)부터 시호로 왕호를 기록(동성왕~무왕). 21대
개로왕의 다른 왕호인 근개루왕은 시호임.
온조왕~의자왕, 풍왕: 왕의 휘(이름)를 왕호로 사용
(1) 온조왕
(2) 다루왕
(3) 기루왕
(4) 개루왕
(5) 초고왕
(6) 구수왕
(7) 사반왕
(8) 고이왕
(9) 책계왕
(10) 분서왕
(11) 비류왕
(12) 계왕
(13) 근초고왕
(14) 근구수왕
(15) 침류왕
(16) 진사왕

(17) 아신왕

(18) 전지왕

(19) 구이신왕

(20) 비유왕

(21) 개로왕

(22) 문주왕

(23) 삼근왕

(24) 동성왕

(25) 무령왕

(26) 성왕

(27) 위덕왕

(28) 혜왕

(29) 법왕

(30) 무왕

(31) 의자왕

(32) 풍왕

풍왕(豊王) 부여풍(扶餘豊, 623?~668?)

- 백제 멸망 후 등장한 제32대 왕. 일명 풍장(豊璋), 풍장왕(豊障王).

- 31대 의자왕의 아들로 왜국에 파견되어 체류 중이던 660년 백제가 멸망하자 텐지천황과 보황녀가 지원한 왜군을 이끌고 귀국하여, 복신이 이끄는 백제부흥군에 의해 백제왕(재위 660~663)으로 추대됨.

- 663년 백강 전투에서 백제부흥군이 나당(羅唐) 연합군에게 패배.

- 《삼국사기》나 《삼국유사》에서는 그를 백제의 왕으로 인정하지 않으나, 《일본서기》와 《속일본기》에서는 그를 마지막 왕으로 간주. 조선 후기 안정복(安鼎福)은 《동사강목(東史綱目)》에서 그를 백제의 마지막 왕으로 평가.

신라의 경우

✪ 지증왕 이전까지는 왕을 뜻하는 독특한 용어를 사용.

존귀한 사람을 칭하는 '거서간', 제사장이자 무당인 '차차웅', 연장자를 뜻하는 '이사금', 말뚝 또는 우두머리를 뜻하는 '마립간'이라는 칭호를 사용

왕위는 박, 석, 김씨의 세 집단이 번갈아 차지함. 세 성씨의 시조들과 관련된 전설 같은 이야기가 전해져 오고 있음. 말이 울던 자리의 큰 알에서 태어난 박혁거세, 알에서 태어나 궤짝에 실려 바다를 건너온 석탈해, 황금 상자 안에서 나온 김알지 등이 그 시조들임.

4세기 내물마립간 이후 김씨 세력만이 왕으로 즉위하며 '마립간'이라는 왕호를 사용.

6세기 초에 지증마립간은 중국식 왕호를 사용.

법흥왕 때부터 진덕여왕 때까지 불교식 왕명을 사용.

태종무열왕(진골 김춘추) 때부터는 유교식 왕명을 사용.

✪ 신라와 통일신라의 왕들(56명)

신라 왕호에서 이사금은 연장자, 마립간은 대수장의 의미. 《삼국사기》는 《화랑세기》의 저자 김대문의 말을 인용하여 차차웅이라는 왕호에 대해 이렇게 말함. "차차웅 혹은 자충(慈充)은 무당을 이른다."

신라 상대(B.C. 57~A.D. 654)

- 김알지[金閼智(가로막을 알): 65년 출생]. 전설로 전해지는 신라 김씨 왕조의 시조. 탈해이사금 때 출생. 그의 7대손 미추이사금(13대)은 김씨 최초로 왕이 됨.

(1) 혁거세(박혁거세)거서간[赫(爀)居世 居西干: B.C. 69~A.D. 4, 재위 B.C. 57~A.D. 4, 신라의 초대 왕이자 우리나라 박씨의 시조, 거서간은 진한의 말로 왕 혹은 귀인의 칭호, 《삼국유사》의 저자 일연에 따르면, 백마가 낳은 알에서 출생, 일연은 선도산 성모로 불리는 사소부인(娑蘇夫人)이 낳았다는 전설도 소개]

(2) 남해차차웅

(3) 유리이사금

(4) 탈해(석탈해)이사금[脫解尼師今 : B.C. 19～80, 재위 57～80, 성(姓)은 석(昔), 휘는 탈해(脫解), 서기 8년 남해 차차웅의 사위, 대보(大輔)로 정사 담당, 43년부터 손윗 처남인 유리이사금의 대리청정을 함. 57년 유리이사금의 유언으로 즉위, 일명 토해(吐解)]

(5) 파사이사금

(6) 지마이사금

(7) 일성이사금

(8) 아달라이사금

(9) 벌휴이사금

(10) 내해이사금

(11) 조분이사금

(12) 첨해이사금

(13) 미추이사금[味鄒 泥師今 : 재위 261～284, 모친 박(朴)씨는 6대 지마이사금의 손녀, 왕비는 석(昔)씨, 최초의 김씨 왕]

(14) 유례이사금

(15) 기림이사금

(16) 흘해이사금

(17) 내물마립간

(18) 실성마립간

(19) 눌지마립간

(20) 자비마립간

(21) 소지마립간[炤知麻立干 : 재위 479～500, 일명 조지(照知)마립간, 비처(毗處)마립간, 자비마립간의 장남]

(22) 지증왕

(23) 법흥왕

(24) 진흥왕

(25) 진지왕

(26) 진평왕

(27) 선덕여왕

(28) 진덕여왕

신라 중대(654~780)

(29) 태종무열왕

(30) 문무왕

(31) 신문왕

(32) 효소왕

(33) 성덕왕

(34) 효성왕

(35) 경덕왕

(36) 혜공왕

신라 하대(780~935)

(37) 선덕왕

(38) 원성왕

(39) 소성왕

(40) 애장왕

(41) 헌덕왕

(42) 흥덕왕

(43) 희강왕

(44) 민애왕

(45) 신무왕

(46) 문성왕

(47) 헌안왕

(48) 경문왕

(49) 헌강왕

(50) 정강왕

(51) 진성여왕

(52) 효공왕

(53) 신덕왕

(54) 경명왕

(55) 경애왕

(56) 경순왕

우리의 역사적 사고방식과 그 사고의 틀은 알게 모르게 한반도로 국한되고 있을 것이다. 그 결과로 한반도 밖으로 이어진 우리의 자취, 우리의 역사에 대해서는 은연중에 외면하게 되고 무관심하게 되었을 수도 있다. 그 하나의 희생양이 바로 발해일 것이다. 발해의 자취, 발해의 역사, 발해의 이야기는 대부분 한반도 밖에서 펼쳐지고 이어졌기에 현재의 판세, 현재의 안목으로 볼 수밖에 없는 우리 역량, 우리 실력, 우리 잣대, 우리 의식으로는 아무래도 권외가 되고 예외가 되고 혹이 되고 군더더기가 될 수밖에 없었을 것이다.

고구려의 후예를 자처하고 고구려를 잇는다는 말을 자랑하고 공언한 발해인데도 우리는 한반도 밖에서 전개되었던 아주 먼 이야기 정도로 받아들이는 편이다.

역사는 그러면 안 된다. 역사 연구, 역사적 접근은 그런 식이면 곤란하다. 무슨 말인가? 현재의 여건, 현재의 안목, 현재의 한계로만 바라봐서는 안 된다는 말이다. 우리의 정신, 우리의 역사, 우리의 자취와 직·간접적으로 이어졌다면 당연히 우리 역사로 바라보고 우리 정신, 우리 자취로 보아야 한다. 그런 점에서 보면 우리는 아직도 우리 역사의 한 귀퉁이만 바라보고 있고 우리 자취의 한 구석만 살피고 있는 셈이다. 발해가 희생양이 되면서 필연적으로, 운명적으로 우리 자취에 대한 연구, 우리 역사에 대한 접근마저 이상하게 뒤틀리고 꼬이게 된 것이다.

발해의 이야기가 묻히고 멀어지면서 자연스레 우리 역사의 한 축도 사라지고 우리 정신의 한 중심도 희미해진 것이다. 현재의 우리가 실체라면 우리는 귀퉁이가 달아난 그림자를 달고 다니고 끌고 다니고 있는 셈이다.

통일신라(676~892)와 동시대에 존재한 발해(698~926)

1. 걸걸중상(乞乞仲象: 698년 졸)

➔ 고구려의 장수이자 고구려부흥운동의 지도자.

➔ 발해(渤海)의 시조인 대조영(大祚榮)과 대야발(大野勃) 형제의 부친.

➔ 고구려의 대당 항쟁 때, 속말말갈의 지도자인 걸사비우와 동맹을 맺은 고구려 유민의 지도자. 여황제 측천무후로부터 진국공(震國公)에 봉작되었으나 거절함. 대조영 등과 발해의 건국을 주도하다 발해가 건국되기 전에 타계. 《구당서(舊唐書)》에 따르면 대조영과 동일 인물.

대수	시호	이름(휘)	연호	재위 기간
1대	고왕(高王)	대조영(大祚榮)	천통(天統)	698~719
2대	무왕(武王)	대무예(大武藝)	인안(仁安)	719~737
3대	문왕(文王)	대흠무(大欽茂)	대흥(大興)	737~793
4대		대원의(大元義)		793
5대	성왕(成王)	대화여(大華璵)	중흥(中興)	793~794
6대	강왕(康王)	대숭린(大崇隣)	정력(正歷)	794~809
7대	정왕(定王)	대원유(大元瑜)	영덕(永德)	809~812
8대	희왕(僖王)	대언의(大言義)	주작(朱雀)	812~817
9대	간왕(簡王)	대명충(大明忠)	태시(太始)	817~818
10대	선왕(宣王)	대인수(大仁秀)	건흥(建興) (대조영 아우 대야발의 후손)	818~830
11대		대이진(大彝震)	함화(咸和)	831~857
12대		대건황(大虔晃)		857~871
13대		대현석(大玄錫)		872~894
14대		대위해(大瑋瑎)		894~906
15대		대인선(大諲譔)		906~926

★ 상경용천부(上京龍泉府)는 발해의 주요 도시였던 5경 중 하나[일명 상경

성(上京城) 또는 홀한성(忽汗城)].

◑ 문왕(3대)이 757년 처음으로 수도로 결정. 동경 용원부(785~794)로
  잠시 수도가 옮겨졌다가 성왕(5대)이 다시 상경 용천부로 천도.

◑ 발해가 거란족의 요나라에 멸망한 뒤, 요나라 태조 야율아보기는 상경
  용천부에 동란국(東丹國: 926~936)을 세우고 발해의 수도였던 상경
  용천부(일명 상경성, 홀한성)의 이름을 천복성(天福城)으로 변경.

◑ 상경용천부의 위치는 중국 헤이룽장성 닝안시 보하이진에 있는 유적지
  로 추정.

2. 발해부흥운동

◑ 926년 발해 멸망 이후, 발해인들과 유민들이 발해를 계승한 국가를 세워 거
  란, 여진 등에 저항한 운동.

① 동란국(926~936): 거란족 요나라에 의해 세워진 괴뢰국.

② 후발해(後渤海: 928?~938?): 발해 유민의 실질적 부흥 왕조.

③ 정안국(938?~986?)

④ 올야국(995~996)

⑤ 흥요국(1029~1030)

⑥ 대발해(대원국)(1116. 1~5): 대원국의 패망을 끝으로 발해부흥운동이
  종료.

✪ 대발해(大渤海) 또는 대발해제국(大渤海帝国)

◑ 발해가 멸망한 뒤 발해인이 마지막으로 건국한 나라.

◑ 발해 귀족의 자손인 고영창(高永昌)이 거란족이 세운 요(遼,
  916~1125)나라를 격퇴하고 동경성에 나라를 세웠으나, 뒤이어 여진
  족이 세운 금(金)나라에 멸망을 당함.

✪ 금(金)나라의 정식 명칭은 대금(大金: 1115~1234) 또는 안춘 구룬(여진

어로는 Anchun Gurun, 만주어로는 Aisin Gurun)

➔ 여진족 완안아골타가 세운 왕조.

➔ 1115년 아골타(완안아골타)가 국호를 대금(大金), 연호를 수국(收國)으로
  결정.

➔ 수도는 북송 시대에는 상경 회령부, 남송 시대에는 중도(中都). 몽골 침
  략 이후 카이펑으로 천도.

➔ 1125년 거란족의 요(遼)를 합병(거란족 왕족인 야율대석은 서요를 세우
  지만 칭기즈칸이 정복)하고 1153년 수도를 요(遼)의 남경으로 이동하여
  중도(中都)로 개칭. 1215년 몽골이 중도를 불태우고 1237년 중도 북
  쪽에 대도(大都)를 건설.

발해가 한 귀퉁이라면 가야 또한 빼놓을 수 없는 부분이다.

삼국 시대의 원류에 있는 가야와 삼국 시대의 동반자였던 가야를 동시에 잃
어버린 꼴이다. 망한 역사이기 때문인가? 아니면 삼국 시대와 자연스레 합쳐
지고 이어졌기에 당연히 소홀히 해도 되고 잊어도 괜찮다는 말인가?

삼국시대(B.C. 57~676)의 한 축이던 가야(42~562)

1. 구야국(仇耶國: 금관가야, 가락국) 중심의 가야국들 연맹체[전기 가야연맹(대
가야)]

본래 이름	주된 이름	중심 지역
금관국(金官國: 금관가야)	가락국(駕洛國)	경상남도 김해시(金海市)
고동람국(古冬攬國: 대가야)	반파국(伴跛國)	경상북도 고령군(高靈郡)
아라국(阿羅國: 아라가야)	안라국(安羅國)	경상남도 함안군(咸安郡)
고자국(古自國: 소가야)	고사포국(古史浦國)	경상남도 고성군(固城郡)
성산국(星山國: 성산가야)	벽진국(碧珍國)	경상북도 성주군(星州郡)
비화국(非火國: 비화가야)	불사국(不斯國)	경상남도 창녕군(昌寧郡)

➔ 고령가야: 경북 상주에 있었다고 하나 확인이 불가함(경북 고령군과 무관).

➔ 경북 상주 일대에 있던 고대 국가는 사벌국[沙伐國: 일명 사량벌국(沙梁伐國) 혹은 사불(沙弗)]

➔ 기원 원년 전후로 김해 등지에 있던 구야국[狗邪國(금관가야, 가락국): 전기 가야연맹의 맹주]을 중심으로 변한의 소국들이 결집해 전기 가야연맹을 결성. 고구려의 공격으로 금관국(금관가야, 가락국) 중심의 전기 가야 연맹이 와해되자 5~6세기경 반파국(대가야)을 중심으로 후기 가야연맹을 결성. 후기 가야연맹도 신라와 백제의 위협 속에서 562년 멸망.

2. 전기 가야연맹[구야국(금관가야, 가락국)을 중심으로 42년부터 400년까지 형성된 연합집단]은 김해 지방에서 생산되는 철을 바탕으로 국력을 키워 왜국 등지와 교역

➔ 기원전 1세기에 진한이 사로국을 중심으로 결집해 마한으로부터 독립하고 서기 9년에 마한이 백제에 패망해 합병되는 등 마한의 영향력이 소멸하자 기원후 1세기를 전후해 기존 변한의 소국들이 김해의 구야국(금관가야, 가락국)을 중심으로 국가 연맹체를 구성.

➔ 구야국(금관가야, 가락국)의 왕위를 두고 구야국(금관가야, 가락국)의 초대 왕인 수로왕이 신라 사람인 석탈해(昔脫解: 석씨 시조)와 왕권 다툼을 벌여 승리함. 석탈해는 신라로 돌아가 탈해이사금(脫解尼師今: 신라 제4대 왕)이 되었다.

➔ 231년 감로국[혹은 감문국(甘文國): 경북 김천시 개령면에 있던 삼국 시대의 부족 국가]이 신라에 병합되고[신라의 제11대 왕 조분이사금의 명으로 231년 7월 아찬 석우로(昔于老)가 신라군으로 감문국을 정복하여 군(郡)으로 삼음] 전기 가야연맹은 철 공급권을 이용해 일본의 소국들로부터 병력을 수입하여 신라를 공격(전기 가야연맹과 신라는 초기부터 경쟁 관계).

➔ 중국 요동, 요서의 한사군[漢四郡: B.C. 108~314, 한군현(漢郡縣)이라고도 함, 중국 전한 무제가 위만조선을 정복한 뒤 그 영토를 통치하기 위해 설치

한 낙랑군·진번군·임둔군·현도군의 4군과 그 속현]도 변진과 전기 가야연맹의 철을 수입. 왜국은 당시 제철 기술 등이 전혀 없었기에 전적으로 전기 가야연맹의 철에 의지.

↪ 3세기를 전후해 구야국(금관가야, 가락국)이 무역을 독점하자 연맹의 결속력이 와해. 골포국, 고사포국, 사물국 등의 전기 가야연맹 소국들과 침미다례의 불미국 등 남해안의 8개 나라가 전기 가야연맹에서 이탈해 포상 팔국(浦上八國: 가야 시대에 가야의 남부 지역에 있던 8개 나라)을 결성한 후 전기 가야연맹에 대항. 포상팔국은 안라국을 침공하고 신라와도 항쟁하는 등 한때 부흥했지만 일련의 전쟁에서 연패해 쇠퇴하기 시작.

↪ 신라의 원조로 전기 가야연맹이 혼란상을 평정.

↪ 400년 고구려와의 항쟁에서 연패하던 백제는 왜국 세력까지 끌어들인 전기 가야연맹으로 하여금 신라를 대대적으로 침공토록 함. 전기 가야연맹 연합군은 서라벌 남쪽의 남천에서 신라군을 격파한 후 신라의 서라벌을 함락하지만 고구려 광개토왕(광개토호태왕)의 원군(援軍)이 신라를 구출.

↪ 고구려–신라 연합군이 구야국(금관가야, 가락국)을 패망시키며 전기 가야연맹은 와해.

↪ 전기 가야연맹은 명맥만을 유지하다 신라에 합병.

3. 후기 가야연맹[반파국 중심의 가야국들 연맹체(대가야)]

↪ 전기 가야연맹[구야국(금관가야, 가락국)을 중심으로 42년부터 400년까지 형성된 연합집단]은 209년 포상팔국(가야의 남부에 있던 8개 소국)이 침공하자 신라에 도움을 요청하고 물계자 장군의 전공으로 격퇴.

↪ 400년 가야연맹이 신라를 침공하자 신라의 구원 요청을 받은 고구려 광개토왕의 역습으로 패망하여 전기 가야연맹은 해체됨.

↪ 후기 가야연맹은 반파국(대가야)을 중심으로 5세기 후반에 형성(반파국은 후기 가야연맹을 대가야로 명명: 전기 가야연맹도 대가야로 명명된 적이 있다.). 안라국은 대가야(후기 가야연맹체)의 남부 중심 세력(남가야)으로 정착.

- 대가야(후기 가야연맹체)가 신라에 굴욕적으로 대하자 남가야(대가야의 남부 세력)는 대가야(후기 가야연맹체)를 무시한 채 안라국을 중심으로 자구책을 도모. 안라국은 백제·신라·왜국 등의 사신을 초청하여 회의를 열었지만 통합에는 실패.

- 안라국은 540년 가야의 중심 세력이 되어 신라·백제 향해 안전을 요청했으나 백제 때문에 실패. 안라국은 고구려와 밀통하여 548년 고구려와 백제 간의 독산성 전투를 촉발.

- 독산성 전투에서 고구려가 패하자 안라국 등 가야 지역은 백제의 세력권에 귀속.

- 550년대에 신라는 한강 유역 전투에서 한강 유역의 분할을 조건으로 백제와 연합하여 고구려를 공격. 신라는 백제와 연합하여 고구려를 물리친 뒤 한강 유역을 공동 분할하기로 했으나, 신라는 백제와의 약속을 어기고 백제군을 축출한 후 한강 유역을 독점.

- 신라는 한강 유역 독식의 여세를 몰아 가야 지역에 대한 병합에 착수. 안라국은 559년 신라에 항복하여 신라의 영토로 병합됨.

4. 6란(六卵) 설화와 가야

- 《삼국유사》「가락국기」에는 "하나의 자줏빛 끈이 드리워지고 6개의 둥근 알이 내려왔는데, '다섯은 각기 읍으로 돌아가고 하나만 이 성에 남았구나.' 하고 그 하나는 수로왕(가락국 초대 왕)이 되고 다섯은 각각 5가야의 주인이 되었다."라고 했다.

- 나라가 없던 때에 백성들이 하늘의 명을 받아 구지봉에 올라 "거북아, 거북아, 머리를 내놓아라. 내놓지 않으면 구워먹으리." 하며 제사를 지내자, 하늘에서 붉은 도자기에 쌓인 황금 알 여섯 개가 내려왔다. 12일이 지난 후 가장 먼저 알에서 나온 수로를 백성들이 가락국(금관가야)의 왕으로 세우자, 나머지 다섯 알에서 나온 사내 아이들은 각각 5가야의 왕이 되었다.

✪ 가야를 대표하는 사람들

➔ 가야인들은 신라 사회에 편입된 이후 각 방면에서 크게 활약.

➔ 금관국(금관가야, 가락국)의 왕족인 김씨 일족은 신라의 진골 귀족으로 편입. 금관국(가락국)의 마지막 왕인 김구해(金仇亥)의 아들 김무력(金武力)은 관산성(충북 옥천) 전투에 참전. 김무력의 손자인 김유신[金庾信: 595~673, 다섯 왕(진평왕~문무왕)을 섬김]과 김흠순[金欽殉: 598~680, 신라 화랑도의 19대 풍월주, 승상을 지냄, 금관가야의 구형왕(仇衡王)의 증손자, 김서현(金舒玄: 564년 출생)의 아들, 김유신의 동생] 형제는 신라 왕족과 혼인하였으며, 신라의 삼국 통일을 주도.

➔ 금관국(가락국)의 김씨 일족은 김해 김씨로서 한국의 주요 성씨임.

➔ 신라로 망명한 우륵(于勒)이 가야금을 전수함. 우륵의 음악은 신라의 궁중 음악으로 정착. 우륵의 12곡(달이, 사물, 물혜, 하가라도, 하기물, 상가라도, 거열, 사팔혜, 이사, 상기물)은 제목만 전해지고 있음.

5. 금관가야(일명 구야국, 구야한국, 본가야, 금관국, 가락국)는 처음부터 끝까지 왕위가 부자 세습된 국가.

① 수로왕(재위 42~199)

② 거등왕(재위 199~253)

③ 마품왕(재위 253~291)

④ 거질미왕(재위 291~346)

⑤ 이시품왕(재위 346~407)

⑥ 좌지왕(재위 407~421)

⑦ 취희왕(재위 421~451)

⑧ 질지왕(재위 451~491)

⑨ 겸지왕(재위 491~521)

⑩ 구형왕(재위 521~532)

〈역사는 기록이다. 그리고 당대인들이 당대의 역사를 잘 기록해야만 비로소 그 시대가 그 시대인들에 의해 되살아나 영원히 살게 된다. 우리가 배우는 역사는 어느 정도로 진실된 것일까?

만일, 중국에도 없고 일본에도 없다면 우리는 우리 역사를 어디서 찾아야 하나? 과거란 바로 망각의 시대일 수밖에 없다. 제대로 기록했을 텐데도 얄궂게 다 사라지고 없다.

바로 현장 곁에서, 현장 안에서 지켜보고 나서도 다 기억할 수 없고 다 기록할 수 없는 것인데 지금 우리 앞에 놓인 우리 역사는 대체 어느 정도로 제 시대에 다가가 있고 그 시대인들에게 뿌리를 내리고 있다는 것인가? 역사를 배운다는 일은 바로 기록의 중요성을 처절하게, 엄숙하게, 경건하게 느끼고 확인하고 명심한다는 말이다.〉

〈조선왕국과 140여 개의 섬으로 이뤄진 유구왕국. 두 나라는 건국 연대도 비슷하고 지속 기간도 비슷하다. 중국 대륙에 차례대로 등장한 명나라, 청나라에 외교적으로 조공을 바친 나라였던 점도 비슷하다.

하나는 2차 세계대전 후 강대국들의 손에 의해 독립을 이루었지만, 다른 하나는 패전국인 일본의 부속 섬(부속 도서)이 되고 말았다. 어떤 이유 때문에 하나는 자유 독립을 찾고 다른 하나는 영영 못 찾게 되었는가? 여러 이유가 있을 것이다. 학자마다 다른 배경과 이유를 들먹일 수 있을 것이다. 강대국들이 세계 판도를 좌지우지하던 2차 세계대전으로 돌아가 보자.

일본의 패색이 짙어지던 1943년 11월 하순에 승전국이 될 가능성이 대단히 높아지던 나라들의 수뇌가 이집트 카이로에 모여 종전 후의 세계 지도, 세계 재편을 놓고 숙의했다. 미국의 프랭클린 루즈벨트 대통령, 영국의 윈스턴 처칠 수상, 중국의 장제스 총통이 회담을 벌인 끝인 발표한 카이로선언에서 조선의 독립은 보장되었다. 하지만, 유구왕국의 독립은 언급조차 되지 않았다.

그 당시의 역사를 연구하는 이들은 프랭클린 루즈벨트 대통령과 장제스 총통 사이의 양자 회담에서 조선과 유구왕국이 동시에 언급되었다고 말한다. 미국은 유구왕국의 단독 신탁통치를 중국에 제안했지만 중국은 이상하게도 해양 대국에 대한 야심은 접어둔 채 그저 조선의 완전한 독립 보장만을 강조했다는

한국사 이야기

것. 역사가들은 그 이유를 나름대로 설명한다. 유구왕국에는 목숨을 바쳐 독립을 주창하는 세력이나 인사가 없었지만, 조선에는 청년 윤봉길 같은 독립 투사가 많았다는 것이다. 그래서 장제스 총통마저도 윤봉길이 상해 홍구공원에서 중국에 주둔하던 일본군의 수뇌진을 일거에 제거했을 때 백만 중국 군대보다 조선 청년 한 명이 더 큰일을 해냈다며 놀라워했다고 한다. 그 결과 카이로 회담이 개최되기 4개월여 전인 7월 하순 그 무더운 날에 장제스 총통은 당시 상하이에서 임시정부를 이끌고 있던 김구 주석을 따로 불러 만난 자리에서 무관심하던 과거에서 벗어나 전폭적인 지원을 약속하게 되었다. 그런저런 이유와 배경으로 인해서 강대국들의 한 축이던 중국의 장제스 총통은 조선의 완전 독립을 마치 자신의 소명이고 사명이고 의무이고 책임인 양 앞세우게 되었던 것이다. 독립을 위해 목숨을 바쳤던 독립 투사들이 있었기에 하나는 자유와 독립을 얻었지만 다른 하나는 영영 패전국 일본의 부속 섬, 부속 도서가 되었다는 것. 그것이 후세 역사가들(예: 경희대 강효백 교수)의 설명이고 증언이다.〉

이는 맞는 말일 것이다.

신라가 삼국 통일의 주역이 될 수 있었던 것은 순전히 신라에만 통일을 바라는 이들이 있었기 때문일 것이다. 백제, 고구려에는 그저 한반도의 지배적 위치만 겨냥했을 뿐 진정한 통일을 바라는 이가 그리 많지 않았을 것이다. 한마디로, 김춘추─김유신 콤비가 백제, 고구려에는 없었고 오로지 신라에만 있었다는 말이다. 그리고 당대의 역사는 당대의 변수로 읽어야 할 것이다. 지금보다도 주변 세력에 대한 관심과 노력이 더 많았고 따라서 그에 대한 전략과 전술이 국가 존폐의 핵심 변수로 여겨졌다고 보아야 할 것이다.

당나라 황실 및 조정의 전략과 신라 왕실 및 조정의 전략이 맞아떨어져 백제 멸망, 고구려 멸망, 신라의 삼국 통일로 이어졌다고 보아야 맞을 것이다. 그리고 통일에 대한 준비와 열망이 워낙 대단했기에 당나라의 한반도 지배 욕망과 전략을 오랜 나당전쟁으로 봉쇄하고 차단할 수 있었을 것이다. 전쟁 수행 능력은 국가 공동체가 지녀야 할 필수 요건이자 핵심 생존 전략일 것이다. 그런 점에서 당시 신라는 삼국 통일을 이뤄낼 역량과 당나라 군대를 몰아낼 역량이 모두 갖추었던 것으로 추정된다. 뿐만 아니라, 통일을 시도하고 통일을 이뤄내고 그리고 통일 완수와 새로운 통일신라 시대를 열어갈 실력을 철저히 준비한 것으로 보인다. 그렇지 않고서야 어떻게 초강대국인 당나라의 군대를 유일한 외세로 업고 두 차례에 걸쳐 대대적인 통일전쟁을 치러낼 수 있었겠는가?

또한, 어떻게 긴긴 통일전쟁으로 피로도가 극에 달하고 전쟁에 대한 염증마저 극한에 이르렀을 열악한 군대를 이끌고 초강대국인 당나라의 군대를 상대로 나당전쟁을 그 오랜 기간 동안 성공적으로 치러냈겠는가?

신라에만 있었던 통일 준비, 통일 열망, 통일 주도 엘리트층, 통일 지지 분위기 등을 삼국 통일 추진의 동력, 삼국 통일 완수의 핵심 요인으로 보아야 할 것이다. 통일 이전의 신라 역사와 통일 이후의 신라 역사가 어떤 식으로 달라지고 어긋났든, 그리고 통일신라의 최후가 어떤 식으로 기록되고 묘사되었든 삼국 통일의 과정 하나하나에 숨겨진 신라인들의 저력, 삼국 통일 완수의 구석구석에 감춰진 신라 지도자들의 신념만은 결코 간과하거나 과소평가해서는 안 될 것이다.

한국사 이야기

2017년 10월 3일 초판 1쇄

지은이   이우각
펴낸이   오준석
교정교열   박기원
디자인   변영지
표지 일러스트   백은영(언니재주)
인쇄   예림인쇄
펴낸곳   도서출판 생각과 사람들
               경기도 용인시 수지구 신봉2로 72
               전화 031-272-8015 / 010-2418-1832   팩스 031-601-8015   이메일 inforead@naver.com

· ISBN 978-89-98739-40-9